2014年国家社会科学基金西部项目
“解释学视角的《资本论》经济哲学研究”
阶段性研究成果

马克思主义基本原理当代价值研究（第二辑）

主　编　王维平　姜英华
副主编　付文军　张娜娜　赵玉华　罗　旋

中国社会科学出版社

图书在版编目(CIP)数据

马克思主义基本原理当代价值研究. 第二辑 / 王维平, 姜英华主编.
—北京: 中国社会科学出版社, 2017. 10
ISBN 978-7-5203-0947-9

Ⅰ. ①马… Ⅱ. ①王…②姜… Ⅲ. ①马克思主义理论—理论研究 Ⅳ. ①A81

中国版本图书馆 CIP 数据核字(2017)第 221640 号

出 版 人 赵剑英
责任编辑 凌金良
责任校对 周 昊
责任印制 张雪娇

出　　版 中国社会科学出版社
社　　址 北京鼓楼西大街甲 158 号
邮　　编 100720
网　　址 http://www.csspw.cn
发 行 部 010-84083685
门 市 部 010-84029450
经　　销 新华书店及其他书店

印　　刷 北京君升印刷有限公司
装　　订 廊坊市广阳区广增装订厂
版　　次 2017 年 10 月第 1 版
印　　次 2017 年 10 月第 1 次印刷

开　　本 710×1000 1/16
印　　张 26
插　　页 2
字　　数 424 千字
定　　价 108.00 元

目　录

前　言

160 多年前，马克思主义以一种宣言的方式昭示了它的伟大诞生，为踟蹰中的无产阶级和一切苦难生灵送来了真理的力量和战胜一切非人道主义的武器，从此马克思主义和全人类的命运紧密联系在了一起。对现实客观和深刻的剖析及对理想执着而不懈的追求，使马克思主义虽历经时代更替和岁月洗礼，依然不改本色与初衷，它普罗米修斯的救世情结和卓尔不群的理论魅力构筑了一座理论的丰碑，反对的人想战胜它，赞成的人想超越它，信仰的人想创新它。无论是赞成还是反对，无论是诘难还是诟病，又或者是欣赏和赞颂，马克思主义基本理论在实践的印证和时间的考验中，证明了自身和一切为之而努力奋斗的人和事业。实践是它的基础，批判是它的品质，创新是它的动力，卓越是它的追求。理论与现实的一致与超越、理论与自身的自洽与融通以及国内与国际的互动与交流，使这种理论永远散发着迷人的气质和吸引力，马克思和马克思主义理论不愧是影响世界和人类历史进程的风云人物和伟大思想。

怀疑和批判是马克思的座右铭，秉持实践发展永无止境、认识真理永无止境、理论创新永无止境的精神，五年前，我们以厘清马克思主义基本理论为基础，以实践中发展的马克思主义为条件，以“马克思主义如何运用于当代？——马克思主义的当代价值体现和时代背景下的现实选择”为问题指向，编写了《马克思主义基本原理与当代价值研究》的第一辑，书中集聚了马克思主义最基本的原理，澄明了马克思主义最核心的理论，创新了马克思主义在当代的运用。在此基础上，对马克思主义在当代的价值选择和时代启迪进行了探索式和敞开式的研究和探索，深化了马克思主义基本原理与当代经济社会实践的接洽与结合，充实和发展了马克思主义基本原理的当代视界，在学界和教学过程中，得到了专家学者和学生们等的认可和好评。

道虽远，吾行可至；事虽难，吾为可成。五年中，我们集中了长年奋斗在教学一线和理论一线的工作者们对此问题进行了持续不断的研究和探索，对马克思主义基本原理和当代价值研究进行了阶段性的总结，《马克思主义基本原理与当代价值研究》第二辑就是对五年来最新研究成果的阶段性总结。此书依然秉持着还原马克思主义基本原理和深挖马克思主义基本理论的原则，坚持马克思主义的原初理论品质和与时俱进的发展品格，在崭新的时代和理论背景下，创造性地运用和发展了马克思主义，对“什么是真正的马克思主义？——马克思主义的基本原理和当代价值”问题进行了更加深入细致的探讨。要回答这些问题，一方面需要对马克思主义的基本原理有全面而深刻的把握；另一方面需要有发现和发展的眼光，最后，在大时代背景下探讨马克思主义的价值启迪和价值实现。

本书具体分工情况如下：第一章，兰州大学王维平；第二章，中南财经政法大学付文军；第三章，西南交通大学张凌杰；第四章，成都理工大学马克思主义学院张娜娜；第五章，兰州大学柳笛；第六章，兰州大学姜英华；第七章，兰州大学廖海平；第八章，中共中央党校廉晓红；第九章，兰州大学李智恒；第十章，甘肃政法学院杨智；第十一章，北京化工大学梁燕亮；第十二章，湖南文理学院宋英；第十三章，陕西财经职业技术学院左春宁；第十四章，兰州理工大学罗旋；第十五章，兰州财经大学赵玉华；第十六章，厦门大学庄三红。

第一章　马克思主义最基本的原理是跨越时空的

对于马克思主义理论，历史科学更为主要的是一种基于唯物史观的统一的科学研究原则和方法。如果说学科划分只是马克思、恩格斯在厘清自己所从事工作的领域的话，世界观和方法论意义上的历史科学则是马克思、恩格斯着意创造的新的理论，是他们首次开创了历史科学。这是大写的历史科学。正是在这个意义上，我们才能更好地理解为什么马克思主义是一门历史科学，从而认识其穿越历史时空的理论价值。

第一节　马克思主义的历史科学特征

马克思、恩格斯在其著作中多次提到“历史科学”的概念，但正如他们对其他概念的使用一样，由于复杂的原因而往往含义有所不同。综观之，含义主要有二：一是学科划分意义上的；二是科学研究原则与方法意义上的。

关于历史科学的含义，最为广义的是马克思、恩格斯在《德意志意识形态》中所说的：“我们仅仅知道一门唯一的科学，即历史科学。历史可以从两方面来考察，可以把它划分为自然史和人类史。”① 可见，在马克思、恩格斯看来，科学研究是把自然史和人类史当作序时性的过程来把握的，包括过去、现在、未来的整体性视野，从而分为自然科学、社会科学和人文科学。更多时候，特别是在恩格斯的著作里，作为学科划分的“历史科学”是狭义的。例如，恩格斯在谈到马克思的唯物史观“对于一

---

① 《马克思恩格斯文集》第1卷，人民出版社2009年版，第546页。

切历史科学都是一个具有革命意义的发现”的时候，补充说，“凡不是自然科学的科学都是历史科学”①。

把科学理论与历史结合起来，让科学理论从历史中找出依据，使科学理论从历史获得启迪；将科学研究置放在历史演进过程中进行论证，这就是马克思主义历史视域的价值。

像所有的人文社会科学一样，马克思主义是历史的产物。随一定的历史条件而诞生，随一定的历史条件而发展。和许多人文社会科学科目不一样，马克思主义把历史看作是人民群众的世代创设，社会辩证演进发展的过程，变换的社会实践的舞台，文明进步无穷节点的长链。

在马克思主义看来，历史绝不是偶然事件的堆砌，不是英雄人物的意志，不是圣人支配的玩偶，不是神灵挥就的图谱，不是杂乱无章的剧幕，不是精神塑就的景致。这个历史现象，人们每天都感受着，但鄙视和逃避物质生产的统治阶级不愿意戳破它，而马克思主义基本原理无情地揭示了它。

马克思主义首次刻画出社会关系的真实图谱，从那些所有看得见的关系都被看不见的关系所遮蔽的事实中，所有的社会经济利益都被有产阶级所掌控而非有产阶级被欺骗和愚弄的虚假意识形态中，所有那些历史真相都被扑朔迷离的社会现象所掩盖的烟云中，破天荒地、无情地揭示出人类历史的真相，进而从劳动的发展史中找到了理解全部社会史的钥匙。

恩格斯在谈到马克思的历史贡献时指出：直接的物质的生活资料的生产，从而一个民族或一个时代的一定的经济发展阶段，便构成基础，人们的国家设施、法的观点、艺术以至宗教观念，就是从这个基础上发展起来的，因而，也必须由这个基础来解释，而不是像过去那样做得相反。②

马克思主义哲学第一次基于唯物主义，基于辩证的思考，实践地验证理论，历史地回答社会发展与人类解放问题。因而是唯物、辩证、实践、历史的四个维度的统一的哲学，因而是全新的世界观。唯物辩证是它的根本方法论，实践历史是它的根本问题观。

1844 年 1 月，恩格斯在其撰写的《英国状况——评托马斯·卡莱尔

---

① 《马克思恩格斯文集》第 2 卷，人民出版社 2009 年版，第 635 页。

② 《马克思恩格斯文集》第 3 卷，人民出版社 2009 年版，第 601 页。

的〈过去和现在〉》一文中指出："我们根本没有想到要怀疑或轻视'历史的启示'；历史就是我们的一切，我们比其他任何一个先前的哲学学派，甚至比黑格尔，都更重视历史"；[①] "我们要求把历史的内容还给历史，但我们认为历史不是'神'的启示，而是人的启示，并且只能是人的启示"。[②]自然科学可以有实验室，而社会科学只能把历史实践当作实验室，从而使社会科学实验室更广阔，因而也更复杂。社会科学只有基于历史的实践的考察，才能用理论把握住群众，把抽象还原为具体，从命题追溯到问题，将目标落实为途径，为经验寻找出原理，自分析探索出规律。

历史画面是生动而具体的，历史事实是明确而即成的，历史过程是复杂而琐碎的，历史资料是丰富而多彩的。科学理论在历史中得以诞生，在历史中得以验证，在历史中得以扬弃，在历史中得以更新，在历史中得以发展。马克思主义诞生和发展的历史进程就是如此。

历史是什么？历史是一代一代人的珍贵生命走过的艰难痕迹；历史是自古至今人类生存奋斗铸就的壮丽诗篇；历史是正义与邪恶、光明与黑暗、成功与失败之斗争交替的场景转换；历史是人类与大自然之矛盾与和谐关系的伟大印证；历史是人类追求文明进步、摆脱奴役贫困的不懈过程；历史是科学与愚昧、自由与必然无情抗衡的珍贵画卷。

今天我们重新审视马克思主义历史科学视域，可以看到，马克思主义的研究对象虽不等同于历史学科的专门研究对象，但其具有历史科学的显著特征。

其一，它的研究方法是历史的，即是将研究对象作为一个不断生成和发展过程中的产物来看待的。它的历史概念本身就包括过去、现在、未来的含义。其二，它的研究依据是历史的，即它是从历史资料、历史事实、历史演变的丰富内容中分析特定对象的发生、发展过程。其三，它研究的基点是历史的，认识论和辩证法都是前人的成果，社会历史观却是不可逾越的界限，没有它就没有真正的哲学社会科学，而它用唯物史观实现了这一关键变革。其四，它的研究内容是历史的，即它总是以特定历史发展阶段为基础和依托展开研究，而不是就历史研究历史。比如说马克思的

---

① 《马克思恩格斯全集》第 3 卷，人民出版社 2002 年版，第 520 页。

② 同上书，第 520 页。

《资本论》就以研究资本主义生产方式的运动规律为目的，在历史视野里研究现实问题是马克思、恩格斯理论的重要特点。其五，它的研究结论是历史的，即它不试图得出一个超历史的结论，而只是得出历史的结论，比如，马克思认为，人们只能解决他们能够解决的问题。其六，它的研究传统是历史的，它的理论原理是由一代一代的人承前启后、薪火相传的，是与时俱进的。比如，恩格斯晚年对马克思主义的发展的贡献，列宁对马克思主义的发展的贡献，马克思主义中国化的进程等说明了这一点。其七，它的研究影响是历史的，它的一些最基本的理论原理穿越时空，过去、现在和未来都将起着解释世界、触动世界、预测世界的作用，是留给人类的宝贵精神遗产。

很长一段时间，我们对马克思主义的研究有个误区，即很多情况下，没有坚持把马克思、恩格斯的思想根据其历史发展顺序连贯起来理解。有时候仅根据他们一篇或几篇文章就得出他们的全部观点，或者是忽略了马克思、恩格斯晚年的思想变化，以至于对马克思主义基本原理得出片面的、僵化的理解。所以，在对马克思主义的研究中，把他们在不同时期、不同文本中的思想观点贯通考察，用历史的方法、历史的视角看待马克思主义理论，能使我们得出许多新的结论。

第二节 马克思唯物主义历史观的跨时空贡献

恩格斯对马克思唯物史观的评价很高，曾把它分别比喻为与能量守恒定律和达尔文进化论具有同等意义的科学发现。

在历史观发展过程中的英雄史观、道德史观、神学史观、理性史观这四个阶段中，我们可以看到，历史哲学的一些重要观点已经包含于其中了。如包含历史的意义问题，历史的规律问题，历史的动因问题，以至于历史的理解问题，但在内容上还没有明确而又系统地提出和回答这些问题，在形式上更没有人提出系统阐述包含着一系列历史问题的思想体系，从而不能形成历史学与哲学相结合的一个相对独立的学科。[①]

马克思的唯物主义历史观以社会存在决定社会意识为基本观点，为我

① 赵家祥等：《历史唯物主义原理》，北京大学出版社 1992 年版，第 526—527 页。

们揭示了物质资料生产方式对全部人类社会生活和社会变革的决定意义，社会经济关系对整个庞大上层建筑的支撑作用，社会基本矛盾特别是阶级社会的阶级矛盾是社会发展的内在动力，科学技术在社会进步中的革命作用，从事物质资料生产的历史主体——劳动人民是历史的真正创造者。马克思揭示的唯物主义历史观的基本原理，历经一百多年，仍然透射着真理的光辉，唯物主义历史观对人类认识和实践的贡献是跨越时空的。

一 马克思并不是线性发展论者，只是从未来学视角指出了历史发展的规律性和发展趋势

马克思以前的和以后的乃至当今的许多学者都对社会发展的规律性持否定或怀疑态度。在历史唯心主义者看来，人类社会的历史，要么是伟大人物的思想动机推动的，要么是偶然事件堆积的，要么是杂乱无章的，而唯物主义历史观则指出了社会发展的趋势。有人把马克思的社会发展趋势论歪曲为线性发展论，从而让它失去科学支撑。实际上，预测历史发展的某种图景和把历史规律强加给后人不是一回事。固然，马克思和恩格斯指出了资本主义被共产主义所取代是人类历史的未来。这是从资本主义社会的基本矛盾运动导出的结论，是根据从莫尔以来的几百年人类抨击私有制弊端的社会改革理想做出的预测性判断，而不是武断地强加给人类的什么规律。马克思和恩格斯把他们设定的共产主义目标看作是积极扬弃私有制的“人的解放和复原的一个现实的、对下一段历史发展来说是必然的环节。”① 从无产阶级革命的策略原则上可以把这个环节设定为革命的最终目标，但从学理上，马克思主义的唯物辩证法从来不承认什么终极的东西。所以，马克思后来在《资本论》第三卷中指出：“我们的方法表明必然包含着历史考察之点，也就是说，表明仅仅作为生产过程的历史形式的资产阶级经济，包含着超越自己的、对早先的历史生产方式加以说明之点。……这种正确的考察同样会得出预示着生产关系的现代形式被扬弃之点，从而预示着未来的先兆，变易的运动。”② 恩格斯在1893年说：“我们没有最终目标，我们是不断发展论者，我们不打算把什么最终规律强加

① 《马克思恩格斯文集》第1卷，人民出版社2009年版，第197页。

② 《马克思恩格斯文集》第48卷，人民出版社1985年版，第164页。

给人类。”[①] 法国学者保罗·利科在其《哲学主要趋势》中指出：“把必然性当作一种上级命令强加在群众真实的活动上，这与历史唯物主义对历史的理解是风马牛不相及的。”[②] 利科特别强调了唯物史观不仅指出了人们创造他们自己的历史这一方面，而且还强调了社会历史过程是受客观历史条件制约的自然历史过程。

马克思是一个彻底的唯物主义者，他用唯物主义思想特别是辩证唯物主义方法审视人类的历史，从物质事实和精神事实两个方面论证了人类文明史的唯物主义原理，从而证明了人类历史发展是合规律性和合价值性的统一。我们可以将此称为历史发展的两大路径依赖。从他的著作《哲学的贫困》中可以看出物质的和精神的两大依赖路径：“人们按照自己的物质生产率建立相应的社会关系，正是这些人又按照自己的社会关系创造了相应的原理、观念和范畴”。[③] 从他的著作《路易·波拿巴的雾月十八日》中也可以看出，在历史发展的物质路径的依赖上，“人们自己创造自己的历史，但是他们并不是随心所欲地创造，并不是在他们自己选定的条件下创造，而是在直接碰到的、既定的、从过去承继下来的条件下创造”。[④] 在历史发展的精神路径的依赖上，“一切已死的先辈们的传统，像梦魔一样纠缠着活人的头脑”。[⑤]

马克思坚定地认为康德所说的那个永远无法达到的彼岸世界一定能够被人类的认识和实践一个一个达到。作为可知论者，他让我们从宿命论中摆脱出来，坚定人类解放和社会进步的信念，把人生、把社会作为一个对象物去看待，去塑造。在黑格尔看来，人与动物的本质区别就在于人能够在自己的对象里反观自身，认识自身，复现自身。在马克思看来，人类在本质力量的对象化过程中能动地改造主客观世界，才有了人类的进步和社会的发展。他用科学的实践观将主客观世界的改造统一起来，并通过对人类文明史的考察，创立了用来说明五千年文明史的历史踪迹的唯物主义历史观。

---

① 《马克思恩格斯文集》第4卷，人民出版社2009年版，第561—562页。

② ［法］保罗·利科：《哲学主要趋势》，商务印书馆1988年版，第285页。

③ 《马克思恩格斯文集》第1卷，人民出版社2009年版，第603页。

④ 同上书，第470页。

⑤ 同上书，第471页。

有了对人类历史的这种唯物主义解释，人类的认识得到了极大提升，一是从物质生产的终极决定作用出发，我们可以窥见到未来文明的走向；二是以物质生产力为依据，我们得以把握社会进步的脉搏；三是以物质生产为动力，我们可以解释政治文明、社会文明、精神文明发展过程中的许多困惑；四是以物质的力量为基石，我们可以让精神有坚实的栖息地和依托，从而伸展人类的伟大创造力；五是以唯物史观为线索，我们可以真正看到和尊重人民群众的伟大力量。当年，资产阶级古典经济学家亚当·斯密，作为一个今天被我们看作是“价值中立”的楷模的思想家，已经敏锐地看到并同情社会下层劳动人民的力量和处境，但同时，他并没有触及到事情的核心，社会现实和同情心没有使他认识到最广大的劳动者的深沉力量，他只是指出占社会大多数的普通劳动者的利益与社会整体利益息息相关，但是这些普通的劳动者却没有能力意识和领会到自身利益与这种一般的社会利益之间的真正关系，事实上，社会底层的劳动者的视野是“局限的”，他们很少有发言的机会，即使有，也很少被真正倾听、尊重和采纳。遗憾的是，斯密虽然意识到了现实的困境，却无法给出有效的解决方案。而马克思的唯物史观确证了人民群众的伟大力量，找到了实际上推动历史进步的伟大主体。

二　马克思并不是物质崇尚论者，只是在大工业的启迪下揭示了人类文明史的物质生产决定的必然性

达尔文告诉我们，科学就是发现事实，以便从中得出普遍的结论。马克思毕生追求真理，生在资本主义蓬勃发展的时代，他只完成了一件事：发现资本主义时代的历史事实，得出资本主义社会的历史结论。唯物主义历史观的揭示，是对特定历史时代的历史必然性的理论描述，并不是说马克思主义者只崇尚物质和物质生产，也绝没有要把物质生产强加给人类社会生活的意思，更没有提出武断的物质决定论或经济决定论。在马克思看来，唯物主义的历史过程伴随着人类的文明史。

马克思的唯物主义历史观是基于精神生活依赖于物质生产的事实，是基于大工业时代物质资料生产超越于自然界对人类生存的限制作用的历史时代，没有马克思，别人也会把这种历史观揭示出来。比如，恩格斯晚年就指出了这一点，并高度赞扬美国人类学家摩尔根在他的《古代社会》

一书中对人类社会所作的唯物主义推论，指出摩尔根用自己的方式独创性地对历史作了唯物主义解释，在主要问题上得出了和马克思惊人相似的结论。

正如马克思在《哲学的贫困》中所说："每个原理都有其出现的世纪。"① 唯物主义历史观的最终揭示，是马克思从资产阶级大工业给人类社会带来的巨大飞跃中看出来的，是马克思通过对比资产阶级文明与过去的文明的差别看出来的，而不是从马克思天才的大脑中突发奇想的，更不是马克思坐在书房里凭空杜撰的。他是从工业的历史和工业的已经产生的对象性的存在中看出了资产阶级社会最终战胜封建社会的物质力量，从而指出资产阶级社会以前的人们只是从绝对精神领域或理论领域寻找人的力量和人的本质，他们都陷入了唯心主义的泥潭，正如马克思在《1844年经济学—哲学手稿》中指出的：资产阶级开创的大工业，"是一本打开了的关于人的本质力量的书，是感性地摆在我们面前的人的心理学"②。由此推断以往的人类历史，统治阶级和剥削阶级总是把社会进步和历史发展的功劳记在他们这些有财产、有特权、有文化的人身上，而对千千万万劳动人民的物质生产和精神贡献不屑一顾。

作为一种历史哲学观，它从发生学意义上揭示了人们的正确思想路线，即必须从物到感觉和思想而不是相反，这是对历史真理的揭示。有人把马克思的唯物主义历史观的"唯物"片面地理解为物质决定论。其实，在马克思看来，用来说明唯物史观的最重要理论依据——物质资料的生产是人类社会的第一个实践活动、是人类历史的动力，并不表明物质生产本身是人类的最终宿命。物质生产对于精神活动的决定作用是一回事，物质生产本身在不同历史时代的特点变化及其的人们对物质生产拜物教般的崇尚是另一回事。在历史领域里，人们容易把唯物史观理解为经济决定论。恩格斯晚年的书信中对纠正经济决定论有过反复论述。他坦言："青年们有时过分看重经济方面，这有一部分是马克思和我应当负责的。"③ 其实，在《资本论》第三卷中，马克思明确指出，自由王国"存在于真正物质

① 《马克思恩格斯文集》第1卷，人民出版社2009年版，第607页。

② 《马克思恩格斯文集》第1卷，人民出版社2009年版，第192页。

③ 《马克思恩格斯文集》第10卷，人民出版社2009年版，第593页。

生产领域的彼岸。[1] 当人类真正摆脱物的依赖时代、真正超越物质生产领域的时候，真正属于人的生产的时代就会到来。但是物质生产本身的历史必然性必须要靠物质生产来超越。一个国家、一个民族，只有奠定大工业的基础，极大地提高工业劳动生产率，实现工业化进而实现城市化，通过大工业实现人的实质解放，才能进入文明新境界，虽然这个过程要付出代价。而鄙视劳动，鄙视物质生产，鄙视劳动人民，会使人类解放的物质基础难以奠定，贫困现象难以遏制，社会动乱难以消除。正如马克思和恩格斯在《德意志意识形态》中所说，“在极端贫困的情况下，必须重新开始争取必需品的斗争，全部陈腐污浊的东西又要死灰复燃。”[2]

三　马克思并不是阶级崇拜论者，只是揭示了人类文明史的阶级和阶级矛盾的客观事实

阶级和阶级斗争学说的发明权不属于马克思而是属于新兴的资产阶级，最早可以追溯到社会主义思想家圣西门。马克思在《致约·魏德迈》的信中指明了这一点：“……至于讲到我，无论是发现现代社会中有阶级存在或发现各阶级间的斗争，都不是我的功劳。在我以前很久，资产阶级历史编纂学家就已经叙述过阶级斗争的历史发展，资产阶级的经济学家也已经对各个阶级作过经济上的分析。我所加上的新内容就是证明了下列几点：（1）阶级的存在仅仅同生产发展的一定历史阶段相联系；（2）阶级斗争必然导致无产阶级专政；（3）这个专政不过是达到消灭一切阶级和进入无阶级社会的过渡……”[3] 建立了资产阶级的阶级斗争历史学说的法国政治家基佐就是其中的代表人物之一，他在《欧洲文明史》中提出了第三等级反对封建制度的斗争乃是历史进程的主要动力的论点。资产阶级以前的社会虽然就有阶级和阶级之间的斗争，但自然的和社会的宗教统治，使人们把这一切看成天经地义的事情，而且在奴隶社会，等级森严，参与阶级斗争的只是少数人。正如恩格斯所说：“在古罗马，阶级斗争只是在享有特权的少数人内部进行，只是在

---

① 《马克思恩格斯文集》第 7 卷，人民出版社 2009 年版，第 928 页。

② 《马克思恩格斯文集》第 1 卷，人民出版社 2009 年版，第 538 页。

③ 《马克思恩格斯文集》第 10 卷，人民出版社 2009 年版，第 466 页。

富有的自由民与贫穷的自由民之间进行，而从事生产的广大民众，即奴隶，则不过为这些斗士充当消极的舞台台柱。”① 当新兴的资产阶级用经济力取代权力的时候，封建特权的世袭者和资产阶级暴发户之间开始了殊死的抗争，阶级斗争开始简单化，两极对立开始明朗化，两大阶级之间的斗争开始白热化，资产阶级历史编纂学家和政治家由此指出阶级和阶级斗争是一个历史事实。

绝不能认为马克思崇尚阶级和阶级斗争，他只是在他生存的那个时代看到了工人阶级受到的阶级压迫和统治这个事实。马克思恰恰是反对阶级现象的存在和要消灭阶级斗争的。他在人类历史上第一次明确指出阶级和阶级斗争不是永恒的，只是和历史发展的一定阶段相伴随的必然产物。阶级斗争发展到一定历史阶段，人类会找到消灭阶级和向无阶级社会过渡的办法和手段。马克思因而构想了社会主义或共产主义社会这个理论假说。马克思和恩格斯在《共产党宣言》中明确指出，无产阶级并不迷恋于阶级和阶级斗争，阶级斗争是他们迫不得已的办法。如果说他们不得不必须要组成为阶级，如果说他们不得不必须要用阶级斗争的途径获得自己的解放，那么，当他们走上社会统治舞台的时候，就有一个伟大的使命，消灭阶级，消灭阶级重新产生的条件，从而最终消灭自己这个阶级对社会的政治统治。可见，在共产主义运动史上，阶级斗争扩大化，阶级专政的滥用，都是和马克思主义的本意相违背的。

阶级和阶级之间的斗争是历史上的剥削阶级和统治阶级不愿意承认和竭力抹杀的。阶级现象比等级现象要进步，阶层现象比阶级现象要进步。等级现象的本质是政治利益的排斥，阶级现象的本质是经济利益的抗衡，阶层现象的本质是社会分工的要求。在历史上，任何一个统治阶级都想调和社会矛盾，遏制社会冲突，但由于财产占有的不合理、财富分配的不公正、剥削制度的不人道，阶级矛盾总是难以消除，并不断地由利益摩擦上升到经济斗争，甚至上升为政治斗争，迫使被剥削、被统治阶级不断付出流血的代价来争得自己的利益。

那么，怎样才能使社会进步不以历史上经常出现的暴力革命、流血牺牲为代价呢？马克思在《哲学的贫困》中回答了这个问题：“只有在没有

① 《马克思恩格斯文集》第 2 卷，人民出版社 2009 年版，第 466 页。

阶级和阶级对抗的情况下，社会进化将不再是政治革命。而在这以前，在每一次社会全盘改造的前夜，社会科学的结论总是：‘不是战斗，就是死亡；不是血战，就是毁灭。问题的提法必然如此。’（乔治·桑）”①可见，通过解放和发展生产力，达到消灭剥削、消除两极分化，最终实现共同富裕这个社会主义的本质提炼得多么深刻，构建社会主义和谐社会的任务多么艰巨。

四　马克思并不是重物轻人，正是他指出了社会进步的动力来自人民，人类解放的目的是让人成为人

长期以来，因“左”的影响和历史的曲折，社会主义国家的学术界把对人性、人道主义、人的自由和价值、人的自主活动等与马克思主义对立起来。哲学上对人本身的价值和意义的讨论往往被认为是背离历史唯物主义的，陷入资产阶级人道主义和抽象的人性论，对以不同方式把人当作哲学的出发点和归宿的西方人本主义哲学思潮持全盘否定的态度。

20世纪80年代以来，哲学界对西方人本主义思潮的各派哲学的简单否定已属少见，特别是20世纪80年代中期以后，随着对马克思早期著作的研究，人们发现马克思本人非常明确地要求“从现实的，有生命的个人本身出发”，②也就是把“从事实际活动的人”当作他的全部理论的出发点，他认为“人们的社会历史始终只是他们的个体发展的历史”，③未来理想社会以每个人的全面自由的发展为基本原则。“全部历史是为了使‘人成为感性意识的对象和使‘人作为人’的需要成为需要而做准备的历史（发展的历史）。”④马克思在后来谈到关于生产力、生产关系、家庭、市民社会、国家等的历史唯物主义基本观点时，也指出它们与个人的自主活动密切相关。

诚然，马克思所指的人，不是抽象的人，而是现实的人。马克思指出：“首先要研究人的一般本性，然后要研究在每个时代历史地发生了变

---

①《马克思恩格斯文集》第1卷，人民出版社2009年版，第655页。

②同上书，第525—526页。

③《马克思恩格斯文集》第10卷，人民出版社2009年版，第43页。

④《马克思恩格斯文集》第1卷，人民出版社2009年版，第194页。

化的人的本性。”[①] 可见，马克思指出人的阶级性，是由他的学说的革命批判性特点和当时的社会历史任务决定的。正如卢卡奇所指出的：“历史唯物主义方法的本质和无产阶级的‘实践的和批判的’活动是不可分割的：两者是同样的社会发展过程的方面。同样，由辩证法所提供的关于现实的认识，也同样和无产阶级的阶级立场分不开。”[②] 应该看到，马克思在分析社会关系的时候，强调的是一定阶级关系中的人；但在他分析人与自然、人与技术、人与物质财富的关系的时候，是从人的主体性着眼的。

在马克思看来，人是目的，物质资料生产是手段。在他和恩格斯合著的《共产党宣言》中就指出：“在资产阶级社会里，活的劳动只是增殖已经积累起来的劳动的一种手段。在共产主义社会里，已经积累起来的劳动只是扩大、丰富和提高工人的生活的一种手段。”[③] 1856 年，马克思指出了大工业和技术进步给人带来的恶果：“我们的一切发明和进步，似乎结果是使物质力量成为有智慧的生命，而人的生命则化为愚钝的物质力量。”[④]

可见，马克思的唯物主义历史观强调三个方面的内在联系：现实的人、人的活动、物质生活条件。这三个方面，人的主体性显而易见。物质生产是因人、为人、由人而产生和发展的。西方马克思主义者，从卢卡奇到弗洛姆，从布洛赫到马尔库塞，实际上都看到了对物质生产决定作用的误解，因而主张恢复人在马克思主义哲学中的中心地位，这是有一定道理的。

长期以来被视为权威见解的是，物质第一性是马克思主义的出发点，好像马克思主义是见物不见人的，现在人们进一步认识到，马克思哲学变革的根本意义，就在于他由费尔巴哈的抽象自然界和黑格尔的抽象观念，转向了现实的、有生命的、从事实际活动的人。马克思批判了费尔巴哈的人本主义，但正是批判他的自然主义倾向和抽象性，强调了人的能动性和实践性，强调了人的自由和价值。

---

① 马克思：《资本论》第 1 卷，人民出版社 1975 年版，第 669 页。

② 卢卡奇：《历史和阶级意识》，重庆出版社 1989 年版，第 25—26 页。

③ 《马克思恩格斯文集》第 2 卷，人民出版社 2009 年版，第 46 页。

④ 《马克思恩格斯文集》第 2 卷，人民出版社 2009 年版，第 580 页。

五 马克思并不是历史终结论者，只是揭示了人类解放的必然环节、坐标或参照系

历史观要回答的三大追问之一是我们向哪里去？马克思虽然公正地指出了资产阶级及其社会的伟大进步作用，指出了资产阶级社会肩负着为未来的新社会奠定物质基础和造就有深刻感受力的全面发展的人的使命。但他没有被资本主义上升时期的辉煌所迷惑，以大无畏的批判和反思精神，揭示了当时新兴的资本主义制度的种种弊端，指出它不是新的千年王国，而终究要被更合理的社会制度所代替。

历史上任何一个新社会制度处于诞生和上升时期的时候，人们都对它无限崇拜，希望这是一个新的千年王国，希望它能保持千秋万代，给人类解放和社会生产力带来伟大进步，资产阶级社会也是被这样认为的。至今资产阶级学者和资产阶级社会的统治者也是这么认为的。他们甚至认为人类文明的大道只有这一条，别的文明、别的民族，别的国家离开了他们的模式就无法生存。但是，就像自然界一样，大树、侧柏、小草各有各的生存方式和空间，紫罗兰和玫瑰花不能发出同样的芬芳。通向罗马的路不只有一条。任何科学本来就是一种假说，是主观见之于客观的东西。许多科学真理要通过长时间的检验和不断修正才能被认可。恩格斯在《自然辩证法导言》中就指出，认识社会规律比认识自然规律还要难得多。唯物史观指出的是社会发展由野蛮到文明、由必然到自由的总趋势，而不是要给出所有问题的答案，不是要把所有真理都包揽怀中。

但是，人类社会的发展总得有个目标，人类社会的进步总得有个参照。马克斯·韦伯指出：连理想都不敢追求的人，在现实中能追求什么？马克思提出的共产主义理想，不是马克思发明的，消灭私有制、共同拥有财产、遏制两极分化这些社会理想是公元前400多年就被人类思想家亚里士多德、柏拉图等人提出来了，两千多年来，针对人类社会顽强存在的奴役现象，即种种的经济贫困、精神屈辱、政治依附、社会排斥，社会的自组织能力从来也没有消失过，社会改革理想从来就没有中断过，我们今天提出的按需分配、和谐制度等都是马克思主义诞生以前就被提出来的。

要真正爱护马克思主义，就应该明确指出，哪些原理是马克思主义创始人独创的或首创的，哪些原理是马克思主义创始人综合归纳前人的，这

才是实事求是的科学态度。把马克思主义说成是无所不包无所不能的东西，就等于说成是神，这样，当他们的一些原理不能说明现实问题的时候，神就破灭了；把马克思、恩格斯看作是有血有肉有思想有缺点的人，他们的一些原理不能解释现实，是因为时代发展了，马克思、恩格斯还是伟人。社会主义是人类历史上最伟大的社会试验，是自觉利用社会发展规律主动创造历史的伟大尝试，无论前进道路上有多少曲折，生产力的高度发展和人的全面发展的社会都是人类历史发展的必然趋势，而以扬弃私有制为目标的共产主义运动是人类社会改革的必然选择，这条道路是唯物主义历史观科学地指明的。绝对真理和相对真理据此统一起来，我们党的最高纲领和最低纲领依据此统一起来。

从马克思《1844 年经济学—哲学手稿》我们可以看出，人类的历史是一个不断走向自由王国的历史，是一个不断把人的世界和人的关系还给人自己的历史，只要还有奴役、饥饿和不公正，人类解放的任务就没有完成，而共产主义是一个标志性的构想，是人类最文明大厦的一个轮廓，是人类精神追求的一个坐标，是人类解放程度的一个参照，是人类真正脱离奴役、压迫、非人道的历史过程，从而是进入真正属于人的历史的一个里程碑，是人类解放的转折点，是人类向更伟大的文明社会跨越的基石。马克思对人类解放的这个承诺和指向，已经成为留给后人的最伟大思想传统，后人可以据此从不同方向，加入到这一传统的传承和创新之中，用自己的实践开拓出不断前行的路径。从这个意义上来说，马克思的思想是永恒的。

唯物史观诞生于工业文明超越农耕文明的转折时期，如今大工业已经以其强大的物质力量改写了人类文明史的进程，很大程度上推进了人类解放，这是唯物史观最雄辩的证实。唯物史观的本质是为大工业的崛起扫清认识障碍，为从事物质生产的人放歌，对精神和物质关系的背离发起批判。人类工业化的进程已经证明了不是绝对精神而是科学技术是最强大的生产力，精神的东西的根源和去向必须得在物质中找寻。人民群众的利益已经成为任何一个国家或政党不得不顾及的利益，马克思为劳动者利益的呐喊体现了一种永恒的精神。资本主义制度实际上已经被不断改造，而社会主义因素的增长客观上已成为世界历史潮流。从生产力、生产关系（经济基础）与上层建筑角度分析人类社会实际上已经成为一种科学的分析模式，无论批判它的人还是肯定它的人都在借助它。各种诋毁、偏见、歪曲、利用、误读使唯物史观蒙受了损失，但最终谁也无法抹杀它的历史光辉。人类今天的发展客观上已经证明了唯物史观的历史性胜利。

归纳起来讲，马克思唯物主义历史观留给我们的跨时空启迪在于：1. 对人类历史的分析必须深究其历史条件特别是挖掘其深刻的经济根源；2. 对人类历史的认识必须从偶然性和无序性深入到必然性和规律性的探索；3. 对人类历史的解释必须从固定和僵化的思路转变为联系和发展的思路；4. 对人类历史的研究必须依据于客观历史资料而不能依赖于主观的推测；5. 对人类历史的演进必须着眼于人民群众的创造而不是统治阶级和天才人物的活动。

第三节　马克思剩余价值学说的跨时空贡献

恩格斯高度评价了马克思的剩余价值学说，他认为，马克思剩余价值学说，“使明亮的阳光照进了经济学的各个领域，而在这些领域中，从前社会主义者也曾像资产阶级经济学家一样在深沉的黑暗中摸索。科学社会主义就是以这个问题的解决为起点。”① 恩格斯还指出：“自从世界上有资本家和工人以来，没有一本书像我们面前这本书那样，对于工人具有如此重要的意义。资本和劳动的关系，是我们全部现代社会体系所围绕旋转的轴心，这种关系在这里第一次得到了科学的说明，而这种说明之透彻和精辟，只有一个德国人才能做得到。欧文、圣西门、傅立叶的著作现在和将来都是有价值的，可是只有一个德国人才能攀登最高点，把现代社会关系的全部领域看得明白而清楚，就像一个观察者站在高山之巅俯视下面的山景一样。”②

马克思的剩余价值学说，以其科学的论证，无情地揭示了以平等、自由、博爱著称的资产阶级社会仍然是几千年剥削社会史的延伸，是剥削形式的文明化和隐蔽化，最终消灭剥削任重而道远。剩余价值学说还第一次揭示了从价值回归规律到价值扩张规律的历史转变

---

① 《马克思恩格斯文集》第 26 卷，人民出版社 2014 年版，第 213 页。

② 《马克思恩格斯文集》第 3 卷，人民出版社 2009 年版，第 79 页。

是资产阶级完成的，并成为由资产阶级社会引发的左右着现代市场经济的新的看不见的手。剩余价值学说还证明了活劳动或抽象劳动是创造价值和新价值的终极源泉，这些原理都是穿越时空的对人类社会科学伟大贡献。

一　马克思并不是对剥削独有偏见，他最关键的是揭示了资产阶级社会仍然有剥削这样一个历史事实

人类社会经历了几千年的文明史。几千年的文明史既是人类社会的发展史、进步史，同时又是人类社会的分化史，财富占有从野蛮到文明、从公开到隐蔽、从无耻到虚伪的历史。到了资本主义社会，还有没有剥削？

马克思对剩余价值学说的研究建立在这样几个关键性的理论概念之上：具体劳动与抽象劳动、劳动力与劳动、活劳动与死劳动、形式上的等价交换的商品生产所有权规律与实际上的资本主义对剩余劳动的无偿占有规律、资本主义工资形式等。

马克思用它的研究无情地证明了，运行了几千年的商品生产所有权规律，这个被认为天经地义、田园诗般的规则下的社会，到了资本主义时代，已经被资本主义占有规律所替代，这个规律就是，谁有资本，谁就有对剩余劳动的占有权，资本越多，占有的剩余劳动就越多，就越能更多地积累资本，这不也是天经地义的吗？

资本付出的仅仅是劳动力价值，而使用的却是劳动本身。资本用活劳动、现在劳动去推动死劳动、过去劳动，在具体劳动转移旧价值的同时，利用工人的抽象劳动创造新价值，从而获得剩余价值。资本主义工资形式使得资本主义社会的必要劳动和剩余劳动都变得好像是有报酬的劳动。资本主义社会是人类历史上最隐蔽的剥削制度。

在资产阶级由于打破封建枷锁、极大地解放和发展生产力的历史功绩被人们所认可的同时，资产者头上的光环是那么辉煌。那个时代的新兴的资产阶级认为，是他们养活了雇佣工人，是他们给予工人阶级以生活出路，工人阶级的低贱地位和悲惨处境是理所当然的。号称自由、平等、博爱的资产阶级在打破了曾压制过他们的封建等级制度的枷锁以后，实际上又以一个新的、简单化了的、由于市场上的等价交换关系而变得更文明的、由于金钱关系而变得更隐蔽的剥削制度代替了旧的。

二 马克思没有夸大资产阶级社会的剥削，而是揭示了剥削形式的隐蔽化、文明化是阶级社会发展的必然趋势

从历史上地租的演化形式来说，从劳役地租到实物地租，再从实物地租到货币地租转变；从剩余价值的生产方法来说，从绝对剩余价值到相对剩余价值生产转变。这整个历史过程呈现出两个显著特点：一是人对人的关系这个本质逐步被物对人的关系这个现象所取代；二是人对人奴役的形式逐渐从野蛮走向文明。这就是对资本主义社会剥削制度本质的揭示对人类社会的贡献如此之大的原因。

马克思向我们证明了，人类阶级社会的历史是一部被统治阶级和统治阶级、被剥削阶级和剥削阶级之间阶级斗争的历史，这个历史到了资产阶级时代并没有终结，只不过是新的阶级、新的剥削形式代替了旧的。资产阶级把人从人身依附关系中解放出来，这是它对人类文明的重大贡献；资产阶级用形式上的等价交换和契约关系彻底否定了历史上的暴力关系和特权关系，这也是它对人类文明的重大贡献。这反映出随着生产力发展和人类文明进步，剥削现象的逐步隐蔽化、文明化是人类社会发展的必然趋势。

固然，马克思当年对资本主义的无情批判，是基于资本主义野蛮剥削的历史事实，是基于要揭露资本主义表面上的自由平等博爱的实质的目的，是基于要拨开笼罩在资本主义文明上的晕环的目的，是基于要否定资本主义永恒的错误认识的目的。但从整体的马克思文献来分析，在马克思对资本主义无情批判和鞭笞的同时，资本主义剥削形式的隐蔽化和文明化这样一个必然的历史趋势已经被马克思揭示出来了。

这里的文明化，就是指资本主义大工业本身的发展以及资本主义国家工厂法的建立和完善。关于大机器对劳动者的影响，马克思在《资本论》中论述工厂制度对家庭手工业的反作用时指出："现代工场手工业中对廉价劳动力和未成熟劳动力的剥削，比在真正的工厂中还要无耻，因为工厂所拥有的技术基础，即代替肌肉力的机器和轻便的劳动，在现代工场手工业中大多是不存在的……而这种剥削在所谓的家庭劳动中，又比在工场手工业中更无耻……"[①] 关于工厂法的建立和完善对野蛮剥削形式的遏制，

---

① 《马克思恩格斯文集》第 5 卷，人民出版社 2009 年版，第 532 页。

马克思在《资本论》中指出："工厂法从一个只在机器生产的最初产物即纺纱业和织布业中实行的特殊法，发展成为整个社会生产中普遍实行的法律，这种必然性，正如我们已经看到的，是从大工业的历史发展进程中产生的。"[①] 马克思举例指出，在1867年英国工厂法立法产生后，"统治阶级的议会不得不被迫在原则上采取非常的和广泛的措施，来防止资本主义剥削的过火现象。"[②]

这里的隐蔽化，就是指随着资本主义的发展，剥削形式和剥削手段从公开到隐蔽。绝对剩余价值生产过程的剥削形式是公开的，资本家要把工人的劳动时间扩展到他们的生理界限以外。到了相对剩余价值生产时期，随着整个社会技术进步和劳动生产力的提高，人们看到的巨大变化"只是在大工业中，人才学会让自己过去的、已经对象化的劳动产品大规模地、像自然力那样无偿地发生作用"。[③]

这就使得资本主义生产过程中对劳动者的剥削现象变得更加隐蔽了。这种隐蔽化可以从两个方面来分析。

其一，诚然，一般人难以严格区分一般劳动过程、价值形成过程与价值创造和价值增殖过程的界限。在马克思看来，生产资料是劳动过程的物质要素，也是价值形成的物质要素，因为劳动对象是劳动的吸收器，劳动手段是劳动的传导体，没有劳动的吸收器和劳动的传导体，劳动是不会成为价值的。但是，生产资料本身不是新价值的源泉，当然也就不会是剩余价值的源泉，只有活劳动才是新价值的源泉。资本的所有者宁肯利用机器生产的神奇效果贬低活劳动的作用，也要掩饰自己的剥削。"只是在采用机器以后，工人才开始反对劳动资料本身，即反对资本的物质存在方式。"[④]

其二，机器大工业的发展给工人阶级的命运造成的直接影响是，相对剩余价值的生产，劳动生产力的提高，市场竞争的加剧，使得过剩的劳动人口急剧增加，反过来又导致从业工人的状况恶化。正如马克思所说："工厂制度的巨大的跳跃式的扩展能力和它对世界市场的依赖，必然造成

---

① 《马克思恩格斯文集》第5卷，人民出版社2009年版，第563页。

② 同上书，第568页。

③ 同上书，第445页。

④ 同上书，第492页。

热病似的生产，并随之造成市场商品充斥，而当市场收缩时，就出现瘫痪状态。”① 在这种情况下，工人会把自己命运不济看作是市场竞争的结果，从而是资本主义剥削隐蔽化。

特别是在晚年，马克思对资本主义社会改革的进步是给予了肯定的。如马克思在《资本论》1867年第一版序言中，就指出：“在英国，变革过程已经十分明显，它达到一定程度后，一定会波及大陆。”②

站在唯物主义历史观的立场上，这里呈现了一个人类阶级社会发展过程中的剥削现象的隐蔽化、文明化的倾向或趋势。这就是我们从马克思剩余价值学说中读出的深层次的东西。

三　马克思并不是对资本家阶级有偏见，他批判的是当时被称为新千年王国的资本主义制度本身的罪恶和弊端

马克思痛恨的是把人作为手段和工具，把财富和价值作为目的的社会制度，他认为资本主义社会背离了人是目的这个原则，这是一个物统治人的社会，人类社会发展到这个处境是令人担忧的。马克思指出：“古代的观点和现代世界相比，就显得崇高得多，根据古代的观点，人，不管是处在怎样狭隘的民族的、宗教的、政治的规定上，总是表现为生产的目的，在现代世界，生产表现为人的目的，而财富则表现为生产的目的。事实上，如果抛掉狭隘的资产阶级形式，那么，财富不就是在普遍交换中产生的个人的需要、才能、享用、生产力等的普遍性吗？财富不就是人对自然力——既是通常所谓的‘自然力，又是人本身的自然力——的统治的充分发展吗？财富不就是人的创造天赋的绝对发挥吗？这种发挥，除了先前的历史发展之外没有任何其他前提，而先前的历史发展使这种全面的发展，即不以旧有的尺度来衡量的人类全部力量的全面发展成为目的本身。在这里，人不是在某一种规定性上再生产自己，而是生产出他的全面性；不是力求停留在某种已经变成的东西上，而是处在变易的绝对运动之中”。③ 马克思绝不是和哪个具体的资本家个人过不去，也没有从个人素

① 《马克思恩格斯文集》第5卷，人民出版社2009年版，第522页。

② 同上书，第9页。

③ 《马克思恩格斯文集》第8卷，人民出版社2009年版，第137页。

质、个人伦理道德上批判资本家这些自然人，他批判和否定的是以资为本的社会制度，而资本家本人只不过是这个制度的人格化。马克思在《资本论》1876年第一版序言中指出："我决不用玫瑰色描绘资本家和地主的面貌。不过这里涉及的人，只是经济范畴的人格化，是一定的阶级关系和利益的承担者。我的观点是把经济的社会形态的发展理解为一种自然史的过程。不管个人在主观上怎样超脱各种关系，他在社会意义上总是这些关系的产物。同其他任何观点比起来，我的观点是更不能要个人对这些关系负责的"。①

四　马克思并不是认为资本主义制度不该存在，而是认为资本主义制度不能永恒

在《共产党宣言》中，青年马克思和恩格斯给资本主义下了病危通知书，根据当时资本主义的矛盾特征得出了资本主义的丧钟就要敲响了的结论。但是，在马克思、恩格斯后来的著作中，这一认识得到改变。比如理论界熟悉的他们从"两个必然"到"两个绝不会"的思想变化，并且他们指出这个阵痛过程既不能跳过也不能用法令取消自然的发展阶段。②

实际上，马克思对资本主义制度批得最狠，同时对资本主义制度的历史功绩赞美得也最多。在他和恩格斯合著的《共产党宣言》中，实事求是地历数了资产阶级来到世间，在八个方面的历史贡献，包括：1. 破坏了封建宗法关系和道德观念；2. 第一次展示了人的创造能力；3. 把变革作为生存条件；4. 开创了经济全球化的过程；5. 把一切民族都卷入到文明中来；6. 推进了城市化的进程；7. 造成了政治的集中和统一；8. 创造了巨大的社会生产力。在马克思看来，资本主义制度肩负着为新社会制度奠定物质基础和造就有深刻感受力的人的使命。马克思恩格斯在《共产党宣言》中批判资产阶级的社会主义时指出："在资产阶级看来，它所统治的世界自然是最美好的世界。资产阶级的社会主义把这种安慰人心的观念制成半套或整套的体系。它要去无产阶级实现它的体系，走进新的耶路撒冷，其实它不过是要求无产阶级停留在现今的社会里，但是要抛弃他们

---

① 《马克思恩格斯文集》第5卷，人民出版社2009年版，第137页。

② 《马克思恩格斯文集》第5卷，人民出版社2009年版，第10页。

关于这个社会的可恶的观念。"①而马克思认为，资产阶级社会不是永恒的，它自身运动过程本身就创造着自我否定的条件，而这个制度的各种弊端发展到了让人无法忍受的程度的时候，新的阶级力量就历史地成为这个旧制度的掘墓人。资产阶级社会必然为更美好的社会制度所代替，这是历史发展的必然趋势。当然，新制度代替旧制度所采取的手段和方法不同，道路选择和途径不同，经历的挫折和磨难不同，但最终的代替是必然的。

五　马克思并不是对资本扩张有排斥，他只是科学揭示了价值增殖规律是市场经济运行的基本经济规律

剩余价值学说揭示了资本家剥削的秘密，揭示了剩余价值规律是资本主义生产方式的绝对规律。但是马克思揭示的这个科学事实，既不是从道义非道义出发，也不是从对资本家单个人的好恶出发，既不是从社会表层来观察，也不是从一般现象来观察。"这个问题必须解决，而且要排除任何欺骗，排除任何暴力的任何干涉，用纯粹经济的方法来解决。"② 从根本上说，马克思是从人类社会发展规律角度来分析的，是将资本主义社会作为人类历史上一个特定的文明阶段来分析的，是从资本主义制度角度来分析的，是从当时人类社会发展的趋势推测和从人类命运的终极关怀出发来分析的。

因此，马克思敏锐地发现了，资产阶级以前的小商品生产者追求的是价值实现，其最终目的是商品的使用价值，即 W—G—W，其实质是为买而卖；资产阶级社会追求的是价值增殖，其最终目的是价值，即 G—W—G，其实质是为卖而买。从唯物主义历史观的角度分析，资产阶级社会的历史进步性和资产阶级社会推动生产力发展的原因就在于资产阶级第一次抓住了商品价值这个本质性的东西，抓住了商品内在的使用价值和价值这对矛盾的主要方面，从而使使用价值的问题迎刃而解。

价值规律是商品经济的基本经济规律，但其作用的方式和内涵是随着人类社会的演进、随着不同的社会经济制度的发展而嬗变的。在交换领域中，价值规律在商品经济和发达商品经济（即市场经济）时代始终表现

① 《马克思恩格斯文集》第 2 卷，人民出版社 2009 年版，第 61 页。

② 《马克思恩格斯文集》第 9 卷，人民出版社 2009 年版，第 212 页。

为等价交换的规律；在生产领域中，价值规律在简单商品经济时代表现为小生产者追求价值回归的必然性，在资本主义商品经济时代表现为追求价值增殖的必然性，这就是被马克思发现的剩余价值规律，也就是西方学者所称的利润最大化原则；在资本和劳动的关系中，它表现为剩余价值规律，在资本家阶级之间的抗衡关系中，它分别表现为生产价格规律（其深层规律是等量资本等量利润规律或平均利润率规律）和垄断利润规律（或优势资本优势利润规律）。价值规律内容和形式在变化，但其本质不变，价值规律的嬗变是和商品经济或市场经济的发展相一致的。

马克思剩余价值学说启迪我们，市场经济运行的逻辑主体是资本，而运动目的与动力是价值增殖。撇开社会制度的区别，撇开道德评价，追求最大限度的价值增殖，是市场经济主体行为的直接目的和决定性动机，这是市场经济的内在要求。①

马克思据此指出资本家是资本的人格化，人格化的资本。西方经济学家所称的利润最大化原则，就是马克思早已发现的价值增殖规律。价值增殖是市场经济运行的轴心，它决定着市场经济运行的一切主要方面和主要过程，决定着市场经济主体的命运，决定着市场经济的发生、发展和终结的全过程。代表人类发展必然趋势的社会主义生产方式，中国社会主义初级阶段的市场经济体制，必须认识这个规律，遵从这个规律，利用这个规律，并在此基础上积极地扬弃这个规律。

六　马克思并不是见物不见人，正是他指出了活劳动或抽象劳动是创造剩余价值的终极源泉

马克思的劳动价值论为剩余价值学说提供了“劳动二重性理论”的支撑。马克思劳动价值理论揭示了活劳动在转移旧价值且创造新价值的整个劳动过程中的支配和主导作用。一个桌子比生产这个桌子的木材贵，这是因为这个桌子中包含了人的价值创造，谁使得一堆木材变成桌子的呢？人的劳动。按马克思的话来说，就是人的体力、脑力和精神力的总和。劳动创造价值的过程也就是通过劳动者的体力和精神力赋予原材料以新用途、新生命的过程，正因为活劳动对价值的创造得到了认可，我们才有了

① 戴文标等：《现代政治经济学》，浙江大学出版社2006年版，第119页。

今天的文明。我们可以试着用归谬法进行逆推：如果桌子不如木材贵，木材就不如原木贵，原木就不如大树贵，大树就不如小树贵，小树就不如树苗贵，树苗就不如小苗贵，小苗就不如沙漠贵，最后，我们的世界就将只剩下沙漠，那是多么可怕的景象呀！有形商品是这样，无形的知识商品和劳务商品也是这样，纯粹的体力劳动离不开精神创造，精神生产离不开体力付出，因而都体现着人类劳动的创造。只不过在商品经济和今天的市场经济条件下，价值的社会关系本质越来越明显，社会必要劳动时间的决定作用越来越明显。正如马克思在《资本论》中所阐明的："就使用价值来说，劳动具有下面这样的属性：它保存现有使用价值，则由于它提高现有使用价值，而它提高现有使用价值，是由于它把现有使用价值变成一种由最终目的所决定的新的劳动的对象。"① 马克思精确地证明了，一般的商品生产过程，是劳动过程与价值实现过程的统一；资本主义商品生产过程，是劳动过程与价值增殖过程的统一。对资本家来说，用来购买劳动力的可变资本的大小具有决定性意义。正是活劳动、现在劳动这个生产中的主观因素，是在转移旧价值的同时创造新价值和剩余价值的终极力量源泉。无论科学技术如何发展，无论劳动形式如何变换，无论劳动者的身份如何不同，"总体工人"的作用，活劳动的终极作用都是代替不了的。

当然，劳动创造和财富生产是有区别的。劳动是价值创造的唯一源泉。但从价值实现来说，价值的本质是社会交换关系，它必须要得到社会的认可。所以马克思在《哥达纲领批判》中强调劳动是使用价值或财富的源泉，而且劳动只有和各种非劳动生产要素结合在一起的时候才是使用价值或财富的源泉。这里，我们必须注意到马克思晚年观点的发展。可以看出，马克思晚年强调了三点：一是孤立地把劳动者和劳动的作用看的至高无上是不对的；二是劳动必须和各种要素结合起来，否则劳动就有可能成为不劳动的人的财富的源泉；三是劳动直接创造的是使用价值，是产品，是财富形式。从这个角度，我们可以把马克思的劳动价值论理解为劳动财富论，进而理解为以劳动为主导、其他要素为条件的劳动财富论。实际上，马克思的劳动价值论和剩余价值论是价值和剩余价值创造论而不是价值和剩余价值实现论，是价值和剩余价值的终极源泉论，而不是一般决

① 《马克思恩格斯文集》第 8 卷，人民出版社 2009 年版，第 74 页。

定论，是价值和剩余价值的必要条件论，不是价值和剩余价值的充分条件论。

马克思的剩余价值学说，并不是要论证资本的贡献这个被资产阶级认为天经地义的事实，而是要阐明劳动的贡献这个被资产阶级的阶级偏见所掩盖的事实。发现劳动力的特殊使用价值从而证明活劳动是价值和剩余价值的终极源泉是马克思揭示的伟大真理。

马克思发现了，世间一切商品中，只有劳动力商品的使用价值是价值或剩余价值的源泉，资产阶级正是通过雇用劳动制度挖掘了劳动力的使用价值，才有了资本的增殖和积累，剩余价值是资本积累的唯一源泉。从这个意义上说，马克思是人力资本理论的真正开拓者。

正是马克思用他的科学劳动价值论进而用剩余价值学说向全人类阐明了，应该还工人阶级以尊严，应该强调占人口绝大多数的劳动人民对社会发展的贡献，应该公正地指出，是谁创造了人类财富？是千百万劳动群众，一切归劳动者所有，不能容得寄生虫。

归纳起来看，马克思的剩余价值学说第一次揭示了高级阶段的市场经济下经济活动运行发展的内在规律。它启迪我们：1. 资本主义建立在对几千年文明史的商品经济文明基因发扬光大的基础上，是商品经济文明的逻辑衍生；2. 资本主义战胜封建社会的实质是事发权关系和契约关系战胜特权关系和人身依附关系。3. 资本主义摆脱了几千年小商品经济仅追求价值回归的局限，开创了追求价值增殖和扩张的新阶段；4. 在市场经济条件下，能获得剩余价值就能生存和扩张，否则就被市场竞争所淘汰；5. 剩余价值假说说明，资本主义不是剥削的终止，而是人类剥削形式的隐蔽化、文明化。

在轰动西方世界的著作《马克思的幽灵》中，德里达大声疾呼："不能没有马克思，没有马克思，没有对马克思的记忆，没有马克思的遗产，也就没有将来；无论如何得有某个马克思，得有他的才华，至少得有他的某种精神。"① 瑞安在《马克思主义与解构》中所说："历史是不确定性的另一个名称，永远向发展新理论体系的可能性敞开着。如果马克思主义是一门科学，那么，它便是一门历史科学。从它公理确立的那一刻起便开

① ［法］德里达：《马克思的幽灵》，中国人民大学出版社 1999 年版，第 21 页。

放自身，从而在历史运动中发展自身；它的公理总是即时的，因为历史是一个变化、修正和发展的领域，它的目的是开放。”① 意大利政治家贝林格在谈到马克思主义的生命力时指出：“一百年以来，全世界的文化（不仅是进步文化）都曾受到、并且仍在受到马克思的影响，留下它的痕迹，或是受到它的触动。它就像一把犁头，耕耘整个文化，以至于即使在当代，人们也不得不重视它。”②

今天，在我们发展中国特色社会主义伟大事业的历史进程中，挖掘和重温马克思主义的最基本的原理，特别是深入理解马克思主义创始人对人类社会的唯物主义解释与趋势预测，深入挖掘和理解马克思的剩余价值学说蕴含的科学原理，有利于我们坚定信念，坚持真理，推动马克思主义中国化的科学进程，推动中国社会主义改革开放的实践进程。

---

① Michael Ryan. Marxism and Deconstruction [M]. Baltimore and London, 1982, pp. 21.

② 转引自［保］米尔科·巴列夫《外国共产党纪念马克思逝世100周年文集》，人民出版社1985年版，第65页。

第二章　马克思主义批判精神的哲学诠释

第一节　对于批判概念的诠释

“现代尤为批判之时代，一切事物皆须受批判。”① 直面社会现实——生态破坏、资源枯竭、金钱崇拜、贪腐奢靡等——唯有保持清醒的头脑，对其进行深刻批判，方可确保人们的生活水平和生活质量，方可在当前社会中展现自身的意义，方能促成自身的全面发展。易言之，在批判的时代里，掌握批判这一技术，是生存和发展之所需。批判不该成为与我们失之交臂的陌路人。人类社会的日新月异，思想理论的累累硕果，都离不开“批判”。若失去批判性的维度，人类社会和理论成果将难以达至现有的高度。

那么，何谓批判呢？

1. 就批判的内涵而言，它是对是与非、曲与直、真与假、善与恶、美与丑、正与邪、有与无等的判定和褒贬。要对上述种种进行裁定，就需要一定的质疑能力、省察能力和选择能力。简言之，批判关乎人们对问题的判断、省察和选择，是人们对问题的生疑与解惑；批判也是立基于问题意识基础上的质疑精神、反思意识和实践精神的综合。

具体而言，批判产生于对已有理论和社会状况的疑虑，在对问题全面把握的基础上，开始对该问题“生疑”，体现出一种强烈的质疑精神；批判进程中要求对问题进行反复省察，考证问题的来龙去脉，审思问题的症结所在，要求批判的主体具有较强的反思意识；批判之后，即要依据所作的分析来对问题进行裁量，继而做出合理的选择，要求批判主体具有较强

---

① ［德］康德：《纯粹理性批判》，蓝公武译，商务印书馆 2009 年版，第 5 页。

的实践精神。

2. 就批判的发展理路而言，它实现了从“外在批判”到“内在超越”、从“形而上”到“形而下”、从“理论理性”到“实践理性”的转变。

在基本的解释原则和思维方式上，传统形而上学所言及的批判是“以‘外在超越’为根据的‘外在批判’”[①]。不安于现状，而谋求超越，即暗含着一种批判精神和批判态度。传统形而上学囿于二元对立——“真理”与“意见”（巴门尼德）、“静止”与“运动”（芝诺）、“存在”与“不在”（高尔吉亚）、“形式”与“质料”（亚里士多德）等，谋求的是一种“外在批判”。自苏格拉底自喻为神赐给雅典的“牛虻”[②] 后，传统形而上学便努力找寻度量“批判”的标准。发展至柏拉图的“理念世界”和“可感世界”的区分，这一标准才算是初步厘定。作为西方理想主义的“奠基地”——“理念”，其“真实意义在于它确立了对于可见的感性世界的批判维度，可知的理念世界代表着纯粹的、必然的、普遍性的真理领域，它为哲学超越感性世界、批判后者提供了先验的标准与尺度”[③]。作为批判理论的集大成者，康德从真（认识论）、善（道德）、美三方面完成了他的批判哲学体系，并确证了“先验自我”的立法原则和“绝对命令”（或“定言命令”）的道德法则，但他依旧未能跳出“外在批判”的圈子。上述种种批判的思想，都以外在的现实世界为根据，以广泛存在的二元对立为前提，以先验而绝对的框架为支点，都不可避免地削弱了批判的力度。这样的批判，囿于理论理性之中，必将是形而上的，是“有气无力”的“隔靴搔痒”。批判在黑格尔处，生发于本质和现象之间的分歧，“一事物就其本身而言是本质，或言之，一事物的必要发展是本质。现象是一事物的外部表现，即一事物如何在现实中展示自身”[④]。在黑格尔的语境中，“辩证的否定”被视为精神本体的本性，批判的基本范式便依此而确立；积极“扬弃”（保存、保持和停止、终结）被视为对待事物的方法，批判的基本思路便由此成型。经过三个环节和两次否定之后，事物必将显示出其自身

---

① 贺来：《“内在超越”与哲学的批判本性》，载《学术研究》，2010年第9期。

② “牛虻”，比喻通过责备而叮人，使人保持清醒的头脑。

③ 贺来：《“内在超越”与哲学的批判本性》，载《学术研究》，2010年第9期。

④ ［美］莱文：《不同的路径，马克思主义与恩格斯主义中的黑格尔》，臧峰宇译，北京师范大学出版社2009年版，第151页。

发展的辩证本性。至此，黑格尔提供了进行科学批判的重要方法——于自身内部生发出的否定和批判，来达成自我否定，继而实现“内在超越”。若说黑格尔的理论实现为批判的“内在超越”提供了可能的话，马克思的出现则使这一超越——“实践理性”——成为现实。马克思较早发现了传统批判范式的弊病，对黑格尔辩证批判方式进行了唯物主义翻转，确立了唯物主义辩证法和唯物主义历史观指导下的批判模式。以“感性对象性活动”为基石，以“从事实际活动的人”为出发点，以一切事物的“内在矛盾性”为根据，以变更现状和“改变世界”为归旨来妥善处理“外在”和“内在”、“形上”和“形下”、“理论”和“实践”的关系，实现了对批判的全面而准确的认知。

3. 就批判的内容来说，此处所言的批判既是一项实践活动，亦是一种理论成果。

作为实践活动的批判，其内容源自社会现实，因为“社会生活在本质上是实践的”①。无论是从发生学意义上考察人类的“第一个历史活动”——“生产物质生活本身”，还是从存在论的视角确证“第二个事实”——“新需要”的产生，或是从生命延续角度思索“第三种关系”——生命的生产，抑或是考察“原初历史”的“第四方面”——生产力水平决定生产和交往方式，这些都使得人们的想象、思维、精神交往、批判的基本内容与人们的实践活动息息相关变得不言自明。作为实践活动的批判，其主题——对现存世界的诠释、对变更世界的指导和对未来世界的预判——也同实践有着莫大渊源。对现实世界的把握，不能囿于现实的合理性而不可自拔，亦不能无视现实而“指点江山”，需要以辩证的方法，用革命的和批判的态度仔细审视，并借此对当代的斗争和愿望作出“当代的自我阐明”，继而实现对现存世界的合理诊断；对于改变世界的指导，即要明确对旧世界所进行的批判性活动的旨归——“发现新世界”和“使世界革命化”，或言之，要在“解释世界”的基础上来“改变世界”，并在“改变世界”的过程中更好地“解释世界”；面对具有诸多可能性的未来世界，既要体现批判的前瞻性，又要规避主观臆断，这就要求不能“教条地预测未来”，而应该立足现实，放眼长远，科学而理性地对未来进行测判。简言之，批判首先表现为一种实践活动，因为批判的内容

① 《马克思恩格斯文集》第1卷，人民出版社2009年版，第505页。

必须依赖于一定的社会现实，批判的主题也必须源自实践。总之，实践堪称批判的奠基石。

同样，作为一种理论的批判，批判理论是在对旧有理论进行科学而理性的批判基础上实现的新理论。传统理论，总将自身装扮成一种永恒的“逻各斯”或“理性的狡狯”，是非批判的。批判理论，则是在对传统理论进行有效批判的基础上而建构起来的一种带有批判性的新理论。任何思想都不能否弃自身与思想史的关联，任何理论都必须“以沿着由理论本身规定的路线与现存秩序作斗争为前提”①，继而表现出浓烈的理论性质。以马克思的批判理论为例，其批判理论体系的构建有赖于对“理论真正的核心概念的分析和超越”②，多必须在参透古典哲学、古典政治经济学和空想社会主义等诸多理论的基础上，通过宗教批判、哲学批判、经济学批判、政治批判和社会批判等建构起自己的理论体系，继而实现对前人思想的继承与创新。

作为“牛虻”的批判是当前社会所必需的，它可“防止人类在现存社会组织慢慢灌输给它的成员的观点和行为中迷失方向”③；它是人们在复杂社会中保持清醒的一剂良方。我们应持有的批判，不能仅被视为“观念上”的批判，还必须是“物质上”的批判；它不仅是一种实践活动，也是一种理论成果。我们所言及的批判，不是简单的谴责与否定，而是辩证的扬弃；不是诡辩和诽谤，而是理性怀疑和辩证的否定。总之，“就批判而言，我们指的是一种理智的、最终注重实效的努力，即不满足于接受流行的观点和行为，不满足于不假思索地、只凭习惯而接受社会状况的那种努力；批判指的是那种目的在于协调社会生活中个体间的关系，协调它们与普通的观念和时代的目的之间的关系的那种努力，指的是在上述东西的发展过程中去追根溯源的努力，是区分现象和本质的努力，是考察事物的基础的努力，简言之，是真正认识上述各种事物的努力”④。

---

① ［德］霍克海默：《批判理论》，李小兵等译，重庆出版社 1989 年版，第 17 页。

② ［法］亨利·列斐伏尔：《马克思的社会学》，谢永康、毛林林译，北京师范大学出版社 2013 年版，第 17 页。

③ ［德］霍克海默：《批判理论》，李小兵等译，重庆出版社 1989 年版，第 250 页。

④ 同上书，第 201 页。

第二节　批判精神与马克思主义的生成①

马克思主义科学理论的建构与成型，在于其深谙批判②之道，“始终同马克思恩格斯对资本主义社会的理解和批判进程相关联着”③。在现实批判和理论批判的双向进路中，马克思主义自立于理论之林。纵观马克思主义的发展进程和理论逻辑，不难发现，在历经三重批判——“批判他人”“回应批判”和“自我批判”——后，马克思主义才以较为完整而科学的面目示人。

所谓“批判他人”，是马克思对“前辈”（古典哲学、古典政治经济学和空想社会主义的理论家们）的理论观点进行了积极而理性的批判。在这一批判理路中，使得前人理论的粗鄙之处得以廓清，精华部分则被充分吸收和广泛运用。所谓“回应批判”，是马克思对“同辈”和“后辈”的普遍而严厉的批判采取的并非置若罔闻的态度，而是积极回应理论和现实难题，继而化解各种质疑之声。这就使得马克思的理论地位得以强化，也广为世人所接纳。所谓“自我批判”，是马克思惯用的方法，即对自身理论的不断反思和不断检讨，在时间和实践的双重维度下深究理论的真伪。这既显示了马克思虔诚的治学之道，又彰显着马克思理论宝库的动力之源。

一　批判他人与马克思主义的生成

作为一种能动性存在物，人往往不会安于现状，而在现实的基础上和能力范围内寻求超越。对现实境遇的反思和对美好生活的向往，对已有理论的把握和对完美理论的追求……都刺激着人们对现有一切（理论的和

① 本章的核心内容，已以“论批判之为马克思哲学的真精神”为题发表至《兰州学刊》2015年第4期。在纳入本文之时，稍有改动。

② 本章力图阐明批判在马克思哲学中的地位，故未言及包括实践在内的其他内容，这并非是对后者的否定。其实，笔者一直坚信“批判”和“实践”是共同构成马克思哲学的两个最为重要的维度，二者共同撑起了马克思哲学的大厦。前者是马克思哲学的真精神；后者是马克思哲学的奠基石。

③ 张一兵、周嘉昕：《资本主义理解史》第1卷，江苏人民出版社2009年版，第24页。

现实的）进行批判性反思。马克思亦不例外。在对生活于其中的机器大工业生产充分把握的基础上，在对前人理论（古典哲学、政治经济学、复辟历史学、空想社会主义）的“清算”过程中，使得科学的理论形态马克思主义得以现身。马克思主义的出现，也印证着路易·阿尔都塞（Louis Althusser）的观点：“若没有创设一个将旧神话和幻影祛除的新世界，就不能说有了新发现。同时，新世界的创造者们必将要于旧形式的批判之中进行思维的训练。他们必定且必然要学会和爱上这一抽象的艺术，若是对这些所谓的旧形式不甚了解，就难以创造出用以思考其新对象的新形式。”①

马克思主义便是在科学而理性地批判前人的理论成果过程中构筑起属于自己的理论。马克思的一生，即是以审慎的眼光和批判的态度对待他人及其理论成果的一生。威廉·配第（William Petty）、亚当·斯密（Adam Smith）、大卫·李嘉图（David Ricardo）、加尼耳（Charles Ganilh）、凯里（Henry Charles Carey）、斯图亚特（John Stuart）、穆勒（James Mill）、莫尔（Thomas More）、傅里叶（Charles Fourier）、欧文（Robert Owen）、康德（Immanuel Kant）、谢林（Friedrich Wilhelm Joseph von Schelling）、黑格尔（Georg Wilhelm Friedrich Hegel）、费尔巴哈（Ludwig Andreas Feuerbach）、鲍威尔兄弟（B. Bauer, E. Bauer）、施蒂纳（Johann Kaspar Schmidt）、梯叶里（Adol - phe Thiers）、基佐（François Pierre Guillaume Guizot）和米涅（François Auguste Marie Mignet）等都可谓是马克思批判进路中的“标识”，他们的理论为马克思理论的创立奠定了基础，是马克思主义大厦的“地基”。通观马克思著的经典文献，不难发现这样一个现象：马克思对“前人”或“同辈”的批判或直接地在其著作的标题中得以展示，或间接地内含于其文本的内容之中。《神圣家庭》、《黑格尔法哲学批判》及其导言、《德意志意识形态》、《哥达纲领批判》、“政治经济学批判”系列文稿和《反杜林论》等文本属于前者；《德谟克利特的自然哲学和伊壁鸠鲁的自然哲学的差别》《巴黎手稿》《关于费尔巴哈的提纲》《哲学的贫困》《路德维希·费尔巴哈和德国古典哲学的终结》等文本则

---

① Louis Althusser, *For Marx*, Translated by Ben Brewster, by Allen Lane, The Penguin Press, 1969, p. 85.

属于后者（详见附录）。

总之，马克思立足新的社会现实——德国和欧洲的具体境况，以实践为基础，对人类历史上创造出的一切优秀的文化“批判地审视”，继而“锻造出为先进阶级的实践所需要的理论武器”①。简言之，正是在对人类文化的科学而理性的批判过程中，人类文化的优秀基因才得以保留，马克思主义才得以生成。

二 回应批判与马克思主义的发展

马克思主义的盛久不衰，除了因为这一理论具备严密的逻辑体系和科学的理论形态外，还在于它以无比宽广的胸怀乐于接受批判，并对这些批判进行了积极的回应。在接受批判中反思自身理论的不足，在回应批判中谋求改良之策。

在马克思主义发展史上，这一理论并未因同时代人的排斥和攻击而陷入困境和陨落。恰恰相反，在与同时代人的积极“论战”中，马克思主义的堡垒得以更加牢固。马克思主义的发展之路并不平坦，马克思主义的延续并不顺利。其中，少不了一些理论家对这一理论的歪解和修正。伯恩施坦和考茨基等人在马克思恩格斯之后，掀起了“修正主义”的风潮；卢卡奇（György Lukács）以来的西方马克思主义诸流派都以自身的学术背景和兴趣点为基础，对马克思主义做了“当代”的诠释。② 这些思潮虽对马克思主义产生了一定的冲击，但从另一个角度来看，若是没有这些所谓的“当代诠释”，马克思主义就难在时代语境中立足，更难奢望发展与繁荣了。面对他人对自身理论的抨击，马克思并未消沉。遭遇困境之时，直面困境，坦承自身理论的缺陷，明确他人批判的不足，继而不断推进理论的创新和发展。马克思主义能够积极回应和巧妙化解各方面的批判，其根源便在于它能以开阔的视野和宽广的胸怀来应对批判——虚心接纳正确的批判，客观公正地反驳不公的批判。

---

① 施德福、靳辉明：《马克思主义哲学史》第1卷，北京出版社2005年版，第88页。

② 关于西方马克思主义对“正统马克思主义”批判和创新的论断，在学术界应没有争议。卢卡奇、柯尔施、葛兰西、法兰克福学派、分析马克思主义、生态马克思主义等都致力于解析或重构马克思主义的杰出代表。他们或是批判马克思的基本观点，或是用新的马克思主义的观点来回应时代所提出的问题。这些在关于西方马克思主义的教材或专著中都有详细的论述。

纵观马克思主义的发展历程，马克思无论是对“同辈”的批判还是对“后辈”的批判，均以“海纳百川”的气势将批判精神内化于其方法论中。在互为关联的四种问题意识中（进步意识、忧患意识、求真意识和反省意识）①，马克思主义批判精神的精髓得以凸显（具体见下表）。

马克思主义的批判精神与问题意识

经典表述	批判意蕴	意识
它指出所有一切事物的暂时性；在它面前，除了生成和灭亡的不断过程、无止境地由低级上升到高级的不断过程，什么都不存在。	于变化发展之中把握事物，体现了注重发展、推动变革的进步意识。	进步意识
新思潮的优点又恰恰在于我们不想教条式地预期未来，而只是想通过批判旧世界发现新世界。	立足现实、面向未来的创新意识，解决了长期以来困扰人们的难题——面向诸多可能性的未来，如何使理论的前瞻性避免主观臆测。	忧患意识
这种批判既不怕自己所作的结论，也不怕同现有各种势力发生冲突。	既包含着自我批判的反省意识，又含有不畏权贵的唯实精神，体现了彻底的科学态度。	求真意识
对当代的斗争和愿望作出当代的自我阐明（批判的哲学）。	固有的责任意识和归属意识，是其作为工人阶级世界观的自觉追求。	反省意识

总之，马克思主义不以故步自封的姿态立于理论之林，以虔敬的态度对待各方面的批判，并以包容的胸怀接纳这些批判。这才使得马克思主义得以繁衍生息，得以发展进步。

三　自我批判与马克思主义的完善

马克思主义的完善，除了理性地批判他人观点、乐于接受他人的批判外，还有一个“不能忘却的因素”——自我批判。对于自我创造的理论，唯有以开放和批判的态度进行自我审视，方可真正实现理论的完善。否

① 孙伯鍨、侯惠勤：《马克思主义哲学的历史和现状》上卷，南京大学出版社 2004 年版，第 7—8 页。

则，纵使精通批判之道，难以正视自己，难以客观地自我审视，理论完善就难以达成，理论创新就难以为继。

自我批判，即在充分占用丰富材料（感性材料和理性材料）和对自身拥有完整、客观而公正的评价的基础上，对自身所创造的理论成果进行的一种内在省思（或者说是自我反省），继而实现对自身创造的积极扬弃和辩证的否定。一人的世界观若非带有批判色彩，其理论就很可能是杂乱无章和漏洞百出的。自我批判，即"批判自己的世界观，意味着使它取得一致性，把它提高到世界观上最先进的水平"。[①] 自我批判，要求否定自己，要求批判自身，这既是挑战自我，又是完善自身。这一批判，是批判彻底性的表现，须以无畏惧的勇气和敢于认错的态度方可达成。唯有此，方能牢牢把持批判的主动权。

自我批判与马克思主义的发展逻辑理路须臾不离，在马克思主义的完善之路中，自我批判起到了催化和加速的作用。永不止步的自我批判，也是马克思主义得以不断完善和不断进行理论创新的重要原因。一方面，自我批判彰显着马克思"为学"的基本方法。对自身近于苛刻的态度，精益求精的精神，在批判他人中便得以初步展现，更在自我批判中得以全面升级。"任何的科学批评的意见我都是欢迎的"[②]，只要批判是科学的，马克思都报以极大的热忱。只要有问题，马克思就毫不避讳。对于自身的理论，马克思始终以审慎的态度观之，在充分占有感性材料的基础上，廓清主、客观因素的前提下，不断清理着理论的"迷雾"和不断否弃着理论的"糟粕"，体现出了对理论的无比虔诚。对于自身的成就，马克思也从未满足，不断追求自身的完满和理论的完美是马克思终其一生的工作。另一方面，马克思主义的生成、发展和完善之路也是一条"自我批判之路"。从追随黑格尔到倚重费尔巴哈，再到唯物史观的创立；从研修国民经济学到批判古典政治经济学，再到马克思的政治经济学的成型；从了解空想社会主义的基础理论和方法到批判它，再到科学社会主义的理论图

① Antonio Gramsci, *Selections From the Prison Notebooks*, International Publishers, 1971, p. 324.

② 《马克思恩格斯文集》第5卷，人民出版社2009年版，第13页。

构——期间或直接、或隐晦地显露出一种“自我批判”①。如此种种，既是对他人的批驳，更是自我批判思路的切换和调适。马克思清醒地认识到“对敌手采取批判的态度，对自己本身却采取非批判的态度”② 是不可取的，无论是对敌手，还是对自我，都不要盲从和迷信，要时刻以批判的态度视之。

总之，自我批判不仅是马克思主义得以完善的重要因素，是马克思批判精神的重要方面，也是马克思批判技术中最难把握的方面。唯有真正面对自身并审视自身，这样的理论才能得以完善，才具有无尽的发展潜力。

第三节　马克思主义的批判性维度

诚如前文所言，马克思语境中的批判是从根本上异质于“形而上”的批判。较之于后者，马克思主义的批判，其力度更大、范围更广、影响力也更为深远。以批判的方式实现对现实问题的切近，以批判的态度对人类生产和生活的困境进行深入反思，此乃马克思思考问题的方式。批判性地思量，深入挖掘困扰人类诸多难题的生发源，继而对其进行科学阐释和妥善解决，此即马克思透视社会现实和解决社会“疑难杂症”的有效方式。简言之，以批判的态度，对社会问题进行深入而有效的反思，继而找到解决问题的方法乃马克思贴近社会的有效手段。批判性地追问，摆脱媚俗和短视，高瞻远瞩地透析社会现实和未来发展状况，是马克思借以认识社会的得力工具。或言之，马克思以科学的世界观为指导，极富远见地透视社会现实和准确地预判未来发展状况，使得马克思主义的批判成为有效认识和预测社会的工具。在马克思的语境里，批判既是理论（观念）的又是实践（物质）的。作为认识社会的手段和方式，主要具有五大维

① 如对“真正的社会主义者”的批判即是一种隐晦的批判；对蒲鲁东的批判也是马克思自我批判的一种外部化形式。（具体请参考［美］乔纳森·斯珀伯《卡尔·马克思——一个19世纪的人》，邓峰译，中信出版社2014年版，第106、112页）对古典哲学、古典政治经济学和空想社会主义的直接批判和间接驳斥是诸多文本（如《黑格尔法哲学批判》《巴黎手稿》《关于费尔巴哈提纲》《共产党宣言》和《资本论》等）的主题，前文已有所交代，在此就不再赘述。

② 《马克思恩格斯文集》第1卷，人民出版社2009年版，第10页。

度——“实践地批判”“辩证地批判”“历史地批判”“内在地批判”和“总体地批判”。较之旧哲学的批判，马克思主义的批判，更为彻底、科学、客观、有力和全面。

一　实践地批判

众所周知，实践乃马克思主义的基本观点，是与“一切旧唯物主义”和“唯心主义”的分疆定界的重要标准。彻底的“实践精神”是马克思主义最为优秀的理论品格。因而，实践地批判理应作为马克思主义批判的首要方式和首要维度。何况，批判活动也是一种实践，以实践（包括实践活动和实践的基本观点）为出发点的批判，可以凸显出批判的彻底性。

如前文所言，由于人们对美好生活的无限向往和对现实生存境遇的不满足，必然要求超越，也就必然要产生对现实的或理论或实践的批判。在马克思主义诞生之前，“旧哲学”也曾言及批判，理论家们或以主体或客体为原则，进行着或是理论的或是现实的批判。然，这些单向度的批判并不彻底，只是寻求外在超越的形而上式的批判。批判在马克思主义的语境中，凸显出更为强劲的力度和更具震撼力的气场，就在于其实现对“旧哲学”——“以前的唯物主义”和唯心主义——的积极扬弃和辩证否定。马克思以实践为突破口，展开了对黑格尔的“绝对精神”、费尔巴哈的人本学唯物主义等的严厉驳斥和有力挞伐。以实践为基点，结合活生生的个人和现实生活，对不断出现的新问题和新状况进行较为准确地把握和有意义地反省，是马克思主义优越于其他批判的根本所在，也是马克思的批判利剑恒久有效的重要保障。

马克思主义的批判理论，不是玄想而出的产物，亦非完全照抄他人的成果。这一理论以科学的形态出现，是马克思在广泛了解他人理论成果和切身感受社会现实的基础上而得出的结晶。这一过程即是马克思主义批判思想的展示。一方面，实践地批判中马克思以活生生的现实个人及其生活为批判的前提。这是对当时德国意识形态“无根性”的有力批判，至此，马克思的批判技术由“自我意识”转向了“现实个人”。“我们开始要谈的前提不是任意提出的，不是教条，……这是一些现实的个人，是他们的活动和他们的物质生活条件。"[①] 在思辨哲学的视域内，德国"政治实践派"是狭隘的，因为他们"没有把哲学归入德国的现实范围，或者甚至以为哲学低于德国的实践和为实践服务的理论"[②]。马克思在洞察到其理论缺陷的基础上，通过亲身的实践经历，对社会中存在的一系列难题进行了内在的和外在的、理论的和实践的、主观的和客观的批判。这一批判是双向度的，也是全方位的和彻底的。这一批判思路和方式在马克思的创作史中表现得尤为明显。如马克思用思想触及社会显示的路径——政治经济学批判，即是在切身感知资本主义社会和充分了解国民经济学理论的基础上，实现了对资本的批判的批判性理论。也正因此，《资本论》和"政治经济学批判"系列手稿也纷纷问世。易言之，关照社会现实生活是马克思"为学"的一个重要支点，彰显马克思理论的人文关怀也是其进行批判的内在要求，以实践的观点指导批判活动是这一批判切中要害和彻底的基础。另一方面，实践作为验明真理的标准，实践维度也应成为判定批判是否彻底的尺度。"人的思维是否具有客观的［gegenständliche］真理性，这不是一个理论问题，而是一个实践的问题。"[③] 这表明了实践检验真理，自然也是可验明批判有意义与否的标尺。将批判作为一个问题，同认识问题结合起来，继而将其与真理问题联合考察，并将"实践地批判"视为检验批判是否彻底的尺度，是马克思主义批判理论的重要观点。因为"对这些以及其他一切哲学上的怪论的最令人信服的驳斥是实践，即实验和工业"[④]。

实践，"是一本打开了的关于人的本质力量的书，是感性地摆在我们面前的人的心理学"[⑤]；实践地批判，作为一种全新的批判方式，理应成为批判方式的首选。

二　辩证地批判

辩证分析法是马克思分析和处理问题的基本方法之一，马克思的唯物

① 《马克思恩格斯文集》第1卷，人民出版社2009年版，第561页。
② 同上书，第10页。
③ 同上书，第503页。
④ 《马克思恩格斯文集》第4卷，人民出版社2009年版，第279页。
⑤ 《马克思恩格斯文集》第1卷，人民出版社2009年版，第192页。

主义冠之以“辩证”，才彰显出与“旧唯物主义”的差别。辩证地批判是马克思主义批判的主要方法和重要维度。在对整体与部分、形式与内容、现象与本质、原因和结果、可能与现实、必然性和偶然性等诸多范畴进行深入把握的基础上，实现对对象的辩证批判，以体现批判的科学性。

马克思的辩证法，是异质于黑格尔的。“我的辩证法，从根本上说，不仅和黑格尔的辩证法不同，而且和它截然相反。”在黑格尔处，思维的过程是“现实事物”的造物主，“现实事物”也只不过是思维过程的“外部表现”而已。在马克思的语境中，“观念的东西不外是移入人的头脑并在人的头脑中改造过的物质的东西而已。”① 辩证法，在德国能够“时髦”，就在于其神秘形式“使现存事物显得光彩”。然，其合理的形态，会引起资产阶级及其代言人的“恼怒和恐怖”。“因为辩证法在对现存事物的肯定的理解中包含对现存事物的否定的理解，即对现存事物的必然灭亡的理解；辩证法对每一种既成的形式都是从不断的运动中，因而也是从它的暂时性方面去理解；辩证法不崇拜任何东西，按其本质来说，它是批判的和革命的。”② 马克思的辩证法，即是其所谓的“合理形态”的辩证法。而马克思的批判法，也必须借用辩证的方法，全面、认真和负责地对事物展开批判。

“在很多场合，马克思都将‘辩证的方法’作为分析社会现象的一种主要方法。”③ 同样地，辩证地批判也是马克思主义透视社会现象、诊断社会现实的主要方法。一方面，科学地掌握辩证法的基本规律是进行辩证批判的基本前提。辩证法的基本规律是从自然史和人类史中抽绎的，它们实质上可以归结为质量互变规律、对立统一规律和否定之否定规律。其中，质量互变规律确证了事物存在和变化的状态和过程，对立统一规律则揭示了普遍联系的根本内容和变化发展的内在动力，否定之否定规律揭示了事物发展的方向。辩证地批判，即要求我们在分析问题时，要以辩证的眼光审视遇到的问题，不能孤立、片面和无根据地进行驳斥和反对。更进一步地讲，这就要求我们掌握辩证法的相关理论（主要是辩证法的基本

---

① 《马克思恩格斯文集》第5卷，人民出版社2009年版，第22页。

② 同上。

③ Jon Elster, *Making Sense of Marx*, the Cambridge University Press, 1985, p. 37.

规律），依照相关理论对这些问题进行科学的批判。易言之，透彻理解辩证法的基本规律是掌握辩证地批判一切理论和现实问题的基础。另一方面，理性地运用辩证思维的基本方法是进行辩证批判的基本方法。立基于概念的辩证本性，辩证思维得以产生。它以概念、判断、推理、假说和理论体系演化等思维形式的矛盾运动反映客观世界和实践活动的内在规律，主要包括归纳与演绎、分析与综合、从抽象上升到具体、逻辑与历史的统一等具体方法。辩证思维的基本方法是揭明概念的（辩证）发展和（矛盾）运动的基本方法。在对世界的批判中，马克思善用辩证的思维方法对资本主义社会的诸多具体问题进行了具体分析。如在《资本论》中，至少暗含着四条“逻辑方法线”：商品的二因素→劳动的二重性→小商品经济的基本矛盾→资本主义基本矛盾；使用价值→交换价值→价值→价值形式→价值规律→生产价格；剩余价值→绝对剩余价值→相对剩余价值；利润→平均利润→垄断利润。这是马克思对社会现实和已有理论的辩证运思和有力批判的结果，体现着具体问题具体分析的态度，也彰显着从抽象到具体、分析与综合等辩证思维的基本方法。可以说，马克思所进行的政治经济学批判工作，是将辩证地批判贯穿于自身始终的。

总之，“辩证法是本质上革命的认识方法、看问题的方法和行动的方法，而且也是一种实际的运动。事实上，这些是最现实的看问题方法和最现实的思考方法，即使不能够逐字逐句记在头脑里，只要仔细观察，自然而然地就会产生辩证法的思维。观察事物的时候不要戴有色眼镜，不要先入为主，要实事求是地观察事物，就能做到像马克思说的那样正确捕捉事物的本来面目”[①]。这样的要求也适合于辩证地批判这一技术。

三　历史地批判

历史是贯穿于马克思主义中的另一主题，“历史科学”是马克思仅仅知道的“唯一的科学”[②]。历史地批判是马克思主义批判的重要成分和主要维度。在一定的历史语境——特有的历史环境和既定的时代背景—中，

① ［日］宫川彰：《解读〈资本论〉》第1卷，刘锋译，中央编译出版社2011年版，第24页。

② 《马克思恩格斯文集》第1卷，人民出版社2009年版，第516页。

以史为镜来知兴替，以体现批判的客观性。

异质于黑格尔的“绝对精神”史，马克思实现了历史和唯物主义的联姻，创设了全新的历史观——唯物主义历史观。马克思宣告了“每一时代的理论思维，包括我们这个时代的理论思维，都是一种历史的产物。它在不同时代具有完全不同的形式，同时具有完全不同的内容”[①]。不仅如此，整个世界（人类世界、自然界和精神世界）都可谓是历史的产物。对于历史，马克思从未怠慢，“因为一种理论要找寻时代真谛，而非将自己当作一成不变的东西，与历史进程对立起来”[②]。立足历史与现实，是马克思主义批判方法的着力点；放眼长远与关注未来，是历史地批判的落脚点。易言之，立足于已有理论和社会实践活动，将其置于历史视域之下进行客观而公正地评判，对人类发展的步伐进行合理运筹，并对未来的美好愿景进行切实地展望，这是马克思主义历史地批判的重要旨归。否则，对历史的回顾和批判，只能是“翻旧账”。

马克思主义的方法，“在其最内在本质上是历史的”[③]。我们很容易发现一个现象，马克思常用“一定的”[④] 来界定和阐释一些问题，这一界定随即标明马克思的批判方法是置身于一定历史之中的。易言之，马克思的批判技术内含于历史里（或言之，马克思主义的批判是历史语境中的批

① 《马克思恩格斯文集》第 9 卷，人民出版社 2009 年版，第 436 页。

② Max Horkheimer, Theodor W. Adorno, *Dialectic of Enlightenment——Philosophical Fragments*, Translated by Rodney Livingstone , The MIT Press 1971 , p. 21.

③ György Lukács, *History and Class Consciousness——studies in Marxist Dialectics* , Translated by Rodney Livingstone , The MIT Press 1971 , p. xliii.

④ “一定的”在马克思恩格斯的文本中，出现的频率较高。如人们耳熟能详的一些：“更确切地说，它是这些个人的一定的活动方式，是他们表现自己生活的一定方式、他们的一定的生活方式。”“以一定的方式进行生产活动的一定的个人，发生一定的社会关系和政治关系。”“现实中的个人，也就是说，这些个人是从事活动的，进行物质生产的，因而是在一定的物质的、不受他们任意支配的界限、前提和条件下活动着的。”“一定的生产方式或一定的工业阶段始终是与一定的共同活动方式或一定的社会阶段联系着的。”等等。（《德意志意识形态》）“人们发生一定的、必然的、不以他们的意志为转移的关系，即同他们的物质生产力的一定发展阶段相适合的生产关系。这些生产关系的总和构成社会的经济结构，即有法律的和政治的上层建筑竖立其上并有一定的社会意识形式与之相适应的现实基础……社会的物质生产力发展到一定阶段，便同它们一直在其中运动的现存生产关系或财产关系（这只是生产关系的法律用语）发生矛盾。”（《1859—1861 年经济学手稿》）之所以进行这样的限定，一是表明了马克思思考问题和行文的严密；二是为了表明将问题置于特定的语境中进行思量，确保阐述问题的真实和可靠。

判)。具体而言，马克思主义视野下的历史地批判主要包含三重意思：其一，“历史的产物”(历史上遗留下来的一切物质的和精神的存在物)是历史地批判的现实基础。任何批判都必须有根有据，而不能随心所欲、为所欲为。面对我们周围的“感性世界”，它们“决不是某种开天辟地以来就直接存在的、始终如一的东西，而是工业和社会状况的产物，是历史的产物，是世世代代活动的结果，其中每一代都立足于前一代所奠定的基础上，继续发展前一代的工业和交往”①。一定的历史阶段都是“一定的”物质生产的结果，也是“一定的”生产力的总和，每一阶段的人，都必须要借助于“前一代传给后一代的大量生产力、资金和环境”② 来改变自己和世界。简而言之，作为历史产物的人类和人类社会，不能脱离开历史而存在。历史地批判，亦是如此。“破旧”方可“立新”，“立新”须以“破旧”为基础。其二，马克思的批判，将唯物主义和历史观糅合起来。马克思“从直接生活的物质生产出发阐述现实的生产过程，把同这生产方式相联系的、它所产生的交往形式即各个不同阶段上的市民社会理解为整个历史的基础”③。在此般条件下的批判，马克思摒弃了从观念出发来解释实践的做法，而确立了从“物质实践”出发解释观念的处理问题方式。马克思始终立于“现实历史”之上，将唯心主义最后的避难所历史观也改造(唯物主义化)了。至此，当他言及历史时，他是个唯物主义者；当他作为一个唯物主义者的时候，历史在他视野之内。在马克思的批判语境中，唯物主义和历史的联姻构筑起了唯物史观的批判法则。其三，马克思的批判，也将辩证法与历史观结合起来。欲对纷繁复杂的大千世界进行全方位的批判，就必须掌握辩证的基本方法，在普遍联系和变化发展中以辩证的眼光进行全面审视。通观“以往的批判”，“或是缺乏辩证的思维而陷于诡辩”，“或是缺少扬弃的态度而流于形式”，难以达到对对象客观而公正的批判。辩证法绝不崇拜任何东西，绝不会安于现状而畏缩不前，在本质上而言它是“革命的”和“批判的”。是故，辩证地批判，绝非批判者一时的头脑发热或冲动，也非“无根性”地“品头论足”和强

① 《马克思恩格斯文集》第1卷，人民出版社2009年版，第528页。

② 同上书，第545页。

③ 同上书，第544页。

词夺理。辩证的思维与方法加之历史的观点，使得马克思的批判显得有理、有据及有力。

正是在前人遗留下来的“历史产物”的基础上，马克思的批判实现了历史、唯物主义和辩证法的有机结合，使得他的批判手段更加丰富，也更加客观。

四　内在地批判

把握事物的内核，既是马克思主义认识问题的目的，又是马克思主义理解事物和处理问题的有效方式。内在地批判是马克思主义批判的又一重要维度。不在事物的外围和表层“绕圈子”，而是全方位透视问题本身，于事物内部出发，深入分析问题。这样的批判“言之有物”，能够“切中要害”，使得批判富有力度。

如前文所言，内在地批判是马克思实现的对“外在批判”的超越，这样的批判既是一种武器，又是一种工具。就前者而言，内在的批判实现了“解释世界”和“改造世界”、“物质武器”和“精神武器”的完美契合。一方面，在内在地批判的过程中，马克思实现了“解释世界”和“改造世界”的有机结合。马克思的一生，是谋求“人类的幸福”和“自身的完美”① 的一生，是为达至“自由王国”而努力奋斗的一生。“密涅瓦的猫头鹰”在对世界的反思中偏安一隅，而“高卢的雄鸡”则唤醒了“改变世界”的意识，发出了为“自由王国”而奋斗的宣言。正因如此，马克思才有底气地断言“哲学家们只是用不同的方式解释世界，而问题在于改变世界”②。马克思正是在对力主解释世界而不曾改变世界的“哲学家们”进行批判的基础上，实现了对世界的批判性“解释”和批判性“改造”。另一方面，在内在地批判的过程中，马克思实现了“物质武器”和“精神武器”的有机统一。马克思主义或明或暗地蕴含着对人类生存境遇的关照，因此马克思的批判始终与人类历史和命运相交错。“哲学把无产阶级当作自己的物质武器，同样，无产阶级也把哲学当作自己的精神

---

① 《马克思恩格斯全集》第 1 卷，人民出版社 1995 年版，第 459 页。

② 《马克思恩格斯文集》第 1 卷，人民出版社 2009 年版，第 509 页。

武器。”[①] 然而，物质武器和精神武器二者又不能等量齐观，“批判的武器当然不能代替武器的批判，物质的力量只能用物质的力量来摧毁”[②]。马克思为了将这两种武器和两股力量结合起来，而求助于群众，理论一为群众所掌握，即可变为物质的力量。就后者而言，内在的批判实现了“现象”和“本质”、“内因”和“外因”的有机统一。一方面，作为一种思考问题的方法，内在地批判剥离了现象和本质，实现了现象界和本质界的分殊。前者外露于表层，可直接被人感知；后者则被现象所遮蔽而深藏于内，须通过抽象力来把握。前者因流于表面而多变，形式也更为丰富；后者则注重内涵而稳定，表现得较为深刻。在认识到事物的现象和本质之间差别的基础上，批判之路就不能流于形式（只对现象进行批判），而更应注重内在（对本质进行批判）。这同马克思力主透过现象观瞻本质的方法论是相符的。通过批判，实现在对现象充分了解的基础上来全面把握藏于现象背后的本质，反之亦然。另一方面，作为解决问题的一种工具，内在地批判也将内因和外因分离开来，实现了内因和外因的分离。问题的生发，内因是主导因素，外因居次；问题的解决，亦是如此。在对内因和外因间的联系和差别进行全面把握的基础上，批判的方式就不能局限于单一的内因或单一的外因，既要深入内部进行内部原因的分析，又要对影响事态的外部原因进行批判。在对内、外因进行充分把握的基础上，找准诱发问题的根本原因以及薄弱环节，各个击破。易言之，由内而外，批判的力度再次得以彰显。

内在地批判，既是认识问题的一种方式，又是解决问题的一种工具。只有从内部入手进行批判，掐准事物发展的脉络和问题生发的根源，并对其进行实质而有力的批判，方可更好地认识问题和解决问题。

五　总体地批判

依总体性来关照现实世界，是马克思主义认识世界的新方式。总体地批判是马克思主义批判的另一重要维度。立足于事物发展过程的始终和事物的整体图景，运用科学的理论对其进行总体式的批判，继而

---

① 《马克思恩格斯文集》第1卷，人民出版社2009年版，第17页。

② 同上书，第11页。

将完整而严密的逻辑体系与生动而充实的内容结合起来，凸显着批判的全面性。

在西方马克思主义那里，总体性（Totality）是其批判张力的逻辑基础，也是全面批判得以进行的保证。马克思主义语境中的总体地批判，以自身的特色和原则对社会现实和理论进行着全方位的批判。其一，总体地批判，在马克思主义的批判理论中占据特殊的位置。总体地批判是马克思主义的批判技术异质于资产阶级知识分子批判理论的重要之点，甚至可以说是“决定性区别”。“不是经济动机在历史解释中的首要地位（Vorherrschaft），而是总体的观点，使马克思主义同资产阶级科学有决定性的区别。”① 同时，总体地批判也在马克思主义理论中占据优先地位，甚至可以说是“科学中的革命原则的支柱”②。其二，总体地批判，是马克思透视社会现实的有效方式，也是对辩证法要求的回应。一方面，将一切社会存在置于总体性视域下进行考察，将各个部分（或要素）都置于总体结构的关联中，这是总体地批判应遵循的基本原则。将一切社会存在视为一个有着相互关联的总体，即要妥善地处理好整体与部分的关系——整体由部分构成，部分从属于整体。是故，在进行批判时，要有全局观（整体观念）。作为整体的社会存在，并非由部分简单、直接地相加而得，其间的有机联系非简单线性思维所能把握。因此，在“总体地批判”过程中，要善用从抽象到具体、分析与综合的方法。在《资本论》中，马克思正是将资本主义社会视为一个整体，并借此展开了对一切社会现象——资本、商品、货币等——的批判。另一方面，在对全面批判的追逐过程中，批判的对象和过程都应是总体性的。批判的对象作为“现实的概念复制品”③，是具体的。因此，批判之力的彰显，就要求必须在具体的总体中认识和再现现实，决不能将对社会现实的批判居留于抽象层面，亦不能立居于社会现实之外去索解总体地批判。批判的过程也应该是总体性的。社会现实本就是一个动态发展的过程，一切社会存在物，都可视为历

---

① György Lukács, *History and Class Consciousness——studies in Marxist Dialectics*, Translated by Rodney Livingstone, The MIT Press 1971, p. 27.

② Ibid..

③ “现实的概念复制品”（the conceptual production of reality），源自黑格尔“具体概念的逻辑”（the logic of totality）。

史进程中的主体与客体。而只有具备总体、辩证的观念，现实才能被理解为一个社会过程。

对于总体性的强调，是要将多彩的世界溶于无差别的“同一性”之中吗？答案显而易见。在马克思批判的语境中，以总体性为前提，将一切社会存在视为一种相互联系的辩证关系，继而对其展开全面批判。马克思主义的批判技术正是依此方可冠之以“高屋建瓴”“运筹帷幄”的美誉。

正是因为马克思主义的批判具备了实践、辩证、历史、内在和总体五大维度，它的批判才从根本上异质于旧的批判理论，并实现了对后者的超越。

第四节　批判精神与马克思主义的未来

马克思主义的批判，是对“外在超越”式批判的积极扬弃。马克思主义在“批判他人”观点的基础上得以生成，在“回应批判”的基础上得以发展，在“自我批判”的基础上得以完善。可以说，批判之维贯穿于马克思主义发展过程的始终。马克思主义的批判，是根本异质于其他批判思想的，它是立基于实践观、辩证法、历史观和总体性等基本观点之上的新方法。马克思主义的革命性和科学性的彰显，集中体现为其彻底的批判性——不仅在于其公开确证的在批判“旧世界”中发现“新世界”，更在于这一理论本身即蕴含着批判的特性。

马克思主义批判法则的贡献，不是为我们理解世界提供现成的方法，而是为达至我们的目的而提供看待问题的方式和解决问题的方法。马克思的世界观不可当作“教义”，只能视为方法。在马克思的语境中，批判并非简单的谴责，而是在人类历史、现状和未来之间架构起一超越性的线索，形成对一切社会存在物的新认知；批判也并非无根据的诘难，而是充分运用科学的方法和理性的头脑来对一切社会存在物的合理把握。

自康德以来，鲜有理论和实践能够达到“真正的批判时代”所设立的批判标准。马克思主义是个例外。马克思及其追随者所“致力于研究的‘科学’就此将‘批判’作为核心要素”①，这一批判为我们提供了切近现实的正确方法——依马克思的批判精神来洞穿资本逻辑管控下的社会弊病，体察人类现实的存在境遇，继而获得指引。

《马克思恩格斯文集》中的“批判”②

卷次	文本依据	主要批判对象	作者和批判的主要内容
第1卷	《黑格尔法哲学批判》导言	黑格尔、历史学派、政治实践派、理论实践派、国民经济学	马克思著。此乃马克思从唯心主义向唯物主义、从革命民主主义向共产主义转变的重要代表作。
	《论犹太人问题》	布鲁诺·鲍威尔	马克思著。批判了青年黑格尔派的主要代表布鲁诺·鲍威尔《犹太人问题》和《现代犹太人和基督徒获得自由的能力》两部著作中的谬论。
	《国民经济学批判大纲》	亚当·斯密、弗·李斯特、约·弗·汤普森、约·瓦茨、大卫·李嘉图等国民经济学家，宗教批判者和反谷物法同盟	恩格斯著。此乃恩格斯从唯心主义向唯物主义、从革命民主主义向共产主义转变过程中的重要著作。此部著作乃“批判经济学范畴的天才大纲”（马克思语）。

① ［英］戈兰·瑟伯恩：《从马克思主义到后马克思主义》，孟建华译，社会科学文献出版社2011年版，第75页。

② 对于以上表格，须作几点说明：其一，选取《马克思恩格斯文集》（2009年版）为样本，主要是为了克服现今刊发文本的一些问题。如《马克思恩格斯选集》（1995年或2012年）只是对马克思恩格斯著述的节选，而不能涵盖全部；《马克思恩格斯全集》（中文Ⅰ版）由于种种原因，难以作为参考；中文Ⅱ版的《马克思恩格斯全集》虽陆续出版了一些，但还未以“全貌”示人。考虑到参考文本的全面性和检索的精确度，故而将《马克思恩格斯文集》（2009年版）作为考察样本。其二，对于马克思主义经典文本中的批判理路进行文献分析，由于主观因素，难免会和原始文献有所偏差，需要读者以批判的态度进行审视；同时，不得不承认，这一考察方式必会损及马克思恩格斯批判思想的“整体性”，若真要窥探马克思恩格斯关于这一理论之全貌，还需读者自己深入文本，在“整体视域”下进行精细化的研读。

续表

卷次	文本依据	主要批判对象	作者和批判的主要内容
第1卷	《英国状况，十八世纪》	长期国会、制宪议会、立法议会、长老派、吉伦特派、独立派、山岳党、掘地派、阿贝尔派等	恩格斯著。此乃恩格斯从唯物主义和共产主义立场出发研究英国状况的文章。文中采用了与青年黑格尔派截然相反的观点和方法来考察英国和西欧18世纪的历史。
	《1844年经济学—哲学手稿》	国民经济学、黑格尔和费尔巴哈为代表的哲学	马克思著。马克思从唯物主义和共产主义的立场出发，对涉及哲学、政治经济学和共产主义理论的各种历史文献和思想观点都进行了系统的批判性考察，在对资本主义经济制度和社会现实的剖析中，提出了新观点。
	《神圣家族》	布鲁诺·鲍威尔及其伙伴	马克思和恩格斯合著。批判了青年黑格尔派和黑格尔本人的唯心主义哲学观点，初步阐明了唯物史观的一些重要思想。
	《关于费尔巴哈的提纲》	以前的唯物主义（包括费尔巴哈）、唯心主义	马克思著。批判了唯心主义、费尔巴哈以及一切旧唯物主义的失误之处，阐明了马克思主义的实践观；论述了真理问题的验明标准，确证了全部社会生活的本质，表征了哲学家的任务是“改变世界”。
	《德意志意识形态》	费尔巴哈、布鲁诺·鲍威尔和施蒂纳所代表的现代德国哲学以及各式各样先知所代表的德国社会主义	马克思和恩格斯合著。第一卷批判了费尔巴哈、鲍威尔、施蒂纳我唯心史观，阐发了唯物史观的基本原理，论述了共产主义和无产阶级革命的相关理论。第二卷对于德国流行的“真正的”社会主义进行了批判，揭示了这些“假说”的哲学基础、社会根源和阶级本质。

续表

卷次	文本依据	主要批判对象	作者和批判的主要内容
第1卷	《哲学的贫困》	蒲鲁东	马克思著。批判了普鲁东为维护资本主义私有制而散布的取消阶级斗争和社会革命的改良主义观点，批判了他的唯心史观和形而上学的方法论，阐明了唯物史观的基本原理。
	《共产主义者和卡尔·海尔岑》	卡·海因岑	恩格斯著。驳斥了小资产阶级民主派卡·海因岑对共产主义的攻击和污蔑，强调共产主义不是教义，而是运动，不是从原则出发，而是从事实出发。
	《雇佣劳动和资本》	古典经济学	马克思著。戳穿了资产阶级经济学家宣扬的"资本家和工人利益一致"的谎言，说明了构成现代阶级斗争和民族斗争的物质基础的经济关系。
	《关于自由贸易的演说》	资产阶级及其代言人	马克思著。针对资产阶级关于自由贸易的谎言，揭露了资本主义制度本质。
第2卷	《共产党宣言》	反动的社会主义（封建的社会主义、小资产阶级的社会主义、德国的或"真正的"社会主义）、保守的或资产阶级的社会主义、批判的空想的社会主义和共产主义、各种反对党派	马克思和恩格斯合著。此乃马克思和恩格斯为共产主义者同盟起草的纲领，是马克思主义的纲领性文献。
	《危机和反革命》	德国资产阶级	马克思著。文章揭露了德国资产阶级背叛革命的行径，谴责了资产阶级自由派的做法。

续表

卷次	文本依据	主要批判对象	作者和批判的主要内容
第2卷	《资产阶级和反革命》	德国资产阶级	马克思著。揭示了德国资产阶级在革命中的软弱性和保守性。
	《1848年至1850年的法兰西阶级斗争》	革命的社会主义和各种空论的社会主义等	马克思著。此文剖析了法国的阶级结构、各阶级的经济状况和政治态度。
	《德国农民战争》	历史学家	恩格斯著。文章批驳了把德国农民战争的原因归结为神学之争的错误观点。
	《德国的革命和反革命》	资产阶级和小资产阶级社会主义思潮	恩格斯著。此文用唯物史观的基本观点分析了德国革命的起因、性质、过程和失败的原因。批判了资产阶级、小资产阶级社会主义思想对工人的侵蚀，并论述了无产阶级的领导权和工农联盟问题。
	《路易·波拿巴的雾月十八日》	路易·波拿巴	马克思著。文章对波拿巴政变的原因、过程和结局进行了评述，并对历史事件进行了生动描绘和准确剖析，揭示了历史运动之规律，阐释了评价历史事件和人物的重要方法。
	《政治经济学批判》序言	资产阶级政治经济学	马克思著。此文乃马克思主义政治经济学创立过程中的一个重要文献。马克思回顾了唯物史观的创立过程，并对其进行了经典表述。
	《卡尔·马克思〈政治经济学批判，第一分册〉》	资产阶级政治经济学	恩格斯著。此书评批判了资产阶级政治经济学的局限，阐明了马克思创设唯物史观和唯物辩证法的伟大贡献。

续表

卷次	文本依据	主要批判对象	作者和批判的主要内容
第3卷	《论蒲鲁东》（给约·巴·施韦泽的信）	蒲鲁东	马克思著。此乃在蒲鲁东逝世之后对其进行全面评介的著作，马克思既肯定了蒲鲁东的功绩，又阐明了两人的分歧，批判了蒲鲁东的哲学思想、经济学观点和社会改良方案。
	《工资、价格和利润》	资产阶级政治经济学	马克思著。此乃马克思的一部重要的政治经济学论著，简明扼要地阐述了《资本论》中的重要原理和基本观点，阐明了剩余价值的形成和工资的本质，揭示了工人遭受资本家剥削的真正秘密。
	《总委员会关于继承权的报告》	巴枯宁派	马克思著。此乃马克思为国际工人协会总委员会起草的关于继承权的问题的总结报告，批判了巴枯宁派把废除继承权视为社会革命的起点的观点，该派这一思想，在理论上是错误的，在实践上是反动的。
	《法兰西内战，国际工人协会总委员会宣言》	议会反对派、沙文主义	马克思著。此文乃科学社会主义的重要文献。马克思全面总结了巴黎公社的经验教训，阐明了马克思主义国家和革命的学说。
	《论土地国有化》	土地私有化倡导者	马克思著。此文乃马克思论述土地问题的主要著作，批驳了土地私有化的主张，阐明了土地国有化是社会发展的必然要求。
	《论住宅问题》	蒲鲁东主义和资产阶级改良主义	恩格斯著。文章批判了蒲鲁东主义和资产阶级改良主义的观点，阐发了科学社会主义的基本理论，并指明了资本主义制度下的住房短缺源于统治阶级的剥削和压迫。

续表

卷次	文本依据	主要批判对象	作者和批判的主要内容
第3卷	《论权威》	无政府主义	恩格斯著。文章批判了无政府主义主张个人无限自由和否定一切权威的错误观点，阐明了在社会生产和社会活动中确立和维护权威的必要性。
	《政治冷淡主义》	巴枯宁、蒲鲁东及其追随者	马克思著。文章批判了巴枯宁主义放弃政治斗争和废除国家的谬论，宣扬政治冷淡主义；驳斥了蒲鲁东及其追随者反对工人运动的诸多诡辩。
	《流亡者文献》	布朗基主义、巴枯宁主义以及其他小资产阶级	恩格斯著。文章介绍了波兰、法国和俄国流亡者对本国发生革命的看法，同时还批判了布朗基主义、巴枯宁主义以及其他小资产阶级社会主义关于革命的任务和策略、革命的前途和动力的错误观点，指明了欧洲革命的前景，阐述了无产阶级斗争的策略。
	《巴枯宁〈国家制度和无政府状态〉一书摘要》	无政府主义	马克思著。此文乃马克思批判无政府主义的一篇评注，批判了巴枯宁的无政府主义观点，同时也批判了各种无政府主义学说，阐释了科学社会主义关于国家、无产阶级专政和工农联盟的一系列重要原理。
	《给奥·倍倍儿的信》	拉萨尔主义	恩格斯著。此文乃恩格斯批判拉萨尔主义的重要文献，批评了爱森纳赫派在准备与拉萨尔派合并时在纲领草案中对拉萨尔派无原则的妥协和让步。
	《哥达纲领批判》	拉萨尔主义	马克思著。此文乃科学社会主义的重要文献，马克思逐条批判了纲领草案中的拉萨尔主义的观点，阐述了科学社会主义的基本原理，丰富和发展了科学的社会主义理论。

续表

卷次	文本依据	主要批判对象	作者和批判的主要内容
第3卷	《给〈祖国纪事〉杂志编辑部的信》	俄国民粹派	马克思著。文章批判了俄国民粹思想家尼·康·米海洛夫斯基在俄国社会发展道路上对马克思观点的歪曲。
	《社会主义从空想到科学》	空想社会主义	恩格斯著。文章概述了空想社会主义思想的发展历程，对空想社会主义的贡献和局限分别作了客观分析，阐释了科学社会主义的基本理论。
	《布鲁诺·鲍威尔和原始基督教》	资产阶级官方神学	恩格斯著。此文乃恩格斯论述基督教历史问题的代表作，文章基于历史唯物主义立场，分析了基督教的发展进程，批判了资产阶级官方神学在基督教历史研究领域宣扬的错误观点。
第4卷	《马克思和洛贝尔图斯》	皮·约·蒲鲁东和约·卡·洛贝尔图斯	恩格斯著。此文乃恩格斯为《哲学的贫困》德文第一版作的序，阐明了《哲学的贫困》和《资本论》对创立科学社会主义所作的贡献，揭露了皮·约·蒲鲁东和约·卡·洛贝尔图斯的小资产阶级经济理论为资本主义制度辩护的实质，阐明了马克思在批判地吸收李嘉图劳动价值论的基础上创立的科学劳动价值论。
	《论封建制度的瓦解和民族国家的产生》	资产阶级民族理论	恩格斯著。此文乃马克思主义民族理论的重要著作，恩格斯揭示了15—16世纪西欧资本主义生产关系在封建制度瓦解中的作用，阐明了欧洲民族国家的形成过程，批判了资产阶级在民族国家问题上散布的错误观点。

续表

卷次	文本依据	主要批判对象	作者和批判的主要内容
第4卷	《路德维希·费尔巴哈和德国古典哲学的终结》	黑格尔、费尔巴哈为代表的德国古典哲学	恩格斯著。在对德国古典哲学的积极扬弃中阐明了马克思主义哲学的形成和发展的历史，揭示了马克思主义哲学的一些基本观点。
	《美国工人运动》	资产阶级思想家	恩格斯著。此文乃《英国工人阶级状况》一书的美国版序言，恩格斯批驳了所谓在美国工人和资本家之间不可能产生阶级斗争、社会主义不可能在美国生根的错误观点，论述了资本主义制度下革命的必然性，阐明了科学社会主义的基本目标是实现整个社会生产体系的全面变革。
	《给〈萨克森工人报〉编辑部的答复》	德国社会民主党内的“青年派”	恩格斯著。此文乃恩格斯论述如何对待马克思主义以及无产阶级政党的领导人应如何提升自身素养的著作，恩格斯批判了德国社会民主党内的“青年派”在理论上将马克思主义歪曲得“面目全非”，在实践上则全然不顾党的实际斗争条件而采取冒险主义。
	《1891年社会民主党纲领草案批判》	德国社会民主党内的机会主义	恩格斯著。文章批判了德国社会民主党内出现的德国可以和平“长入”社会主义的机会主义观点。
	《答可尊敬的乔万尼·博维奥》	乔万尼·博维奥	恩格斯著。文章是对意大利唯心主义哲学家和资产阶级政治活动家乔万尼·博维奥文章的答复，回应了他对恩格斯《德国社会主义》一文的指责和歪曲。

续表

卷次	文本依据	主要批判对象	作者和批判的主要内容
第4卷	《法德农民问题》	法德工人阶级政党内部的一些思想家	恩格斯著。文章批判了法德工人政党内部在农民问题上的错误观点，强调了农民作为工人同盟军的重要意义，为无产阶级政党制定了在夺取政权和斗争中争取农民支援并在革命胜利后引导农民走社会主义道路的方针。
第5卷 第6卷 第7卷	《资本论·政治经济学批判》	资产阶级政治经济学家	马克思著。此乃马克思的一部具有划时代意义的著作。马克思在此著作中运用唯物辩证法和历史唯物主义的世界观和方法论揭示了资本主义社会的经济运行规律，阐述了资本主义生产、发展和灭亡的规律，根据对资本主义社会的深入透析，论证了共产主义的必然性。
第8卷	《1857—1858年经济学手稿》摘选	资产阶级政治经济学家	马克思著。1857年7月—1858年6月，马克思写了一部50印张的手稿，标题为《政治经济学批判》，并附有一篇总的《导言》。此手稿被认为是《资本论》的第一稿。
	《1861—1863年经济学手稿》摘选		马克思著。1861年8月—1863年7月，马克思又写了23个笔记本的手稿，共计200印张。此手稿被认为是《资本论》的第二稿。
	《1863—1865年经济学手稿》摘选		马克思著。1863年8月—1865年年底，马克思分别写了《资本论》三册的手稿：第一册《资本的生产过程》；第二册《资本的流通过程》；第三册《总过程的各种形态》。这部手稿被认为是《资本论》的第三稿。

续表

卷次	文本依据	主要批判对象	作者和批判的主要内容
第9卷	《反杜林论》	欧根·杜林	恩格斯著。文章对欧根·杜林在哲学、经济学和社会主义领域宣扬的错误观点进行了批判，对马克思主义的三个组成部分——哲学、政治经济学和科学社会主义——作了全面而系统的论述，揭示了三者间的联系，指出了唯物辩证法和唯物史观乃科学的世界观与方法论，贯穿于马克思主义政治经济学、科学社会主义，唯物史观和剩余价值学说的创设使社会主义从空想变为科学。
	《自然辩证法》	自然科学中的形而上学和唯心主义的代表人物	恩格斯著。此文乃恩格斯于1873—1882年撰写的一部未完稿，批判了自然科学中的形而上学和唯心主义观点，为马克思主义自然辩证法学科奠定了理论基础。
第10卷	《马克思恩格斯书信选编》	详情见书信内容	马克思和恩格斯著。本卷选取了1842—1895年期间马克思恩格斯的一些重要书信，在这些书信中，他们或是就他人的观点进行讨论和驳斥，或是就某些观点进行回应，或是针对自己的观点以书信的形式进行检讨。

与马克思主义创始人所生活的时代相比，当下的时代变化有目共睹。在发生翻天覆地变化的今天，为何还要言及马克思？为何还要研读马克思？为何还要保卫马克思？马克思在何种程度上是对的？马克思主义的生命力何以延续至今？这些都是在新环境和新境遇下无法回避的问题。易言之，马克思主义的当代意义何在？这并非一个可以简要回答的问题，其解答即蕴含在马克思主义的未来命运中。

“正是马克思，依旧在为我们提供着批判现实社会的最锐利的武器。”① 而且，“诸多当代资本主义的批评者们将仍能发现马克思的论著是原始材料的丰富来源”②。虽然时代发生了重大变化，但“马克思的影响并未消失……大多数我认为是正确的和重要的观点都可以追溯到马克思”③。马克思在当代语境中，依然“在场”，依旧发挥着难以估量的能量。

马克思主义的当代“在场”是由马克思主义的理论特点所决定的。任何真正意义上的马克思主义并不是一个故步自封的理论体系，任何真正的马克思主义者亦不会自足于自己所创建的理论体系。马克思主义应是科学而开放的，马克思主义者应是理性而包容的。他们对待事物的态度应是仅仅“指出所有一切事物的暂时性；在它面前，除了生成和灭亡的不断过程、无止境地由低级上升到高级的不断过程，什么都不存在”④。因此，马克思主义作为一门科学，应该在不断的社会实践中完善自身，应该在时代里找到关切之点。而这些都必须要以批判的态度审视所感、所触、所见的一切社会存在，继而以科学、合理的方式来进行批判。作为一种有效切近社会现实和把握世界万物的一种方式，批判可谓是透视社会现状、观摩社会发展、体察生存境遇不可或缺的有效手段。通过“实践地批判”“辩证地批判”“历史地批判”“内在地批判”和“总体地批判”，一切社会存在都必将遭到彻底、科学、客观、有力和全面的批判。正是这样的批判法则，才是真正而有意义的批判；正是这样的批判，才可作为马克思主义“为学”的重要方法，才是马克思主义最为重要的理论品质；也正是这样的批判，才是维持马克思主义实践张力的基础，才是马克思主义生机活力之源。

马克思主义的当代“在场”是顺应时代要求的结果。在新的时代里，社会状况以难以想象的速度和频率发生着变化。之前社会中存在的系列问题都逐渐得以妥善解决，然，这并不意味着变化了的社会中不存在矛盾。旧有的苦难——饥荒、疾病、贫穷、灾难等——在新的时代都或是被消

① Jonathan Wolff, *Why Read Marx Today*?, The Oxford University Press, 2002, p. 2.

② Ibid., p. 3.

③ Jon Elster, *Making Sense of Marx*, The Cambridge University Press, 1985, p. 531.

④ 《马克思恩格斯文集》第4卷，人民出版社2009年版，第270页。

弭，或是得到有效缓解。但这并不表示这些苦难真正“寿终正寝”，并不预示着我们可以沉浸在工业文明的伟大胜利中而洋洋自得。自然生态遭到严重破坏、资源匮乏，社会风气腐蚀糜烂、拜物成风，精神生活遭到摧残、精神家园失守……这些都是伴随人类社会发展过程始终的问题，也是关乎人类发展步伐的问题。这些问题不会因为生产力进步而得以解决，它们依旧是困扰人类社会发展的“枷锁”，也是人类社会发展中存在着的新问题。因此，须以批判的眼光对这个时代进行重新扫描和重新认识。在变化了的环境中找到人类发展的新目标和人类存在的新境遇，是马克思主义的最终旨趣，更是时代对我们提出的最新和最高的要求。

马克思主义作为科学的理论体系，在历史上和在当代都始终以批判的态度来看待和处理问题，并合理而科学地切中了时代的弊病和社会的问题，此即马克思主义的“本真精神”。可以预见，在未来，马克思主义的批判性维度不仅不会消逝，还会以更加完善的手法来诊治困扰社会发展的难题；马克思主义的批判之力不会衰微，还会以更加强劲的势头来针砭时弊。

一言以蔽之，不论是在过去、当代，还是在未来，马克思主义都必会运用两种手段实践和批判来检视一切社会存在。实践是马克思主义的“奠基石”，批判则是马克思主义的“本真精神”。在此基础上，马克思主义必会在未来的舞台上大展拳脚，大放异彩。

第三章　比较视域下的马克思分工学说

第一节　马克思之前的分工学说

一　古希腊时期的主要分工学说

古希腊是西方文明诸多思想传统的重要发源地，如果要对分工学说或其有关论述进行追溯的话，我们不难在古代思想家那里发现它们的踪迹。

（一）柏拉图：分工的发展与城邦共同体

柏拉图（Plato）关于分工的论述主要集中在其代表作《理想国》一书里面。在该书中，柏拉图列举了人们生存中最基本、最直接的物质需要，例如衣服、食物、住宿等，他指出，一个工匠若只从事一项专门的技艺，那么他要比从事多项技艺的人做得更出色；也即若一个人专心于一事，所生产的东西必然在数量上更多，在质量上更好，这样便有利于社会生产的改进。此外，柏拉图把“分工看作公社的经济基础，每一个人在公社中都要依靠另一个人，他不可能在不同另一个人发生联系的情况下独立地自己满足自己的全部需要。公社内部的分工产生于需要的多面性和才能的片面性，不同的个人有不同的才能，因而每个个人从事某种职业会比从事其他职业发挥更大的作用”①。实际上，柏拉图发现了分工和专业化对于提升劳动熟练程度、劳动生产率和优化产品质量的作用。他直接断言，“一个人单搞一种手艺好”，② “只要每个人在恰当的时候干适合他的工作，放弃其他事情，专搞一行，这样就会每种东西都生产得又多又

---

① 《马克思恩格斯全集》第23卷，人民出版社1998年版，第325页。

② 柏拉图：《理想国》，商务印书馆1986年版，第59页。

好”。[①] 相反，“如果他什么都干，一样都干不好，结果一事无成”[②]。

柏拉图眼中的分工与城邦的命运是紧密相关的。为了使劳动者的需求得到满足，不同职业分工中劳动的产出品得到实现，人们需要一个公共性的协调制度安排，于是形成城邦政治体。柏拉图指出，“每个人为了各种需要，招来各种各样的人，由于需要许多东西，我们邀集许多人住在一起，作为伙伴和助手，这个公共住宅区，我们叫它城邦”，“之所以要建立一个城邦，是因为我们每个人不能单靠自己达到自足，我们需要很多东西”[③]。为了满足人的需要以及劳作者的不同天赋，人们的活动应该被划分为不同的职业分工。柏拉图指出，只要分工还是主要为了满足人的基本需要，那么这样的城邦就依然是健康的。然而，事情的变化远比想象的要快，柏拉图警醒而且难耐地发现，城邦的规模不可避免地扩大了，城邦的性质已经悄无声息地发生了变化。分工不再以满足最低需要为目的，相反，分工使无限的欲望成为可能。城邦生活开始变得越发狂躁（柏拉图把这样的城邦称为“发高烧的城邦”），平衡与和谐的生活一去不返。分工和欲望沆瀣一气地推动着城邦的增殖，柏拉图对城邦在这样的分工下不断蔓延的前景表现出深深的忧虑，他甚至认为再这样下去的后果将是战争。

实际上，这种威胁比战争还要来得可怕，因为伴随分工演化的欲望扩张已经严重地损害了城邦的精神和生活品质。柏拉图发现，在城邦的公共生活中正义丧失了其应有的道德伦理意义，“把正义付诸行动的人都不是心甘情愿的，实在是不得已而为之的，不是因为正义本身善而去做的”[④]。又或者是，“仅仅是因为没有本事作恶”[⑤]。柏拉图将恢复城邦秩序的希望建立在有基础性地位的分工之上。既然分工是构建城邦秩序的重要基础，而“建立国家的目的是全体公民的最大幸福”，[⑥] 因此，柏拉图的分工思想又与人们的生活品质紧密相关。在柏拉图看来，城邦秩序混乱的重要原

① 柏拉图：《理想国》，商务印书馆 1986 年版，第 60 页。

② 同上书，第 97 页。

③ 同上书，第 58 页。

④ 同上书，第 45 页。

⑤ 同上书，第 46 页。

⑥ 同上书，第 133 页。

因在于人们背离了上天赋予的职责，人们从对客观需要的满足到满足之后的需求“溢出”，外在地呼唤着、建构着人的欲望——渴求人为的产物。在这种情况下，天赋的分工格局被打乱，进而人们只能在越发臃肿的分工体系中去机械化地展开自己的工作。柏拉图认为应该按照天赋的要求进行分工才能整合社会关系，这是建立城邦秩序进而追求幸福品质的必要选择。在柏拉图看来，分工是由人们的天赋差异决定社会分工的格局：人们不同的天赋是由上天所赋予的，这便自然地要求人们从事不同的职业分工。柏拉图发现每一个人从生下来之后就是不一样的，人与人之间性格等差异明显，每一个人都有自己独特的才能。进而他主张，既然每个人的禀赋不同，那么就应该各自去从事不同的职业分工，而标准就是：每个人应该做天然适宜于自己的工作。

（二）色诺芬：分工与交换领域

色诺芬也是苏格拉底的学生，他在不少著述中跳跃性的探讨过关于“经济”的话题，但这时的“经济学”只能最多被理解为“家庭经营法”、“家政管理术”等（economics 的前缀“eco－”所代表的就是“家园（劳居环境）”之意）。在其《经济论》中探讨了一个优秀的主人应如何管理好自己的财产的话题，而一个人是否管理好了自己的财产，主要标志是他使自己的财产得到增加。[①] 他被认为是最早发表与经济相关的论著的思想家，仅在经济学意义上讲，色诺芬在分工方面的思考“超过”了柏拉图，甚至在他之后相当长的一段时间内也没有思想家再在分工思想的经济学层面上有过比他更加深入的论述。

色诺芬在《居鲁士的教育》这部著作中描述了这样一种情形：在一个规模较小的市镇中，一个工匠掌握了能够制造各种各样生活用品的技艺，制造诸如床、门、桌子等，甚至还要修房子，可即使这样，他也难以找到主顾来维持自己的生活。而在大城市里面，情况就发生了很大的变化，一个人只需认真熟练地从事一种手艺和一样用品的制造，甚至是某道规定好了的机械工序就可以谋生，诸如一个人专门把要做成衣服的布料裁好卖出，另一个人则专门负责将这些布料缝制成衣服。在这样的情况下，拥有某一种单独的手艺和制造技能的人反而比那些什么都会的人可以找到

① 何正斌：《经济学 300 年》，湖南科学技术出版社 2007 年版，第 2 页。

更多的买家，也就是说，这样的分工有利于该行业产品的成功交换。

毫无疑问，色诺芬肯定了分工的客观存在，而且认为这种分工现象的出现是很有必要的。没有谁能够精通一切生产技艺，如果人们的劳作能够专业化或区分化，就会改进专门从事某项工作的人的专业技能。色诺芬认为，分工有助于提高劳动生产率，他在比较大城市和小城镇在劳动分工现象上的差异时，发现了分工的发展程度与市场规模的大小呈正相关的联系，他的这个发现确实启迪了后来的思想家。

二　古典经济学时期的分工学说

（一）威廉·配第：初识分工的经济作用

威廉·配第是一位杰出的重商主义学者，是一个“最有天才的和最有创见的”（马克思语）经济学家。在其代表作《政治算术》（1671 年）中，纺织业内劳动分工的好处被配第加以描述，他写道：“譬如织布，一人梳清，一人纺纱，另一人织造，以一人拉引，再一人整理，最后又一人将其压平包装，这样分工生产，和只是单独一个人笨拙地担负上述全部操作比起来，所花的成本一定要低。”[①]（《政治算术》，24.）这里配第明确指出劳动分工有助于提高劳动生产率。在 1683 年出版的《再论与伦敦城市增长有关的政治算术》一书中，配第论述到如果把某一制造行业集中于一定的地区进行具有专业化性质的生产，就会引起交通运输等费用的节约。这是一个了不起的“洞见”，他发现了“制造业（之间）会相互影响”，而且已经观察到了生产专业化的规模效应。

（二）亚当·斯密：分工提高劳动生产率

分工学说是斯密“经济学”理论研究的出发点，斯密认为，分工是改进生产力、发展和增进国民财富的重要途径和根本因素。《国富论》一开始就讨论了关于劳动分工的问题，他抓住了在财富的产生和积累过程之中发挥巨大作用的劳动这把金钥匙，进而发现劳动创造财富的核心原因就在于其分工。他把分工视作是经济发展的重要动力，明确指出分工对提高劳动生产率具有重要的推动作用。

通过分析，斯密首先指出生产力的提高很大程度上是由于分工引起

① 何正斌：《经济学 300 年》，湖南科学技术出版社 2007 年版，第 26 页。

的。“劳动生产力上最大的增进，以及运用劳动时所表现的更大的熟练、技巧和判断力，似乎都是分工的结果。”① 他通过列举那个广为人知的制针工场的案例来论证自己的观点，因为分工协作，将抽丝、拉直、切断、削尖、磨光等工序进行专业化分工，一个工人一天可生产 4800 枚针；如果单个人完成制针的所有工序，说不定一天连一枚针也生产不出来。劳动分工的好处显而易见：“第一，劳动者熟练程度的增进，势必增加他所能完成的工作量。分工实施的结果，各劳动者的业务，既然终生局限于一种单纯操作，当然能够大大增进自己的熟练程度。”② “第二，由一种工作转到另一种工作，常要损失一些时间，因节省这种时间而得到的利益，比我们骤看到时所想象的大得多。不可能很快地从一种工作转到使用完全不相同工具而且在不同地方进行的另一种工作。”③ “第三，利用适当的机械能在什么程度上简化劳动和节省劳动，这必定是大家都知道的……我在这里所要说的只是：简化劳动和节省劳动的那些机械的发明，看来也是起因于分工。”④ 斯密发现，不仅制针业是这样，在其他行业的生产中，内部劳动分工同样对生产力和生产效率起着重要的促进作用。

生产的社会分工不同于独立生产单位之内部分工，这样的分工将会引起社会生产力的改进。他说，“考察一下文明而繁荣的国家的最普通技工或日工的日用物品罢；你就会看到，用他的劳动的一部分（虽然只是一小部分）来生产这种日用品的人的数目，是难以数计的。例如，日工所穿的粗劣呢绒上衣，就是许多劳动者联合劳动的产物。为完成这种朴素的产物，势须有牧羊者、拣羊毛者、梳羊毛者、染工、粗梳工、纺工、织工、漂白工、裁缝工，以及其他许多人，联合起来工作。”⑤ 分工促进了所有行业的产量成倍增长，于是一个“治理得很好的”社会可以出现普遍富裕的情况。

斯密在论证了劳动分工的重要作用之后，在论著中又接着讨论了导致

---

① 亚当·斯密：《国民财富的性质和原因的研究》，商务印书馆 1997 年版，第 6 页。

② 同上书，第 10 页。

③ 同上书，第 11 页。

④ 同上书，第 12 页。

⑤ 同上书，第 14 页。

分工形成的原因。他发现，每个人都不可能是全知全能的，反而是理智上和道德上有限的个体，这种有限性让人性自发地产生一种“愿意交换”的冲动，而劳动分工就是建立在这种自然倾向之上的。斯密说：就像我们通过契约、交易、购买彼此获得我们所需要的绝大部分的帮助那样，劳动分工最初也是从这种交换倾向产生的。这种自然倾向“呼唤”着人们各自去从事某种专门的工作，并积极训练和改进他所具有的从事该工作的才干。“他们彼此间，哪怕是极不类似的才能也能交相为用。他们依着互通有无、物物交换和互相交易的一般倾向，好像把各种才能所生产的各种不同产物，结成一个共同的资源，各个人都可以从这个资源随意购取自己需要的别人生产的物品。”①

斯密发现交换与分工的关系集中体现在市场范围与分工程度的关系中，他这样讲道：“分工起因于交换能力，分工的程度，因此总要受交换能力大小的限制，换言之，要受市场广狭的限制。”② 劳动分工的形式和发展情况取决于交换行为的状况，而交换行为的发生、发展本身就是市场的运作情况，尤其是市场范围的大小情况。因此斯密发现分工的发展程度极大地取决于市场的范围，这就是著名的“斯密定理”。它为后来的经济学家更加详细和深入地探索劳动分工与市场范围之间的关系定下了基调。斯密的分工学说中还有一点是非常有趣的，虽然它并不那么显眼。那就是，斯密通过梳理自罗马帝国崩溃以来欧洲社会生产实际的演变历史，发现了分工发展的自然顺序：首先是农业，其次是工业，最后是商业。而商品工业社会就是斯密眼中的现代经济体系，我们并不难发现，劳动分工是与现代化进程高度一致的重要现象。

虽然劳动分工的积极作用如此之多，但斯密并没有避谈劳动分工所产生的消极后果。劳动分工的发展或专门化的程度越高，便越容易导致更多的人的工作能力越来越局限于个别极单纯的操作，大多数这样的劳动者逐渐成为最愚钝、最无知的社会分工者，劳动分工本为人们所构建，却反过来成为限制人的“神奇能量”。可以说，劳动分工虽然使大多数人对自身特定的职业需要掌握的技术熟练掌握，但这种情况却是以牺牲劳动者其他

---

① 亚当·斯密：《国民财富的性质和原因的研究》，商务印书馆 1997 年版，第 20 页。

② 同上书，第 21 页。

方面的能力为代价的。

三 亚当·斯密分工学说对马克思的启迪

马克思对于劳动分工的见解不是自己发明出来的知识，更不是异想天开的编造。他的见解一方面来源于他对当时社会经济现实的观察和体验以及对过往相关社会历史资料的整理和分析，另一方面也来自其对前人思想家研究成果的扬弃。在马克思之前关注和谈论过劳动分工思想的人不在少数，可是对马克思影响最大且在马克思著作中被引用频率最高的非斯密莫属了。

马克思对斯密等人的分工学说所作评议主要集中在《1844 年经济学—哲学手稿》的后半部分。在马克思眼中，斯密的分工学说是有着许多合理之处的，他的不少观点都被马克思所接受并科学地加以发展；但马克思并没有止步于斯密的结论，而是在他停下脚步和“凝视的”地方去继续“眺望”。他们的分工学说之间最重要的差异则在于，马克思看到了斯密的研究视角缺乏一种社会历史感，他希望从社会生产发展的历史中对劳动分工甚至对整个人类社会的物质生产领域的发展加以研究。马克思一方面吸收了斯密分工思想的合理成分，另一方面他又以积极的、批判的眼光去看待斯密的“论证结果”。这种反思的态度、方法和研究行为将有助于马克思将其分工学说建立在一个新的理论视角和分析平台之上。

马克思所受到的斯密分工学说影响主要有两个方面：一方面体现在分工形式上。斯密指出了生产单位内部分工与社会分工两种不同形式，马克思在斯密的基础上发现了两种形式在“生产资料的所有状态”“生产资料对劳动力的分配”和“资本家的生产经营状态”上的明显差异。另一方面体现在分工的作用上。斯密准确地看到了分工的两面性，但马克思对此问题的思考和看法则比斯密要深入多了。他发现了在分工引起的当时一系列社会经济现象和社会生产事实背后的内在的社会关系；他看到劳动分工不仅有利于生产力的提高，也是资本主义异化劳动的根源和本身。

第二节　马克思的分工学说

马克思并没有将分工单列为一个专门话题放在某本著作中进行探讨，但这并不意味着这个问题在马克思思想中处于一个并不重要的位置。他对分工的探讨和论述主要集中在《1844年经济学—哲学手稿》《德意志意识形态》《政治经济学批判》和《资本论》等著作的某些章节中，此外，关于分工的话题还散见于马克思的其他文稿中。

一　分工的一些基本规定

（一）分工的概念

分工是以具有固定专业划分为特点的社会劳动的基本形式。分工的规定性主要体现在：分工属于劳动过程，它在劳动过程中又属于劳动的组织形式，而在劳动的组织形式方面，分工不同于个别劳动的是它具有社会性的复杂协同关联性以及稳定、外在的专门划分。

在这里，我们必须警惕那种将分工的物质内容视为分工概念的全部内涵的观点，马克思曾指出，"在产品普遍采取商品形式的社会里，也就是在商品生产者的社会里，作为独立生产者的私事而各自独立进行的各种有用劳动的这种质的区别，发展成一个多支的体系，发展成社会分工"[①]。这表明，一方面分工体系可以被概括为生产各种使用价值的有用劳动的总和——包括了各部门、各行业在内的复杂的、系统性的社会分工格局。当然，这也仅是在分工概念的物质内容层面进行描述，这个层面也只是构成商品生产的一般前提。马克思在《资本论》的很多地方提到"分工"的时候，就是在这一意义上使用的。但是我们同样应该重视另一方面，在商品堆积的社会里，分工通过将社会总劳动分解在各部门和各行业中具有质的区别的专门的独立化生产过程之中。这样，便使社会总劳动变成了各自独立的商品生产者的"私有业务"，并通过这些相互独立的商品生产者之间的交换活动——这种交换活动成为体现他们间社会经济联系的中介，以及实现各自经济利益的手段——表达出某种社会关系的特性。因此，分工

① 《马克思恩格斯文集》第5卷，人民出版社2009年版，第56页。

的社会形式方面同样是马克思研究分工过程的重要内容，它与分工的物质内容方面共同构成了马克思的分工概念的内涵。因此，完整理解分工概念，应当将其所包含的物质内容和社会形式相统一。[①]

（二）分工的类型

马克思按照分工的基本属性及来源的标准对分工进行了区分，将其划分为“因自然的”分工和“属社会的”分工两个大类。

马克思认为“因自然的”分工表现为两种形态：一是以纯粹生理特征为标准而产生的性别间分工；二是以自然地理为依据的区域间分工。而“属社会的”分工主要指的是社会中物质生产领域内的分工，按照马克思的看法，可以将其分为三种形态：一是“一般的分工”，也即对社会生产领域进行最基本的划分，诸如农业、工业、服务业等大的产业部门；二是“特殊的分工”，也即是相对具体生产部门的划分，指的就是将产业部门划分为单独的经济单位的分工形态；三是“个别分工”，也即在经济单位内部，根据技术等条件对不同的具体劳动的划分，这属于直接劳动过程中分工的形态。

马克思在区分“生产的社会分工”与“生产单位内部分工”的时候，看到了它们之间还有着本质上的区别：首先，参与的主体不同，参与生产的社会分工内的部门主体是表示着一种相对完整和独立的“整体化（矩阵型）劳动”，而生产单位内部分工的各方面只是为一定商品的生产而劳动的某个环节；其次，开展（或展开）的媒介渠道不同，社会分工总体联系的形成离不开以商品的“交换为通路”，而生产单位内部分工则以同一场所内的“直接劳动协作”为媒介；最后，在社会历史性上的差异，生产的社会分工是人类历史上不同社会形态所共有的现象，而企业内部分工则是在发达的商品经济阶段尤其是在资本主义生产方式下所特有的分工形态。与此同时，我们还应看到生产的社会分工与生产单位内部分工更是有着紧密的联系的——生产的社会分工是生产单位内部分工的基础和出发点，而后者的发展和深化可以反过来扩大前者的规模和改进前者的结构。

---

① 罗文花：《马克思社会分工理论新析》，载《马克思主义研究》2008 年第 6 期。

二 作为社会历史现象的分工

（一）分工的源流

按照马克思的看法，自然分工产生于两个“因自然的”起点：一是在原始共同体内部，基于人的自然生理特征差别而形成的性别、年龄和体质等方面的分工；二是在原始共同体外部，由于不同地域自然条件和劳动方式所形成的共同体之间的在地域上的分工。而在“属社会的”分工的演化历程中，马克思认为在其中有着三次较为明显的“分工革命”。第一次社会大分工是畜牧业与农业的分离，与之相伴随的是原始人群逐步地形成游牧部落或农业部落。第二次社会大分工是手工业与农（牧）业的分离，其中伴随着专业工匠的形成。第三次社会大分工是商业与产业分离，其中伴随着商人阶层的形成。三次社会大分工历史性地形成了物质生产领域内分工的基本结构。就是在这样的基础上，各大分工部门之间相互作用，又逐步地形成农业、工业和商业内部的进一步分工。

此外，我们还需注意的是在物质生产劳动分工的基础上，逐渐形成了与物质生产“无涉的”社会其他领域分工。这主要表现为两个方面：其一，人类劳动的社会性会派生出各种非生产的职能，随着共同体内部分化，形成了国家机器及其专职人员这一社会领域里的分工；其二，在公共职能独立化以后，又从其中派生出专门从事文化活动的人员，形成精神劳动与物质劳动的分离。

而分工体现在生存区域上的最显著差别，就是“城乡区域分工”：原始社会是城市与乡村无差别的天然统一，但随着氏族制向奴隶制的过渡，在原有的军事防御设施或居住生活地区附近，便形成了最初的城市形态。但古代城市主要是军事政治中心，城乡分工还没有获得充分的社会经济意义。反映工商业与农业在经济意义上的城乡划分（分工）——对于欧洲而言——在中世纪后期逐渐形成。马克思指出，“一切发达的、以商品交换为中介的分工的基础，都是城乡的分离。可以说，社会的全部经济史，都概括为这种对立的运动”①，即城乡区域的分工是社会分工的集中和显著体现。

---

① 《马克思恩格斯文集》第5卷，人民出版社2009年版，第408页。

（二）分工的形态

首先要谈到的是自然经济下的分工，这种分工体制的内容在原始社会的公社制度内是“因自然的”分工，在奴隶社会中是阶级分工，在封建社会早期是受到宗法、等级等影响的分工。这时分工只存在于生产的社会分工中，分工很不完善，主要停留在生产劳动和非生产劳动之间。其次是简单商品经济的分工。它作为一种具有典型和独特意义的独立分工形式形成于封建制向资本主义的过渡时期，生产力发展水平较低，自发性的分工占据主导地位，孕育着全社会生产分工的萌芽。最后是资本主义分工。在这样的分工形态中，日益扩大的生产的社会分工不仅促进和深化了生产单位内部分工的产生，并且在后者进一步发展的推动下，体现出更为广泛化、系统化的社会分工模态。分工隶属于资本，随着资本主义大工业的发展，分工也不断发展、调整和重构。

（三）分工的未来

马克思曾经从“劳动异化—分工”的角度来论说资本主义条件下的劳动分工通过劳动者分工实现，进而给劳动者乃至整个资本社会带来了“种种弊端”。他指出，“现在已被机器破坏了的分工，即把一个人变成农民、把另外一个人变成鞋匠、把第三个人变成工厂工人、把第四个人变成交易所投机者的这种分工，将完全消失”①。劳动者摆脱了对分工的奴隶般服从，劳动者不再受来自“外在于他本身”的劳动的奴役，而是将劳动转变为“自由自觉地展示自身力量的”内在创造及其过程。

三　分工与主要社会关系

（一）分工与商品经济

按马克思的观点，劳动产品转化为商品需要以下两个历史条件：其一，劳动产品对于其直接生产者不具有直接的使用价值；其二，生产者对劳动产品享有所有权。私有制条件下的分工形成了对自己生产产品的独立所有权，在自身产品无法满足自己利益的情况下，各个生产者便处于与其私人利益相分离的状态。正是如此，“产品的交换成为一种必要”与“生产者的私有利益无法自我实现”的矛盾才不断地被积累和“得到发展”，

---

① 《马克思恩格斯文集》第1卷，人民出版社2009年版，第689页。

在这样的背景之中，商品这一社会历史的产物就自然而且历史性地必然生成在人类社会历史发展的进程中。伴随着商品的出现和其社会历史功能的“发挥”，生产者之间的社会关系开始显著地表现为“商品（间）的交换”关系，这一点，尤其体现在资本主义社会生产方式之中。商品经济社会尤其是在资本主义经济显著的特点就是“商品的大量堆积”，这种“堆积”表现出来就是商品交换关系渗透到人的社会的各个领域——当然分工的形式和内容也将“遵照”这样的原则来设定，而扩展开来了的商品堆积通过分工的关系实现着、展示着资本的力量。

（二）分工与阶级关系

阶级在马克思主义理论视野中展示了生产关系内部的区分。作为生产关系的分工并不直接就是阶级的划分，反过来，阶级也不直接就是分工的结果；但分工的确是作为了阶级形成过程中的一个重要因素。阶级社会形成有一定的历史条件：社会的进步就是利益的分裂和在为了利益的冲突中现实地、历史地去实现和展开“人的”和“人与人之间的”关系的过程。马克思看到了人与社会的发展历程总是充满了无奈，人的个性的更进一步的发展，只有以牺牲历史性个人的现实过程为代价；社会的文明每向前一步，不平等的内容和形式也与之“共进”。在马克思眼中的分工是社会进步的重要力量，分工的劳动既是社会关系形成的动力，反过来也体现着社会关系。

（三）分工与交换关系

马克思早年在探讨“分工与交换”的问题时，的确表达出一种“分工引起交换，分工决定交换”的观点。后来，在《〈政治经济学批判〉导言》中，马克思明确地指出，“如果没有分工，不论这种分工是自然发生的或者本身已经是历史的结果，也就没有交换”，① 而在《政治经济学批判》中，马克思则通过对斯密相关观点的批判②去表达自己的“分工先于交换”的看法。后来在《资本论》等著作中他又提出了较以前更加成熟的看法。马克思认为商品生产中的社会分工构成了一切商品生产的一般基

① 《马克思恩格斯文集》第8卷，人民出版社2009年版，第23页。

② 马克思当时指出，斯密力图用分工来说明实在劳动转化为生产交换价值的劳动，即转化为资产阶级劳动的基本形式。斯密认为私人交换以分工为前提固然是对的，但是认为分工以私人交换为前提就错了。

础，他分析到，“社会内部的分工以及个人被相应地限制在特殊职业范围内的现象，同工场手工业内部的分工一样，是从相反的两个起点发展起来的。在家庭内部，随后在氏族内部，由于性别和年龄的差别，也就是在纯生理的基础上产生了一种自然的分工。随着共同体的扩大，人口的增长，特别是各氏族间的冲突，一个氏族征服另一个氏族，这种分工的材料也扩大了。另外，我在前面已经谈到，产品交换是在不同的家庭、氏族、共同体互相接触的地方产生的，因为在文化的初期，以独立资格互相接触的不是个人，而是家庭、氏族，等等。不同的共同体在各自的自然环境中，找到不同的生产资料和不同的生活资料。因此，它们的生产方式、生活方式和产品，也就各不相同。这种自然的差别，在共同体互相接触时引起了产品的互相交换，从而使这些产品逐渐转化为商品。交换没有造成生产领域之间的差别，而是使不同的生产领域发生关系，从而使它们转化为社会总生产的互相依赖的部门。在这里，社会分工是由原来不同而又互不依赖的生产领域之间的交换产生的。而在那里，在以生理分工为起点的地方，直接互相联系的整体的各个特殊器官互相分开和分离，——这个分离过程的主要推动力是同其他共同体交换商品，——并且独立起来，以致不同的劳动的联系是以产品作为商品的交换为中介的。”①

交换对于分工的意义，绝不是由一句“谁决定谁”就能描述的简单判断。一方面在分工关系中交换成为必然的事实，只有经过交换之后，社会分工才被证明是必要和合理的；另一方面交换的触角在不断延伸，不仅把越来越多的自然经济卷入分工系统，而且还扩大着分工的范围并因此丰富着分工的内容。与此同时，交换还不断地在生产者和消费者之间传递着“重要的信息”，向生产者反馈社会对各种产品需求的变化，同时也把生产者的新产品供给消费者。与分工紧密相伴的交换行为和与交换紧密相伴的分工行为都作为人类社会生产活动中的“关键要素”促进着社会物质生产历史的不断变革，它已经促成了整个人类社会从自然经济过渡到商品经济，还将以更快的力度历史地发展着社会生产力，历史地发展着人类本身。

① 《马克思恩格斯文集》第5卷，人民出版社2009年版，第407页。

第三节 马克思分工学说与历史唯物主义

马克思对分工问题的关注和探讨在历史唯物主义的形成过程中发挥着重要的作用，而与其分工学说紧密相连的是异化劳动学说。因此，我们在审视分工与历史唯物主义的关系时，必须首先探讨异化劳动问题。

一 异化劳动

（一）人在生产过程中同其劳动产品相异化

马克思关于异化劳动的论述主要集中在《1844 年经济学—哲学手稿》（以下简称《手稿》）中。马克思揭示了劳动者的生产过程在资本主义条件下的历史性特征，他指出，“劳动的现实化就是劳动的对象化。劳动的这种现实化表现为工人的非现实化，对象化表现为对象的丧失和被对象奴役，占有表现为异化、外化”[①]。商品被生产得越多，生产和制造它的人在这个过程中越沦为廉价商品，工人同自己产品的关系正是在这样的生产过程中逐步地而且不可避免地成为了他同一个异己的对象的关系。在劳动以外的时候，人们感到自由兴奋，而一旦让其从事劳动，他则想方设法地逃避抵制它，并在劳动时感到烦躁不安，人只有在执行自己的动物性机能时才感到自由。

（二）人同类本质的异化

“人是类存在物”，马克思认为，人作为类存在物的全部特征就在于他能自由活动（劳动和生产）。生命活动的性质包含着一个物种的全部特性——即类的特性，而自由自觉的活动正体现着人的类特性。但由于私有制和异化劳动的历史性存在，人同他的类本质发生不可避免的历史性异化。那么我们能否断言，人不可能完全占有和显示自己的本质，而只能成为残缺不全的畸形发展的人。

马克思指出自然界“有规定地”为人的无机的身体，人靠自然界生活，自然界也是作为人的一部分的。但异化劳动使自然界和人本身、使他自己的生命活动同人相异化，也就使类同人相异化。另外，虽然马克思在

① 《马克思恩格斯文集》第 1 卷，人民出版社 2009 年版，第 157 页。

讨论异化劳动与人的本质的关系时，仍然在使用“类的存在物”等概念来规定人的本质，但在实际内容上，他的论述已经是建立在“人的感性生命活动”的根源上了，此时人的类本质是属于人的、展开了的、感性生存着的、开放性的劳动活动。

（三）人与人之间关系的异化

以上所述的马克思关于异化劳动之规定性的讨论的直接结果就是“人同人相异化”。马克思指出，社会关系是由人们活动本身的性质所决定的。一方面，人类改造自然界的物质生产活动同时也就是人与人的关系的生产活动。异化的劳动构筑着异化的社会关系，异化的社会关系在历史的范围内使人同自己本身的关系“成为对象性的、现实的关系”。而马克思把这种构筑社会关系的活动叫作实践（“异化借以实现的那个手段本身就是实践的”），也就是生产社会关系（具有自我批判的“实践和创生”能力）。另一方面，现实社会关系的性质并非取决于单个人所固有的类本质或社会本质，而是来自人的活动的类意义。“人的本质不是单个人所固有的抽象物，在其现实性上，它是一切社会关系的总和。”① 马克思在历史唯物主义的创立过程中坚定地守护着一个最基本的理论立场，或者更可以说是一种对在生着的、现实的人的历史性和人本性关怀。

二　从分工到历史唯物主义

马克思通过研究分工为其对社会生产本质的揭示奠定了坚实的基础，而这又促进其找到了社会历史的真实内核——人类物质生产活动。马克思通过对分工问题的关注和探讨，逐渐发现了现实的社会生产活动所具有的两个方面：生产力和生产关系。

（一）分工与生产力

分工要以劳动者为主体，进而才可以把劳动工具和劳动对象分配在不同的生产部门和个人手中。在生产力方面，其实质可以被视为是生产劳动的方式，它反映着社会劳动的总体能力在各部门之间的组合，也反映着劳动者运用生产工具的能力，进而体现出社会生产力水平的高低。“这种共

① 《马克思恩格斯文集》第1卷，人民出版社2009年版，第505页。

同活动方式本身就是‘生产力’”①，而且“一个民族的生产力发展的水平，最明显地表现在该民族分工的发展程度”②。可以看出，马克思正是通过对分工的研究，而逐渐地关注到社会生产中的生产力问题。首先，分工中的劳动主体毫无疑问是生产力系统中作为人的要素的劳动者；其次，分工的技术形式尤其体现在劳动工具的技术水平上，分工的最基本的技术条件就是劳动工具的技术水平。作为生产力系统中的硬件的劳动工具，在生产力发挥作用的过程中以消耗自己来生产产品，反过来再由于其自身的水平性质决定分工的具体表现形式，这正如马克思所讲，“劳动的组成和划分视其所拥有的工具而各有不同。手推磨所决定的分工不同于蒸汽磨所决定的分工”③。

分工在生产力中是以劳动工具专门化和劳动过程单一化为基础的。因此具体地讲，这里的分工主要指以劳动工具的专门化和以劳动对象、劳动产品的多样性为标志的部门间的划分。分工也可以被视作是生产力系统中“看不见”的软件部分（与劳动工具相对），它主要通过对诸要素的协调和组织，在劳动工具专门化和劳动过程单一化的基础上使一定的生产方式更充分地发挥效益。具体说来，分工并不直接地表现为某种人力、物力的消耗，也并不表现为劳动者个人生产能力的增强或单个工具效能的提高，而是说，它所带来的是社会生产力的“难以被见到的”改进和扩大。

劳动工具和分工相互促进并共同地推动着生产力的发展。劳动工具是生产力发展的物质技术层面的主要指标，而分工则是生产力发展在社会联结方面的重要标志。马克思曾这样讲到，“工具积聚发展了，分工也随之发展，并且反过来也一样。正因为这样，机械方面的每一次重大发展都使分工加剧，而每一次分工的加剧也同样引起机械方面的新发明”④。他后来又指出，“增加劳动的生产力的首要办法是更细地分工，更全面地运用和经常地改进机器”⑤。可以见得，马克思摒弃了那种把分工看成是一种永恒不变之规定的、抽象的、“庸俗经济学的”眼光，而认为分工是一个

---

① 《马克思恩格斯文集》第1卷，人民出版社2009年版，第532页。

② 同上书，第520页。

③ 同上书，第622页。

④ 同上书，第626页。

⑤ 同上书，第735页。

现实的、具体的历史过程，正因为其不同的发展和表现形式才展示出了不同的生产力水平间的历史性差异。

（二）分工与生产关系

生产关系是从现实个人的活动中构建起来的，又反过来制约着现实个人的生存条件。与感性的自发分工这种感性交往相适应的生产关系，也就是所有制关系。而所谓私有制指的不过是某种可以使用和支配另一部分人的劳动的权利。人们之间的奴役和对抗关系是从私有制这种生存条件本身中历史地生长出来的。以分工形式出现的劳动所生产的产品作为不同劳动的成果本应是属于劳动力所有者的，而当这样的产品被作为生产资料时，便形成了对“文明创造的生产资料”的私人占有权。马克思一针见血地指出，“其实，分工和私有制是相等的表达方式，对同一件事情，一个是就活动而言，另一个是就活动的产品而言”①。

“分工发展的各个不同阶段，同时也就是所有制的各种不同形式。这就是说，分工的每一个阶段还决定个人的与劳动材料、劳动工具和劳动产品方面的相互关系。”② 以各种专门化的劳动工具为基础和标志的生产部门的划分，必须通过劳动者分别运用不同的劳动工具去从事不同形式的劳动才能变为社会现实。而在这样的劳动过程中，分工对劳动者而言，不仅表现为使用各种工具的劳动技能之间的区别以及在体力、智力上所支出的质与量的差异，还表现在劳动者与不同劳动资料的直接结合和占有上，而后者正是所有制的体现。马克思指出，“分工从最初起就包含着劳动条件——劳动工具和材料——的分配，也包含着积累起来的资本在各个所有者之间的劈分，从而也包含着资本和劳动之间的分裂以及所有制本身的各种不同形式。”③ 可见在这里，马克思已然通过分工揭示出了生产关系的具体内容——它与现实的、具体的、历史的分工紧密相关——从而为历史唯物主义的成形打下了又一坚实的基础。

（三）在生产力与生产关系之间看分工

分工既是作为生产力发展水平表现的生产力的单纯量的扩大，又是形

---

① 《马克思恩格斯文集》第1卷，人民出版社2009年版，第536页。

② 同上书，第521页。

③ 同上书，第579页。

成和制约生产关系以及其延展的各种社会关系的基础。与此同时，生产关系通过分工的作用对生产力又具有相应的反作用，在一定生产关系下，被分工所规定或制约的不同个人的共同活动可以产生一种社会力量，它可以推动生产力的扩大。因此，我们并不难理解，分工是可以作为生产力和生产关系的中间环节的，而且恰是由于“劳动异化—分工”，人们才能更清楚地体察到生产力、生产关系之间的矛盾运动，而分工本身也正是这样的矛盾。

综上所述，社会历史是人类的生产活动所创造的，它的本质和现实基础就存在于人们的实践活动中。在这样的理论境遇之中，我们才能真正了解社会生产活动“本身”所具有的革命的、实践的、批判的历史意义。这恰如马克思在探讨历史唯物主义时所作的精妙阐释：从直接生活的物质生产出发来考察现实的生产过程，并把与该生产方式相联系的、它所产生的交往形式，即各个不同阶段上的市民社会，理解为整个历史的基础。历史的每一阶段都遇到有一定的物质结果、一定数量的生产力总和，人与自然以及人与人之间在历史上形成的关系，都遇到有前一代传给后一代的大量生产力、资金和环境，尽管一方面这些生产力、资金和环境为新的一代所改变，但另一方面，它们也预先规定新的一代的生活条件，使它得到一定的发展和具有特殊的性质。① 一言以蔽之，感性的、现实的人历史性地创造着环境，而这本就是他自身的“自证”过程；同样，环境也历史性地陶铸着具体的人，而这本就是它“属人的”（非抽象的、非机械的）历史创造性。

第四节　在比较中再次认识马克思的分工思想

一　阅读柏拉图

（一）人的质地与城邦品质

柏拉图的分工学说是建立在对现实城邦生活的混乱与“不实”的反思与批判的基础之上的。在他眼中，既然人们必须从事各种不同的工作才能应对和满足来自“城邦共同体”内部的各种不同需要，而这样的分工

① 《马克思恩格斯文集》第1卷，人民出版社2009年版，第544页。

关键是应该首先建基于对人的“质地”的划分——世上的每一个人的天赋都是不一样的，上天造人有高低贵贱之分、金银铜铁之别。按照最高位的那个法则，不同的人会做而且就应该去做不同的事情，承担不同的职责，这样便需要把社会划分为不同的职业。

那些经历过“真实”而能够充满哲理地进行思考的“哲学王”应当做监督统治群体；那些具有勇气和战斗力的人的职责是守护和防御；而那些具有强烈的物质欲望与粗鄙判断力的人则应该辛苦地、不断耗力地劳作去生产物质财富和生活资料。前两者属于统治者阶层；后者是被统治者。城邦中的每个群体只要按照上天的分派做好自己的工作，坚守自己的岗位，而不干涉别人的分内之事，这时的城邦就会实现正义，而达到和谐统一的状态。柏拉图明确指出：“当城邦里的这三种人（三个阶层）各做各的事时，城邦被认为就是正义的。”①

柏拉图坚持用正义原则来作为评价分工的标准：符合正义原则的分工是正义的、“好的”社会分工；反过来，“好的”社会分工本就是正义和正义的体现。每个人根据其“质地”从事最适合于他的职业，因而他的优势便能够得到最大限度的发挥，每个人都在正义的原则下从事各自的分工，并将正义的原则实现，使得整个社会的运行保持正常。对于正义更为重要的“不是关于外在的‘各做各的事’，而是关于内在的，即关于真正本身的事情。这就是说，正义的人不许可自己灵魂里的各个部分相互干涉，起别的作用。他应当安排好真正自己的事情，首先自己主宰自己，自身内秩序井然，对自己友善”②。只有依据内在的天赋履行自己的本分，而分工的格局又从外部上保持城邦稳定，其社会的秩序才能得到更为核心的保障。

柏拉图分工思想的重要价值还在于，他看到了社会分工对实现共同体团结的重要作用。他指出，“全体公民无例外地，每个人天赋适合做什么，就应该派给他什么任务，以便大家各就各业，一个人就是一个人而不是多个人，于是整个城邦成为统一的一个而不是分裂的多个”③。符合正

① 柏拉图：《理想国》，商务印书馆1986年版，第157页。

② 同上书，第172页。

③ 同上书，第138页。

义原则的社会分工在柏拉图那里相当于常态的社会分工，有利于共同体的团结。此外，柏拉图在《理想国》中描述的社会分工是在强调一种具有等级结构的、固定的社会职业分工体系，这种社会职业分工体系在他看来能够使每个人的能力得到最大限度的发挥从而使国家团结如一人。违背正义原则的社会分工则相当于失范的社会分工，会造成社会团结的困难。

（二）柏拉图对“善”的要求

柏拉图作为一个伟大的思想家，他的关于分工的学说是首先建立在其“哲学平台”之上的，这种分工的划分形式和标准还具有政治学和伦理学上的功能。其次，柏拉图将分工同城邦组织的形成和演变紧密地联系起来，前者成为了柏拉图构建城邦理论的基本要素：从分工到交换再到城邦的产生，他倾向于把城邦理解为一个协调和进行品质分工的组织。

柏拉图在思考分工问题的时候，首要考虑的并不是如何分工才能使得社会的“效率提高和效益增加”，也没有特别为了个体以及个体的价值和自由伸张，而是着重考虑城邦政治体的“品质”应该是什么、一个整体的城邦政治体的“幸福”应该是什么、一个整体的城邦政治体的安稳运作的保障是什么的问题。毫无疑问，柏拉图的分工理论已经告诉了我们答案，那就是分工必须在正义的原则之下展开，而这个原则完全符合最高的理念“善”（当然柏拉图的整个关于社会理想的论述都是围绕“善”来展开的）。而为了实现“至善”的理念和品质，按照人的品质来进行的分工就是最为重要和直接的实施“方案”。实际上，我们已然可以看出，柏拉图的分工理论就是对未来的、“善”的城邦生活的“品质”努力追求的过程。

二　再议亚当·斯密

在《国富论》中斯密论述了许多重要的问题，第一个问题就是分工。在此之外，斯密还关注到了“价格的决定因素”“资本的积累”“重商主义的历史缺陷”，而且回溯了人类社会的历史，但贯穿全书的是斯密的“更加根本性的”思考，那就是自身利益与公共利益的关系。斯密发现了人在实现自己的私人利益的时候会“不自觉地”给他人、给社会带来公共利益。而这种“不自觉”以给予不确定性以机会的行为选择为条件，也即人在拥有可以自由作出选择的机会时才能去实施。

斯密在《国富论》中通过对“分工与交换”关系的考察，将“看不见的手”的内在原理揭示了出来。斯密的分工和交换学说毫无疑问是建立在其对于“人性”的有关思考之上的，他从分工和交换的活动中看到了道德的情操和规律。在斯密眼中，人利己的本性导致交换的倾向，而交换的倾向导致分工的产生。斯密认为，人的行为在很大程度上是由人的本性中的利己因素决定的。“利己”始终是内生的目的，而利他往往只是手段——为了达到增进自己利益的目的，一个人首先本就有倾向去成为实现他人利益的手段。实际上在这里，斯密已经看到了人若要实现自己的目的就必须首先成为实现这一目的的手段，尽管这个手段极有可能是“他性的”。一个人的利己心不论有多么强烈，为了实现利益和达到相关的目的，他总是难免要求助于他人，斯密指出：“人类几乎随时随地都需要同胞的协助，要想仅仅依赖他人的恩惠，那是一定不行的。他如果能够刺激他们的利己心，使有利于他，并告诉他们，给他做事，是对他们自己有利的，他要达到目的就容易得多了。”① 既然每一个人都需要其他人的帮助，在一定的条件和范围内相关的一群人就会产生共同的利益诉求。社会是由个人组成的，社会利益是由生在其中的成员的利益构成的，所以每个人在自由分工的条件下从利己的动机出发追逐个人利益并获得满足时，也有效地促进了社会利益的增加。利他是利己有意无意的产物，社会利益在人们追求个人利益的过程中被系统性地实现。因此，斯密发现人对自身的生存目的和切身利益的肯定和追求，往往比那些宣称“为了人民大众的整体利益”而直接诉诸“公义”的行为更现实、更有效地促进一个社会利益的增加——所谓“国富民裕”。而这一切必须建立在自由竞争的市场经济条件下，这样那只“看不见的手”的功能才能被保障和发挥出来。

三 马克思的展望

（一）昂扬的对象化之路：实践

如果说在马克思眼中，异化世界的本质是由人的本质的否定来进行同构，那么人的本质的积极的、肯定的形式则是“自由自觉”的劳动。这种“本质”是在人们创造性的活动中被不断地展现着的：人们在创造性

① 亚当·斯密：《国民财富的性质和原因的研究》，商务印书馆1997年版，第17页。

地改造外界、灌筑对象的过程中，将自己的生命力对象化，这本就是人的本质力量的展示。

工业的历史及其对象性的存在，直观而明确地展现着人类的本质力量，尽管工业还在不断地、直接地塑造着人的非人化或者所谓的“片面化”，这些过程呈示着人的本质的“异化形式”。马克思没有像庸俗经济学者那样对此异化现象熟视无睹，没有只抓住现实的“表皮”做文章；也没有像那些道德家那样对此怆然泪下，没有只高喊出一些空洞的口号。马克思提醒人们，它们是以人的感性的、对象化的力量同时出场的——人的最真切的本质力量。在马克思看来，若在社会私有制的条件下，工业的一切成就，毋宁说是人与自然界的现实的历史关系，乃是压迫人、奴役人的力量。因而同时它也是作为人从那种被否定的状态中解放出来的感性的、现实的力量。马克思看待社会历史的眼光牢牢地落在了现实的社会生产领域。他指出，人与自然的现实的、历史的统一，只有不断地、不妥协地在对象化的劳动过程中，才能得到具体的、合理的理解。

（二）永远历史地代表着未来

在马克思看来，资本主义是从人的异化的极端形式到人向自身复归的历史阶段。基于这样的辩证理解，马克思与当时的庸俗共产主义、改良社会主义的立场不同，他明确指出，凡是试图通过毫不触动私有制本身来解决资本主义制度的固有矛盾的一切方法都是空想。马克思把共产主义理解为对私有财产进行否定历史性否定的过程，理解为历史性地彻底摒弃私有制的实践活动，而且同时，代之以把人的世界作为生产目的的社会形态。因此，这种共产主义不仅是经济制度的全面变革，而且是新的社会关系的建立，这种关系的建立将得益于“异化劳动——分工”所作为的历史的现实动力，它将一次次地变革着这样的社会关系。这种社会关系通过不断地扬弃着一切异化形式而使人得到彻底的解放，并展现出人的全面发展的新阶段。

但解放绝对不是历史的简单中断或者突变，我们在马克思那里得知，“自我异化的扬弃同自我异化走的是一条道路”。这种不断地扬弃异化之路不妥协地同一切“浪漫主义式的幻想”划清了界限，它自身就是历史运动的、现实的辩证过程。马克思的断言是一直站在未来向资本主义现时代发出的警醒，对于这样的现时代必须给予不断地反思和批判，而不是躺在当下的不堪和衰败之上为并未到来的“美好”未来和自己的命运做出的任何形式的精神安慰。这种解放着的未来和未来的解放社会所指向的就是共产主义，而这种共产主义是“人向自身、向社会的即合乎人性的人的复归，是自觉并在以往发展的全部财富的范围内实现的复归”①。共产主义，在理论上是哲学批判与政治经济学批判的结合，在现实历史的发展上是社会“实践”的根本要求。

在马克思那里，历史运动不过是由感性的生产关系的变革所推动的。历史唯物主义为人类解放的理想做出了理论前瞻，而且它的内容所展示的正是“人的自由的规律”，但更重要的还在于它不仅表现为一种理论应然，倘若不能有现实的运动作为社会的肉体，这种理想就不可能现实地代表着未来。但是，这种指向未来的“运动”又不是任何一种被臆造出来的活动，而本就作为从最感性现实的东西（衣、食、住等）那里延展开来的具有了宏大历史性的“东西”。

而这个东西所展示的不是别的，恰就是作为一切认识的源泉的感性活动——实践，这里的感性活动是与外部世界直接相关的，而且它不是单纯动物性的谋生与繁殖，而是人的自由自觉的生命活动。所以，这样的实践不是“绝对精神”意义上的，而是现实历史性的。历史性在马克思眼里被看成是人的创造性实践活动的本质，因此，实践的唯物主义同时也就是历史的唯物主义。社会生活本身就是实践的，也就是说社会生活本身就是自我批判的，因此，实践便具有社会性的意义，它在其自身发展的过程中展示着现实的人和现实的社会的历史性本质。劳动不仅塑造着人的本质，而且将这样的本质现实性地表现为一切社会关系的总和，这样，实践的唯物主义直接表达着唯物主义的“人学”。最后，实践还体现了辩证法的演化。简单来说，即通过对象化直到异化来实现自身，这正如，“存在”并非一个现存的什么物，而是一种“活动”一样，这种活动恰是通过其否定性来实现“去是”的肯定性的。也就是说在实践中，通过自我的否定来肯定自身的意义；实践的否定，正是实践的希望。这样去理解实践（活动），以及这样地去理解实践的唯物主义，才能说是对马克思的“在

① 《马克思恩格斯文集》第1卷，人民出版社2009年版，第185页。

当前的运动中同时代表运动的未来”① 有了合理的回应。

马克思“实践的唯物主义”理论的出发点是“感性学”，它虽然也是从具体的、现实的感性个人出发——它不仅通过感性对自然对象予以肯定，也对人自身加以肯定——但我们并不能因此误认为马克思的理论是“感性主义的”、或者说是“非理性主义的”。他的感性与费尔巴哈的“感性直观”不同，感性活动在马克思那里，就是现实的社会实践活动。马克思在《资本论》第二版跋中坦承自己是黑格尔的学生，马克思的理论密切地关注着现实社会，但并没有拒绝传承黑格尔思想中的合理的（辩证法）因素。了解过黑格尔哲学的人并不难发现，马克思的社会历史学说（即历史唯物主义）无疑受到了黑格尔的“历史是自由意识的发展”这一深刻论断的启发。但再往下走一步，当要探讨社会历史的发展动力与发展形式的时候，马克思则鲜明地跟黑格尔划清了界限：与黑格尔不同的是，马克思发现了自由意识背后有着更深层次的现实动力，即人的实践活动。马克思的理论不断地唤醒着人在现实生活中的感性能动活动及其创造性精神，并始终将运动的方向引向未来。所以，马克思的新唯物主义不仅具有一种传统哲学的形态，而且在理论导向上成了一种新的实践哲学。它后又有社会能量而继续外化为一种与社会历史相关的现实力量。

“共产主义对我们来说不是应当确立的状况，不是现实应当与之相适应的理想。我们所称为共产主义的是那种消灭现存状况的现实的运动。这个运动的条件是由现有的前提产生的。”② 通过历史唯物主义的方法去分析现代社会，我们可以发现现代生产“高度社会化”的发展方向与现代劳动者“感性生存条件”的演变模态都展现了当今资本运动对其本身原则的否定。前者表现为现代生产工具的社会性程度不断提高，现代生产分工的精细化、复杂化、系统化，以及由前者所引起的现代人感性交往的广泛化——这体现了现代资本主义存在的现实基础；后者表现为被现代资本主义生产抽取了感性生命的，毋宁说是由现代资本主义生存条件构造的以单向度感性生命为特征的现代无产阶级生活状况——这体现了人的感性生命在资本浪潮中的历史性否定趋势。

---

① 《马克思恩格斯文集》第 4 卷，人民出版社 2009 年版，第 324 页。

② 《马克思恩格斯文集》第 1 卷，人民出版社 2009 年版，第 539 页。

（三）历史之谜的不断解答

资本的原则在现实中展开，毋宁说资本主义时代人的现实生活演绎着资本的原则。当人的本质力量透过资本被实现着的时候，毋宁说人们已经“事先”不断地助推了资本的却也是“属人的”贪婪与扩张的那种本性去作为能够推动现代资本社会的实在驱力，这个已经先行于后来现实的东西如主人一般在询唤着并解构着个体的行为准则和一般交往规范。于是，这样一个庞大的围绕着资本内核的象征符号体系便建构成功，资本之象能够为我们构造有效的、现实的社会关系，并因此掩藏着自己的“崇高的、实在的秘密”；而劳动分工成为它绝佳的技术实现手段在社会中被“合理的”构造好，并反过来作为社会本身。因此，现实社会则本就是“意识形态的崇高客体”无言地在建构着其中的人及其交互行为。而马克思通过对“异化劳动——分工”的批判分析，乃至后来在《资本论》行文中所体现的基本“论述场”，并不要为我们提供逃避或轻易否定资本主义社会生产的伪精神出口，而是为我们揭示如何去认识和看见资本主义社会的实在秘密，穿过被资本之象（意识形态）的建构物而帮助我们所隐藏之物去领略背后的真实矛盾。

通过上面的分析和论述可见，历史上这些留下深刻烙印的思想家们的理论出发点都不是外在的或者对象化的学术要求，而是有着各自切己的、朴素的内在生命动因。柏拉图分工理论出自于其心中的最高理念——“善”。为了保障城邦政治生活的正义和人们的幸福，而构建出的一套人们应该去追求和遵守的分工主张；虽然它不可否认地具有极高的政治哲学、伦理学的理论价值，但是在探讨城邦分工的现象和问题的时候缺少现实性的关怀，容易陷入一种理论应然的残忍状态。斯密的分工理论是为了解释现实世界中的国家和地区间财富累积和差异的原因和原理的，具有极强的经验主义和现实主义的色彩，而且斯密在其思想中用自由主义撑起了的自己主张的架构，给后世带来了极为深刻和广泛的影响。它把脚牢牢地扎在日常的经验现实之中，有一种把个体“人性拉平”“日常化”和“功利现实化”的意味，却让人难以体会到其学说内含有历史性的批判力。马克思的分工理论明确指出了分工就是社会生产发展的动力，如同“异化与扬弃异化走的是一条道路”，他的分工学说通过历史唯物主义与其在未来社会方面的理论紧密相连。历史性的分工在孕育着自己局限的同时生长着否定自己的力量，也将推动自身走向新生，从而肯定并实现自己的意义。在马克思眼中，不存在任何最终的、绝对的东西，任何事物的暂时性都通过其历史性表达出来。一切有限的、现实的事物，自在地有一种不真实性——这也体现着其历史性，并且自身就孕育着自我否定的新生力量。分工同样如此，也正因为有了马克思式的历史眼光和对未来的科学领会，人类的分工在马克思眼中就具有了与以往任何分工学说不同的历史气度和现实情怀，它将作为不断理解历史之谜方法的重要环节在现实的社会生活中在场。

第四章　马克思生产关系理论及其当代启示

生产关系理论是马克思主义理论体系中一个十分重要的组成部分，生产关系是历史唯物主义得以形成和确立的核心理论范畴。在当前经济全球化和经济关系不断更新的背景下，明晰马克思生产关系理论的科学内涵和内容结构，突出马克思生产关系理论的当代价值，既是对当前经济发展时代背景的现实回应，也是彰显自身科学性和时代性的内在需要。随着经济的迅猛发展和经济体制改革的不断深化，马克思生产关系理论所蕴含的科学方法论和时代功能必然也会不断彰显。

第一节　马克思生产关系理论形成的历史沿革

纵观历史唯物主义的发现与创立的历史进程，我们会发现生产关系理论占据着极其重要的位置，它最后的形成与完善标志着历史唯物主义创立的完成。19 世纪中叶，伴随着资本主义生产方式的进一步发展，资本与雇佣劳动矛盾的进一步深化，马克思积极投身到现实生活实践中，从资本主义现实生活实际和诸多社会关系入手，开始了对生产关系范畴及理论的探讨。生产关系理论的创立分别经历了萌芽、深入探究、初步形成和系统确立四个阶段，在这四个不同的阶段中，马克思在逻辑上和理论上都经历了一个逐步推进的过程，分别从市民社会、异化劳动和交往形式范畴中科学地提炼并抽绎出了他的生产关系范畴，并最终形成和确立一套成熟的生产关系思想体系。

一　市民社会：生产关系问题的初步接触与萌芽

生产关系问题的初步接触与萌芽是马克思生产关系理论形成的起始阶

段。在这一阶段的马克思，由于在《莱茵报》期间遇到物质利益问题而逐步意识到经济关系的重要性，于是对黑格尔的理性主义国家观产生了质疑，并确立了市民社会是国家前提的重要思想，开始了对黑格尔并不重视的市民社会范畴的考察和分析。而对市民社会的考察与分析恰恰是研究生产关系问题的开始，马克思正是通过对市民社会的研究，才开启了生产关系的研究思维，一步步分解出了经济关系范畴。市民社会是马克思在这一阶段所使用的术语，而这一术语对生产关系理论的萌芽具有重要意义，是生产关系理论的发源地。

（一）《摩泽尔记者的辩护》：经济关系是最有影响的力量

在《莱茵报》工作期间，马克思仍然是一个深受黑格尔思想熏陶的唯心主义哲学家。但正如马克思在《〈政治经济学批判〉序言》中所指出的："1842—1843 年间，我作为《莱茵报》的编辑，第一次遇到要对所谓物质利益发表意见的难事。"① 现实状况推动他开始关注并研究经济问题。不过马克思真正明确经济关系的重要性则始于《摩泽尔记者的辩护》。

1842 年 12 月，《莱茵报》刊文报道了摩泽尔河地区葡萄酒酿造者的真实生活状况，其中隐含了对当局政府的指责。政府则认为报道缺乏真实性，是对政府的恶意诽谤。为了维护摩泽尔河沿岸地区农民的利益，1843 年 1 月，马克思在《莱茵报》发表了《摩泽尔记者的辩护》一文，批判了无视客观、任意评论的做法，认为"只要人们一开始就站在这种客观立场上，人们就不会违反常规地以这一方或那一方的善意或恶意为前提，而会在初看起来似乎只有人在起作用的地方看到这些关系在起作用"②。在这里，马克思已经开始认识到了客观关系之于国家的决定性作用，意识到了从根本上讲经济关系才是最具影响力的关系，并开始对黑格尔的国家观产生了质疑和动摇，为此后对黑格尔哲学进行批判埋下了伏笔。

（二）《黑格尔法哲学批判》：生产关系思想的最初萌芽

在《莱茵报》时期，马克思所信奉的黑格尔的理性主义国家观与客观现实之间的矛盾与对立，使他对自己已有的哲学信仰产生了质疑和困惑，并开始大量研究近代哲学，对黑格尔理性主义国家观发起了批判。

① 《马克思恩格斯文集》第 2 卷，人民出版社 2009 年版，第 588 页。
② 《马克思恩格斯全集》第 1 卷，人民出版社 1995 年版，第 363 页。

《黑格尔法哲学批判》为生产关系范畴的最终提出确立了思想前提。

1843年，马克思重新剖析黑格尔的理性主义国家观，完成了《黑格尔法哲学批判》的写作，澄清了因所一直坚持的哲学信仰与客观现实相对立而带来的思想困惑。在这部著作中，马克思首先批判了黑格尔的绝对理性主义，指出黑格尔在这种理性主义框架中关于国家与家庭、市民社会关系所做的理解其实是一种唯心主义，这种理解颠倒了主客体的关系。在认识到这一点之后，马克思随即便站在费尔巴哈的人本主义立场上，将国家和市民社会的关系倒转了过来，指出“家庭和市民社会都是国家的前提，它们才是真正活动着的”①，是它们“把自己变成国家。它们才是原动力”。② 马克思认为是家庭和市民社会派生出国家的，它们构成真正的国家，是国家的基础。这一思想转变为马克思从政治领域研究转向经济领域研究提供了契机，此后，马克思开始转向对客观经济事实的深入探索，从中发现了经济关系，并分解出了生产关系范畴。

（三）《论犹太人问题》：市民社会的世俗基础考察

1844年2月，马克思在《德法年鉴》上发表了《论犹太人问题》一文。文中他将理解市民社会的视角和出发点径直指向了资本主义经济领域，对其世俗基础进行了批判和考察。马克思在《论犹太人问题》中循着宗教批判、政治批判，再到市民社会批判，最终将问题直接指向市民社会世俗化的利己主义批判的思维理路，力图通过消除市民社会的世俗性实现人的解放。

在《论犹太人问题》中，马克思以现实生活中的犹太人（而不是安息日的犹太人）为考察的基点，揭露出了犹太人的秘密：“犹太教的世俗基础是什么呢？实际需要，自私自利。犹太人的世俗礼拜是什么呢？做生意。他们的世俗神是什么呢？金钱。”③ 这清晰地显露了马克思对资本主义经济领域的批判，不仅扩充了市民社会的概念，使其迈进了经济关系领域，而且也探寻到了私有财产的秘密，为所有制的发现走出了关键的一步。

---

① 《马克思恩格斯文集》第3卷，人民出版社2009年版，第10页。
② 《马克思恩格斯文集》第1卷，人民出版社2009年版，第251页。
③ 《马克思恩格斯文集》第1卷，人民出版社2009年版，第49页。

二 异化劳动：生产关系内涵的深入探究与发展

异化劳动、私有制是马克思深入探究生产关系内涵阶段所使用的术语。在这一阶段中，为了进一步揭开市民社会的谜题，探寻其实质和结构，马克思开启了他的政治经济学研究，相继完成了《1844 年经济学—哲学手稿》和《神圣家族》的写作，进而逐步接近生产关系的核心问题。

（一）《1844 年经济学哲学手稿》：异化劳动的全面阐释

这一阶段，马克思将研究视角转向经济学领域，并完成了他的首部经济学著作《1844 年经济学哲学手稿》。贯穿在这部著作始末的异化劳动理论便是马克思转向政治经济学研究后所取得的一个重大成果。它不仅揭示了私有财产的秘密，而且还暗含着所有制关系、生产关系及其与生产力关系的丰富思想。

在《1844 年经济学哲学手稿》中，马克思在批判性继承古典政治经济学理论的基础上，通过对资本主义社会经济生活的考证，全面论证并系统阐述了异化劳动理论。在对异化劳动的分析中，马克思又进一步揭开了私有财产的秘密，进而接触到了所有制问题，在此基础上，他分别从四个方面对异化劳动做出解读，即工人同劳动产品的异化，工人同劳动本身的异化，人同人的类本质的异化，人同人之间的异化。之后他又围绕着私有制问题揭示了市民社会的基本矛盾，分析了资本主义私有制社会中人与人之间的相互关系是一种对抗性的关系。总之，马克思在这部著作中关于异化劳动与私有财产及对象化劳动关系问题的相关论述，已经隐隐约约的体现出了生产力与生产关系矛盾运动的思想。

（二）《神圣家族》：生产关系核心问题的逐步被接近

马克思和恩格斯在 1844 年 8 月首次合作完成了《神圣家族》一书。在这本书中，马克思恩格斯指出物质生产是社会历史发展的决定力量，必须从物质生产实践出发才能真正了解人类社会历史及其发展。马克思从社会历史本质的角度出发，进一步了论证了市民社会与国家的关系，更加明晰了市民社会是政治国家的基础这一思想。他指出：“现代国家的自然基础是市民社会以及市民社会中的人，即仅仅通过私人利益和无意识的自然必然性这一纽带同别人发生联系的独立的人，即为挣钱而干活的奴隶，自己的利己需要和别人的利己需要的奴隶”①，这不仅已经暗示了经济基础和上层建筑的关系问题，而且还体现了现实生活中的人是社会历史主体的这一思想，不过这种现实生活中的人都是通过不同的物质利益需求而联系在一起的。列宁曾就这种论述和发现做出过这样的评价：“它表明马克思如何接近自己的整个‘体系’（如果可以这样说的话）的基本思想——如何接近生产的社会关系这个思想。”②

三　交往形式：生产关系思想的初步形成与被阐述

马克思在《关于费尔巴哈的提纲》和《德意志意识形态》两部著作中初步阐述了其生产关系思想。在这个阶段，马克思已明确提出并开始使用生产关系范畴，尤其在《德意志意识形态》中，他分别从交往和所有制维度对生产关系进行了深入探析，生产关系思想已初步形成并得到阐述。

（一）《关于费尔巴哈的提纲》：人的本质的科学规定

《关于费尔巴哈的提纲》对人的本质做了科学规定，这不仅超越了费尔巴哈的抽象的类本质思想，克服了“感性对象”的直观缺陷，体现了马克思对人的本质理解的根本性转变，而且也为马克思科学凝练生产关系概念提供了条件。

在《关于费尔巴哈的提纲》中，马克思首先批判了费尔巴哈将人的本质理解为类——“一种内在的、无声的、把许多个人自然地联系起来的普遍性”③。在费尔巴哈那里，人的本质仅仅被理解为抽象的类，且人们之间只存在友谊和爱情两种社会关系。与此相反，马克思则认为“全部社会生活在本质上是实践的”，④ 因此，他所说的人不是相互孤立、没有联系的人，而是现实的、从事实践活动的人。立足于作为人的基本活动的社会实践活动，马克思指出：“人的本质不是单个人所固有的抽象物，在其现实性上，它是一切社会关系的总和。”⑤

---

① 《马克思恩格斯文集》第 1 卷，人民出版社 2009 年版，第 312 页。

② 《列宁全集》第 55 卷，人民出版社 1990 年版，第 13 页。

③ 《马克思恩格斯文集》第 1 卷，人民出版社 2009 年版，第 501 页。

④ 同上。

⑤ 同上书，第 505 页。

（二）《德意志意识形态》：生产关系范畴的初步形成

纵观其整篇文本，马克思曾提出并多次使用了生产关系这一术语。例如，“这两种所有制的结构都是由狭隘的生产关系——小规模的粗陋的土地耕作和手工业式的工业——决定的”。① 但这里所说的生产关系实质上指的是人类与自然界的关系，也就是生产力，并不是人与人之间的关系。它的概念和内涵更多的还凝结在交往关系、交往形式以及所有制关系等相关术语中。

马克思在《德意志意识形态》中对生产关系概念及内涵的认识仍混杂在交往关系、交往形式以及市民社会等范畴中。他说：“迄今为止一切历史阶段的生产力制约同时又反过来制约生产力的交往形式，就是市民社会。”② 马克思赋予市民社会以交往形式的内容，用交往形式概念解释市民社会。这里的交往形式仅仅指交往形式中的物质交往形式，而物质交往不只包括生产关系，还包括商业和工业生活。也就是说，这里的交往形式、市民社会的内涵都远远超出了生产关系的含义，马克思在此处对生产关系的理解和探析是从人与人的交往关系及相互依赖角度进行的。

四　生产关系：生产关系理论的系统阐述和确立

生产关系理论的形成与生产关系概念的科学界定是紧密联系在一起的，生产关系科学概念的界定过程也是生产关系理论的形成过程。在生产关系系统确立的阶段，马克思首先将生产关系从交往形式、所有制等范畴中抽离出来，并详细地考察了资本主义生产关系的产生、灭亡以及物化和解放前景，科学地论证了生产关系与生产力、经济基础以及上层建筑等范畴的关系，使得生产关系理论最终得以确立并臻于完善。

（一）《哲学的贫困》：生产关系思想的初步阐述

《哲学的贫困》一书是马克思为了批判了蒲鲁东在《贫困的哲学》中所体现的唯心主义观点而撰写的。马克思抨击蒲鲁东将现实关系看作原理、范畴的化身，指责他不明白，如同制造麻布、亚麻一样，一定的社会关系也是人们自己生产出来的。因此，按照马克思的理解，生产关系并不

① 《马克思恩格斯文集》第1卷，人民出版社2009年版，第523页。

② 同上书，第540页。

是观念的产物，它是人类在现实的物质生产过程中所结成的相互关系，而由于物质生产活动是人类社会最基本的、第一个历史性的活动，所以，在人们物质生产过程中所结成的生产关系是首要的、基本的、对其他社会关系起着决定性作用的经济关系。这里马克思对生产关系的认识基本上已经接近他后来所界定的科学的生产关系概念。此外，马克思还从所有制维度对生产关系进行了研究，直接将所有制规定为生产关系并将这几个环节明确表述为了生产、分配、交换和消费。

（二）《共产党宣言》：对资本主义生产关系的实证解剖

《共产党宣言》揭示了人类社会历史发展的一般规律，认为生产力与生产关系的辩证互动、经济基础与上层建筑的矛盾运动推动着人类社会不断向前发展。资本主义社会是从封建社会中生长出来的，在封建社会中，随着生产和交换手段的发展，“封建的所有制关系，就不再适应已经发展的生产力了。这种关系已经在阻碍生产而不是促进生产了。它变成了束缚生产的桎梏”，[①] 资本主义所有制起而代之。资本主义生产关系代替了阻碍生产力发展的封建所有制关系之后，反过来促进生产力的发展。紧接着，马克思又分析了资本主义社会的基本矛盾，“社会所拥有的生产力已经不能再促进资产阶级文明和资产阶级所有制关系的发展，相反，生产力已经强大到这种关系所不能适应的地步，它已经受到这种关系的阻碍”，[②] 随着资本主义生产力最终强大到其生产所有制关系不能容纳的程度，资本主义的生产关系必然会随着生产力和生产关系的基本矛盾的发展走向灭亡。

（三）《1857—1858 年经济学手稿》：资本主义生产关系的物化分析

《1857—1858 年经济学手稿》有着极其丰富的思想内容。在《〈政治经济学批判〉导言》的开始，马克思认为交往关系在不同历史时期呈现出不同的交往形式，资本主义的交往关系是一种异化关系，他说：“在‘市民社会’中，社会联系的各种形式，对个人说来，才表现为只是达到他私人目的的手段，才表现为外在的必然性。”[③] 紧接着，马克思论述了

① 《马克思恩格斯文集》第 2 卷，人民出版社 2009 年版，第 36 页。

② 同上书，第 37 页。

③ 《马克思恩格斯文集》第 8 卷，人民出版社 2009 年版，第 6 页。

资本主义社会中这种物化的生产关系："社会关系，个人和个人彼此之间的一定关系，表现为一种金属，一种矿石，一种处在个人之外的、本身可以在自然界中找到的纯物体，在这种物体上，形式规定和物体的自然存在再也区分不开了。"[①] 并总结说："在交换价值上，人的社会关系转化为物的社会关系；人的能力转化为物的能力。"[②]

（四）《〈政治经济学批判〉序言》：生产关系理论臻于完善

1859 年 1 月，马克思在伦敦完成了《〈政治经济学批判〉序言》的写作。在总结他的政治经济学研究时，首次准确且科学地规定了生产关系的概念，他说："人们在自己生活的社会生产中发生一定的、必然的、不以他们的意志为转移的关系，即同他们的物质生产力的一定发展阶段相适合的生产关系。"[③] 在此基础上，马克思又运用生产关系概念精辟地论述了经济基础、上层建筑——两个唯物史观基本范畴，即由生产关系总和构成的社会经济结构指的就是经济基础，而经济基础又是上层建筑的现实基础，在这个现实经济基础之上，有法律的、政治的、意识形态的上层建筑建立于其上。随着生产力的发展，生产关系就会发生变革，在这种变革的基础上，整个上层建筑也会或迟或早发生变革。与此同时，马克思还提出了"两个决不会"的科学论断，即"无论哪一个社会形态，在它所能容纳的全部生产力发挥出来以前，是决不会灭亡的；而新的更高的生产关系，在它的物质存在条件在旧社会的胎胞里成熟以前，是决不会出现的"，[④] 论述了这种矛盾运动的客观规律性。

（五）《资本论》：生产关系解放的前景——自由人的联合体

以《1857—1858 年经济学手稿》为基础，马克思通过对资本主义货币、商品和资本等经济学范畴的研究和考证，在《资本论》中进一步深化了对资本主义生产关系的物化分析，指出资本主义生产关系是以物的形式表现的人们之间颠倒的社会关系。这种颠倒在马克思看来使物成了在人之外且与人对立、支配人的异己的力量；使人与人之间的关系成了一种被物与物的关系所掩盖的物化或异化了的关系，就连资本家对工人的剥削关

① 《马克思恩格斯全集》第 30 卷，人民出版社 1995 年版，第 193 页。
② 《马克思恩格斯文集》第 8 卷，人民出版社 2009 年版，第 51 页。
③ 《马克思恩格斯文集》第 2 卷，人民出版社 2009 年版，第 591 页。
④ 同上书，第 592 页。

系也被深深地埋藏在了物与物的虚幻外表之下。要将人与人之间的这种经济关系从物与物的关系中解放出来，消除异化，就必须将这种颠倒重新倒置过来，将人作为社会的主体，建立“自由人的联合体”，使人来支配物，最终实现人的全面自由发展。

第二节　马克思生产关系理论的基本内涵

作为政治经济学的重要研究对象，生产关系理论的阐述并没有在马克思那里形成专门的著作，而是经历了不同的发展时期，分散在相关著作之中。对生产关系概念进行科学厘定，对生产关系的结构层次和运动机制进行科学解析，从而探寻马克思生产关系理论的基本内涵，有助于加深我们对马克思生产关系理论的理解，促进马克思生产关系理论的发展。

一　生产关系概念的科学厘定

生产关系范畴的提出以及生产关系理论的确立标志着马克思思想走向成熟，要科学解读马克思的生产关系概念，必须明晰马克思从社会关系到经济关系再到生产关系的逻辑演进进程，并区分广义和狭义的生产关系。对其进行科学解读，有益于我们深刻理解马克思生产关系理论的基本内涵。这里的生产关系是通常意义上的、作为政治经济学研究对象和历史唯物主义范畴之一的生产关系，即广义上的生产关系，对其概念的科学解读，对我们理解马克思生产关系理论大有裨益。

（一）生产关系概念的逻辑演进

马克思从政治经济学领域出发研究市民社会的过程同样也是其生产关系范畴逐步生成的过程，在对市民社会的剖析过程中，马克思逐步从社会关系深入到经济关系，又从经济关系中逐步廓清出了生产关系的科学范畴。具体来讲，《莱茵报》时期，经济社会现实促使马克思将研究重心转移到现实的社会问题并对市民社会进行了批判性探究。与此同时，伴随着对市民社会利己主义世俗基础的考察，市民社会具有了经济关系的新内涵。在《1844 年经济学哲学手稿》中，马克思通过论证资本主义异化劳动揭开了私有制的秘密，并将其作为出发点分析了资本主义社会关系的对抗性，从经济关系维度诠释了市民社会的内在矛盾；在随后的《神圣家族》中，马克思分析了生活在市民社会中的现实的人与人之间必然存在的物质交往关系；在《德意志意识形态》中，马克思将市民社会抽象地概括为直接产生于生产及交往的一种社会组织，直到1859年《〈政治经济学批判〉序言》中，生产关系才得到科学阐释。

（二）广义生产关系与狭义生产关系

马克思从狭义和广义两个角度对生产关系进行灵活的使用。回归到马克思的经典著作就可以发现，狭义生产关系就是在直接的生产过程中所结成的人与人之间的相互关系，是与分配关系、交换关系及消费关系摆在同一序列的一种关系。广义生产关系指在社会生产过程中人们之间所结成的相互关系，也就是马克思所指的："各个人借以进行生产的社会关系，即社会生产关系。"① 这就是说，广义生产关系是涉及整个生产总过程，把生产、分配、交换和消费等诸多关系囊括在内的生产关系体系，是在更广泛意义上理解的、体现在生产总过程四环节中的、不可割裂开来的生产关系体系。

二　生产关系的结构层次

如前所述，准确把握马克思的生产关系范畴，就要避免出现过于简单化的倾向，科学解析生产关系的结构层次，这有助于正确理解和把握马克思生产关系理论的基本内涵。生产关系是一个多层次的系统，它的结构层次可以分为横向结构、纵向结构以及具体形式（即组织技术关系层的生产关系）。

（一）横向结构：四环节的运动

生产关系的横向结构，其实就是从动态角度剖析生产关系，它指的是生产、分配、交换和消费四环节的运动。物质资料生产过程是物质生产和生产关系再生产过程的统一，它是一个连续运动的过程，既包括直接的生产过程，还包括分配、交换和消费环节。物质资料生产总过程在任何社会里都不能逃离这四个环节，因此，对生产关系的内容和本质的探讨不能脱离对相关环节的考察，要从对生产、分配、交换和消费四环节及其相互关系的思考中找寻，四环节中各自的关系和四环节相互间的关系便是生产关

① 《马克思恩格斯文集》第1卷，人民出版社2009年版，第724页。

系的横向内容体系。

在马克思看来，生产关系是一个环环相扣的整体，生产、分配、交换和消费这几个环节相互作用、紧密相连构成生产关系整体。马克思在《〈政治经济学批判〉导言》中认为“构成一个总体的各个环节，一个统一体内部的差别。生产既支配着与其他要素相对而言的生产自身，也支配着其他要素。过程总是从生产重新开始。交换和消费不能是起支配作用的东西，这是不言而喻的。分配，作为产品的分配，也是这样”。[①] 这表明四环节是既独立又有机联系的整体，其中“生产表现为起点，消费表现为终点，分配和交换表现为中间环节”。[②]

（二）纵向结构：所有制决定论

所有制决定论是把所有制关系看作生产关系的决定性、关键性和基础性因素，马克思认为所有制决定着生产关系的性质和其他方面。所有制包括生产资料和劳动力的所有制两个方面，正是这两个方面的对应组合决定了生产关系的性质。他认为所有制关系是社会生产总过程四环节的前提条件，且体现在每个环节的关系之中。所以，一定的所有制关系可以概括甚至代表一定的生产关系体系，比如资本主义生产关系就可以用资本主义所有制关系代表。

生产资料所有制在生产关系中处于基础性地位，起着决定性作用。马克思认为，只有存在所有制的地方才存在生产，生产资料所有制是生产的条件。同样地，生产资料所有制对生产关系具有决定意义。马克思还论证了物质生产条件的占有形式对分配关系的决定作用，他说：“消费资料的任何一种分配，都不过是生产条件本身分配的结果。”[③] 可见，生产资料所有制决定分配关系，什么样的生产资料所有制就会产生什么样的分配关系。

（三）具体形式：组织技术关系层

组织技术关系层的生产关系指的是人们具体在生产、分配、交换和消费四环节中形成的经济利益关系，即我们通常意义上讲的生产关系（这

① 《马克思恩格斯文集》第8卷，人民出版社2009年版，第23页。

② 同上书，第13页。

③ 《马克思恩格斯文集》第3卷，人民出版社2009年版，第436页。

里的生产关系是从狭义上讲的）、分配关系、交换关系以及消费关系。这一层次的生产关系作为生产关系的具体形式，必然存在于一定的所有制形式中，受所有制关系的制约和限制，反映并体现特定所有制形式的特征和要求，是所有制关系和分配关系实现的具体外显。同时，适应生产一般的需要，生产组织技术关系层的生产关系，相对于基本形式的生产关系而言，又具有独立性的一面，可以在不同的社会制度中存在，显示出某种超越所有制关系的共性。这类经济关系体现在经济运行和资源配置的具体过程中，反映的是各个生产要素具体结合的形式和特点。具体地讲，组织技术关系层的生产关系包括劳动的分工与协作，生产的集中与联合化，企业的经营管理形式与方法，经济运行调节的市场手段与计划手段等。

三　生产关系的运动机制

生产关系在人类历史进程中的作用机制是慢慢显露出来的，而它的显露和揭示是基于对生产力和生产关系的分析，基于生产关系与上层建筑之间关系的剖析，以及对它们的矛盾运动的分析。

（一）生产关系与生产力的矛盾运动

生产力决定生产关系，生产关系反作用于生产力。马克思认为“已成为桎梏的旧交往形式被适应于比较发达的生产力，因而也适应于进步的个人自主活动方式的新交往形式所代替；新的交往形式又会成为桎梏，然后又为别的交往形式所代替”,[①] 而分工是这一作用的中介，马克思认为劳动分工依据生产力的要求产生，新的生产力就会产生新的劳动分工，而劳动分工又处在生产关系体系的基础层面，它的演变必然会牵引并导致整个生产关系发生变革。正确引入和理解分工才能真正领悟到生产力是如何决定生产关系的。关于生产关系反作用于生产力，在马克思看来，新的生产力要经过漫长的过程才能在原来的、旧的生产关系中成长、发展。同样地，蕴含着不同社会利益集团利益的生产关系，也需要经过漫长的时期才能得以形成，在前面论述中所提及的“两个决不会”的论断就深刻的证明了这一观点。

---

① 《马克思恩格斯文集》第 1 卷，人民出版社 2009 年版，第 575 页。

（二）生产关系与上层建筑的矛盾运动

生产关系是人们在进行物质生产的过程中所必然发生的相互联系和关系，而“这些生产关系的总和构成社会的经济结构，即有法律的和政治的上层建筑竖立其上并有一定的社会意识形式与之相适应的现实基础”。[①]经济结构即由生产关系的总和构成的经济基础，它与上层建筑的关系及矛盾运动所蕴含的正是生产关系与上层建筑之间的辩证关系。一方面，上层建筑，不管是政治上层建筑抑或是思想上层建筑，都是立足于一定经济基础之上，并要适应这种经济基础的需要的。经济基础的演变会致使上层建筑的变革，当两者不相适应时，最终必将导致经济基础或者上层建筑发生根本性转变；另一方面，上层建筑也反作用于经济基础，它是服务于产生它的、一定的经济基础的。人类社会由低向高的发展在这里得到了解释，生产关系概念的重要性也得到了体现，正是通过分析生产力与生产关系的辩证关系以及它们的矛盾运动，历史唯物主义的基本观点才得以促发，如果没有生产关系范畴，就无法建立历史唯物主义的基本原理。

第三节 马克思生产关系理论的丰富内容

一 所有制及其实现形式

马克思的所有制理论是一个涉及内容庞大、涉及问题广泛的庞大体系，必须进行系统探究和深入分析，这样才能充分发挥其作用。

（一）不同性质的所有制

马克思主要在两层意义上使用所有制形式这个概念，即不同性质的所有制和所有制的具体形式。其中，在不同性质的所有制意义上，马克思将所有制的形式与生产力的发展紧密联系在一起，认为所有制受制于生产力。分工是生产力发展到一定阶段的结果，伴随着分工的出现和发展，也就出现了各种不同的所有制形式。

马克思依据生产力和分工的不同发展阶段，还区分了人类历史上曾出现的三种不同所有制形式：第一种是处在生产力和分工都不发达，人们以

① 《马克思恩格斯文集》第2卷，人民出版社2009年版，第591页。

狩猎、牧畜、耕作为生存手段时期的部落所有制；第二种是在分工比较发达，国家、私有制和城乡对立都已出现时期的“古典古代的公社所有制和国家所有制”①；第三种是“封建的或等级的所有制”②。此外，他还具体分析了所有制形式的不断变化，得出了生产关系适应生产力发展要求的规律。

（二）所有制的具体形式

首先，马克思认为同一种所有制可以采用多种不同的具体形式。马克思在分析原始公社所有制时认为，原始公社所有制并不是斯拉夫族所特有的，将它看作斯拉夫族或俄罗斯特有的所有制形式是一种偏见，因为它也存在于日耳曼人、罗马人那里，有着原始群、母系氏族和父系氏族等具体形式。当然，私有制也同样地有各种具体形式，比如奴隶制就可以采取国家奴隶制和奴隶作坊等不同的实现形式，封建制有庄园和地主两种占有制，其中地主占有制还具有贵族地主和庶族地主占有制等具体形式，而资本主义私有制则具有多种资本家占有方式，包括公司制、合伙制等。

其次，马克思指出不同所有制也会有相同的形式。在《资本论》中，马克思指出自由小块土地所有制，“一方面，在古典古代的极盛时期，形成社会的经济基础，另一方面，我们又发现它是封建土地所有制解体所产生的各种形式之一”。③ 这就说明，在农业生产中，不仅奴隶所有制采用了自由小块土地所有制这种具体形式，而且在封建所有制和资本主义土地所有制中也运用了这种形式。除此之外，地租这一具体形式也是奴隶社会、封建社会和资本主义社会的土地所有制所共同采用的。而在资本主义社会中的一个最新的实现形式——股份公司，同样也可以为社会主义公有制所用，作为其具体的实现形式。

最后，马克思着重分析了所有制实现形式的制约因素，即“占有首先受所要占有的对象的制约”，其次受“进行占有的个人的制约”，最后还受“实现占有所必须采取的方式的制约”。④ 由此可见，所有制具体形式的制约因素主要包括占有对象、占有方式、占有者三个方面。

---

① 《马克思恩格斯文集》第1卷，人民出版社2009年版，第521页。

② 同上书，第522页。

③ 《马克思恩格斯文集》第7卷，人民出版社2009年版，第911页。

④ 《马克思恩格斯文集》第1卷，人民出版社2009年版，第581页。

（三）未来社会所有制的构想

在《共产党宣言》中，马克思指出："共产党人可以把自己的理论概括为一句话：消灭私有制。"① 消灭私有制、建立公有制是马克思关于未来社会所有制的一个基本构想。依照马克思的理解，资本主义私有制过渡到共产主义公有制是具有历史必然性的。他以法国大革命摧毁了封建所有制、建立了资本主义社会为例，指出"一切所有制关系都遭到了经常发生的历史的更替，都遭到了经常发生的历史的变更"。② 因此，公有制代替私有制是历史更替的必然趋势。马克思运用历史发展中否定之否定的规律分析了公有制取代资本主义私有制的历史必然性，他认为，资本主义私有制首先否定了建立在个人劳动基础上的个人私有制，之后作为自然发展过程必然的资本主义生产又逐渐开始否定自身，经过这种否定，以其自身发展成就和生产资料共同占有为基础，所实现的不是建立私有制而是建立个人所有制。

二 生产组织形式

生产组织形式是对生产过程以及运营管理中的运营方式、运营决策、系统设计的一种概括和总结，它是生产进行的社会条件，体现了在直接生产过程中个人之间的相互关系，是生产关系的重要内容。

（一）资本主义社会生产组织方式的变迁

第一阶段，手工工场。这一阶段又分为两个时期，一是简单协作的手工工场时期，这一生产组织形式是资本主义生产的历史起点；二是以分工为基础的手工工场时期，这一时期一直从 16 世纪中叶延续到 18 世纪末期。马克思将处于同一资本指挥下的、为了生产同一种商品的雇佣劳动者之间进行的简单协作为资本主义生产的历史起点，认为在资本主义经济生活中，简单协作这种生产组织形式，可以抵销不同劳动者的技术差别，激发劳动者的竞争意识，增强同种作业的连续性和多面性，缩短工期，提高生产效率。以分工为基础的手工工场是一种劳动者在明确分工基础上协作劳动的生产组织形式。以分工为基础的手工工场有两种具体的组织形式，

① 《马克思恩格斯文集》第 2 卷，人民出版社 2009 年版，第 45 页。
② 同上。

即由不同种独立手工业者结合而成的混合手工工场和由同种手工业者协作而成的有机手工工场两种，这两种组织形式都极大地提高了劳动者的熟练程度，改进了劳动工具，并提高了劳动生产率。

第二阶段，以机器大工业为基础的工厂制度。以分工为基础的手工工场的发展使生产工具不断专门化，在生产工具不断专门化的基础上，生产复杂机械装置的工场逐渐出现。而从18世纪70年代起，随着作为工业革命的起点的机器的发展和机器协作体系的出现，以分工为基础的手工工场开始逐步过渡到机器大工业阶段，形成一种新的生产组织形式——机器大工业为基础的工厂，即“一个由无数机械的和有自我意识的器官组成的庞大的自动机，这些器官为了生产同一个物品而协调地不间断地活动，并且它们都受一个自行发动的动力的支配”①。这种机器的分工协作将被雇佣者即工人分配到专门的机器上，以适应整齐划一、单调重复的机器活动，并长时间甚至终身服侍这一台专门的机器，这便在技术上为劳动条件支配工人提供了现实可能性。机器生产不但在很大程度上减少了工人再生产所需要的费用，极大地削弱甚至消除了工人手工技巧的决定地位，而且监督劳动和等级制度在工厂制度下也均得到了充分发展。

（二）社会主义社会生产组织方式的构想

首先，新社会实行合作制生产。在《国际工人协会成立宣言》中，马克思曾批判雇佣劳动只是一种像奴隶劳动、农奴劳动一样的暂时的、低级的形式，最终注定会让位于联合劳动；在《法兰西内战》一书中，马克思对未来要实行的合作社生产做出了各种假设，指出如果合作社能够有计划地控制、调节全国生产，有效地克服资本主义生产的盲目性和无政府性，那么，这不是共产主义吗？这种疑问体现了其对合作制生产的共产主义性质的充分肯定。由此可见，马克思一贯主张合作制生产是无产阶级夺取政权后要实行的新型生产方式。

其次，新社会实行生产资料国有制。“无产阶级将利用自己的政治统治，一步一步地夺取资产阶级的全部资本，把一切生产工具集中在国家即组织成为统治阶级的无产阶级手里。”② 这就意味着，无产阶级夺取政权

① 《马克思恩格斯文集》第5卷，人民出版社2009年版，第482页。

② 《马克思恩格斯文集》第2卷，人民出版社2009年版，第52页。

后，在未来社会要将资产阶级的全部生产资料变为国有财产，实现生产资料国有制，是马克思对未来社会主义生产组织形式所做的明确规划设想和方案。

最后，新社会实行租用制。上文中关于马克思对未来社会实行国有制构想的分析，主张社会主义社会生产资料归国家所有，但国家并不直接使用这些生产资料，而是要将其交给合作社，那么，国家通过什么方式将生产资料交给合作社使用呢？租用制，具体来讲，就是工人合作社通过租用的方式从国家获取所需要的生产资料。这是马克思恩格斯一贯的观点。

三　产品分配方式

按照马克思对生产关系的论述，生产关系应包括人们在生产过程中的各种关系，即包括人们在生产、分配、交换和消费四环节中所形成的相互关系。这就是说，分配关系同交换关系和消费关系一样都只是生产关系的一部分。马克思曾说："在分配是产品的分配之前，它是（1）生产工具的分配，（2）社会成员在各类生产之间的分配。"① 按照这种理解，分配关系应该包括产品和生产要素的分配两种，我们这里所说的显然是产品的分配。马克思分配问题的科学认识主要包括如下三个方面：

（一）分配总原则：生产方式决定分配方式

在马克思看来，生产方式决定分配方式是分配的总原则，无论是资本主义社会的按资分配，还是未来社会的按劳分配和按需分配都要与这个分配总原则相契合。分配方式由生产方式决定，生产方式主要包含两个方面，一是以技术条件和社会条件为标志的生产过程中的条件，二是以生产形式和生产的社会形式为标志的生产过程中的形式，因此，生产方式决定分配方式主要体现在以下两个方面：

1. 所有制形式决定分配方式

所有制形式决定分配方式是分配总原则第一方面的表现。倘若从生产的社会形式来看，"所谓的分配关系，是同生产过程的历史规定的特殊社会形式，以及人们在他们生活的再生产过程中互相所处的关系相适应的，

① 《马克思恩格斯文集》第8卷，人民出版社2009年版，第20页。

并且是由这些形式和关系产生的”。[①] 这表明分配关系是与生产的社会形式相适应并由此产生的，而生产的社会形式指的又是劳动者与生产资料的具体结合方式，实际上表现为特定的生产资料所有制形式。因此，从生产的社会形式角度而言，生产资料所有制形式产生并决定分配方式；倘若从生产条件来看，分配方式不过是生产条件分配的结果。在资本主义社会，“只是由于劳动采取雇佣劳动的形式，生产资料采取资本的形式这样的前提”[②]，一部分劳动产品才归资本家所有和支配，从而表现为剩余价值、利润或地租。综上所述，无论从生产社会形式角度，还是从生产条件的角度来讲，分配方式都是由所有制形式所决定的。

2. 生产形式决定分配方式

生产形式决定分配方式是分配总原则的第二方面的表现。生产形式指的是一定社会中的劳动交换形式和劳动分配方式，或者可以直接理解为我们一般意义上所讲的经济体制与资源配置方式。一方面，就经济体制而言，按生产要素分配的实现机制是市场经济体制，而按劳分配的实现机制则是计划经济体制；另一方面，就资源配置方式而言，以市场经济为例，各种不同的生产要素只能通过要素市场并充分发挥市场机制的作用才能进行有效配置，而要素的价格又是根据其在市场中的稀缺程度和经济状况给予所有者确定的报酬，这就是说，要素价格的形成过程即按生产要素分配的过程，由此可见，市场经济体制的资源配置方式决定了其分配方式，为其分配方式提供了实现环境和体制机制。综上两方面可以看出，生产形式决定分配方式，分配方式以生产形式为前提和实现机制。

（二）资本主义社会分配方式的实质：按资分配

马克思在科学论述剩余价值理论和劳动价值理论的基础上，全面系统分析了资本主义社会的分配关系及其实质，认为资本主义社会的分配方式是按资分配。

马克思在批判继承古典政治经济学劳动价值论的基础上，提出了科学的劳动价值论——物化劳动转移旧价值，只有活劳动才能创造价值并使其增殖。在此基础上，马克思科学地揭示了剩余价值的真正来源，劳动力成

---

① 《马克思恩格斯文集》第 7 卷，人民出版社 2009 年版，第 999 页。

② 《马克思恩格斯文集》第 7 卷，人民出版社 2009 年版，第 998 页。

为商品是产生剩余价值的前提。劳动力使用价值的特殊性表现在它是商品价值的源泉；而价值则被还原为劳动者维持生存所需要的基本生活资料的价值，马克思称之为工资。但劳动力这种商品创造出的商品价值是远大于其自身价值即工资的，由此便产生了剩余价值。

在劳动价值论和剩余价值学说的基础上，马克思发现了资本主义社会分配关系的实质。在资本主义社会中，存在着三大相互对立、相互并存的阶层即雇佣工人、资本家和土地所有者，而每年由工人劳动新创造的价值“一部分属于或归于劳动力的所有者，另一部分属于或归于资本的所有者，第三部分属于或归于地产的所有者”。[①] 资本主义社会的分配实质上就是资本家及土地所有者对工人所创造的剩余价值的共同瓜分，即产业资本家获取利润，土地所有者获取地租，而工人只获得维持基本生存所需要的工资。马克思为了改变资本主义不公平的分配关系，构想了未来社会的分配方式，即按劳分配和按需分配。

（三）未来社会分配方式的构想：按劳分配和按需分配

1. 未来社会第一阶段的分配方式：按劳分配

马克思认为，在无产阶级夺取政权以后的未来社会的第一个阶段的分配方式将采取按劳分配的具体形式。他说：“平等就在于以同一尺度——劳动——来计量。”[②] 在社会主义社会中，扣除各种公共费用，除了自己的劳动和个人消费资料外，个人再没有其他生产要素和财产可供参与分配，只能作为劳动者，以劳动为唯一的尺度，按照提供劳动的数量和质量等量领取报酬。按劳分配是马克思在坚持生产力决定作用基础上提出的，它的实施需要一定的条件，如社会生产力的发展、生产资料公有制的确立、商品经济的消除，等等。总之，建立在一定生产力水平上的按劳分配，遵循等量等酬的原则，这是马克思所设想的平等的分配原则。但就其实质而言，由于不同人的禀赋、劳动能力、家庭情况各不相同，按劳分配就只是一种表面上的平等。

2. 未来社会高级阶段的分配方式：按需分配

未来社会的高级阶段指的是共产主义，关于共产主义社会的分配方

---

① 《马克思恩格斯文集》第 7 卷，人民出版社 2009 年版，第 993 页。

② 《马克思恩格斯文集》第 3 卷，人民出版社 2009 年版，第 435 页。

式，马克思曾明确指出：“在共产主义社会高级阶段，在迫使个人奴隶般地服从分工的情形已经消失，从而脑力劳动和体力劳动的对立也随之消失之后；在劳动已经不仅仅是谋生的手段，而且本身成了生活的第一需要之后；在随着个人的全面发展，他们的生产力也增长起来，而集体财富的一切源泉都充分涌流之后，——只有在那个时候，才能完全超出资产阶级权利的狭隘眼界，社会才能在自己的旗帜上写上：各尽所能，按需分配！”①按需分配以生产资料公有制为基础，实行各尽所能、按需分配的原则，既超越了资产阶级的狭隘思想，也克服了社会主义社会按劳分配存在的事实上的不平等的缺陷，实现了人类社会中最高的公平分配。

四　交换关系与消费关系

在《〈政治经济学批判〉导言》中，马克思认为生产、分配、交换和消费并不是具有同一性的或者是无差别的，而是构成一个总体的各个环节，是一个统一体内部相互区别、相互衔接的各个部分。马克思一向非常注重交换关系和消费关系，他曾将交换关系提到经济基础的高度，并在很多著作中都论及了交换和消费问题，因此，应将交换关系和消费关系作为生产关系（构成经济基础的最基本成分）的基本内容来理解，从而弥补以往生产关系理论的漏洞和缺陷。

（一）交换关系的特征与发展

交换范畴在马克思主义思想体系中占据重要地位，恩格斯也将它视为生产关系的重要内容。他认为经济关系“是指一定社会的人们生产生活资料和彼此交换产品（在有分工的条件下）的方式”，② 将交换关系明确归入了生产关系体系。交换作为一个历史范畴，便与生产方式一起构成了认识和理解人类历史的基础。马克思在批判继承古典政治经济学的基础上，科学阐述了交换与生产的关系。

马克思突破了国民经济学家表面化的缺陷，直接将交换置于生产要素之中，进一步深入探究和揭示了生产与交换的深层关系。他说：“（1）如果没有分工，不论这种分工是自然发生的或者本身已经是历史的结果，也

① 《马克思恩格斯文集》第3卷，人民出版社2009年版，第435页。
② 《马克思恩格斯文集》第10卷，人民出版社2009年版，第667页。

就没有交换；（2）私人交换以私人生产为前提；（3）交换的深度、广度和方式都是由生产的发展和结构决定的……交换就其一切要素来说，或者是直接包含在生产之中，或者是由生产决定。”[①] 可见，马克思的交换范畴与分工、生产紧密相连，不能离开分工和生产谈论交换，只能在分工和生产的发展中来理解交换关系。

既然生产决定交换，那么随着分工和生产的发展，交换关系也经历了不同的发展阶段。马克思在《资本论》手稿中曾明确将交换的演变划分成了三个阶段，他说：“物物交换、买卖、商业——交换的三个阶段（斯图亚特）。”[②] 其中，第一阶段为物物交换；第二阶段为以使用价值为目的的商品买卖；第三阶段为以交换价值为目的的现代商业。前两个阶段交换目的是使用价值，第三个阶段也就是资本主义商业阶段，劳动力成为了商品，劳动成为了雇佣劳动，货币转化为了资本，成为劳动的直接目的，“作为目的的货币在这里成了普遍勤劳的手段。生产一般财富，就是为了占有一般财富的代表。这样，真正的财富源泉就打开了”。[③] 在资本主义商业阶段，以雇佣劳动为基础的商品交换促进了社会财富的迅速增加和资本主义的快速发展，并逐渐代替了自然关系上升为了资本主义社会中人们之间的主导交往关系，而不再是前资本主义自然经济的辅助，交换关系的地位发生了巨大改变。

（二）消费关系的特征与演变

“人从出现在地球舞台上的第一天起，每天都要消费，不管在他开始生产以前和在生产期间都是一样。”[④] 消费是人类社会自始至终都客观存在的一种经济现象，它作为经济活动的目的和归宿，在马克思的社会生产总过程的四环节运动中被赋予极其重要的地位。其一，马克思从一般意义上具体阐述了消费关系的特征及其共同点，生产与消费直接统一——“生产直接也是消费”[⑤]，“消费直接也是生产”，[⑥] 两者是有机统一的。其

① 《马克思恩格斯文集》第 8 卷，人民出版社 2009 年版，第 23 页。
② 《马克思恩格斯全集》第 46 卷，人民出版社 1979 年版，第 175 页。
③ 《马克思恩格斯全集》第 30 卷，人民出版社 1995 年版，第 176 页。
④ 《马克思恩格斯文集》第 5 卷，人民出版社 2009 年版，第 196 页。
⑤ 《马克思恩格斯文集》第 8 卷，人民出版社 2009 年版，第 14 页。
⑥ 《马克思恩格斯文集》第 8 卷，人民出版社 2009 年版，第 8 页。

二，生产与消费互为中介——生产为消费创造材料对象，消费创造消费者主体。其三，消费与生产相互创造——生产创造消费对象和材料、规定消费方式和性质、创造消费者和消费需求，消费也创造着生产的需求和动力。

作为生产关系重要内容的消费，不仅具有任何时代都有的共同特征，而且随着生产的发展和社会关系的变化，它又表现出特定的历史特征，具有具体性和历史性。马克思就曾立足于具体现实，详细论述过不同历史阶段的消费关系及其发展演变。首先，马克思认为在资本主义以前的社会中，生产的目的基本上都是满足自给自足的消费，“在中世纪的社会里，特别是在最初几世纪，生产基本上是为了供自己消费，它主要是满足生产者及其家属的需要”[①]，而且这一时期的消费是在或大或小的共产制共同体内进行产品分配。其次，马克思认为与资本主义以前的社会不同，资本主义生产以资本和雇佣劳动为基础、以最大限度地追求剩余价值为目的，资本家都极力地限制工人的消费能力和工资以最大限度地剥夺剩余价值，因此出现了生产过剩和有效需求不足的问题。最后，马克思设想了未来社会的消费。在未来的社会主义社会中，“每个生产者在生活资料中得到的份额是由他的劳动时间决定的”[②]。共产主义社会，消费资料按照广大人民的需求分配，生产与消费脱节的现象也将消失。

（三）消费异化

消费异化是马克思消费思想的一个重要维度。马克思的消费异化思想主要蕴含在异化劳动和商品拜物教思想中。

《1844 年经济学哲学手稿》集中论述了异化及异化劳动。他从人本主义视角和资本主义经济事实出发，首先指出了劳动异化的第一个表现即劳动产品与劳动者相异化：“劳动所生产的对象，即劳动的产品，作为一种异己的存在物，作为不依赖于生产者的力量，同劳动相对立。”[③] 第二个表现即劳动者同劳动本身相异化，此时劳动已沦为一种灾难和不幸，“只要肉体的强制或其他强制一停止，人们会像逃避瘟疫那样逃避劳动”。[④]

① 《马克思恩格斯文集》第 3 卷，人民出版社 2009 年版，第 552 页。

② 《马克思恩格斯文集》第 5 卷，人民出版社 2009 年版，第 96 页。

③ 《马克思恩格斯文集》第 1 卷，人民出版社 2009 年版，第 156 页。

④ 同上书，第 159 页。

此外还有人同自己的类本质及人同他人相异化。商品拜物教是异化在消费领域的表现形式，也是异化劳动发展的结果。它将人与人的社会关系反映成了物与物的关系，歪曲地将消费、商品等这样的生活标准当成了自己真正的物质利益，使人受消费的统治和奴役。伴随着商品拜物教的不断发展，整个社会越来越陷入消费迷雾，消费异化便迅速蔓延。马克思的异化劳动和商品拜物教思想蕴含着对消费异化的批判，对当前研究和解决消费异化问题具有重要的理论价值。

第四节　马克思生产关系理论的当代价值

理论观照现实，马克思生产关系理论作为对资本主义生产和生活方式反思和批判的产物，并没有局限于早期资本主义发展的特定历史时期，相反，在当前经济社会快速发展的背景下，马克思生产关系理论为认识当代资本主义生产关系的调整提供了新的视角。最为重要的是，在推进中国特色社会主义市场经济建设的过程中，马克思主义生产关系理论再一次展现出其科学的理论品性，为中国特色社会主义建设提供了理论支撑和发展指导。

一　当代资本主义生产关系调整的认识视角

资本主义社会不断变化发展的过程其实也是其对自身生产关系不断进行调整的过程。伴随着不断发生的科学技术革命和日益增强进步的社会生产力，当代资本主义社会必然会逐渐调整其生产关系以适应新的生产力发展的要求，同时，这种已经经过了革新的生产关系又反过来促进了生产力的极大发展。因此，对当代资本主义生产关系出现的新变革、新调整及原因进行全面深入、科学正确地研究和分析，既是马克思主义理论发展的内在要求，也是正确认识人类历史发展进程的必然要求。

（一）当代资本主义生产关系出现新变化的原因

当代资本主义国家生产关系出现的新变化和新特征是由多方面原因促成的。为了缓和日趋复杂和尖锐的社会矛盾，维护自身的统治地位，资产阶级不得不尽最大努力和最大可能对其生产关系进行调整；资本主义国家每一次在科学技术上取得的巨大突破都在客观上对其生产关系的相应调整起到了推动作用。因此，我们可以把迅猛发展的科学技术理解为当代资本主义国家变革其生产关系的助推器。但是，归根结底，快速发展的生产力才是根本原因和动力。

自第二次世界大战后，特别是近30多年来，伴随着新科技革命浪潮的不断涌现和经济全球化的迅猛来袭，资本主义国家生产力的发展获得了更加广阔的空间和有益的条件，呈现出了前所未有的进步趋势。当代资本主义国家生产力的这种迅速发展客观要求相应地调节和改变其生产关系，使其能够在资本主义框架所允许的最大范围内尽可能地适应生产力的发展变化，从而为资本主义经济发展和国家繁荣赢得长久稳定的环境。

（二）当代资本主义生产关系新变化的表现

当代资本主义国家生产力的不断发展，决定了其在生产关系层面必须进行相应的变革与调整。尤其在近三四十年，由于当代资本主义国家的逐步调节和变革，其生产关系，包括所有制关系、分配关系和劳资关系等，都出现了很多新变化。

在所有制关系方面，资本社会化的特点和趋势明显增加。出现了一定比重的合作社经济和国有经济，股权分散化，包容多元投资的股份制经济，如法人股份资本、私人股份资本等新型经济形式大量出现。在分配关系方面，收入分配呈现出公平化的特点。当代资本主义国家具有强大的税收功能，通过税收方式集中起来的国民收入为政府调节国民收入再分配、缩小贫富差距提供了强大的物质基础。在劳资关系方面，由于企业管理趋于民主化，劳资关系呈现出了缓和趋势。20世纪80年代以后，当代资本主义国家开始广泛贯彻实施企业民主管理制度，企业职工获得了参加企业管理的部分机会和权力，地位有了相应的提高，社会中的阶级冲突开始慢慢趋于缓和，劳资关系也得到了相应的改善。

二　当前中国经济体制改革的启示

马克思的生产关系理论，要求我国在当前这种特殊的国际国内环境下，要继续深化经济体制改革这一任务，不仅仅要坚持基本经济制度，而且要全面优化和调整社会主义分配关系、交换关系和消费关系，极富启发意义。

（一）深化经济体制改革的新任务

当前，深化经济体制改革，加快完善社会主义市场经济体制是国内外形势发展的迫切要求。就国际形势而言，经济全球化和市场一体化不断深入，这就要求我国必须顺应时势，紧随世界脚步，建立起既与世界接轨的经济运行规则和制度和富有中国特色的企业管理机制和市场运行体制。就国内形势而言，社会主义市场经济体制虽已初步建立，但我国社会主义市场经济体制仍然还不够完善，客观上提出了深化经济体制改革的迫切性和必然性。

在上述国际背景下，着眼于我国经济体制存在的问题，围绕着完善社会主义市场经济体制这一关键点，当前深化经济体制的改革面临很多新任务。2013 年，在党的十八届三中全会上，根据党的十八大报告提出的《关于全面深化社会主义市场经济体制若干问题的决定》将深化经济体制改革的核心规定为正确处理政府与市场的关系。它要求全面深化在分配制度、财税制度、社会保障和公共服务体系、国企改革等重点领域的改革，实现政府的调节作用和市场的基础作用有效结合，充分发挥市场的决定性作用，建立并完善与当代国际国内形势相适应的社会主义市场经济体制，实现社会主义生产关系的自我发展和完善，使其更好的推进我国经济的快速发展。

（二）社会主义分配关系的改革与优化

党的十八大报告明确将城乡区域发展之间和居民收入分配之间的差距列为当前我们工作存在的问题和不足，合理改革和优化社会主义分配关系已成为当前和今后一个时期我国工作的重要之点。合理调节社会主义分配关系，缩小居民收入分配差距，既是马克思生产关系理论的本质要求也是经济现实的迫切需要。

首先，充分发挥市场机制对收入分配的调节作用。扶植和保护新兴产业，改革垄断行业的收入分配制度，禁止个人通过行业垄断而获取额外收入；建立竞争有序的市场规则，加强对市场的监管，严惩欺行霸市、非法经营、非法牟利的不法行为。其次，合理发挥政府在收入分配中的宏观调控作用。完善和健全基本分配制度，提高劳动报酬在初次分配中所占的比重。在兼顾效率和公平的原则下，逐渐提高工人最低工资水平，增强工人工资集体谈判能力，改革和健全工资制度。加强税收制度改革力度，进一步通过税收调节收入分配。加快完善税收制度和个人收入申报制度，加大税收征收和管理力度，并进行严格的监督。加快完善社会保障体系，解决由于失业、疾病等原因所造成的贫富差距问题。除此之外，政府还可以通过积极鼓励社会慈善事业的发展、进行教育改革、提供教育服务等手段来调节收入分配，优化社会主义分配关系。

（三）消费异化与消费关系的调整

马克思“商品拜物教”以及“异化”这两个范畴的提出，在现时代越来越显现出对市场经济固有弊端强烈的批判意义，成为分析现代社会有力的理论工具。在市场经济体制不健全的条件下和经济全球化浪潮的冲击下，整个社会表现出来的或多或少的“物化”，人们对物的追求和渴望、对物的占有欲，超越了对生活本身和存在本身的思考。商品价值成为人们生活的灵魂，驱使着人们前行，消费本身成为目的。然而看似多样化的商品选择并没有给予人们真正的自由，相反消费的异化使消费主义文化泛滥开来，人们把自由看作是买卖商品和拥有商品的自由，把幸福寄托在对商品的占有和消费上，把希望建立在对自然的盘剥和掠夺上。与消费主义观念交织在一起的个人主义、实用主义、功利主义集结成为一股强势的消费文化在全球蔓延开来。

异化消费的盛行急需转向，消费关系急需调整以恢复人自身、社会自身以及自然自身，重新审视真正的需要和价值。消费关系的调整前提是正确把握人的需要，从自身的生存和发展出发来把握需要，尽力减少外界杂音的干扰，摆脱虚假性的、消遣性的、娱乐性的掌控。而要消解消费文化观念的负面影响，实现消费领域文化理念的变革，则需要制度领域的突破，实现制度变革与观念变革的统一，使“人类满足的前景必须植根于创造一个运转良好的共同活动和决策的领域，使各个个人能在其中锻造出满足自己需要的手段”。①

（四）反垄断与交换关系的梳理

2008 年 8 月 1 日《中华人民共和国反垄断法》正式颁布实施，2012 年 6 月 1 日，由最高人民法院颁布的《关于审理因垄断行为引发的民事纠纷案件应用法律若干问题的规定》也正式实施，这标志着我国社会主义

① 本·阿格尔：《西方马克思主义概论》，中国人民大学出版社 1991 年版，第 475 页。

市场经济建设过程中的反垄断逐渐进入到制度化和规范化的阶段。在进一步保障和维护我国社会主义市场经济有序运行的过程中，马克思的垄断理论也为更好地解决我国的市场经济中的垄断问题提供了很好的思路。

当前我国社会主义市场经济的体制机制建设并不完善，存在着行政性垄断①和经济性垄断②，这些垄断现象的形成可以通过马克思垄断理论来加以说明和解释。在马克思看来垄断是竞争的必然趋势。在社会主义市场经济条件下，市场竞争是市场经济体制中的重要组成部分，在统一、开放、平等竞争的市场氛围中，就会产生优胜劣汰，形成生产集中，从而导致垄断产生。通过马克思对市场垄断的分析，我们可以很清楚地认识到垄断行为是通过资本和市场份额的控制，不断谋求高额利润，导致了资源配置的低效率。在缺乏竞争的市场环境中，大资本能够凭借着雄厚的资本实力，操纵着商品的市场价格和销售数量，同时由于竞争的缺乏，管理和技术的创新也逐渐停滞下来。通过以上的分析，我们不难看出马克思垄断理论依然存在着理论观照性，对我国市场垄断现象提出了科学的解释范式和化解路径，即观照了重新认识社会主义市场经济中的交换关系。

社会主义市场经济是一种经济关系，属于社会主义生产关系的范畴，这也就决定了社会主义市场经济必须以商品交换为特征，以市场运行为中心。市场垄断现象与市场竞争相对抗，通过对市场份额和价格的控制，遮蔽了商品交换中的公平性和正义性，影响到了市场运行。因此，建设社会主义市场经济体制过程中，要不断地健全市场法律法规，促进市场均衡和理性发挥政府调控作用。交换关系应是在市场均衡状态下的等价交换，在由垄断所造成的市场非均衡的状态下，商品的交换价格不等于商品本身所具有的价值，造成了商品自身价值和其市场价格的分离与对抗。因此，我国社会主义市场经济体制的建设要不断促进市场均衡，理顺社会主义生产关系和交换关系，使得商品能够获得等价交换。

---

① 行政性垄断是指政府及其相关职能部门滥用职权，排挤、限制市场主体的合法竞争。

② 经济型垄断是指少数市场主体对于资本、产品和服务的控制，并且利用其经济实力限制和排挤市场竞争。

第五章　马克思的劳动观及其当代意义

第一节　马克思的劳动理论的生成:异化劳动理论

一　马克思异化劳动理论的前奏

（一）中西方对“劳动”的不同定义

在我国古代，劳动——“人类改造自然之活动”——的内涵和用法，早在春秋战国时期就有出现，如《庄子》中有云：“舜以天下让善卷。善卷曰：‘余立于宇宙之中，冬日衣皮毛，夏日衣葛絺。春耕种，形足以劳动；秋收敛，身足以休食；日出而作，日入而息，逍遥于天地之间而心意自得。君何以天下为哉！悲夫，子不知余也！’”[①] 在这里，“劳动”一词即是指从事生产、改造自然的活动。在西方，英文中“劳动”一词来源于拉丁文中的“labor”——指“工作，劳动；辛苦，劳累；努力，尽力”。[②] 可见中外关于“劳动”这一概念的出现和使用，始终与人类改造自然的活动息息相关。

（二）马克思对异化的思考

把异化的概念引入到哲学领域并赋予其普遍意义的当属德国古典哲学家黑格尔。众所周知，黑格尔最大的理论成就是其唯心主义的辩证法思想，这种辩证法思想的最大贡献就在于将矛盾视为一切事物变化发展的源泉。但是，由于黑格尔的辩证法是根植于唯心主义的哲学世界观基础之上的，这也就导致在黑格尔那里，事物的运动变化发展都源于“绝对的精神”，也最终归于“绝对的精神”，“绝对精神”的自我否定异化为物质，

---

① 《庄子今注今译》（上），商务印书馆 2007 年版，第 855 页。

② 谢大任：《拉丁语汉语词典》，商务印书馆 1988 年版，第 314 页。

物质通过人类劳动异化复归于“绝对精神”，形成一个封闭的精神运动的圆环。

在黑格尔之后，费尔巴哈运用唯物主义对黑格尔的“绝对精神”及其异化理论进行了改造，形成了新的异化理论。费尔巴哈从批判宗教入手，指出宗教的本质就是人的本质的异化并将人的本质映射为天国和上帝，从这个意义上来说，费尔巴哈强调了人的现实性。但费尔巴哈的哲学也存在过于强调“人本主义”，导致他在批判人的异化时，认为人应当通过建立一种新的宗教——“爱的宗教”——来破除这种异化，从而使他的结论又回到了唯心主义的怀抱之中。

黑格尔的异化理论虽然建立在唯心主义之上，但在当时起到了重要的启迪和革命作用，对马克思产生了积极的影响，而费尔巴哈通过唯物主义对黑格尔异化理论的改造，建立了在黑格尔和马克思之间的思想传承的桥梁，马克思正是在以黑格尔和费尔巴哈等为代表的德国古典哲学家的异化理论的基础上，提出了自己的异化劳动理论。

（三）资产阶级古典政治经济学的劳动理论

古典政治经济学家威廉·配第首次比较系统地提出了劳动价值理论，在配第看来，土地是财富之母，劳动是财富之父，劳动所创造的财富要受到自然环境（土地）的制约。而且配第还创造性地提出了商品价值的形成是在劳动生产这一过程中实现的，应该用生产所耗费的劳动的时长来计量商品价值。在配第之后，亚当·斯密的贡献是完善了“一般劳动”“使用价值”“交换价值”等概念，他认为，一般劳动来源于社会劳动不同形式的抽象，因此社会生产部门中的所有劳动形式都在创造财富。同时，斯密把“交换价值”和“使用价值”区分开来，指出劳动是使用价值的创造者，是商品交换价值的衡量尺度。大卫·李嘉图站在斯密劳动价值理论的基础上，在研究了利润、地租和工资的分配形式后，指出工人在劳动中所创造的所有价值都是社会收入的源泉，而工人的劳动所得到的工资只是他在劳动中所创造的价值的一部分，资本家则得到了劳动所创造价值的另一部分——利润，同样，农民的劳动所创造的价值的一部分以土地地租的形式分割。

总的来讲，资产阶级古典政治经济学说形成了比较系统的劳动价值理论，探讨了价值的产生及其来源，作为价值不同形式的利润、地租和工资在社会财富分配中的不平等，以及这种经济的不平等所反映出的阶级分化，等等。这些理论为18世纪新兴资产阶级同封建势力争夺政治经济权力提供了思想武器，马克思正是在这些积极的理论成果上逐步形成自己的异化劳动理论思想。

（四）空想社会主义的理论与实践

圣西门（Saint Simon，1760—1825）的思想形成于法国资产阶级革命时期，他经历了法国资产阶级取得政权后的政治经济变革。在他看来，资本主义的制度无非是用一种新的剥削制度替换了旧的封建剥削制度："这一争取自由的伟大事业只是产生了新的奴役形式。"① 由此他展开了对新生的资本主义社会的尖锐批判。他断言"三权分立"的政治制度并不能彻底解决资本主义制度下的社会危机，这种危机表现为无政府状态，这种状态下资本家的唯利是图是导致法国大革命后社会动荡、群众贫困的根源，这就是说，法国革命前的封建主的剥削只是让位于了新的剥削阶级资本家。圣西门进一步否认资本主义制度的永恒性，指出资本主义社会只是过渡性的社会制度，它必然为新的社会制度所代替，而他把这种新制度称为"实业制度"，在这种理想的制度下，每个人都应当劳动，按照科学计划发展经济，每一个人的合理的收入理应和他所做出的贡献及所拥有的才能成正比，社会应当不分贫富，而为每一个人提供物质和精神的需求的满足。社会的政治、文化、经济等方面的权力须由最优秀的实业家和知识分子掌握，政治统治让位于经济指导，人对物的生产和管理代替了人对人的剥削，从而消除政治特权。

罗伯特·欧文（Robert Owen，1771—1858）提出了更为超前的"新和谐公社"理论，这种理论通过建立"共产主义劳动公社"来实现。在政治上，劳动公社是构成理想社会的基层组织，每一个劳动公社既是独立的政治经济组织，同时又是社会单元，数十个、数百个或者更多的劳动公社组织成为公社联盟，公社联盟进而组成联盟的国家，每一个公社都"像一个独立共和国或国家一样实行自决，由自己的成员依照神圣法则进行管理"。② 在劳动生产上，由于废除了私有制，劳动公社便是根据"联

---

① 《圣西门选集》第1卷，商务印书馆1982年版，第181页。

② 《欧文选集》第2卷，商务印书馆1979年版，第13页。

合劳动、联合消费、联合保有财产和特权均等的原则建立起来的”,[①] 实行有计划的共同劳动，集体生产，农业和工业兼顾；实行义务劳动，每一个人都要参与社会劳动，每个公社成员都负担着适合自身年龄和特长的工作；劳动者还要在农业和工业之间尽可能地多调换工作，旧的分工制度将不再适合，劳动也将成为一种愉快、轻松的活动，劳动者的积极性得到充分调动，劳动生产力和劳动产品得到极大的发展。在劳动产品分配上，实行“按公社成员需要”分配的原则，欧文指出由于科技的发展和机器的大规模使用，公社成员通过从事简易的劳动就可以生产出数量众多的劳动产品：“利用百年来的发明和发现，根据科学原理组织起来的、采取简单而合理的平等和正义原则进行管理的社会，可以在每天不到四小时的有益而愉快的劳动条件下，拥有大量丰裕的质地优良的产品。”[②] 到那时候，每个公社成员都可以随时到公社仓库中领取所需生活资料，因此人们财富积累的心理需求不复存在，贪欲也随之消失。

综上，圣西门虽然不主张废除私有制，但他的“实业制度”理论对马克思思考劳动生产与私有财产、劳动和阶级、劳动与社会财富之间的关系问题提供了重要影响。欧文的“新和谐公社”理论中关于废除私有制、集体劳动和按劳分配的观点的探讨，启发了马克思提出从劳动生产和社会劳动分工方面、私有财产和共产主义方面着手分析消灭资本主义制度下异化劳动。

二　马克思异化劳动理论的创立及表现形式

（一）马克思异化劳动理论的创立

1844 年，当马克思和卢格合办的刊物《德法年鉴》被迫停刊后，马克思就把自己的精力放在了用哲学分析政治经济学上，《1844 年经济学哲学手稿》（以下简称《手稿》）就是这一时期马克思最为重要的理论成果。虽然《手稿》中所阐述的异化劳动理论不能够算作是马克思成熟的理论思想，但这些研究为马克思成熟的劳动理论的创立以及唯物史观的重大发现提供了理论中介。

---

① 《欧文选集》第 1 卷，商务印书馆 1979 年版，第 327 页。

② 同上书，第 30 页。

在《手稿》中，马克思把他对政治经济学的研究同他对异化劳动的理解紧密结合起来，同时，马克思还深刻地分析了黑格尔的古典哲学和空想社会主义理论，阐明了一系列关于异化和异化劳动的基本观点，揭示出资本主义制度下劳动的自我异化，以及共产主义社会中异化劳动的解放。

（二）异化劳动的四种表现形式

在马克思看来，劳动作为人区别于动物的根本性特征，自由自觉的劳动是人的本质性活动，然而在资本主义社会中，劳动产生了异化：

首先，劳动产品和劳动者之间相异化。马克思指出，劳动产品作为劳动者的劳动成果，本应该属于劳动者。但在资本主义私有制下，劳动者生产出来的产品越多，他自身的力量就越小；产品的价值越大，工人占有的产品就越少，就越受他的产品的支配。劳动者和劳动产品之间的关系"就是对一个异己的敌对的、强有力的、不依赖于他的对象的关系"①。

其次，劳动与劳动者相异化。劳动作为自由自觉的活动形成了人的内在本质，但是在资本主义私有制的条件下，劳动者为了生存不得不出卖自身的劳动，劳动对劳动者来说并不是一种能够自由的活动，只是一种被强迫的活动。"工人只有在劳动之外才感到自在，而在劳动中则感到不自在，他在不劳动时觉得舒畅，而在劳动时就觉得不舒畅。因此，他的劳动不是自愿的劳动，而是被迫的强制劳动。"② 于是，外在的强制一旦消失，劳动者就会像躲避瘟疾一般逃避劳动活动。

再次，人和人的类本质相异化。所谓"人的类本质"，指的是人作为一种类的存在物区别于动物的、每个人所共同拥有的本质。在马克思那里，人的类本质是人所从事的那种自由自觉的活动，也就是劳动。这种类本质是通过人对自然界的改造和实践来实现的，而在资本主义社会，异化的劳动对工人来说不是一种自由自觉的，而是不得不进行的、外在的强制性活动，"自己的本质变成仅仅维持自己生存的手段"，③ 这就把人的类本质同人本身对立起来。

最后，人与人之间相异化。人与人之间的异化，是劳动异化上述三个

① 《马克思恩格斯文集》第1卷，人民出版社2009年版，第165页。

② 《马克思恩格斯文集》第1卷，人民出版社2009年版，第159页。

③ 《马克思恩格斯文集》第1卷，人民出版社2009年版，第162页。

规定性的必然结果，人与人的类本质之间的异化，造成人和自己类本质及同自己之外的其他人相分离。由于外在的、异己的人占有了自己的本质，自我受到了他人的支配和奴役，这种支配力量既不来源于宗教中的神，更不来源于自然界，“只有人自身才能成为统治人的异己力量”，① 马克思透过人与人的对立看到了到了社会对立、阶级对立。他提出，去除这种人与人之间的异化现象，必须消灭异化劳动，只有实现共产主义，才能消除这种压抑人性的社会分工，破除人和人的对立，实现人对自我本质的复归。

三　马克思异化劳动理论的意义与局限

（一）马克思异化劳动理论的历史意义

首先，异化劳动理论是青年马克思人本学唯物主义的重要理论成果。在《1844年经济学哲学手稿》中，马克思将他对哲学的探讨同他对政治经济学的研究紧密结合起来，超越了黑格尔和费尔巴哈关于人和异化的理论。马克思指出，异化的主体既非黑格尔的绝对观念或绝对精神，更不是费尔巴哈的“感性的、自然的人”，而是在劳动过程中形成了交往关系的具体的人。透过对异化劳动的考察，马克思发现了物质资料的生产是人类社会发展的决定力量，提出了自由自主的劳动是人的本质的观点，揭示出整个人类历史是通过人类劳动而逐渐发展起来的过程，从而为我们正确认识及消除异化劳动、实现共产主义提供了理论指导。

其次，异化劳动理论是马克思创立唯物史观的理论萌芽。众所周知，实践的观点是贯穿青年马克思思想发展过程的重要观点，也是马克思唯物史观的基石。在《1844年经济学哲学手稿》中，马克思明确了“实践”的基本内涵，指出实践具有创造性、客观性和主体性特征。“我们看到，理论的对立本身的解决，只有通过实践方式，只有借助于人的实践力量，才是可能的；因此，这种对立的解决绝对不只是认识的任务，而是现实生活的任务，而哲学未能解决这个任务，正是因为哲学把这仅仅看作理论的任务。”② 由此可见，马克思认为共产主义的思想产生于社会历史实践活动中，其实现途径也只能是社会历史的实践活动。

---

① 《马克思恩格斯文集》第1卷，人民出版社2009年版，第165页。

② 同上书，第192页。

最后，异化劳动理论引申出了建立共产主义社会这一解决途径。马克思认为，资本主义私有制是人与人之间相互异化的根源，人与人之间相异化的结果则是无产阶级和资产阶级相异化。私有制所导致的人和人的异化是随着人类社会的发展而产生的，也必然会随着人类社会的进步而得到解决："问题的这种新的提法本身就已包含问题的解决。"[①] 可见，资本主义制度本身的发展过程就孕育着消灭它的革命因素，这个因素就是无产阶级队伍的斗争，而无产阶级革命的过程本身就包含全人类的解放。因此，马克思正是在探求异化劳动的消除途径的过程中，提出了共产主义这一异化的解决途径，从而为科学社会主义理论的创立提供了理论基础。

（二）马克思异化劳动理论的局限

异化劳动理论是马克思在建立自己的科学的理论大厦过程中的初步探索，它同后来形成的马克思经典的劳动理论相比，还存在着一定的历史局限性：

首先，异化劳动理论带有人本主义色彩。在《1844 年经济学哲学手稿》中可以发现明显的黑格尔的人本主义色彩，以及费尔巴哈的旧唯物主义色彩。费尔巴哈的感性个体是一种排除现实生活的、抽象化的概念。马克思从劳动出发试图突破费尔巴哈的局限性，认为感性的劳动是人类社会存在和发展的基础环节，但在这个阶段，马克思暂时没有能够脱离费尔巴哈的旧唯物主义窠臼，还主要是从哲学层面来阐述抽象劳动和人的本质，没有对劳动进行深入的经济学分析，还无法形成科学的劳动理论，从而未能揭示异化劳动背后的经济根源。

其次，马克思的共产主义观还不成熟。由于马克思主要是从哲学的层面对异化劳动展开批判，所以他没有提出具体的现实性的解决异化劳动的方式。在提到共产主义时，马克思说："这种共产主义，作为完成了的自然主义，等于人道主义，而作为完成了的人道主义，等于自然主义，它是人和自然界之间、人和人之间的矛盾的真正解决。"[②] 马克思从人本主义出发，把人道主义当成共产主义的理论基础，认为共产主义等同于人本主

① 《马克思恩格斯文集》第 1 卷，人民出版社 2009 年版，第 165 页。

② 同上书，第 185 页。

义和自然主义，它是人道主义的最高阶段，而没有认识到它是资本主义矛盾运动发展到一定阶段的必然结果。这种论述反映出马克思对共产主义的理解和研究还不成熟，具有过渡性。

最后，马克思还未辩证地认识资产阶级政治经济学。在《1844 年经济学哲学手稿》中马克思指出“我的结论是通过完全经验的、以对国民经济学进行认真的批判研究为基础的分析得出的”。[①] 在这一时期，马克思对政治经济学持有的是纯粹的批判态度，在研究异化劳动的时候，没有站在资产阶级政治经济学的最重要的科学成果——尤其是劳动价值论——之上分析问题，而是采用抽象的哲学视野来进行考察，这也就不能够真正深入资本主义劳动内部，也尚未运用科学的历史唯物主义的工具吸收资产阶级古典政治经济学的合理研究成果。

第二节 马克思劳动观的完善

一 批判唯心主义劳动理论

马克思的劳动观的进一步完善是从批判李斯特的劳动理论为开端的。在《评李斯特》中，马克思批判了李斯特的主观唯心主义生产力理论，首次阐述了其关于科学的劳动生产力的理解，也为唯物主义历史观的形成做出了重要的理论准备。

马克思针对李斯特把生产力看作“精神资本”或“精神生产力”，批判了李斯特劳动生产力理论的这一唯心主义的前提，马克思指出劳动生产力首先是一种物质力量而不是一种精神力量，所谓的“精神资本”不过是资本家利用宗教精神的虚情假意借口将物质财富据为己有，他说：“德国资产者空虚的、浅薄的、伤感的唯心主义，包藏着最卑鄙、最龌龊的市侩精神，隐含着最怯懦的灵魂。这种唯心主义已经进入了使德国资产者必然不得不泄露其秘密的时代。但他又是以真正德国人的矫揉造作的方式、以唯心主义的基督教徒羞怯心理来泄露其秘密。他追求财富而又否认财富。他把无精神的唯物主义装扮成完全唯心主义的东西，然后才敢去猎取

① 《马克思恩格斯文集》第 1 卷，人民出版社 2009 年版，第 111 页。

它。”[①] 由此可见，李斯特的“精神资本”不过是为资本家剥削合法化的唯心主义的理论辩护。

马克思还批判了李斯特在寄希望于在德国建立像英国那样的发达工业制度的时候，却没有看到这种工业制度对劳动者的摧残。马克思认为英国工业制度的建立并不是有利于无产阶级的，而恰恰是有利于英国资产阶级的现实需求的实现，当资产者建立起大工业的时候，他们一方面促使生产力得到了前所未有的提高，同时另一方面为了适应这个工业社会所建立起来的资本主义社会，也成为压迫无产阶级的工具。在这里，马克思通过比较李斯特和圣西门的思想，得出这样的结论：“英国工业对世界的专制，就是工业对世界的统治。英国所以能统治我们，是因为工业统治了我们。我们自己只有在国内摆脱了工业的统治，才能在外部事务中摆脱英国的统治。我们只有在国内克服了竞争，才能结束英国在竞争领域里的统治。英国之所以控制我们，是因为我们使工业成为控制我们的力量。”[②] 也就是说，马克思把工业制度（生产关系要素）和工业生产力（生产力要素）区分开来，开始形成马克思生产力与生产关系矛盾运动理论的雏形。

马克思最后还批判了李斯特的庸俗化的生产力理论，区分了人的生产力（社会力）和自然的生产力（自然力）。在马克思看来，李斯特不能够区分由劳动者所创造的生产力和由非劳动者（如蒸汽力、马力、水利等）所创造出的生产力之间的区别，这就使得他的生产力是笼统的概念化的范畴。从这个观点出发，马克思指出李斯特之所以如此看待生产力，是因为李斯特站在工业资产阶级的阶级立场上，把劳动者等同于机器和牲畜，因为在资产阶级看来：“整个人类社会只是成为创造财富的机器。”[③] 资产者们把劳动者并不看作人，而是生产财富的工具而已。

二　唯物主义历史观创立过程中马克思劳动观的发展

马克思唯物主义历史观的创立过程就是不断逼近科学劳动观的过程，劳动观是在唯物主义世界观的指导下不断发展和完善的。

---

① 《马克思恩格斯全集》第42卷，人民出版社1979年版，第240页。

② 同上书，第260页。

③ 同上书，第263页。

（一）阐述了生产劳动在人类历史发展过程中的重要作用

马克思指出生产劳动是人类社会的第一个历史性的活动，正是劳动生产使得人与动物区分开来，正如马克思在《德意志意识形态》中所说的那样："可以根据意识、宗教或随便别的什么来区别人和动物。一当人开始生产自己的生活资料即迈出由他们的肉体组织所决定的是一步的时候，人本身就开始把自己和动物区别开来。人们生产自己的生活资料，同时间接地生产着自己的物质生活本身。"① 马克思进一步指出，新的世界的前提，是现实中的人，是从事着物质生产劳动的人，研究人类历史和人类社会，不应该从思辨的德国哲学出发，而应该从人的生产劳动、人的物质生活入手，因为物质生活和生产劳动是人类得以存在的第一个先决条件。确定了这一前提，对于马克思揭示资本主义社会劳动生产与分配的秘密，以及发现科学的劳动价值论，具有重要意义。

（二）进一步论述了生产力和交往形式的辩证关系

在《评李斯特》中，马克思批判了李斯特的唯心主义生产力理论，指出李斯特的阶级局限性使得他不能区分生产力为自然力和社会力，也看不到生产力对资本主义社会的双重作用。在《德意志意识形态》中，马克思进一步展开论述了生产力和交往关系的二元体系，他认为人在从事生产劳动的过程中存在着两种关系，一种关系是人同大自然之间的物质变换的关系，另一种关系是人在劳动生产过程中形成的、人与人之间的交往关系。要理解人类社会生产劳动的发展过程，就必须对两者之间的关系进行探讨，在当时，马克思使用"交往形式"来表示后来他所表述的生产关系概念，他说："已成为桎梏的旧交往形式被适应于比较发达的生产力，因而也适应于进步的个人自主活动方式的新交往形式所代替；新的交往形式又会成为桎梏。"② 他甚至断言："一切历史冲突都根源于生产力和交往形式之间的矛盾。"③ 在这里马克思实际上就是在论述生产力和生产关系之间的辩证关系。

（三）阐述了"市民社会"和上层建筑之间的关系

"市民社会"（德语为 Bürgerliche Gesellschaft）被马克思多次在他的著

① 《马克思恩格斯文集》第 1 卷，人民出版社 2009 年版，第 519 页。

② 同上书，第 575 页。

③ 同上书，第 567 页。

作中提到过，在《德意志意识形态》中，马克思的“市民社会”指的是贯穿人类社会发展过程中每一个不同阶段的一种经济关系。他说：“受到迄今为止一切历史阶段的受生产力制约同时又反过来制约生产力的交往形式，就是市民社会。前面的叙述已经表明，这个社会是以简单的家庭和复杂的家庭，即所谓部落制度作为自己的前提和基础的。关于市民社会的比较详尽的定义已经包括在前面的叙述中了。从这里已经可以看出，这个市民社会是全部历史的真正发源地和舞台，可以看出过去那种轻视现实关系而局限于言过其实的‘重大政治’历史事件的历史观何等荒谬。”[①] 由此可见，马克思认为“市民社会”与生产力密切联系，它既受生产力的制约，又制约生产力，它实际上充当着经济基础：“这个社会组织在一切时代都构成国家的基础以及任何其他的观念的上层建筑的基础。”[②] 在这里，市民社会的实际上指的是经济基础（或者说社会生产关系的总和），它与生产力的不同发展阶段相符合，它的变更会导致庞大的上层建筑发生变革。

三　唯物史观的创立对马克思劳动理论的意义

（一）唯物史观科学还原了劳动在人类社会中的地位

马克思创立唯物史观的目的之一，就是为无产阶级提供科学的世界观和方法论，有了唯物史观，无产阶级在摆脱异化劳动的束缚、争取劳动解放方面开始掌握强有力的理论武器。在世界观上，唯物史观批判了唯心主义劳动理论的历史观前提，揭示了客观的人类生产活动是人类社会存在和发展的第一个基石，突出了劳动生产在劳动理论中的核心地位，从而为马克思经典劳动理论的形成打下了理论基础。在方法论上，唯物史观破除了旧唯心史观的局限性，唯物史观的考察对象不再是抽象的异化劳动，而是开始用辩证的方法分析人类社会的发展规律，用劳动生产力和生产关系的矛盾运动来解释人类社会的发展变化。正是科学的唯物辩证法的确立，让马克思将生产劳动视为不断变化发展的过程，并开始从劳动的内部矛盾入手探寻社会发展的根源。

（二）唯物史观为劳动的解放提供了科学的制度选择

在创立唯物史观之前，马克思因为没有认识到劳动在人类社会发展中

---

① 《马克思恩格斯文集》第 1 卷，人民出版社 2009 年版，第 540 页。

② 同上书，第 583 页。

的作用，所以对共产主义的畅想还带有明显的德国古典哲学的思辨特征。在唯物史观创立之后，马克思发现了人类社会发展的根本动力，开始运用唯物史观的基本精神分析资本主义的现实经济关系，批判各种空想社会主义，奠定了科学的共产主义基本原则。马克思认识到，共产主义不是存在于哲学思辨中的完美王国，而应当是社会发展到一定阶段的必然之路，它是人类劳动的真正解放，是劳动生产力与交往形式辩证运动的产物。在资本主义私有制社会中，交往形式与生产力在私有制的框架下已经成为了一种破坏性的力量，只有建立共产主义制度才能解决这些问题。

在共产主义制度下，私有制经济关系被废止，劳动者的劳动不再是异己于自身的存在，生产力和物质财富的极大丰富，彻底消灭了劳动的外在强制性，实现了彻底的自觉性。所以，“建立共产主义实质上具有经济的性质，这就是为这种联合创造各种物质条件，把现存的条件变成联合的条件”。[①] 共产主义社会是实现劳动解放的科学制度选择。

（三）唯物史观为生产劳动的划分提供了科学的依据

马克思使唯物主义历史观基本精神的明朗，促进他对生产力和生产关系的研究取得突破，他开始把生产劳动划分为生产力和劳动者之间由生产力联系起来的交往形式，并阐述了交往形式的不同类型。马克思论述了生产力和交往关系的辩证运动，进一步提出了经济基础和市民社会之间的矛盾运动，并把它们看成是社会运动发展的根本动力。马克思还着重分析了经济基础和“市民社会”，这就把人类生产劳动的辩证关系上升到了社会历史领域，揭示了私有制下劳动生产在社会政治领域的作用。最后，马克思还对未来的社会劳动进行了科学的分析，明确了科学社会主义的若干基本原则。

第三节　马克思科学劳动观的确立

一　劳动概念解析

（一）劳动与劳动力

马克思唯物主义历史观创立之后，对于劳动概念的阐述也逐渐清晰起来，在他看来，生产劳动首先是人的本质性的活动，正是有了生产劳动，

① 《马克思恩格斯文集》第1卷，人民出版社2009年版，第574页。

猿类进化成人类才从可能转变为现实，人与动物的根本区别就在于创造和使用生产工具进行劳动。马克思关于劳动创造了人的理论，科学地阐述了人类产生和发展的问题，揭示了人类社会产生的根源。从哲学上讲，劳动的观点是唯物主义历史观的首要理论观点，劳动的发展历史就是揭示全部人类社会发展历史的钥匙。它是唯物史观对于人类得以存在发展的理论解释，是人类所特有的一种实践行为，是人类能动的改造自然界、改造人类社会的物质和精神变换的行为。正是劳动使人类脱离了自然界，又通过它人类复归于自然界。从社会学上说，劳动不仅创造了人，并且也是人类社会形成和发展的前提条件。没有了生产劳动，就不可能存在建立在生产劳动基础上的生产关系，更不要说以生产关系为基础的社会关系了。所以，只有从生产劳动出发，才能真正揭示人类社会发展的奥秘。综上，在马克思那里，劳动这一概念主要指的是：劳动是人的本质性活动，是人类所特有的一种实践行为，是人类能动的改造自然界、改造人类社会的物质和精神变换的行为，是人类社会存在和发展的前提。

劳动力，顾名思义，首先是对从事生产劳动的人在改造自然界和人类社会过程中能力大小的描述性评价，正如马克思曾指出的那样："我们把劳动力或劳动能力，理解为人的身体即活的人体中存在的、每当他生产某种使用价值时就运用的体力和智力的总和。"① 其次，马克思劳动力的观点也从政治经济学角度展开，在他看来，有必要将劳动和劳动力区分开来，因为在资本主义雇佣劳动中，工人所能够出卖的是劳动力，而非劳动，劳动力成了商品，工人向资本家出卖了自身劳动能力的支配权，使得资本家在一定时间内拥有劳动力的使用权。对此，马克思曾一针见血地指出："在商品市场上同货币占有者直接对立的不是劳动，而是工人。工人出卖的是他的劳动力。"② 可见，在马克思那里，劳动力主要指的是人在改造自然界和人类社会的过程中能力的大小；同时，在资本主义社会中，由于劳动者没有任何生产生活资料，只能靠出卖劳动力维持生存，因此劳动力也是一种商品。

（二）劳动分工

从内涵上来讲，劳动分工指的是将总的人类劳动分割成不同类型，并

① 《马克思恩格斯文集》第5卷，人民出版社2009年版，第195页。

② 《马克思恩格斯文集》第5卷，人民出版社2009年版，第615页。

进行专业划分的活动。在这里，劳动分工首先是对社会总劳动的分割；其次，对社会总劳动的分割，目的在于针对不同专业劳动者，将其固定地分配给不同的劳动职能部门；最后，劳动的分工具有历史性，它的具体形态是随着生产力的发展而不断变化的，马克思、恩格斯甚至认为在未来共产主义社会将要消灭分工的具体形态："现在已被机器破坏了的分工，即把一个人变成农民、把另一个人变成鞋匠、把第三个人变成工厂工人、把第四个人变成交易所投机者的分工，将完全消失。"① 从外延上看，"劳动的组织和划分视其所拥有的工具而各有不同。手推磨所决定的分工不同于蒸汽磨所决定的分工。"② 按照劳动分工形成的过程和不同性质，我们可以把劳动分工划分成"自然分工"和"社会分工"。前者指的是在人类社会形成初期，由于人和人之间的性别和体力差别，而自然形成的分工形式；后者则指的是劳动者随着社会生产力的不断提高以及社会经济部门的完善而划分为不同的生产劳动形式的分工。

分工随着人类社会劳动生产的产生而产生，也必将随着劳动生产力的发展而发展，而到了未来的共产主义社会，随着劳动和生产力的解放，奴隶般地服从分工的制度消失之后，划分劳动者的分工形式必将消亡。

（三）生产性劳动与非生产性劳动

马克思对生产性劳动和非生产性劳动的论述，是伴随着他对亚当·斯密的生产理论的批判而展开的。

斯密从狭义的生产理论出发，认为生产性劳动就是生产物质资料的劳动，反之就是非生产性劳动。斯密对生产性劳动和非生产性劳动的区分是一种一般意义上的定义，还不够严谨，但是如果从其"增进国民财富"的理论前提出发，则可以看到斯密的目的性。在斯密看来，不生产物质资料的生产之所以是"非生产性的劳动"，是因为他认为这种劳动对生产国民财富毫无用益处，在《国富论》中，他是这样阐述"非生产性劳动"的："土地所有者阶级和耕作者阶级，向商人、工匠和制造业工人等不生产阶级，提供工作材料、生活资料基金、后者工作时所消费的谷物和牲畜，以及支付后者的工资。所以，不生产阶级都是地主和耕作者的仆人。

① 《马克思恩格斯文集》第1卷，人民出版社2009年版，第689页。

② 同上书，第622页。

他们跟家仆没有太大的区别，唯一的区别在于前者在户外工作。而后者则在室内工作。这两类人都依赖主人的资费来养活，他们的劳动，不但不能增加土地原生产物总额的价值，还会从这总额中支出一部分。"① 可见，在斯密看来，"家仆"等从事的是一种非生产性劳动，他认为这种劳动行为是不创造价值的。斯密的理论对于资本主义发展初期国民财富的积累有一定的合理性解释。但斯密混淆了财富和价值，他的生产性劳动理论也没有考虑到社会生产关系方面，而马克思正是从这些方面展开对斯密的批判，阐述了自己的生产性劳动与非生产性劳动理论。

马克思首先肯定了"生产物质产品的劳动就是生产劳动"这一生产性劳动的基本含义，但马克思并没有满足于生产性劳动的基本内涵，而是将劳动的二重性理论引入到生产领域。马克思还指出由于斯密的阶级局限性，他对生产性劳动的研究是站在资本家的角度阐述的，而非劳动者。其次，马克思指出生产活动中的服务类（管理类）劳动形式也属于生产性劳动的范畴，他说："为了从事生产劳动，现在不一定要亲自动手；只要成为总体工人的一个器官，完成他所属的某一种职能就够了。"② 最后，马克思对生产性劳动和非生产性劳动的区分的核心，在于阶级立场的不同，所以马克思的论述始终是同生产关系和价值紧密相连的，在他看来对这两种劳动的划分要具体问题具体分析："例如一个演员，哪怕是丑角，只要他被资本家（剧院老板）雇用，他偿还给资本家的劳动，多于他以工资形式从资本家那里取得的劳动，那么，他就是生产劳动者；而一个缝补工，他来到资本家家里，给资本家缝补裤子，只为资本家创造使用价值，他就是非生产劳动者。前者的劳动同资本交换，后者的劳动同收入交换。前一种劳动创造剩余价值；在后一种劳动中收入被消费了。"③ 在此基础上，马克思把生产性劳动定义为："生产劳动是直接使资本增殖价值的劳动或生产剩余价值的劳动。"④ 因此非生产性劳动也就是没有导致资本增殖或生产出剩余价值的那一部分劳动，可见马克思始终是从批判的立场上来定义生产劳动和非生产性劳

---

① 《国富论》，人民日报出版社 2009 年版，第 267 页。

② 《马克思恩格斯文集》第 5 卷，人民出版社 2009 年版，第 582 页。

③ 《马克思恩格斯文集》第 8 卷，人民出版社 2009 年版，第 219 页。

④ 《马克思恩格斯文集》第 8 卷，人民出版社 2009 年版，第 520 页。

动的。

（四）私人劳动与社会劳动

马克思在论述商品经济基本理论的时候，首先提出了“私人劳动”的概念，他说：“各种使用价值或商品体的总和，表现了同样多种的、按照属、种、科、亚种、变种分类的有用劳动的总和，即表现了社会分工。这种分工是商品生产存在的条件，虽然不能反过来说商品生产是社会分工存在的条件。在古代印度公社中就有社会分工，但产品并不成为商品。或者拿一个较近的例子来说，每个工厂内都有系统的分工，但是这种分工不是由工人交换他们个人的产品来引起的。只有独立的互不依赖的私人劳动的产品，才作为商品互相对立。”① “私人劳动”以及通过社会分工而形成的“社会劳动”二者之间的矛盾，是私有制条件下商品经济最基本的矛盾。由于商品生产者的劳动首先是私人劳动，这种私人劳动起源于生产资料私有制；同时，在社会劳动分工的前提下，每一个商品生产者在社会化分工生产体系中只能从事个别的商品生产行为，商品生产者之间相互补充，相互依存，使得每一个商品生产者的劳动汇集成社会总劳动。因此，这种由分工引起的、以私有制为基础的、商品经济中生产商品的劳动就是社会劳动。

私人劳动与社会劳动之间的矛盾是资本主义商品经济的基本矛盾，其他矛盾都由这一矛盾决定。在资本主义社会，社会劳动同私人劳动的矛盾进一步激化为生产社会化与生产资料私有制这一资本主义的基本矛盾。

二　马克思科学的劳动观的主要内容

（一）科学的劳动价值论

马克思的科学的劳动价值理论，核心就在于揭示出商品的价值是凝结在商品中的无差别的人类劳动，也就是说商品的价值是由无差别的劳动创造的。最先提出劳动价值理论的是英国经济学家威廉·配第，亚当·斯密和大卫·李嘉图在理论上完善发展了劳动价值论。亚当·斯密和大卫·李嘉图从英国资产阶级古典经济学理论出发，对劳动形成价值和劳动价值量展开探讨，并在劳动价值论的基础上分析了资本主义社会中的三大阶级

① 《马克思恩格斯文集》第5卷，人民出版社2009年版，第55页。

（资本家、地主和雇佣工人）的阶级构成，以及三者之间的阶级矛盾。古典政治经济学家们的时代，处于资本主义的上升阶段，这一阶段正是资本主义制度不断完善、生产力不断提升的阶段，所以他们的研究在一定程度上能够揭示资本主义社会劳动生产的奥秘。当资本主义制度在西欧得以彻底确立后，资产阶级同封建主之间的矛盾就转化成资产阶级与无产阶级的矛盾斗争，资产阶级经济学家开始寻找资产阶级剥削的合理性，并用这种辩护替代了科学的政治经济学研究，资产阶级政治经济学丧失了革命性，日益庸俗化了。正如马克思说的那样："庸俗经济学无非是对实际的生产当事人的日常观念进行教学式的、或多或少教义式的翻译，把这些观念安排在某种有条理的秩序中。"① 在这样的背景下，对劳动价值理论否定的观点甚嚣尘上。

针对这种现象，马克思批判地吸收了亚当·斯密和大卫·李嘉图的价值理论的科学成分，运用历史唯物主义的基本精神对劳动价值理论进行了重塑，形成了唯物主义的劳动价值理论，并在科学劳动价值论的基础上形成了剩余价值理论，揭示了资本家剥削的隐蔽性，并预言随着社会生产力的进步，资本主义社会劳动与生产关系之间的矛盾运动最终会抛弃资本主义制度。

（二）劳动的二重性理论

劳动的二重性理论不仅是马克思劳动价值的重要组成部分，还是理解马克思主义政治经济学的枢纽，是我们研究马克思主义政治经济学的其他一系列理论的理论基础。马克思在批判地发展了资产阶级政治经济学劳动价值理论的基础之上，创立了劳动二重性理论。

劳动二重性即指抽象劳动和具体劳动。具体劳动是指生产不同使用价值的，不同性质的、不同形式的劳动。具体劳动的目的在于生产出具有不同使用价值的劳动产品，用以满足人们的不同消费需求，具体劳动的多样性决定了使用价值的多样性："各种使用价值或商品体的总和，表现了同样多种的、按照属、种、科、亚种、变种分类的有用劳动的总和，即表现了社会分工。这种分工是商品生产存在的条件，虽然不能反过来说商品生

① 《马克思恩格斯文集》第7卷，人民出版社2009年版，第941页。

产是社会分工存在的条件。"① 值得一提的是，马克思还指出具体劳动与劳动对象的统一共同构成了使用价值的源泉，因为不论生产何种使用价值，劳动的施与对象总是一定的自然物质。马克思把抛去各种具体劳动形式的无差别的、一般的人类劳动定义为抽象劳动。凝结在商品中的抽象劳动是价值的实体，它构成了商品的价值。作为价值的实体，抽象劳动体现出商品生产者之间的社会关系，是一种社会属性。因为这种社会关系的历史性，抽象劳动也是一个历史的范畴，具有历史性。"一方面是人类劳动力在生理学意义上的耗费；就相同的或抽象的人类劳动这个属性来说，它形成商品价值。一切劳动，另一方面是人类劳动力在特殊的有一定目的的形式上的耗费；就具体的有用的劳动这个属性来说，它生产使用价值。"②

（三）劳动力商品的理论

劳动力商品的理论是马克思劳动理论中的重要组成部分，也是马克思的剩余价值理论的理论前提，正是由于劳动力商品化的完成，剩余价值理论得以存在的前提确立，在这一基础上，马克思揭示出资本主义生产的目的。

劳动力即劳动者劳动能力的大小，它是"理解为一个人的身体即活的人体中存在的、每当他生产某种使用价值时就运用的体力和智力的总和"③。劳动力成为商品必须满足两个基本前提，第一个前提是："劳动力占有者要把劳动力当作商品出卖，他就必须能够支配它，从而必须是自己的劳动能力、自己人身的自由所有者。"④ 第二个前提是："劳动力占有者没有可能出卖有自己的劳动对象化在其中的商品，而不得不把只存在于他的活的身体中的劳动力本身当作商品。"⑤ 伴随着劳动力商品的出现，资本主义的生产方式开始发展起来。

作为商品的劳动力也有二重属性，即价值和使用价值。在第一个方面，"劳动力的价值也是由生产从而再生产这种独特物品所必要的劳动时间决定的"。⑥ 因为劳动力商品存在的物质前提就是劳动者生命形态的存

① 《马克思恩格斯文集》第5卷，人民出版社2009年版，第55页。

② 同上书，第60页。

③ 同上书，第195页。

④ 同上书，第195页。

⑤ 同上书，第196页。

⑥ 《马克思恩格斯文集》第5卷，人民出版社2009年版，第198页。

在，所以劳动力商品的价值就是保持劳动者的生存需要的生活资料的价值。在第二个方面，劳动力商品的使用价值不是由劳动者的劳动属性决定，也不是由所创造的产品的属性决定的，而是由生产劳动力商品这种特殊的抽象劳动所决定的，这种抽象劳动所创造的价值大于劳动力价值，二者的差额就是剩余价值的基础。

（四）劳动与人的本质理论

在人类思想史中，马克思首次对人的本质做出了科学的界定。马克思关于人的本质的命题，主要有三个：第一个命题是"劳动是人的本质"，第二个命题是"人的需要是人的本质"，第三个命题是"人的本质是一切社会关系的总和"。在这里，关于人的本质的第一个命题，即劳动是人的本质的命题，马克思主要是从人类与动物的区别来界定的。

马克思认为，劳动在人类的进化过程中发挥了极其重要的作用，"首先是劳动，然后是语言和劳动一起，成了两个最主要的推动力，在它们的影响下，猿脑就逐渐地过渡到人脑"，[①] 生产劳动一方面把人同动物相区别，使人从自然界中脱颖而出，一方面又将人和人的发展同自然界紧密相连。一旦劳动获得了人的本质属性，那么它就让人类实现了自己的本质、把自身同动物界从根本上区分开，人通过劳动改造自然界，生产出有利于自身的物质生活条件。虽然动物也进行生产，但这种行为是一种片面的活动，动物只是为了满足肉体的需要才进行活动的，这种活动的结果是动物的自我生产，而人的生产活动是一种自由自觉的创造性活动。

三 马克思科学劳动观创立的理论意义

（一）劳动是人和人类社会的创造者

劳动是人类凭借自身的脑力和体力对自然界所开展的能动的改造，劳动的根本标志是制造劳动工具。劳动是人所特有的目的性的活动，在纯粹的自然环境中，没有真正意义上的人类劳动。人类的劳动并不是从来就有的，而是由猿类的动物性的本能活动演变而来。如果说劳动创造了人和人类社会，那么劳动工具的创造和使用则是人和人类社会出现的关键环节。

使用劳动工具的劳动的出现，对古代猿类进化成现代人类的重要作

① 《马克思恩格斯文集》第 9 卷，人民出版社 2009 年版，第 554 页。

用，主要体现在以下几点：首先，树枝和石块等初级劳动工具的使用，使得古猿的上肢进一步得到解放，并开始日益使用自然界业已存在的工具，展开获取生活资料的行为。这种活动促进了上肢的发展，手和脚的专门化进化速度加快了，这就为“猿类的上肢”向“人类的手”的过渡并为主动制造自然界没有的劳动工具提供了生物学基础。其次，初等劳动在心理上促使猿类的心智发生改变，这种变化表现为猿类开始对所感知到的自然环境产生意识。在最初的时候，这种意识表现为猿类对自然界的一种纯粹的、萌芽的、动物式的意识，但这种意识实际上是人类思维的开端。最后，劳动的发展促使了语言的产生。伴随着劳动规模扩大化和劳动方式的多样化，进化了的猿类体质和心智的变化使得相互交往由可能成为必然，这种必然的结果就是语言的产生，在相互交流的劳动的促进下，猿脑开始变为人脑。

随着动物式的最初劳动形式的不断发展，制造工具的行为固定为一种普遍的活动，最初的工具制造是通过中介实现的，表现为用自然工具制造人造工具，这是动物无法做到的，是人所特有的能力。从这个意义上，工具的制造是人和猿类相分离的标志，是人类的劳动的标志。人正是在工具制造的劳动中，不仅改造了自然界，也实现了人和人之间的交往：“为了进行生产，人们相互之间便发生一定的联系和关系。”① 正是这种交往关系成为人类社会关系存在的基础。

因此，不论是劳动的自然特征，还是劳动的社会特征，都使得它成为现代人类和人类社会出现的基础。劳动作为这样一个决定性的活动，实现了自然界向人类社会的飞跃。通过劳动，人和自然的物质变换时时刻刻都在进行着，它区分了自然界和人类社会，又在更高的层次上将二者紧密联系起来，从而推动了人类社会不断前进。

（二）劳动是物质财富和精神财富的创造者

从人类历史的发展过程中，可以发现人类所创造的财富，从宏观角度，主要分为物质财富和精神财富两大部分。在前封建时代及封建时代，由于劳动者主要靠耕种土地以收获农业劳动产品来满足自身的生产和生活需要，劳动者主要被束缚在土地上，不能自由流动，劳动产品的产出主要

---

① 《马克思恩格斯选集》第1卷，人民出版社2009年版，第724页。

依靠土地，拥有的土地便成为衡量财富多少的标尺。随着封建社会末期商品经济的发展，具有一般等价物性质的金银货币，以及作为金银货币替代品的纸币成为人们追求财富的主要形式。

把劳动视为财富的源泉的思想系统化、理论化得益于资产阶级古典政治经济学家的研究，他们在探寻财富的创造、价值与财富之间的关系的过程中，提出了系统的劳动创造财富的理论。对这一理论，马克思曾高度评价说："认出财富的普遍本质，并因此把具有完全绝对性即抽象性的劳动提高为原则，是一个必要的进步。"① 然而，由于古典政治经济学家的阶级性，他们的劳动财富理论虽然承认劳动创造财富，但又不承认劳动者取得自己的劳动所创造出的财富。

马克思对资产阶级古典经济学家的理论进行了批判的继承，他认为，在资本主义私有制社会，劳动是财富的创造者，但这种劳动不是人的自由自觉的活动，而是一种异化了的劳动，在异化的劳动中，劳动者的价值和尊严没有得到尊重。通过对这种异化劳动的批判，马克思首先从哲学层面上发展了劳动创造财富的理论。在此基础上，马克思开始转向经济学研究，并创立了劳动的二重性理论，通过对"具体劳动"和"抽象劳动"的划分，揭示出具体的劳动是使用价值的源泉，抽象的劳动是价值的源泉，解决了古典经济学理论中未能明确区分价值和交换价值的问题，提出了科学的劳动财富理论。

（三）劳动是科技发展与进步的创造者

广义的劳动可以划分为体力劳动和脑力劳动两部分。从体力劳动方面来讲，人类劳动的发展史就是人类追求劳动解放的发展史，劳动和科学技术是辩证统一的。追求解放体力劳动的目的性需要，客观上为不断促进科学技术的发展提供了必要性："社会一旦有技术上的需要，这种需要就会比十所大学更能把科学推向前进。"② 科学技术的不断进步，使人类从繁重的简单劳动中解放出来。以第一次工业革命为例，在前工业革命时期，劳动者的劳动主要采取手工工场的形式，它可以分为简单协作（分散的手工工场）和工场手工业（集中的手工工场）两个阶段。然而不论是简

① 《马克思恩格斯文集》第1卷，人民出版社2009年版，第181页。

② 《马克思恩格斯文集》第10卷，人民出版社2009年版，第668页。

单协作，还是工场手工业，二者的最大共同点就是没有改变手工的人力的劳动方式和劳动工具，而不同点仅仅是规模和管理上有所差别。快速发展的手工工场，在一定程度上增加了劳动产品的产量，但是依然不能满足迅速扩大的市场需要，一场解放劳动生产的革命势在必行，第一次工业革命的兴起恰好实现了这个目标。在改良蒸汽机被发明以前，生产劳动需要依靠畜力和人力来完成；随着实用蒸汽机的投产，手工工场被机器大工业代替，也把劳动者从手工工场的劳动中解放出来。正是在这个逻辑上，马克思认为："自然科学却通过工业日益在实践上进入人的生活，改造人的生活，并为人的解放做准备。"① 人类一切发明创造都以劳动解放为目的，劳动及其需要创造了科技的发展，科技的进步反过来解放了劳动。

如果说体力劳动是科学技术的间接创造者，那么脑力劳动则是科学技术的直接创造者。科学家往往被誉为科学技术的劳动者，不是因为他直接创造出的物质财富多寡，而是因为他作为科技人员，是发展科学技术、推动科技发展的主力军。马克思曾经说过："对脑力劳动的产物——科学——的估价，总是比它的价值低得多，因为再生产科学所必要的劳动时间，同最初生产科学所需要的劳动时间是无法相比的。"② 这句话体现出马克思对创造科学技术的脑力劳动的重视。在高级的脑力劳动发展起来后，人们通过这种劳动创造出的科学理论，去解决劳动生产过程中所出现的问题。而在物质生产中不断发现的新问题，反过来进一步推动了科学技术的进步。

综上所述，正是得益于体力劳动和脑力劳动，人们才实现了科技的发展与进步。因此，在当前阶段，要贯彻科学发展观，我们必须更加重视创造先进科学技术的脑力劳动形式，将脑力劳动同体力劳动相结合，将科学技术和劳动者相结合，促进我国社会又好又快地发展。

① 《马克思恩格斯文集》第1卷，人民出版社2009年版，第193页。

② 《马克思恩格斯全集》第26卷第1册，人民出版社1972年版，第377页。

第四节　马克思劳动理论的当代意义

一　马克思劳动理论的理论意义

（一）为坚持和发展科学的劳动理论提供了世界观

从世界观上来说，唯物主义历史观在马克思的劳动理论形成过程中起了重要作用，没有唯物史观的世界观指导，就没有马克思的科学的劳动理论。马克思在写作《1844年经济学哲学手稿》的过程中，虽然还没有形成成熟的唯物史观思想，但在随后对黑格尔唯心主义哲学和费尔巴哈的人本主义唯物主义批判的过程中，不断提出了构成唯物史观的基本观点。正是在这种唯物史观的萌芽的指导下，马克思对异化劳动理论进行了唯物主义的改造，使得他在分析资本主义异化劳动时能够深入到资本主义生产过程的内部展开论述。虽然这一时期马克思的思想还带有明显的德国古典哲学的思辨痕迹，但这亦证明了唯物史观在马克思劳动理论发展过程中的重要地位。随着马克思唯物史观的逐渐成熟，他的劳动理论开始转向现实的资本主义经济领域，从生产力和生产关系的矛盾运动入手揭示了人类历史发展的动力，并揭示了资本主义私有制下劳动生产的秘密。在这之后，马克思继续运用唯物史观基本方法，分析了劳动与人的本质的关系，提出了“劳动是人的本质”的著名论断，论证了劳动在人和人类社会形成过程中的基础地位。所以，马克思的劳动理论的发展过程，实际上就是马克思的唯物主义历史观的发展过程，如果没有唯物史观的世界观，很难想象马克思会在劳动理论领域取得如此的重大理论成果。

（二）为坚持和发展科学的劳动理论提供了方法论

从方法论上来说，马克思的劳动理论是在时代背景的推动下产生的，也是随着时代背景的变化而不断完善的。19世纪上半叶是资本主义工业革命蓬勃发展的时期，这一时期最显著的特征，就是机器化大生产代替了手工工场的劳动，异化劳动现象随之出现，马克思在这一背景下提出了自己的异化劳动理论。19世纪下半叶，资本主义通过工业革命，彻底巩固了自己的统治，无产阶级和资产阶级的矛盾上升为主要矛盾，无产阶级作为一支独立的政治力量登上了历史舞台。这一时期，揭示资本主义生产的基本规律，向无产阶级革命队伍提供科学的理论指导成为时代要求。于是，马克思开始把目光转向资本主义制度下的劳动生产，创立了科学的劳动价值理论，并在此基础上，进一步提出了科学社会主义的基本理论，为彻底实现劳动解放提供了制度选择。

综上所述，从世界观和方法论的角度，考察马克思劳动理论发展的整个历程，可以发现马克思总是根据时代的变化有针对性地从事理论研究，马克思也从来没有把对劳动理论的研究囿于任何一个单一的学科，他对劳动理论的论述是全面的、整体性的科学研究，不仅从哲学上提出了异化劳动，还从经济上分析了资本主义劳动生产的规律，最后又从政治学角度提出了建立科学社会主义的政治制度来实现劳动的解放。马克思的劳动理论表现出他优秀的理论品质，为我们坚持和发展科学的劳动理论提供了世界观和方法论指导，要求我们在研究当代纷繁复杂的新的劳动问题时，必须坚持唯物主义历史观的世界观，并运用马克思主义的整体性的研究方法，坚持理论的与时俱进，在实践中不断检验和发展马克思的劳动理论。

二　马克思劳动理论的实践意义

（一）为社会主义生产关系的完善提供了科学依据

在马克思的劳动理论体系中，生产关系的理论，指的是劳动者在生产过程中所形成的人与人之间的关系，它是一种不以人的意志为转移的客观的社会经济关系。广义的生产关系的概念，主要包括生产资料所有制、劳动者在生产劳动中的地位以及劳动产品的分配关系三个方面。在这三个方面之中，生产资料所有制，也就是生产资料归谁所有是生产关系中的最核心的方面，它构成了生产关系的基础，决定着其他两个方面。

中国社会主义初级阶段的生产关系，从所有制上来说，必须首先强调公有制经济的主导性地位，这也是由马克思的劳动理论、由我国的社会主义国家性质所决定的，是必须要不断坚持和巩固的。在这里，我们强调公有制的主导地位，不是以公有制经济的量为标准，而是以公有制经济的质为标准。也不是否认非公有制经济在社会主义经济体系中的贡献，我国改革开放数十年的实践经验，恰恰证明了在我国社会主义初级阶段，外资经济、中外合资、民营经济、个体私营经济等各种非公有制经济为我国社会主义经济发展作出了重要贡献，它们与公有制经济相互补充，是我国经济的重要组成部分。

其次，从分配制度上来说，社会主义生产关系中的生产资料公有制，决定了我国广大的劳动者已经成为生产资料的所有者，从事平等的劳动。实现人格平等，按劳分配，这是马克思的劳动理论的基本精神的要求。当然，鉴于我们现在处于并将长期处于社会主义初级阶段是我国的最基本的国情这一客观前提，以及要坚持理论联系实际、实事求是、尊重非公有制经济社会主义市场经济中的地位，我们推动了分配制度的改革，提出了坚持按劳分配为主、多种分配方式互补并存的分配制度，按生产要素分配不是对按劳分配的否定，而是对按劳分配的补充。同时坚持走共同富裕的道路，鼓励一部分人先富起来，从而带动整个社会的进步。这一系列分配制度改革的成果，调动了一切积极的因素，鼓励并动员了我国社会主义社会各个阶层人民参加社会主义经济建设。

（二）为我国劳动者劳动权益的保障提供了理论和实践基础

马克思对资本家纷繁复杂的剥削形式进行了系统的研究，归纳出了主要的两种剥削形式：

第一种是通过延长劳动者的劳动时间或者加大劳动强度，来生产更多的剩余价值，马克思把这种剥削方式称为绝对剩余价值的生产。在资本主义制度中，劳动者的工作时间由必要劳动时间和剩余劳动时间两部分组成，在必要的劳动时间不做改变的前提下，延长每个工作日的长度自然会提高剩余劳动时间，促使剩余价值生产的提高。“资本是不管劳动力的寿命长短的。它唯一关心的是在一个工作日内最大限度地使用劳动力。”①在这种劳动中，劳动者的身体和心理健康受到了极大的摧残。

第二种是通过缩短必要劳动时间，来生产更多的剩余价值，马克思把这种剥削方式称为相对剩余价值的生产。劳动者的正义斗争，迫使资本家无法继续主观无限制地延长工作日，但追求剩余价值的欲望，使资本家在劳动工作日时间不做改变的情况下，继续想尽各种方法提高剩余价值的产出。在工作日的长度不变时，资本家采取了改变必要劳动时间和剩余劳动时间比例的方法，即缩短前者，相对延长后者。在这种生产中，随着社会生产率的不断提升，必要劳动时间自然下降，相应的剩余劳动时间就会提高，从而生产出更多的相对的剩余价值。这种剥削形式具有相对隐蔽性，

---

① 《马克思恩格斯文集》第5卷，人民出版社2009年版，第307页。

但从本质上来说依然是对劳动者的剥削。

针对这两种主要的剥削形式，马克思主张劳动者联合起来进行斗争，迫使资产阶级政府建立相应的劳动保护法律，并从实践上完善这些法律。在标志着第一国际成立的《国际工人协会成立宣言》中，马克思高度评价了英国工人阶级争取10小时工作日的斗争，他认为，10小时工作日的原则的通过，是英国工人阶级的成就，也得到了英国社会的公认。此外，这项限制工作时间的法案通过的重要意义，还在于它标志着劳动者在原则上的胜利，这一胜利迫使资产阶级经济学认可无产阶级的正义要求。此后，马克思继续推动了无产阶级争取立法保障劳动权益的斗争，进一步提出了8小时工作日的目标："我们建议通过立法手续把工作日限制为八小时。"① 这些思想，对现代劳工保护思想产生了重要影响。在实践上，马克思对劳动者劳动权益的保障做出的最大贡献，是他所创立的科学理论同无产阶级相结合，形成了劳动者斗争的先锋队组织——无产阶级政党。无产阶级政党建立以前，劳动阶级争取保护自身权益的斗争是盲目的，无组织的，没有科学的理论指导；无产阶级政党建立后，劳动阶级的斗争焕然一新，不仅完成了思想上的统一，也实现了组织上的统一，在争取劳动权益的过程中，显示出了巨大的力量，不断迫使资产阶级对劳动者做出让步。马克思这种理论与实践相结合的斗争方式，对近代劳工保护做出了自己的贡献。结合我国目前的实际来说，应当始终坚持马克思推动法律保护劳动者的基本精神，同时不断按照变化发展的实际适时制定和完善相关法律法规，做到劳动保护有法可依，有法必依；同时，还要加强劳动阶级的党——中国共产党的自身建设，让党始终成为劳动者的坚强后盾；除此之外，也要重视和鼓励各类企事业单位中的劳工组织的建设，把各级工会的作用真正发挥出来，培养劳动者的维权意识，完善我们的社会主义的和谐劳动关系。

---

① 《马克思恩格斯文集》第5卷，人民出版社2009年版，第348页。

第六章　马克思经济全球化理论及其价值研究

经济全球化是马克思主义理论的重要组成部分，多年来频频见诸专著、报纸和学术论文之间，成为理论研究的重点、热点和难点。然而，经济全球化又是马克思主义传统的理论之一，因此，还原马克思思想中关于经济全球化思想的本来面目，同时，根据国际国内历史与现实的变化，对原有理论进行发展和延伸，就成为研究的应有课题。

第一节　经济全球化的理论源起与实践进程

一　马克思的“世界理论”与经济全球化

（一）马克思的“世界市场”理论的背景

首先，马克思的“世界市场”理论是在封建社会行将腐朽，资本主义渐趋壮大，资本主义大工业日益挺进的背景下提出的。在马克思看来，世界市场的形成首先源于封建生产方式的没落和资本主义生产方式的兴起。生产的发展、需求的增加、商品销路的扩大，“使一切国家的生产和消费都成为世界性的了……古老的民族工业被消灭了，并且每天都还在被消灭。它们被新的工业排挤掉了，新的工业的建立已经成为一切文明民族的生命攸关的问题；这些工业所加工的，已经不是本地的原料，而是来自极其遥远的地区的原料；它们的产品不仅供本国消费，而且同时供世界各地消费。旧的、靠本国产品来满足的需要，被新的、要靠极其遥远的国家和地带的产品来满足的需要所代替了。过去那种地方的和民族的自给自足和闭关自守状态，被各民族的各方面的互相往来和各方面的互相依赖所代替了。”① 资产阶级凭借先进的生产方式、改进的生产工具、便利的交通运输与低廉的商品价格等为自己创造了一个容纳整个世界的市场。

其次，资本扩张和增殖的本性是世界市场形成的根本原因。资本的本性是不断地扩张和增殖，“资本害怕没有利润或利润太少，就像自然界害怕真空一样。一旦有适当的利润，资本就胆大起来。如果有10%的利润，它就保证到处被使用；有20%的利润，它就活跃起来；有50%的利润，它就铤而走险；为了100%的利润，它就敢践踏一切人间法律；有300%的利润，它就敢犯任何罪行，甚至冒绞首的危险。”② 随着资本主义生产的发展，生产能力过剩和国内有效需求不足的矛盾凸显，商品的积压和被损毁阻碍了资本的运动，这种情况下，“资本一方面要力求摧毁交往即交换的一切地方限制，征服整个地球作为它的市场，另一方面，它又力求用时间去消灭空间，就是说，把商品从一个地方转移到另一个地方所花费的时间缩减到最低限度。”③ 资产阶级建立了世界市场和以世界为场所的生产。

最后，资本主义大工业的蓬勃发展为世界市场的形成奠定了基础。“大工业建立了由美洲的发现所准备好的世界市场。世界市场使商业、航海业和陆路交通得到了巨大的发展。这种发展又反过来促进了工业的扩展，同时，随着工业、航海业和铁路的扩展，资产阶级也在同一程度上发展起来，增加自己的资本，把中世纪遗留下来的一切阶级排挤到后面去。”④ 大工业催生了世界市场，世界市场又促进了大工业的发展。“世界市场不仅是同存在于国内市场以外的一切外国市场相联系的国内市场，而且同时也是作为本国市场的构成部分的一切外国市场的国内市场。”⑤ 它的建立使各国形成相互制约、相互依赖，你中有我，我中有你的紧密关系，为世界历史的形成奠定基础。

（二）马克思的“世界历史”理论的内涵

马克思之前的学者已经展开了对世界历史的讨论，但是对马克思影响

---

① 《马克思恩格斯文集》第2卷，人民出版社2009年版，第35页。

② 《资本论》第1卷，人民出版社1945年版，第829页。

③ 《马克思恩格斯文集》第8卷，人民出版社2009年版，第169页。

④ 《马克思恩格斯文集》第2卷，人民出版社2009年版，第32页。

⑤ 《马克思恩格斯全集》第30卷，人民出版社1995年版，第239页。

最直接、最深刻的是黑格尔的“世界历史”理论。马克思继承了黑格尔宏大的历史观和辩证法思想，对黑格尔世界历史理论进行了前提性的颠倒，马克思认为：“历史向世界历史的转变，不是‘自我意识’、世界精神或者某个形而上学幽灵的某种纯粹的抽象行动，而是完全物质的、可以通过经验证明的行动。”① 这样形成的世界历史才是现实人的历史而不是由理念支配的、捉摸不定的、抽象的历史。

马克思认为资产阶级开创了真正意义上的世界历史。世界历史形成和发展的条件潜藏在资本主义社会存在和发展的要素之中。资产阶级进行统治的条件为世界历史的形成奠定了物质基础，在与地主阶级进行经济实力的较量和武装力量的抗衡过程中，资产阶级完成了主观为自己、客观为他人的历史使命，开创了世界历史的进程。资本主义生产和贸易的扩大和增长为世界历史的形成提供了现实基础。资本主义生产所加工的“已经不是本地的原料，而是来自极其遥远的地区的原料；它们的产品不仅供本国消费，而且同时供世界各地消费。”② 生产的发展，产品的堆积，要求新兴的资产阶级奔走于全球各地为产品寻找销路，建立与其他国家的贸易和联系。以分工和交通运输工具进步为标志的普遍联系的确立，为世界历史形成准备了必要的基础。自然科学的发展、自然力的征服、轮船的行使、铁路的通行代替了封建社会的阡陌交通，资产阶级通过交通工具的发明和改进实现了时空的压缩，建立了不同以往的依赖关系，这种普遍交往每天都在成长。日益密切的交往关系有利于全世界无产阶级的联合，无产阶级没有祖国，他们的存在是世界意义上的。因而，无产阶级只有解放全世界才能解放自己，才能打破枷锁，挣脱锁链，获得整个世界，从而建立自由人的联合体。因此，资产阶级开创了真正意义上的世界历史。

（三）经济全球化对马克思科学预测的验证和超越

墨西哥《至上报》发表的《新帝国主义》一文中写道：“全球化完全证实了马克思的理论：资本的集中越来越迅速，企业家们的世界秩序正在逐步逼近，他们的世界权力与其企业的兼并规模成比例的资本的大联盟由于《多边投资协定》达到了顶峰。”事实上，马克思当年预言已经初见端

① 《马克思恩格斯文集》第1卷，人民出版社2009年版，第541页。

② 《马克思恩格斯文集》第2卷，人民出版社2009年版，第35页。

倪。经济全球化的未来远景——自由人的联合体，在今天已经有了具体的实现形式：国家与国民的关系，开始追求在国家保护下的自由地位；政府与市场的关系，开始追求在政府保护下的自由贸易；社会与公民的关系，开始追求在社会保护下的自由选择；集体与个体的关系，开始追求在集体保护下的自由行为；企业与员工的关系，开始追求在企业保护下的自由奋斗；家庭与个人，实现了在家庭保护下的自由生活。所有这一切都是大工业（或者说新工业）在为人的解放做准备，整合起来的所有资源创造社会财富源泉的充分涌流预示着公有制，联合起来的个人对生产力总和的占有消灭着私有制，民族的片面性和局限性日益成为不可能，马克思的经济全球化的科学预测正在逼近。

事实证明，经济全球化在朝着马克思当年科学预测方向前进的过程中，它的发展速度和程度早已超出马克思当年的预测，经济全球化的时代条件、内容、规模、方式早已超越了马克思当年的预想。科学技术的划时代发展将历史带入了“新工业”发展时期，新科技、新工艺和新工业成为经济全球化最重要的连接点；经济全球化真正涵盖了世界的各个角落，包括了欧洲、美洲、亚洲、非洲等更广的地区，内容除了有商品贸易之外，还增添了金融国际化、经济一体化；如今经济全球化的动力更加多元化，新工业、新科技和新传媒方式为经济全球化添砖加瓦。

二　经济全球化的历史进程

（一）全球化与经济全球化

马克思生前并没有明确提出全球化和经济全球化的概念，后人根据《共产党宣言》《德意志意识形态》《资本论》等马克思论述世界市场和世界历史理论的著作，归纳、整理、概括出了全球化或经济全球化的思想资源。

对全球化论述比较成功的是里斯本小组所著的《竞争的极限——经济全球化和人类未来》一书，该书指出：“全球化涉及的是众多国家与社会之间多种多样的纵向横向联系，从这些联系中形成今日的世界体系。他描述了这样一种发展过程，在这个过程中，世界部分地区所发生的事件、所作出的决策以及所进行的活动，对于距离遥远的世界其他地区的个人和团体都能产生具有重大意义的后果。全球化又由两种不同的现象构成：作用范围（或横向扩展范围）与作用强度（或纵向深化程度）。一方面，这个概念用定义诠释了一系列发展进程，这个进程席卷了这个星球的大部分地区，或者说在世界范围内发生影响，所以这个概念具有一种空间的内容。另一方面，它意味着形成世界共同体的众多国家和社会之间的扩大和纵向的深化同时进行。……因此全球化远远不是一个抽象的概念，而是现代生活的一个众所周知的典型特征。……当然全球化并不意味着这个世界从政治上已经实现了统一，经济上已经实现了一体化，或者文化上已经实现了统一化。全球化在很大程度上是一个十分矛盾的过程，它的影响范围十分广大，结果又是多种多样。"① 他们用联系、影响、过程、结果、矛盾等概括出了全球化的基本内容和特征。经济全球化主要是指生产要素以空前的规模和速度在全球范围内流动，国际经济联系变量连续变化而导致的一国市场同国际市场的融合，并最终朝着无国界方向转变的一种过程和现实。② 可见，经济全球化并不是全球化的全部，全球化也绝非仅仅是经济全球化。因此，要对二者之间的联系和区别有明晰的认识。

（二）经济全球化的源起与发展

经济全球化是时间和空间相结合的过程，也是一个一直在进行中的过程。研究经济全球化，既要了解处于发育阶段的细胞，同时也要掌握相对成熟完善时期的组织。因此，这里将经济全球化的发展划分为三个阶段：

第一阶段萌生于16世纪末的地理大发现。地理大发现以及随之而来的商业、航海业、工业等蓬勃发展将蕴藏在社会中的巨大能量释放出来。需求总量的增加、商品生产能力的提高、国内商品市场的局限，加之封建势力的复辟和市场竞争的压力，催生了资产阶级寻找更广阔天地的想法，大工业和随之而来的殖民地贸易实现了资产阶级的想法。大工业也造就了无产阶级，他们没有财产、没有家庭、没有民族、没有信仰，全世界一无所有的无产阶级只有联合起来，砸碎束缚他们的锁链，才能拥有整个世界，交往范围的扩大作为大工业的伴生现象为无产阶级在全世界的解放准备了条件。这一阶段充满了进步与倒退、建设与破坏等正反矛盾。

---

① 里斯本小组：《竞争的极限——经济全球化与人类未来》，张世鹏译，中央编译局2000年第1期，第39—40页。

② 转引自李国华《经济全球化与人的发展》，中国社会出版社2005年版，第3页。

第二阶段跨越了两次科技革命。资产阶级确立了统治地位以后，凭借拥有的国家力量开始了工业革命。18世纪60年代肇始于英国的工业革命，开创了机器代替手工工具的时代。蒸汽机的广泛应用不仅仅是技术的革命，更是社会关系的变革，工业革命在英国的率先完成使英国成为名副其实的“世界工厂”和“日不落帝国”。19世纪70年代，以电力的广泛应用和内燃机和新交通工具的发明为标志，开始了第二次工业革命。美国、日本等国家借助两次革命交叉进行的优势实现了跨越式的发展，赶超了英国、法国等老牌资本主义国家，世界格局中出现了多个经济中心、政治和文化中心，经济全球化在数量、范围、影响等各个方面达到了前所未有的程度。

第三阶段从新技术革命至今。第二次世界大战以后，开始了以原子能、电子计算机的发明和应用为主要标志的第三次科技革命。20世纪90年代，开始了以生物工程、纳米技术、空间技术等为标志的新科技革命。两次科技革命相继展开交叉进行，形成了以先进科学技术为支撑、以跨国公司经营为依托、以现代市场经济为机制的全球扩展，生产要素在全球范围内自由流动，生产、投资、贸易、服务、金融、信息等在世界范围内的优化配置，都将经济全球化推向了新的高潮。

（三）经济全球化的动力机制

经济全球化的政治动力主要来源于主权国家的积极作为和国际机构的努力协调。主权国家是经济全球化过程中的主要力量，早期冒险家的探险精神和征服者的勃勃野心就是在主权国家的鼓励和推动下，开始经济全球化进程的。当今社会，主权国家对经济全球化的双向作用体现得更加显著。多个国家政府为了实现共同的目标组成相关的国际机构称为国际经济组织，都在为经济全球化创造公平竞争、互惠互利的宏观环境。国家实力的变化、国际机构的壮大都将为经济全球化提供持久的动力支持。经济全球化是全球化最重要的内容和最主要的表现，经济动力更是经济全球化发展最持久、有效的动力。经济动力包括资本扩张增殖的本性、市场经济体制的建立和完善、跨国公司的全球扩张以及世界市场的扩大等。资本追求利润的本性为经济全球化的萌生提供了最原始的驱动力，资本扩张的冲动要求冲破一切阻碍其运动的国家和市场界限的障碍，经济全球化本身就包含在资本的概念之中。市场经济体制是目前最有效的经济发展体制，通过构造开放化的经济系统、制定自由化的市场价格、建立货币化的经济关系和共享商品化的经济资源，实现了经济的商品化、市场化和开放化，因而是经济全球化的题中之义。科学技术的发展为经济全球化提供了最坚实的物质基础与技术支撑。马克思认为科学是在历史上起推动作用的、革命的力量。恩格斯指出，“社会一旦有技术上的需要，这种需要就会比十所大学更能把科学推向前进”。[①] 经济全球化就是科学技术持续发展和不断扩散的结果。正是政治、经济、科技形成的机制合力共同作用，才促进了经济全球化的发展并将经济全球化运动不断推向高潮。随着经济全球化的横向扩展和纵向加深，动力机制的作用将更加明显。

第二节 经济全球化的内容结构与本质剖析

一 经济全球化的递进结构

（一）贸易自由化

贸易自由化是经济全球化的先导，经济全球化是从商品的国际化开始的。马克思认为，资本主义生产方式下的资本积累机制是贸易自由化的根本原因。资本的本性决定了资本主义生产的本性就是最大限度地攫取剩余价值。这种获利的本性促使资本家阶级不断地改进生产技术和提高劳动生产率，从而赋予了资本主义无限的生产能力。与之相反，资本主义社会生产资料私人占有制决定了资本主义社会有限的消费市场，有限的消费市场和消费需求阻碍了商品价值的实现和价值增殖，从而成为必须打破的界限和障碍。贸易自由化就是资本主义生产能力的相对无限性和资本主义市场范围的有限性之间矛盾的必然产物。

马克思对贸易自由化和贸易保护政策的历史作用评价，为我们认识贸易自由化提供了启发。马克思从历史发展趋势角度评价了历史中的贸易自由化和贸易保护政策。他指出：“但总的说来，保护关税制度在现今是保守的，而自由贸易制度却起着破坏的作用。自由贸易制度正在瓦解迄今为止的各个民族，使无产阶级和资产阶级间的对立达到了顶点。总而言之，自由贸易制度加速了社会革命。先生们，也只有在这种革命意义上我才赞

---

① 《马克思恩格斯文集》第10卷，人民出版社2009年版，第668页。

成自由贸易。”① 贸易保护政策在资本主义发展史上也曾经起到过积极的作用。“保护关税如果使价值有所牺牲的话，它却使生产力有了增长，足以抵偿损失而有余，由此使国家不但在物质财富的量上获得无限增进，而且一旦发生战争，可以保有工业的独立地位。”② 可见，贸易保护政策维护了脆弱的民族工业，积聚了资产阶级战胜封建势力的力量，为历史的发展注入了推力。但是，任何一种历史性的政策都不是一劳永逸的。从长远看，贸易保护政策是保守的，不仅增加了产业生产的成本，加剧了其他产业的负担，损害了本国消费者的利益，而且不利于民族产业的国际化发展和国际竞争力的加强。

（二）生产全球化

生产全球化是生产社会化发展的产物，是经济全球化的重要基础。分工是生产社会化的前提条件，资本主义社会产生之前存在以自然条件为基础的自然分工，资本主义工场手工业尤其是机器大工业的发展，形成以社会条件为基础的社会分工，逐渐代替自然分工并取得统治地位。因此，分工是生产全球化的重要方面。

工场手工业内部的分工、协作作为资本主义生产方式最初的发展形式为资本主义机器大工业扫平道路，而机器大工业使分工和协作具有了真正社会、国家和全球的意义。机器大工业促进了社会分工的纵深化发展，造成最初的先进国家和落后国家之间不同发展水平和不同产业等级之间的社会分工，并且加强了社会生产的不同领域和不同部门之间的分工，通过生产环节和过程的社会化将社会生产推向全球，表现为资本主义生产、分配、交换和消费过程脱离本国基地，完全依赖于世界市场和国际分工，增强了世界各国国民经济发展与世界经济发展之间的联系。

新的信息技术革命发展了新技术和新工艺，引起了新的产业分工，实现了从产业内部结构、产业层次到产品生产的全方位的生产领域的变革。第二次世界大战后，迅速发展的跨国公司不仅细化了企业内部的生产和分工，而且将企业内部的生产和分工程序发展到企业外部，扩展到了国际和全球。跨国公司将分工由传统以自然资源为尺度的垂直分工向以工艺、技

① 《马克思恩格斯文集》第1卷，人民出版社2009年版，第759页。

② 何正斌：《经济学三百年》上册，湖南科学技术出版社2000年版，第124页。

术为尺度的水平分工过渡，由不同产品生产过程的分工发展到同一产品不同生产环节之间的分工，由职能分工发展到增殖链上下或水平分工。为了以最小的成本获得最大的收益，跨国公司选择生产成本最低的地方投资设厂，挑选生产利润最高的地方开发销售，以最先进的科学技术和机器设备武装自己的生产过程，促进本企业实力的发展，增强在国际市场上的竞争力。20世纪末，出现了跨国公司新的发展形态——全球公司，它是跨国公司发展的高级阶段，与跨国公司相比，全球公司超越了一切国家和地区界限，以全球为舞台配置资源，“整个公司集中进行研究开发及进行财务和金融安排，形成全球一体化的生产体系”。[①] 跨国公司的投资方式也由国际间接投资发展到国际直接投资（FDI），国际间接投资或国际证券投资，依靠虚拟资本获得红利和利息，与生产国际化没有直接的联系。与之相比，国际直接投资最显著的特点是参与投资项目的生产性活动，导致了生产的国际化。国际直接投资通过以生产为目的的资本流动，引起了技术和劳动力的全球化流动，带动了相关产业和生产环节的发展，有利于生产全球化的实现。

（三）金融国际化

金融国际化是贸易自由化和生产全球化的必然选择，是经济全球化在更高形式上发展的必然结果。马克思在《资本论》中详细论述过资本运行、资本增殖和虚拟资本、虚拟经济等理论，其中讲到随着商品生产和商品交换的繁荣和发展，货币衍生出支付手段的职能，商品的让渡和商品价格的实现出现了时空上的分离，并且出现了专门的职能资本家——货币资本家。他们不从事现实的生产性活动，而是将手中闲置的资本贷给产业资本家，由产业资本家自行安排生产和经营活动，最后将利润的一部分分割给货币资本家，“利润的一部分现在表现为一个规定上的资本应得的果实，表现为利息；利润的另一部分则表现为一个相反规定上的资本的特有的果实，因而表现为企业主收入。”[②] 货币资本家获得的是贷出资本所生成的“利息”。此外，马克思还论述了利润率、利息率的相互关系和决定

① 栾文莲：《全球的脉动——马克思主义世界市场理论与经济全球化问题》，人民出版社2005年版，第175页。

② 《马克思恩格斯文集》第7卷，人民出版社2009年版，第420页。

因素，这些虽然与今天的金融国际化相去甚远，但可以看作是金融国际化最不完备的形式。

真正意义上的金融国际化开始于20世纪70年代。20世纪70年代，美元发生危机，美国经济实力衰退，美元无法延续汇兑黄金和保持对其他国家货币的固定汇率，布雷顿森林体系垮台，从而为金融国际化的起步准备了重要条件。此时，冷战格局的终结，冷战思维的暂时搁置，特别是和平与发展主题的提出，也为金融国际化的开始准备了稳定的国际环境。各个国家采取积极有效的政策措施也成为金融国际化形成的加速器。

（四）经济一体化

近年来，随着生产力发展的积累、科学技术的催化、交往范围的扩大，人们普遍感到一种时空压缩的经济一体化趋势。对于这种趋势的发展程度，学界存在两种截然不同的观点：一种观点认为：区域经济一体化具有内部的封闭性和排他性，是现今阻碍经济全球化进程的因素；另一种观点认为："在全球各地区各国经济差距悬殊的情况下，全球一体化难以一步到位，而区域一体化将推进区域经济的发展，从而可能在较小的差距下发现可行的合作方式。"① 区域经济一体化的主要特征是"内部商品和要素流动障碍的降低而不是对外障碍的提高"。② 因而，区域经济一体化是经济全球化的前提和必要发展阶段。③ 笔者认为，经济一体化是在贸易自由化、生产全球化和金融国际化基础上发展起来的，是一个不断发展积累的历史过程，这个历史进程是贸易、生产和金融全球化发展过程和阶段交互作用的结果，经济一体化进展和发展的不同阶段与三者之间是辩证统一的关系，与之相适应的经济一体化分别为市场一体化、贸易一体化、生产（经营）一体化、区域经济一体化和世界经济一体化。区域经济一体化是经济一体化发展的初期阶段，同时也是不可避免的必然阶段。

经济一体化作为一个不断演进的历史过程，它的发展包括两个方面，

① 张幼文：《20世纪世界经济一体化的历程》，载《学术月刊》1996年第4期，第64页。

② 张幼文：《关于世界经济一体化的几个理论问题》，载《世界经济研究》1997年第3期，第6页。

③ 而且在同一篇文章《20世纪世界经济一体化的历程》中，张幼文也指出近年来屡见报端的国际贸易摩擦不是经济一体化的倒退，而是经济一体化曲折发展过程中与民族经济保护状态矛盾的反映。笔者更倾向于后者的观点。

一方面经济一体化的作用范围日益扩大；另一方面经济一体化发展水平不断提高，程度不断加深。就前者而言，马克思早年将研究的目光集中于欧洲国家和社会，到了晚年，他逐渐开始研究东方国家和社会，提出了跨越资本主义“卡夫丁峡谷”的理论。可见，马克思的“经济全球化”范围在一般意义上涵盖了人类历史发展的全部进程，而在特殊意义上则具有时空范围上的局限性，这种局限性源于经济全球化是一个不断进行中的过程而不是一种终极状态。就后者而言，经济一体化最初表现为不同国家和地区、不同生产、不同产业、不同层次之间的松散联系，发展到今天同一生产的不同环节、相近产业、同一层次之间的紧密融合，经济一体化的程度大大加深了。

二　经济全球化的影响覆盖

（一）经济关系全球化

经济全球化最深刻最明显的影响，就体现在经济关系全球化方面。经济关系全球化最初以资本主义经济关系全球化的形式展现在我们面前。伴随资本主义先进生产方式的全球扩张，资本主义经济关系也在全球迅速得到扩散，它将落后国家和地区人对人的封建依附关系变成赤裸裸的利益关系，使其具有了在先进资本主义国家发展的表现形式。它将生产者和生产资料紧密结合的小生产形式的自然经济变成以生产者和生产资料强行分离为生产条件进行的大生产形式的资本主义经济，并使其在世界各国普遍确立。它将封建地主对农奴的剥削关系变革为资本对劳动的雇佣关系，并将人与人之间和谐互助的生产关系变成人与人、人与机器激烈竞争、互相排挤的关系，将人与货币资本的主仆关系转变成主客倒置的仆主关系，机器在世界各地的普遍运送和安装，大机器隆隆的声响以历史必然性的力量传送着这种变革的经济关系，使其得以在全球范围内确立和蔓延。

经济全球化实质是市场经济全球化，市场经济的规则成为各国普遍实行的规则，市场经济关系是普遍形成的经济关系。市场经济以市场为基础对资源进行优化配置，经济全球化以世界市场为基础对全球资源进行整合，以达到最优目标。马克思在《政治经济学批判》导言中写道：生产说到底是作为社会个人的生产，生产在整个经济关系处于基础性地位。资本主义生产是在资本的支配下进行的，资本无限制的运动形式使得资本主义冲破一切领土、国界和制度限制，以全球为其生产场所，在全球范围内搜集资源、整合要素，进行生产。生产决定着分配，有什么样的生产关系就会有什么样的分配关系与之相适应。交换是经济关系中关键的一个环节，交换实现了以商品为基本形式的生产关系的对比和较量，交换的发展一经冲破地区和国家的界限就获得了贸易的形式，贸易自由化过程就是不同国家通过协商和妥协进行交换的自由化，它减少了内部交易的成本和障碍，增强了经济体的实力。生产决定消费，反过来，消费也决定着生产，消费不断创造着生产的需求，消费实现了商品的价值，是下一阶段生产的开始。从这一意义上说，生产直接就是消费，消费直接就是生产，经济全球化的发展，实现了生产全球化的同时，也实现了消费的全球化，任何一个国家经济关系中生产、分配、交换和消费的任何一个环节都会对全球经济关系产生巨大的影响。

（二）政治关系全球化

在经济全球化影响的网络结构中，政治关系全球化或全球政治的形成具有不可替代的重要意义。经济全球化最初是在主权国家的积极作为下促成的，可是经济全球化的发展后来又冲破了主权国家的界限，在更大的空间范围获得发展。这样一来，经济全球化或经济关系全球化与政治全球化或政治关系全球化就演绎着全球化的辩证法。

马克思在《政治经济学批判》序言中讲道："物质生活的生产方式制约着整个社会生活、政治生活和精神生活的过程。不是人们的意识决定人们的存在，相反，是人们的社会存在决定人们的意识。社会的物质生产力发展到一定阶段，便同它们一直在其中运动的现存生产关系或财产关系（这只是生产关系的法律用语）发生矛盾。于是这些关系便由生产力的发展形式变成生产力的桎梏。那时社会革命的时代就到来了。随着经济基础的变更，全部庞大的上层建筑也或慢或快地发生变革。"① 经济全球化改变了过去以主权国家为基本经济单位的国际经济格局，开始形成超国家的经济形式和经济组织，随之而来，主权国家作为政治上层建筑也必然或慢或快地发生变更。这种变更就体现在国际关系格局由国家政治、区域政治向国际政治、全球政治的演变和过渡上面。国际政治在延续国家政治的基

① 《马克思恩格斯文集》第2卷，人民出版社2009年版，第597页。

础上获得了缓慢的发展，主权国家是国际政治最基本的单位，国家主权和领土依然至高无上、神圣不可侵犯，同时出现了非主权国家的政治表现形式，它们在国际关系和国际格局中日渐发挥沟通协调和桥梁纽带的作用。成熟时期的经济全球化以生产条件的最优组合为标准，国家概念和界限开始模糊，与之相适应的全球政治（global politics）理应是“以人类整体论和共同利益论为轴心，以全球为舞台，以全球价值为依归，体现全球维度的性质与特点的政治活动与政治现象。”① 全球政治或全球主义宣告“国家主义”已经过时，经济全球化条件下的全球政治关系在性质和表现形式上有了新的变化：经济全球化消弭了传统意义上的国家和领土界限，促成了超国家、超领土的国际政治、全球政治关系的形成。经济全球化的进展导致主权国家政治治理模式的变迁。经济全球化造成的经济依存和融合，挑战着主权国家的政治权威。

（三）文化关系全球化

经济全球化序幕的拉开，除了具有深刻的经济意义和前所未有的政治影响之外，也对文化发展产生了重大的作用。西方经济的强势入侵，裹挟而来的是对以西方价值为标志的西方文化的追崇和认同。早在《共产党宣言》中，马克思就写到资产阶级“把一切民族甚至最野蛮的民族都卷到文明中来了。……它迫使一切民族——如果它们不想灭亡的话——采用资产阶级的生产方式；它迫使它们在自己那里推行所谓的文明，即变成资产者。一句话，它按照自己的面貌为自己创造出一个世界。”② 资产阶级文明凭借先进的资本主义生产方式在全球传播和推进，它使各国的精神产品具有了公共的性质，“民族的片面性和局限性日益成为不可能，于是由许多种民族的和地方的文学形成了一种世界的文学。”③

与经济全球化步调一致的是，随着经济对话的加深，各国文化也随之进行积极的交流，不同文化之间相互尊重，既能各美其美，也能美美与共，文化发展的目标体现了人类社会发展的共同价值追求。真正的文化全球化应该是文化的多元一体化，它应该建立在对不同文化的尊重和差异的

① 蔡拓：《全球政治的要义及其研究》，载《世界经济与政治》2005 年第 4 期，第 31 页。

② 《马克思恩格斯文集》第 2 卷，人民出版社 2009 年版，第 35—36 页。

③ 同上书，第 35 页。

认同上，对优秀文化传统的改造和保留的基础上，经济全球化为文化关系的全球化构筑了坚实的基础。首先，市场经济全球化淡化了民族国家的时空界限，积累了雄厚的资金技术，创造了强大的传播媒介，从而为文化的跨国界交流提供了可能。其次，全球性问题的出现，使全人类面临着生存的危机和困惑，激发了全球性的问题意识，从而为文化自觉创造了条件。最后，经济全球化影响从未决定文化全球化，文化全球化过程仍然具有相对的独立性，生产方式的传播虽然具有重大的影响，但不足以摧毁原有文化，而只是对文化进行改造和彼此的相互融合，国际经济格局和政治格局的多元化发展和一体化进程，也为文化关系的多元一体化创造条件。

（四）社会关系全球化

“家庭起初是唯一的社会关系”，这种社会关系局限在狭小的、封闭的范围内，家庭的分布也是分散的，社会结构的扩大仅仅局限在家庭结构的扩大上。随着私有制的发展和分工的扩大，从家庭关系中产生了最初的奴隶制，这时的社会关系只是指许多个人的共同活动。在共同的生产和交往实践中，产生了异化的生产关系和社会关系，“只要分工还不是出于自愿，而是自然形成的，那么人本身的活动对人来说就成为一种异己的、同他对立的力量，这种力量压迫着人，而不是人驾驭着这种力量。”① 阶级的对立只有在全球范围扩大成为普遍的不堪忍受的力量，共产主义才能冲破地域交往的限制获得世界意义和胜利。经济全球化就为这种共产主义的建立创造着普遍的社会关系。

今天，在发达资本主义国家当中，家庭不再是唯一的社会关系，社会关系朝着多样化和精致化的方向发展，“电子家庭”取代传统家庭结构成为社会关系新的基础，独居、同居、“合伙家庭”使“家庭形式变得非群体化”。今天，作为经济全球化重要基础和主要载体的跨国公司也不仅仅只是追求利润最大化的经济组织，经济全球化快速的发展步伐早就超出了跨国公司的控制范围，要面对各种危机，就必须重新调整和确定发展的目标。今天，资产阶级的社会关系还起到传输带和缓冲器的作用。资产阶级在全球扩张的过程中，将先进的社会关系传输到世界上的其他国家，从而使资本主义社会的全部矛盾得到最大限度的暴露，为矛盾的解决准备了条件。

① 《马克思恩格斯文集》第1卷，人民出版社2009年版，第537页。

资产阶级的社会关系还是国家和市场之间的缓冲器，社会作为中间力量，代表了经济发展和人类贪婪的新抗衡。它在强调社会民主和公平正义的同时，尊重多元的价值取向，因而缓解着国家和市场之间紧张的关系，增强了资本主义的伸缩性和资本主义社会的自组织能力，解释了资本主义社会存在的历史必然性和历史暂时性，为无产阶级在全世界的解放指明了方向。

三　经济全球化的推进机制

（一）科学技术条件下的经济全球化

人类通过科学革命不断实现对客观世界认识上的飞跃，仰赖技术革命不断实现改造客观世界的使命，只有科学与技术相结合，才能把认识世界和改造世界的能力联合起来，实现变革世界的革命。因此可以说，生产力的发展、生产关系的变革、经济全球化实践的历史，就是一部科学与技术不断紧密结合的科学技术发展的历史。经济全球化与科学技术发展呈同步相关关系，经济全球化发展的每一个重要阶段都伴有科学技术的重大发现和发明。

第一次科技革命实现了机器大工业对工场手工业的胜利，开创了大机器工业时代，工厂普遍建立并成为主要的生产组织，资本主义进入自由竞争的发展阶段。第二次科技革命实现了电力对机械力的胜利，开创了人类崭新的电气化时代，垄断组织成为主要的生产组织形式，推动资本主义由自由竞争进入私人垄断资本主义发展阶段。第三次科技革命实现了电子技术科学对电力的胜利，开创了人类智能化的新工业时代，“新工业是在量子电子学、信息论、分子生物学、海洋工程学、核子学、生态学和太空科学的综合科学理论上发展起来的”。[①] 在新工业发展的刺激之下，垄断组织冲破国家、地区界限，发展到国家垄断资本主义阶段。技术在实践中对科学的延伸，科学在研发中对技术的升华，两者辩证统一，最终加快了经济全球化进程。现代科学技术像一把无形的楔子打入经济全球化之中，每一次科技革命都将经济全球化推向一个新的发展阶段，可以说，现代科学技术的发展是经济全球化形成的决定性因素。每一次科学技术发展或者新

---

① ［美］阿尔温·托尔勒：《第三次浪潮》，朱志焱、潘琪、张焱译，生活·读书·新知三联书店 1984 年版，第 15 页。

的科学在工艺上的应用都为国家之间利益的调整创造了条件，那些没有掌握先进科学技术的国家逐渐淡出强国行列，而那些率先占领科技发展的“制高点”，善于掌握发展机会，借助科学技术实现跨越式发展，缩短发展的阵痛期，为发展扫清物质障碍的国家逐渐加入。国家力量对比的变化改变着国际格局，这样就扩大了经济全球化的范围和影响，因此，经济全球化就是在现代科学技术的引导下实现的。

（二）跨国公司为依托的经济全球化

跨国公司是经济全球化最重要的推动力量，跨国公司的发展实现了经济全球化。

从垄断企业发展而来的跨国公司制定了全球发展战略，它的目光不再局限于本国或个别地区，而是以全球为生产和销售基地。它忽略传统的国家界限，以资源的最优配置和利润的最大化作为优先考虑条件，进行生产和销售的选址，业务覆盖了全球的各个角落，因而，实现了跨国公司对全球各个社会结构的掌控。

跨国公司还是科学技术应用的主要载体。跨国公司以盈利为目的，以利润的最大化为目标，科学技术是达到这一目的和目标最直接、最重要的手段。为了节省成本，提高效率，获得超额利润，跨国公司不仅积极采用科学技术成果，而且在公司内部设置科研基金，组织人员进行研发；不仅能够将成果有效地应用到生产之中，而且可以将最新的研发成果通过在国外的分支机构和子公司等生产和销售的全球网络，传播到其他国家和地区，带动当地企业的发展，为科学技术的进一步发展和产业结构升级创造条件。

跨国公司是国际贸易和投资的主要力量。跨国公司在不同国家之间的自由贸易成为贸易全球化的主要内容，近年来，跨国公司国际贸易的规模日益扩大，金额日益攀升，在国民收入中的比重逐渐加大。跨国公司还是国际投资的主体，随着生产力发展，跨国公司的投资方式由间接投资转变为直接投资，在国外设立新企业，而且进行合资或合营，加大了跨国公司与投资地经济的融合和联系。第二次世界大战后，跨国公司的贸易自由化和国际直接投资更是得到了迅速的发展，贸易在发达国家之间、发达国家和发展中国家之间，甚至发展中国家之间进行；投资的方向也由第二次世界大战前的发达国家向发展中国家集中，投资的产业不仅在资金和技术密集型企业，而且向劳动和资源密集型企业分布，国内外投资比例不断缩小，贸易和投资越来越具有全球化倾向。

（三）资本主义主导下的经济全球化

当前和今后相当长的一段时间，经济全球化的主导力量仍将是资本主义。

从历史起源来看，经济全球化开始于资本主义国家，在资本主义国家生产力发展的客观事实和国家政权的主观推动之下实现。资产阶级时代的世界格局同时也是城市从属于农村、东方从属于西方的世界。从发展进程来看，经济全球化主要是由资本主义国家推动的。资本主义国家凭借发展优势引领了经济全球化发展的潮流，本身就先天地占据着优势，享有成果的最精华部分和最大份额，是经济全球化的主导力量。从规则制定来看，不同国家之间经济发展的历史和实力决定了国际经济秩序，资本主义在旧的国际经济秩序的维护和国际经济合作组织的地位，没有得到实质性撼动，广大发展中国家的声音还很微弱。从实力对比来看，资本主义国家在经济全球化进程中，无论在科学技术方面，还是在生产、贸易、金融方面的实力都远远超过其他国家。三次科技革命是经济全球化的决定性因素，三次科技革命发生在资本主义国家，科技革命的成果及其应用主要集中在资本主义的范围内，资本主义国家在生产链条上处于核心地位，在贸易中占据有利地位，在国际金融发展中处于最关键的地位，三者组合的综合实力远远超过其他国家。

（四）国际合作机制下的经济全球化

国际合作机制的雏形是垄断联盟，资本主义国家联盟形成了稳定的发展环境和强大的国际力量，为经济全球化提供了肥沃的土壤。国际合作机制进一步发展表现在全球问题的出现和全球性问题意识的形成。国际合作机制形成最重要的原因还在于后发国家和地区的赶超和崛起。19 世纪是英国崛起的世纪，工业革命使得英国成为“世界工厂”，为英国赢得了日不落帝国的实力和美誉。20 世纪是美国赶超的世纪，第二次世界大战和第三次科技革命使得美国的经济和军事实力大大超过在战争中受到重创的其他国家，成为世界头号强国。但是，紧接而来的美苏对峙，使得国际格局进入两极对峙阶段。直到 90 年代，两极格局的瓦解，世界才迎来了新的发展时期。民族国家解放运动不断取得胜利，新兴工业化国家渐渐崛起，外向型的经济发展策略，使得这些后发国家利用科技革命的成果实现了跨越式的发展，国际力量出现了新的不均衡，整个世界成为一荣俱荣一损俱损的利益体，使得经济全球化进入了国际合作机制发展的新时期。

第三节　经济全球化与人的发展与解放

一　经济全球化对资本主义的改造

（一）经济关系社会化扩展扬弃着传统的私有制

传统资本主义生产条件下，资产阶级占有生产资料，他们无须加入日常的生产活动，就享有整个企业的控股权，企业所有的利润扣除工人少量工资悉数属于资本家阶级，广大的无产阶级一无所有，靠出卖劳动力为生，他们夜以继日地在工厂中工作，得到的仅仅是维持自己和家人活着不至死亡的工资。因此，生产过剩和有效需求不足的矛盾、残酷剥削的资产阶级和逆来顺受的无产阶级之间的矛盾，破坏着生产力发展和资本主义社会的稳定。第二次世界大战后，资本主义传统的统治和管理方式受到了来自各方面的冲击，尤其是经济全球化的发展，经济关系社会化程度的提高，将矛盾在全球范围内展开。资产阶级要维持统治就必须坚持对经济生活的干预，调整传统的私有制实现形式，对传统的私有制进行调整：

首先，大力发展“混合经济”。混合经济的典型形式是现代股份制经济。股份制经济是资本主义最主要的经济形式，第二次世界大战后，它的发展出现了新的变化，即以雇员持股计划为代表的股权的社会化和分散化。雇员持股计划是雇员通过认购本公司的股票实现自身所有权的一种激励计划，企业的所有者和员工不再是泾渭分明的两股力量，而是共同分享企业所有权和未来收益的利益统一体，员工手持股票成为企业的股东，通过员工持股会参与企业管理和利润分红。股份制发展形式是全民所有制的一次实验，是某种意义上个人所有制的复归，是对传统的狭隘私有制的改造。

其次，构筑企业的“利害相关者”。“利害相关者”是代替“股东资本主义”的一种企业治理模式，股份制经济的发展，企业所有权和经营权分离，使得传统的资本家退居二线充当资本的监护人，由职业经理人（职业企业经营者）管理企业的日常生产和经营，他们不掌握生产资料和企业的控股权，但是以知识为“资产”，靠聪明才智领取工资生活。这种理论摒弃了传统以股东为中心的观念，认为凡是影响企业生存发展和被企业生存发展影响的群体都是企业的“利害相关者”，都是企业的“主人”。“利害相关者”理论承认社会的“知产”阶级等新阶级阶层以知识、特长为资本入股企业的方式，同时认同股东、雇员、企业管理者等都是企业的“主人”，这样不仅变革了传统的私有制实现形式，而且扩大了企业的资金来源，为企业发展注入了新鲜血液。

最后，全力支持跨国公司发展。跨国公司在经济全球化条件下迅猛发展，实现了多国设厂、国际经营与全球发展的目的，将生产关系社会化并扩展到全球范围，因而是对垄断企业发展的一种扬弃。尽管跨国公司的母公司设在发达资本主义国家，但是分公司却遍布全球各地，在尊重总部决策的前提下，它们可以根据各国具体情况和实际，就近购买生产资料、招募员工、就近生产和销售，给子公司的所在国创造了财富，增加了这些国家的收入和国民生产总值，突破了传统的私有制形式，促进了资本主义私有制由绝对形式向相对形式的发展。

（二）经济活动的全球运作减轻了传统危机震荡

首先，经济活动的全球运作减轻了经济危机震荡。资本主义越发展，经济危机的破坏程度越强，经济周期越来越频繁，而资本主义全球化的经济活动为缓解传统的危机震荡提供了可能。世界市场作为国内市场的发展和延伸，为商品准备了巨大的消费市场和消费族群，缓解了国内有效需求不足的矛盾；跨国公司的全球运作扬弃了传统的私有制，减轻了与生产社会化之间的矛盾；国际交流协商平台的搭建巩固了国家之间的对话合作，加强了国际市场的组织计划性，消解了社会生产的无政府状态。传统私有制的扬弃和社会生产的组织化延长了资本主义经济繁荣的周期。

其次，经济活动的全球运作化解着政治危机创伤。经济全球化条件下劳动力和资本的自由运动，化解了传统条件下工人失业的境况，工人可以在一个国家不同企业之间或者在全球范围内不同国家的不同企业之间寻找就业岗位。就业机会的多元化使得暂时的失业不会影响到工人的生存状态，在健全的社会保障制度和完备的社会福利政策保护下，工人阶级的权益得到全面的维护，劳资之间的矛盾可以通过劳动力国际间流动和其他社会组织中介作用得到解决，资本主义经济健康有序发展建立在劳资关系和谐的社会环境基础之上。

最后，经济活动的全球运作消解着全面的社会危机。经济全球化中断了危机发生的链条，经济关系的全球扩张将资本主义固有矛盾的危机机制转移到世界各个国家，延缓了危机的发生时间和频率。通过全球资源、生产要素和社会财富的再分配，缓解了生产关系对生产力发展的束缚，加大了生产关系对生产力的容量，促进了两者之间关系的协调。全球视域下，政治力量的广泛化、管理方式的民主化、工人对政治生活和社会生活的参与，减少了矛盾积累激化的可能性，增强了资本主义政治的稳定性。经济活动的全球化补充了资本主义经济发展过程中的资源不足和能源短缺，转移了环境污染和生态危机，分解了政治危机和社会冲突。

（三）金融危机的全球扩散促使人类反思和调整

反思之一：虚拟经济始终要以实体经济为基础，两者的发展要协调统一。金融工具创新和金融衍生品的发展，以及与实体经济的过度偏离会引起经济虚假繁荣，产生经济气泡，达到一定的临界点气泡破灭就会爆发全面的危机。要想避免危机的发生，就要协调虚拟经济和实体经济的发展，虚拟经济要以实体经济为基础，两者结构和比例要相互协调，做好实体经济的更新换代和结构调整，保持经济的稳健发展，虚拟经济改革要稳步推进切勿操之过急。因此，发达国家要稳固发展实体经济，加强监管虚拟经济，建立好经济危机的预防和应急处理机制；发展中国家要加快实体经济发展和结构调整的步伐，审慎实行对外开放，在业务发展过程中做好金融创新，同时也要防范风险，做好风险管理和监督控制，保持经济发展速度和质量的统一。

反思之二：经济全球化早已将全球融合为一个利益共同体，不同制度、发展程度和地区的国家不是你死我活的对立关系，也不是各行其是的平行关系，而是你中有我、我中有你的相互依赖、相互影响和相互制约的关系，是一荣俱荣、一损俱损的关系。任何一个国家的经济决策和举动都会影响到世界上另外的国家，任何一个国家的经济波动和危机都会波及其他国家，因此，发达国家和发展中国家要担当其全球性社会发展的责任，既要考虑本国经济社会的发展也要兼顾全球利益，在全球范围内实现两种制度、多个国家的互利共赢，进而达到全球范围内的利益最大化。

反思之三：全球经济的发展是各个国家各种力量联合组成合力推动的结果，但是，不同国家的实力和承担风险的能力并不均衡，对能源和资源耗费的数量和程度不同，对世界发展的贡献不同，对全球化进程的影响也不相同。发达国家实力雄厚，在发展过程中耗费了地球上绝大多数的资源和能源，享受了发展中国家为之发展贡献的成果，而且金融危机多开始于美国等发达国家的金融市场，因此，秉持权利和义务对等的原则，发达国家在预防和化解金融危机方面应承担更大的责任，为全球发展做出更大的贡献。发展中国家综合国力不强，使用的资源和能源有限，且多数处于发展的关键时期，面临着内外胶着的复杂环境，对风险的抵抗能力较之发达国家弱得多，因此，发达国家要加强对发展中国家的帮助和引导，共同抵御风险，分享发展成果。

二　经济全球化对社会主义的影响

（一）社会主义在经济全球化环境中接受挑战

经济全球化将资本主义和社会主义都纳入到全球化体系中，使社会主义有机会通过发挥“后发优势”追赶和超越发达资本主义国家，但同时，经济全球化也是一把双刃剑，为社会主义提供发展机遇的同时，也为其带来了前所未有的挑战。

从国际整体环境来看，资本主义处于发展的既成地位，社会主义处于发展的劣势地位。在生产全球化过程中，国际分工体系尚处在全球垂直分工和水平分工交叉组合的分工类型阶段，发达国家之间水平分工较多，社会主义专业化分工水平较低，在国际分工体系中处于垂直分工的下游。在贸易自由化的对比中，发达国家在贸易规模、贸易数量和贸易金额方面均超过社会主义，社会主义在国际贸易格局中，受到资本主义国家制定的不平等规则的限制，它们出口的大多是初级产品，对于工业等大宗商品仍然依赖国外进口。在跨国公司的全球分布中，大多数具有世界影响力的跨国公司母国都是先进资本主义国家，社会主义中具有国际影响力的企业凤毛麟角。发达国家不仅集结了本国优秀人才，而且还吸引了全球人才为其发展贡献聪明智慧。他们掌握着国际先进的科学技术，处于经济和科技发展的制高点。而广大社会主义国家人才外流，存在着难以将科学技术转化为生产力的制度和环境障碍。

从国际具体环境来看，社会主义处于发展的关键时刻，肩负着突破既发展又不发展困境的艰难使命。从经济环境来看，社会主义经济存在着地区和产业发展的不平衡现象，基础设施不健全，投资环境不完善，虽然经济增长速度超过资本主义，但是二元化的经济结构和高耗费的资源和能源抵消了经济增长的成绩。从文化环境来看，全球范围内的文化交流是经济全球化带来的必然结果，同时也是资本主义文化占领社会主义文化市场的过程，经济交流的同时，作为经济发展反映形式的文化在兜售资本主义的政治模式和价值理念，建立符合社会主义特色的文化形式与强大的资本主义文化攻势相抗衡，是摆在社会主义面前的巨大挑战。

（二）社会主义在经济全球化竞争中改革创新

首先，要改革不合时宜的经济体制。市场和计划只是资源配置的不同方式，它们既不姓“资”也不姓“社”，为资本主义所用就具有资本主义性质，为社会主义所用就具有社会主义的性质，于是，一些国家率先改革了不合时宜的经济制度。社会主义国家发现，尽管市场经济能够调动生产积极性，提高经济效率，但它并不是完美无缺的，它本身具有自发性、盲目性和滞后性的缺陷，而计划经济虽然僵化、效率低下，但仍然具有市场经济不具备的计划性，能够保障经济有序运行，因此，社会主义在坚持生产资料公有制和计划经济的同时，引进了市场机制，并根据实际发展情况变化，不断调整两者的关系和比例，在坚持公有制的前提下，发挥市场对资源配置的基础作用，创造性地建立了有计划的市场经济形式，为人类的发展做出了贡献。

其次，要创新社会主义的发展模式。社会主义不是一种一成不变的东西，而是和任何其他社会制度一样，是经济变化和改革的社会，海纳百川是社会主义的特点，因此，随着经济全球化环境挑战和资本主义发展的变化，社会主义也要与时俱进地创新具有自身特色的发展模式。从政治角度讲，要摒弃冷战思维和政治意识形态的一元化，坚持马克思主义一元化的指导地位和多元化的政治思想共同发展，发展现代化的政治民主。从经济角度讲，坚持公有制经济主体地位，同时，鼓励、支持和引导其他非公有制经济形式的协调发展；从文化角度讲，坚持本国优良历史传统和借鉴人类历史发展文明成果，建立民主的、大众喜闻乐见的文化形式，发展民族文化产业，实现文化的发展和繁荣。

（三）社会主义在经济全球化浪潮中调整完善

经济全球化浪潮改变着世界的经济格局、政治格局和利益格局，改变着社会主义与资本主义在全球化格局中的生存环境和相处关系，社会主义要想掌握经济全球化的脉搏，在竞争中处于优势地位，就要在全球化浪潮挑战中，不断改革创新和调整完善。

其一，重新审视两种制度国家之间的相互关系。经济全球化将整个地球联系成为一个不可分割的统一整体，资本主义和社会主义经济、政治、文化全方位的利益依赖和相互渗透，要求社会主义重新审视地球上并存的另一种社会制度及其与之的相互关系。经济全球化将不同经济制度纳入到了统一的全球化经济体系，造成的相关利益和共同利益推动两者之间的关系由对抗——斗争走向合作——共存模式。

其二，完善政治、经济、文化、社会、生态文明协调发展的体制机制。社会主义要完善国家的政府组织形式和管理体制，建立公正、透明的规则和程序，形成精简、效率和民主的政府；同时，完善的产权结构和现代化的企业制度是社会主义经济体制的内在要求；贯通古今、纵横内外的高素质文化实力和良好、健全的社会机制是社会主义政治和经济发展的重要保障；碧水、蓝天的美丽家园和健康永续的生态环境是中国特色社会主义发展的最新要求；政治、经济、文化、社会、生态文明是五位一体的有机整体，社会主义要坚持五者协调有序的共同发展，不可偏废。

三　经济全球化与人类解放前景的乐观分析

（一）马克思主义的人的解放观——把人的世界和关系还给人自身

马克思科学的人的解放观是建立在对人的本质正确认识和大胆揭示的基础之上的。马克思在批判地扬弃前人观点的基础上，提出“现实的人”的观点，他认为“人不是抽象的蛰居于世界之外的存在物”①，“在其现实性上，它是一切社会关系的总和。”② “人并不是抽象的栖息在世界之外的存在物。人就是人的世界，就是国家，社会。”③ 人不是一切目的的手段，而是一切手段实现的目的，在“人是人的最高本质”，“人的根本就是人自身”。社会关系的变动不居决定了人的本质并不是先在的固定不变的，而是不断生成发展的过程，人的解放内涵和条件要在实际的社会关系中探讨。

① 《马克思恩格斯文集》第 1 卷，人民出版社 2009 年版，第 3 页。

② 同上书，第 505 页。

③ 同上书，第 3 页。

人的解放内涵是丰富多彩的。“我们开始要谈的前提不是任意提出的，不是教条，而是一些只有在臆想中才能撇开的现实前提。这是一些现实的个人，是他们的活动和他们的物质生活条件，包括他们已有的和由他们自己的活动创造出来的物质生活条件。”① 物质财富的极大丰富和充分涌流是人的解放的必要条件，除此之外，现实的人具有物质和超物质的精神需求，在人的本质力量对象化活动的过程中，在更丰富的社会实践中肯定自身，确证自身的存在和意义。人的解放实质是向社会人的复归。人本质上是社会存在物，社会属性是人最根本的属性，人始终是要脱离自然自为状态走向社会自觉，要在社会化的活动中、在人与人的关系中确证和完善自身。人的解放路径就是经济全球化过程，单个人的生产活动在此基础上扩展为世界历史性的活动，经济全球化越是将世界各地紧密联系为一个整体，单个的人就越是受来自更大范围的异己力量的支配。但同时，经济全球化也在世界范围内消灭着这种异己的力量，最终，“每一个单个人的解放程度与历史完全转变为世界历史的程度一致的②”，经济全球化为人的关系和人的世界的复归在更大范围内提供了实现的可能

可以说，马克思人的解放观就是要将人从人与人、人与物、人与自然界和社会的异化关系中超拔出来，使其以“最无愧于”人和“最适合于”人的方式发展，从而把人作为一切存在和发展的最高目的，在全球范围内实现的人的本质“是通过人并且为了人而对人的本质的真正占有”③，是“人向自身的、向社会的人的复归”④，这种复归就是将人的关系和人的世界还给人自身。

（二）经济全球化超越传统的时空限制，有利于人的类特性的发展和主体性的发展

人既是类的存在物也是个体的存在，真正人的解放是人的类特性的彰显和人的主体性的发挥，要将类的发展和个体的发展结合起来进行探讨。从总体上来讲，人首先是类的存在物，类的发展空间和发展水平制约着作为个体的人的发展空间大小和发展水平高低，要实现每一个人的自由全面发展，就

---

① 《马克思恩格斯文集》第 1 卷，人民出版社 2009 年版，第 516 页。

② 同上书，第 541 页。

③ 同上书，第 185 页。

④ 同上书，第 185 页。

必须首先关注人的类特性。从社会关系的角度来讲，人的类特性的发展是和整个人类历史的发展相统一的，人类历史演进的过程就是人的类特性发展的过程。人的类特性大致经历了三个发展阶段：第一阶段是“人的依赖关系”，这一阶段处于人类的自然经济发展时期，生产力极其低下，“人的生产能力只是在狭小的范围内和孤立的地点上发展着”①，人的主体性隐没在与自然界进行生死挣扎的活动中，人类还没有开始对个体意义的追寻。第二阶段是“以物的依赖性为基础的人的独立性”阶段，这一阶段人的生产能力大为提高，人的交往范围触及世界上相互毗邻甚至大洋两岸的遥远国家，“在这种形式下，才形成普遍的社会物质变换、全面的关系、多方面的需要，以及全面的能力体系”。② 这时人的主体性建立在对物的依赖关系基础上。“第二阶段为第三阶段创造条件”。第三阶段是“自由个性”阶段，这一阶段就是马克思描述的共产主义社会中个人的自由全面发展阶段，科学技术的发展和普及，在此基础上生产力空前的解放和发展，社会财富极大的丰富和充分的涌流，尤其是交往能力和交往范围打破时空界限，类的特性的彻底发展，为人的主体性的提出和发挥创造着条件。

人的主体性就是人在实践过程中表现出来的能动性、自主性和创造性。能动性指人在实践中不是被动适应而是主观改造；自主性指人能够将内在尺度运动到对象上去，“按照美的规律来塑造”；创造性体现在“无中生有”和“有中生新”两个方面，人能够创造出自然界原本不存在的事物，或者依据科学技术赋予旧事物以新的元素。经济全球化为人的能动性提供了无止境的时空，为自主性提供了数量更多、种类丰富的对象，为创造性提供了先进的科技和无限的可能。假如没有全球化，人的类特性就只能停留在低级的联合阶段，而人的主体性也局限在狭小范围内，处于异化和扭曲状态。因此，经济全球化超越传统的时空限制，有利于人的类特性的发展和主体性的发挥。

（三）经济全球化打破僵化的分工模式，有利于人的能力的丰富性和发展的全面性

第一，经济全球化打破了狭小的分工范围。分工冲破了一开始特殊狭

① 《马克思恩格斯文集》第8卷，人民出版社2009年版，第52页。

② 同上书，第52页。

小的界限，在全球范围内流动，劳动力不会失去生活资料，即使失去，生活资料也不再是他们生存的唯一条件。他们可以凭借“知产”“智产”获得生存的条件，而不必拘泥于生活资料的压力，所以，他现在是什么样的人并不重要，分工使他成为怎样的人也不重要，重要的是他想成为怎样的人。他可以在全球范围寻找到他认为最能发挥自己潜力和最适合自己的岗位，从而展示自己的才华，发展自己的能力。

第二，经济全球化改变了狭隘的分工模式。经济全球化改变了国际和国内的分工模式，从国际情况来看，后发国家逐渐崛起，水平分工趋于形成，原本处于生产上下游的国家，经济全球化为其提供了赶超发达国家的机会，不同国家的分工逐渐趋于同一产品的不同生产环节的分工而不再是不同产品不同工艺水平的分工。从国内情况来看，产业结构的调整，新型工业化、农业化道路的践行，新阶层的兴起，尤其是新一代农民工的形成，进一步将劳动力从僵化的分工模式中解放出来。总之，经济全球化条件下形成的灵活分工模式，使个人在不用国家或相同国家不同产业、不同部门、不同生产环节之间流动，发展人的脑力、体力和全方位的能力，丰富了人的发展内涵。

第三，经济全球化创造了新的分工条件。工业革命锻造了大批“驯服而组织化的劳动大军”，使人屈从于片面的分工和流水线作业，20 世纪 70 年代工业中逐渐推广由德国经济学家凯姆莱倡议的人性化的“灵活工时制”，在当时提高了劳动生产率。科技力量的腾飞将经济全球化带入了自由发展的新阶段，这一阶段上，工作时间和工作地点的选择更加灵活自由，个人不必禁锢在固定的厂所忍受漫长的全日制工作，自由工作者们将“社会节奏个人化”。他们可以选择舒适的工作厂所和灵活多变的工作时间来完成工作项目，淡化了分工概念，更强调工作的效率和能力，一人多职的工作模式有利于人的能力的丰富性和发展的全面性。

（四）普遍的经济交往冲破狭隘的范围，有利于经济交往的扩展和人的社会化

世界交往关系的确立标志着经济全球化的形成。马克思勾画了人类历史发展的伟大愿景，即共产主义的实现。共产主义的实现必须建立在生产

力高度充分发展和经济交往的充盈扩大的基础之上，共产主义只有作为“世界历史性”的存在才有意义，否则，交往的任何扩大都会威胁和消灭着这种粗陋平均的共产主义。生产力的充分发展离不开经济关系的建立和普遍发展，交往的扩大，生产力的质和量都得到增加，发达的生产力进一步推动人的交往关系的扩展。而且，交往关系也日益去除人的自然属性，在生产力发展水平低下的交往不发达阶段，人的自然性战胜着社会性成为人的主要特性，人在与自然抗衡的胜利过程中，获得的仅仅是有限的生存条件。生产力发展水平的跃升和交往关系的丰富扩大，人的社会性超越自然性成为人最本质的属性，人的活动不仅仅是为了满足最基本的生存需求，还要在人的本质力量对象化的社会实践中发挥人的主体性，在人与人的社会交往中确证自身的存在和意义，只有这时，人的社会性本质才显露出来。因此，正是普遍的经济交往冲破狭隘的范围，才有利于人的经济交往的扩展和人的社会化。

（五）全球化对传统民族文化的改造，有利于文化交流和全球性问题的解决

因沿成习的传统民族文化具有一定的保守性和封闭性，对外来文化具有本能的抵触和排斥。传统民族文化中固然有些优秀的成分要继续沿袭，但也有些不合理的部分要在全球大环境下接受改造。只有这样，才能既使本民族拥有先进的文化，又能适应不断发展变化的经济全球化过程。

关于文化交流和文明改造，马克思当年在讲述资产阶级的历史作用时提到，资产阶级创造的优越文明征服了粗糙的落后文明，“它使未开化和半开化的国家从属于文明的国家”①，它迫使落后民族如果不想灭亡的话，在自己那里推行资产阶级的先进文明。在《不列颠在印度的统治的未来结果》中，马克思说，资本主义“破坏了本地的公社，摧毁了本地的工业，夷平了本地社会中伟大和崇高的一切，从而消灭了印度的文明。他们在印度进行统治的历史，即除破坏以外很难说还有别的什么内容。他们的重建工作在这大堆大堆的废墟里使人很难看得出来。尽管如此，这种工作还是开始了。②”资产阶级对殖民地的胜利表面上是武装暴力的胜利，而

① 《马克思恩格斯文集》第2卷，人民出版社2009年版，第36页。

② 《马克思恩格斯文集》第2卷，人民出版社2009年版，第686页。

隐藏起来的真实原因则是以商品和贸易为表征的资产阶级先进文明的胜利，这些文明是比穷兵黩武更彻底的“用来摧毁一切万里长城、征服野蛮人最顽强的仇外心理的重炮”。① 商品和贸易承载着一国的文化，经济全球化时代，生产、贸易、金融的跨地区、跨国界的交流和交易，必然将文化也带到其他国家和地区，引起外来文化和本土文化的交流和对话。在这一过程中，本土文化可以择其善者而从之，其不善者而改之，实现文化发展的互补。这样的往来过程，对双方的文化都起到补充、改造的作用，有利于先进文化的发展和传播。

（六）世界经济一体化与区域化的发展，有利于各国在国际环境中相互竞争学习借鉴

经济全球化不可能一蹴而就，它是一个不断发展中的事物，区域经济一体化作为经济全球化发展的前期形式和初级阶段，实现了跨国家的区域联合，为经济全球化的进一步发展做了必要准备。

首先，世界经济一体化与区域化的发展，有利于各国在国际环境中相互竞争。经济的区域化和一体化发展将各个国家之间的力量集合在一起形成更大的合力，这样的组织之间的竞争将更加激烈，组织成员国之间的竞争也会不断加强，要在其中占有优势地位或者取得胜利，就必须积极参与竞争，在竞争中求得生存、发展和壮大。区域一体化组织为各个国家之间的力量较量，提供了更宽广的舞台和更多的机会。而且每个区域化或一体化的组织内部都有相应的标准和政策，对国家起到一定的制约作用，因而有利于避免恶性竞争，形成良性的竞争局面。

其次，世界经济一体化与区域化的发展，有利于各国在国际环境中相互学习。一个国家要在激烈的世界角逐中取得胜利，除了要加快自身发展的质量和水平以外，还要加紧向其他国家和组织的学习。区域化或一体化组织将地理上相近、经济上相关联的国家通过利益和规则联系成为统一体，国家之间既可以就科学技术、信息网络、交通通信与文化艺术等进行学习，也可以通过规则的制定和学习缩小价值理念差距，进而有利于消除隔阂，扩大交流学习。

最后，世界经济一体化与区域化的发展，有利于各国在国际环境中相

① 《马克思恩格斯文集》第2卷，人民出版社2009年版，第35页。

互借鉴。每个国家都有不同的发展模式，每种模式都会有自己因地制宜的优点，区域化或一体化有利于这些国家之间密切关系。近观各国在生产、贸易、服务、金融、文化等方面，相互吸取失败的教训和借鉴成功的经验，从而进一步加强联系，凝聚力量，加强一体化进程。

第七章　马克思社会进步观与当代发展

社会进步是人类社会发展的重要目标和必然趋势。当前，由于受全球化和现代科技革命等的冲击和影响，人类社会生活实践已经发生了极大的改变。全球化和现代科学技术在推动社会进步、带给人们巨大物质财富的同时，也给人们带来了重重的灾难和困境。研究马克思的社会进步观，既有利于它自身的发展和完善，也有利于帮助人们认识和解决当前社会发展和社会进步中所面临的各种复杂问题。因此，通过马克思社会进步观研究及其当代价值的寻求来促进社会进步，已成为当前一个十分重要的课题。

第一节　马克思社会进步观概述

马克思社会进步观是建立在唯物史观的基础上的，这一点始终贯彻于其著作之中。在《德意志意识形态》中，马克思、恩格斯第一次完整准确地将人类社会历史划分为部落所有制、国家所有制、封建的或者等级的所有制、资产阶级的所有制、共产主义所有制这五种不同的阶段。而在《〈政治经济学批判〉序言》中，马克思又将人类生产方式区分为亚细亚的生产方式、古代的生产方式、封建的生产方式和现代资产阶级的生产方式等几种生产方式，并据此将人类社会经济形态的演变区分为几个不同的阶段。马克思社会进步观立足于人类社会的生产实践，是对人类社会发展演变及其规律的科学揭示和把握，对我们的社会主义事业具有指导意义。社会进步理论和社会发展理论是马克思主义的重要组成部分，但在过去很长时间内并没有引起学界对它的足够认识，这极大地影响了我们对于马克思主义这一科学理论的全面认识，进而也对我国的社会主义建设和发展造成了许多不利的影响。现在，虽然随着社会发展所带来的一系列问题越来越引起人们的重视，社会进步和社会发展也逐渐进入人们视野，成为了人们研究和讨论的热点问题。在这种背景下，马克思社会进步观为人们所忽视的局面也出现了很大的改观。但是，需要指出的是，在学界的研究工作中，由于社会进步概念本身的难以界定以及多种社会进步理论之间的交错影响，将马克思社会进步观和非马克思社会进步观混淆甚至等同的情况时有发生，这给我们对马克思社会进步观的研究以及对于社会进步的科学认识造成了很大的不便，基于此，有必要对马克思社会进步观这一重要理论做出系统地梳理和概述。

一　社会进步的基本内涵及其研究范畴

对于社会进步的研究，既非始于马克思，也非终于马克思。对这一问题的关注，始终伴随着人类社会的发展。人们在很早以前就开始探讨社会演变发展和进步这一问题，并形成了许多不同的思想和观点。这些思想和观点分布在人类社会的不同时代和不同国家，其中一些思想和观点，对我们今天的研究工作仍具有一定的借鉴意义。其中比较有代表性的如：社会无序论，认为社会发展无方向性可言；社会循环论，认为社会发展循环往复；社会倒退论，直接否定社会进步的可能。此外，如斯宾塞的社会进化论，将社会看成是一个直线上升的过程，否定社会进步所可能带来的问题（尽管斯宾塞晚年对自己的观点有所修正，但大抵相同）。再例如曾在西方社会比较盛行的经济增长论，将 GDP 等硬性经济指标作为衡量社会进步与否的标准，等等。由于研究者所处的时代和环境不同，或者其所采取的立场和角度不同，因而也就形成了诸多不同的社会进步理论。我们也可以从中看出，要科学研究人类社会的演变和发展进步，就必须准确界定社会进步的基本内涵，确定其研究范畴，这是所有社会进步理论都必须面对和解决的首要问题。我们要准确认识马克思社会进步观，就有必要对社会进步的基本内涵及其研究范畴进行梳理。

（一）社会进步的基本内涵

内涵是指一个概念所反映的事物的本质属性的总和。[①] 在对社会进步的研究中，人们为了界定其基本内涵，就必须采取一定研究角度和界定标

---

① 李斌斌：《社会进步概念的现代诠释》，载《理论视野》2007 年第 5 期。

准。不同的角度和标准对于社会进步理论的形成具有极大的不同影响。这就要求我们在界定社会进步的基本内涵时，必须选择合理的研究角度和界定标准。人们在研究社会进步这一问题时，经常混淆以下三个概念：社会进化、社会进步和社会发展。这种混淆见诸已经形成的形形色色的社会进步理论之中，对于我们科学研究和认识社会进步问题，具有很大的阻碍作用。因此，我们有必要对社会进化、社会进步和社会发展这三个概念做出界定，并以此来界定社会进步的基本内涵。

1. 社会进化

“进化”一词最早出现于自然科学领域，多用于解释自然界各物种的演化发展。1859 年英国生物学家达尔文在其自然科学巨著《物种起源》一书中提出了“物竞天择，适者生存”的生物进化理论。由于当时社会科学深受自然科学的影响，达尔文的生物进化观念一经提出，便如同一股巨潮冲向了社会科学领域，对社会科学产生了巨大的影响。“进化”一词也逐渐被引用到社会科学领域，从而形成了“社会进化”这一概念和相关思想观点。社会进化的主要内容是将基因变异、自然选择和遗传等生物科学相关概念用于社会科学研究，进而解释社会的演变和发展。它认为，社会并不是由各个孤立元素简单地拼凑起来的，而是如同自然界各种生物体一样，是由各个相互联系的部分有机结合在一起的，是一个社会有机体。这个社会有机体的演化发展也是有规律可循的，它遵循着和生物有机体的进化一样的规律，是一个缓慢的、渐进的、由低级向高级、由简单向复杂的直线性的过程。

2. 社会进步

马克思在研究人类社会发展进程时，提出了社会形态这一马克思主义哲学所特有的范畴。社会形态是指同生产力发展的一定阶段相适应的经济基础和上层建筑的统一体，是社会的经济形态、政治形态和观念形态的统一体。马克思主义认为，人类社会在不同的发展阶段表现为不同的社会形态，并将人类社会发展划分为五种不同的社会形态。马克思认为，人类社会的发展与进步是一个自然的历史过程，表现出社会发展过程的决定性特征。同时，社会主体在社会发展进程中也扮演着至关重要的角色，具有主体的选择性特征。人类社会的发展进程就是这两方面因素共同作用的结果。因此，社会发展道路并不是单一的，而表现出统一性和多样性相结合的特征。社会发展的进程也并不是像社会进化论或者社会倒退论所指出的那种单一直线性的发展，而是具有前进性和曲折性相统一的特征，是一种螺旋式的上升过程。以往的一些社会进步理论，往往认为社会进步仅仅是社会进步，而否认社会进步的过程中可能出现的许许多多的社会问题，否认社会在进步的同时，可能包含着部分的社会退步和社会矛盾，因而对社会发展进程形成片面的认识。我们要正确认识社会发展进程，就必须坚持用矛盾的观点来看待社会进步。马克思主义认为，矛盾是事物发展的内在动力。任何事物都是矛盾的统一体，社会进步也不例外。社会进步和一定程度上的相对退步，作为两个对立的方面，"如果单独来看，没有一个是真的，只有二者的统一才是真的"。①

3. 社会发展

社会发展是指人类社会自然的向前的发展运动，它包含纵向的社会由低级向高级、由简单到复杂的发展运动和横向的一定时间内的社会各方面的整体性的发展两个方面。社会发展和社会进步词意相近，联系也极为紧密，因此，在研究工作中，经常被人们混淆甚至等同。显然，这种做法是极为不妥的。社会发展传统上只是偏向与指向社会生产力的发展，很长一段时间中，人们实际上看到的只是社会的经济增长和物质财富的积累。诚然，没有这种狭义的社会发展，就谈不上社会进步。但是，社会发展并不必然意味着社会进步。有的时候在马克思看来，"文明的一切进步，或者换句话说，社会生产力（也可以说劳动本身的生产力）的任何增长，都不会使工人致富，而只会使资本家致富，也就是只会使支配劳动的权力更加增大，只会使资本的生产力——资本支配劳动的权力增长"。② 在这里，社会发展和社会进步被区分开来。物质资料生产的发展仅仅被看作是实现社会进步的条件和手段，而且这种生产力的发展是建立在支配劳动、剥削工人的基础上的，马克思对此无疑是持批判态度的。可以说，社会发展是社会进步的前提，但并不必然就一定意味着社会进步。前者更多地是表示一种自然经济发展的必然的状态，而后者则更多地涉及价值判断方面的意义，须认真区分对待。

---

① 列宁：《哲学笔记》，人民出版社 1974 年版，第 119 页。

② 《马克思恩格斯全集》第 32 卷，人民出版社 1998 年版，第 183 页。

（二）研究社会进步观的基本范畴

在哲学意义上，范畴指最一般的概念，这些概念反映着客观现实现象的基本性质和规律性以及规定着一个时代的科学理论思维的特点，是我们认识和分析事物时必须运用到的符号和工具。因此，我们在研究社会进步观时，就必须首先明确研究社会进步观时所需使用的基本范畴。根据社会进步观的基本内涵及其特征，以下几个基本范畴是我们在研究社会进步观时必须明确的。

1. 人类社会

“社会本身，即处于社会关系中的人本身”[①]。马克思认为，社会即是人类社会，是人们社会关系的总和。社会是人的社会，他或她需要由个人来说明；人是社会的人，他或她需要由社会来予以规定，这两者之间相互联系，密不可分。我们所开展的一切活动都离不开人类社会，都是在其中展开的。马克思的社会概念，其实可以看作是处于由一定生产方式所产生的相互作用与影响下的人们组成的“圈子”，在这个“圈子”中，每个成员通过由生产的发展、分工和交往所形成的社会生活而发生的彼此间的联系和沟通[②]。其人类社会概念的根本之处就在于物质资料的生产实践以及在这种生产实践中所形成的人与人之间的社会关系。马克思主义的主旨便在于揭示人类社会的发展进程及其客观规律，马克思社会进步观也是围绕着人类社会这一主要对象而展开的，离开人类社会这一范畴而去研究社会进步观，显然是行不通的。

2. 社会制度

社会制度是为了满足人类基本的社会需要，在各个社会中具有普遍性、在相当一个历史时期里具有稳定性的社会规范体系。在马克思那里，社会制度有两个层次的来源，一个是物质资料的生产实践，也即是经济基础，一个则是包含政治、法律、文化、道德等的上层建筑。这两个层次相互作用，相互影响，共同促成社会制度的形成与发展。在《〈政治经济学批判〉序言》中，马克思有过这样的论述：“人们在自己生活的社会生产中发生的一定的、必然的、不以他们意志为转移的关系，即同他们的物质

① 《马克思恩格斯文集》第8卷，人民出版社2009年版，第204页。

② 洪伟：《马克思社会进步观辨正》，载《浙江师大学报》（社会科学版）1991年第4期。

生产方式的一定发展阶段相适合的生产关系。这些生产关系的总和构成社会的经济结构，即有法律的和政治的上层建筑竖立其上并有一定的社会意识形式与之相适应的现实基础……物质生产力发展到一定阶段，便同它们一直在其中现存生产关系或财产关系（这只是生产关系的法律用语）发生矛盾。于是这些关系便由生产力的发展形式变成生产力的桎梏。那时社会变革的时代就到来了。随着经济基础的变更，运动的全部庞大的上层建筑也或慢或快地发生变革。"① 一个社会的社会制度会影响人们的生产实践活动，进而对社会发展和社会进步产生影响。同时，社会发展和社会进步也会对社会制度产生影响，并通过一定的社会制度的发展和改变而体现出来。要深刻研究社会进步观，就必须重视社会制度这一重要的研究范畴。

3. 社会关系

马克思主义认为，人是社会关系的总和。构成这种社会关系的是人们在物质资料生产中所形成的人与人之间的关系，这些关系包括经济关系、政治关系、血缘关系，等等。其中，起决定性作用的是经济关系，因为经济关系与物质资料生产实践这一人类社会发展的决定力量的关系最为紧密与直接。社会关系尤其是其中的经济关系，虽然形成于人类的物质资料生产实践活动之中，但反过来也会作用于人类的物质资料生产活动，制约或者推动社会的发展与进步。这点在马克思提出的人类社会"三形态"说中可以看出来，即"人的依赖关系（起初完全是自然发生的），是最初的社会形式，在这种社会形式下，人的生产能力只是在狭小的范围内和孤立的地点上发展着。以物的依赖性为基础的人的独立性，是第二大形式，在这种形式下，才能形成普遍的社会物质交换，全面的关系、多方面的需要以及全面的能力的体系。建立在个人全面发展和他们共同的、社会生产能力成为他们的社会财富这一基础上的自由个性，是第三个阶段。第二个阶段为第三个阶段创造条件"②。可见，社会关系与社会进步之间存在着十分密切的关联。社会进步绝不应当仅仅被归结为、被看作生产力的发展与进步，还要考虑人这一社会主体和实践主体在社会关系中所获得的解放程度。

① 《马克思恩格斯文集》第2卷，人民出版社2009年版，第591、597页。

② 《马克思恩格斯全集》第8卷，人民出版社2009年版，第52页。

所以，社会关系也是我们研究社会进步观的一个重要的范畴。

4. 社会生产

一般来说，社会生产是人们创造物质财富和精神财富、获取物质生产资料和生活资料以及繁衍自身的过程。马克思指出："人类生存的第一个前提，也就是一切历史的第一个前提，这个前提是：人们为了能够'创造历史'，必须能够生活。但是为了生活，首先就需要吃喝住穿以及其他一些东西。因此，第一个历史活动就是生产满足这些需要的资料，即生产物质生产生活本身。"① 马克思在这里论述和强调的主要是社会生产中的物质资料生产的部分。从完整意义上来说，社会生产包含以下三个部分的内容。一是物质资料的生产，它是社会生产中最主要的部分，是人类社会得以存在和发展的基础，是社会发展和社会进步的根本的决定力量。二是人类的自身生产，即人类维持自身生命、繁衍后代、延续自身的过程，它是人类社会得以存在和发展的前提。三是社会的精神生产，即是人类通过自身脑力活动，创造具有精神价值的产品的过程。它能够满足人们的精神需要，是社会存在和社会发展的精神保证。社会生产的这三个部分的内容，尽管性质和地位各不相同，但都对社会发展和社会进步有着巨大的推动作用。只有通过社会生产，人类社会才能实现社会进步，而社会进步也必然在社会生产尤其是物质资料生产方面得以体现。所以，社会生产也是研究社会进步观的一个重要的研究范畴。

5. 社会革命

社会革命是社会在一定条件下发生的整个社会状况的质的飞跃。它包括社会改良和社会激变。

社会革命是新旧社会形态更替的决定性环节，是社会运动借以为自己开辟道路并摧毁僵化的、垂死的政治形式的工具。革命的历史作用在于改变旧的生产关系和上层建筑，建立新的生产关系和上层建筑，解放社会生产力。革命可以由科学技术进步、社会矛盾积累以及社会需要引发。社会革命可以激发人民群众的革命意识、革命热情和创造才能，鼓舞他们投身于创造历史的伟大事业。历史上的每一次大革命，总是在一定程度上发动和锻炼了人民群众，发挥群众创造历史的主动性、积极性，推动历史前

① 《马克思恩格斯文集》第1卷，人民出版社2009年版，第531页。

进。马克思说："革命是历史的火车头。"

二　马克思社会进步观概述

马克思社会进步观立足于人类社会的生产实践，是对人类社会发展演变及其规律的科学揭示和把握，对我们的社会主义事业具有指导意义。社会进步理论和社会发展理论是马克思主义的重要组成部分，它有着极其丰富的内涵。能不能够充分发掘其理论内涵，对于我们能否在现实实践中把握其价值具有十分重要的影响。

（一）马克思社会进步观的基本内容

马克思社会进步观是对人类社会进步过程及其客观规律的科学认识。它是马克思着力研究的一个重要问题，有着极其丰富的理论内涵。马克思社会进步观首先是建立在唯物史观的基础上的，它始终将人这一社会历史主体的实践活动作为考察和理解社会进步过程及其客观规律的根本立足点。同时，马克思还辩证唯物地揭示了人类社会运动的三大基本规律，即对立统一规律、否定之否定规律和质量互变规律。因此，我们要研究马克思社会进步观，就有必要从唯物史观和唯物辩证法两个方面来阐释马克思社会进步观的基本内容。

1. 唯物史观揭示了社会发展的基本规律

马克思的唯物史观为我们揭示了人类社会发展的基本规律，即生产力决定生产关系，生产关系要与生产力的发展相适应的规律，以及经济基础决定上层建筑，上层建筑要与一定的经济基础相适应的规律。其中，生产关系要与生产力发展状况相适应的规律是人类社会发展的最一般的规律。具体说来，马克思社会进步观对人类社会发展的基本规律的揭示主要表现为以下几个方面。

（1）马克思揭示了社会进步的根本动力及直接动力

马克思的唯物史观指出了社会的两大基本矛盾运动即生产力和生产关系的矛盾运动以及经济基础和上层建筑的矛盾运动是社会发展的根本动力。其中，生产力和生产关系的矛盾运动是社会发展的最根本的动力。在马克思看来，社会生产力的发展决定着生产关系和上层建筑的变化和发展，在一定时期内，生产关系和上层建筑可以通过自身的局部调整来适应社会生产力的发展。但当社会生产力的这种发展达到现有生产关系再也无法容纳它的程度的时候，社会变革就要发生了，其结果便是旧的生产关系为新的生产关系所取代，整个上层建筑也随之发生剧变。同时，马克思认为，阶级和阶级斗争是社会发展的直接动力。在《共产党宣言》中，他指出，人类有文字记载的历史“至今一切社会的历史都是阶级斗争的历史。……一句话，压迫者和被压迫者，始终处于相互对立的地位，进行不断的、有时隐蔽有时公开的斗争，而每一次斗争的结局是整个社会受到革命改造或者斗争的各阶级同归于尽”①。

（2）马克思揭示了社会进步的内在机制

社会进步有其固有的内在机制。马克思社会进步观是建立在唯物史观的基础上的，它始终将人们的物质资料的生产实践作为考察社会发展和社会进步问题的出发点和立足点。他将生产力看作是社会发展中最革命、最活跃的因素，是人类社会发展和进步的根本决定力量。人类社会的两大基本矛盾运动——生产力和生产关系的矛盾运动以及经济基础和上层建筑的矛盾运动的展开正是在生产力发展的推动下进行的。因此，社会进步的内在机制就在于，通过人们的物质资料的生产实践，促进社会生产力的发展，从而推动社会的基本矛盾运动的展开，实现社会的基本矛盾运动作为人类社会发展和进步的根本动力的作用。

（3）马克思揭示了社会进步的发展趋势

马克思社会进步观认为，社会的发展和进步是一个由简单到复杂、由低级到高级的过程。人类社会的发展历史可以分为部落所有制、国家所有制、封建的或者等级的所有制、资产阶级的所有制、共产主义所有制这五种不同的阶段。社会的发展是一个由物质生产力水平牵引着的历史过程。有什么样的生产力，就有什么样的生产关系及其上层建筑。就像恩格斯《在马克思墓前的讲话》中所说的，“直接的物质的生活资料的生产，从而一个民族或一个时代的一定的经济发展阶段，便构成基础，人们的国家设施、法的观点、艺术以至宗教观念，就是从这个基础上发展起来的，因而，也必须由这个基础来解释，而不是像过去那样做得相反”。由此决定了社会的发展和进步是一个自然的历史的过程，随着人类社会的向前推进，社会发展的这五个不同阶段中的前一阶段将逐渐为后一阶段所取代。尽管在这

① 《马克思恩格斯文集》第2卷，人民出版社2009年版，第31页。

一取代过程中可能会发生许多曲折，但社会发展的趋势是客观的、必然的、不可逆转的。资本主义生产方式在取代封建的落后生产方式后，曾极大地促进了社会生产力的发展，为人类社会创造了大量的物质财富。但马克思指出，资本主义并不是人类社会发展的终结，资本主义社会并不是人类社会发展和进步的最终形态，其内在矛盾决定了它最终要为共产主义社会所取代。资本主义社会为社会主义所取代是社会发展和进步的必然趋势。

（4）马克思揭示了社会进步的综合条件

社会进步是一个复杂的过程，它受许多因素的作用和影响。在考察人类社会进步的条件时，马克思认为，人类社会的进步除受社会的基本矛盾运动这一根本动力和阶级社会的阶级斗争这一直接动力的影响外，还受到许多其他条件的影响。其中，比较重要的有革命和改良。革命是指，为了适应生产力发展，在生产关系方面发生的剧烈的和彻底的改变；改良则是指，为了适应生产力发展，在生产关系中发生的局部的调整和改善。革命往往发生在物质生产力的发展到达了现有生产关系所不能容纳的程度的阶段，而改良则往往发生在物质生产力的发展和生产关系之间的矛盾还没有到如前者这般剧烈程度的阶段。尽管这两者的性质和作用各不相同，它们都是社会发展和进步的有力的助推力。

2. 唯物辩证法揭示了社会运动的基本规律

马克思在考察人类社会的进步过程时，用唯物辩证法揭示了人类社会运动的基本规律和认识的基本规律。这就是由哲学家们分别提出、由恩格斯在《反杜林论》中归纳的三大基本规律，即对立统一规律、否定之否定规律和质量互变规律。具体说来，马克思对社会运动的基本规律的揭示主要有以下几点：

（1）社会矛盾是社会运动的内在根源

马克思主义的矛盾观点认为，矛盾是普遍存在着的，它是事物发展的动力。事物发展的根本原因并不在事物的外部，而在于事物的内部，事物的内在矛盾是事物发展的内在动力和内在根源。就人类社会而言，“由于文明时代的基础是一个阶级对另一个阶级的剥削，所以它的全部发展都是在经常的矛盾中进行的”[①]。社会本身就充满着各种矛盾，正是在这种种

① 《马克思恩格斯文集》第4卷，人民出版社2009年版，第196页。

社会矛盾的促进下，人类社会的发展和进步才具有了可能性。其中，社会的两大基本矛盾即生产力和生产关系的矛盾以及经济基础和上层建筑的矛盾更是决定着社会发展和进步的根本动力。所以，马克思社会进步观认为，社会矛盾是社会运动的内在根源。

（2）社会发展是辩证否定的历史过程

马克思主义的否定之否定规律是指，事物运动的总体过程，是一个从肯定到否定，从否定到否定之否定的辩证的进程。否定之否定是普遍存在着的事物周期性的发展过程。马克思认为，社会发展同样遵循着否定之否定的规律，社会进步是一个辩证否定的过程。社会进步的这种辩证否定就表现为人类社会在其发展过程中，会不断地对自身的不合理的因素进行积极的抛弃。任何一种社会形态或生产方式在取代前一种社会形态或生产方式的过程中，都不可能对其进行完全彻底地否定，而是在保留其积极合理成分的基础上进行的否定，即积极的扬弃。否定之否定规律的作用在人类历史发展中表现为螺旋式上升的规律。在合理的克服和合理的保留下，社会不断地向文明进步复归。

（3）社会运动渐进与变革的交替状态

质量互变规律是指事物、现象由于内部矛盾所引起的发展是通过量变和质变的互相转化而实现的。量变是指事物及其特性在数量、程度等方面的增加或减少，是一种连续的、不显著的变化。质变则是指事物在根本性的质方面发生的变化，是渐进过程的中断，是事物由一种质态向另一种质态的突变。质量互变规律是马克思唯物辩证法的三大基本规律之一，人类社会的发展和进步，遵循着质量互变规律。质量互变规律对人类社会运动的作用从根本上来说是通过生产力的发展而得以实现的。生产力决定生产关系，当生产力发展的时候，它会要求生产关系发生相应的调整和变化。而当生产关系的这种调整和变化不再能够满足发展了的生产力的时候，生产关系就会发生质变，旧的生产关系为新的生产关系所代替。正因为如此，社会运动会呈现出渐进与变革的交替状态。

（二）马克思评价社会进步的标准

马克思主义认为，我们对社会进步应该从理性和价值两个维度来加以认识。从理性的维度来看，社会的发展和进步是一个自然的历史的进程，这一进程按照其自身固有的客观规律进行，是不以人的意志为转移的。从价值的维度来看，社会进步虽然是一个客观必然的现象，但我们在研究社会进步的某一具体问题或具体事件的时候，仍需对其进行一定的主观价值判断。这就涉及社会进步的评价尺度和评价标准问题。马克思虽然没有就社会进步的评价标准展开过专门的集中的论述，但我们通过研读其著作，仍可以大致地概括出其评价社会进步的标准主要有以下三点，即生产力的发展、人的自由全面发展、人与自然关系的协调。

1. 生产力的发展

生产力的发展是马克思评价社会进步的最主要和最根本的标准。其原因就在于，物质资料的生产活动是人类社会发展的最根本的决定力量。人类社会的发展和进步是一个自然的历史的过程，这一过程是在社会的两大基本矛盾运动的作用下进行的。这两大基本矛盾运动就是生产力和生产关系、经济基础和上层建筑的矛盾运动。人类社会的发展之所以是自然的历史的过程，从根本上来说便是由社会的这两大基本矛盾运动决定的。在这两大基本矛盾运动中，生产力是起决定性作用的，它是人类社会中最活跃、最革命的因素，决定着生产关系和整个上层建筑的变化和发展。因此，一个社会的进步程度如何，从根本上来说，取决于这个社会的生产力发展状况如何，取决于这个社会的生产关系能够在何种程度上促进该社会生产力的发展。也正因为此，生产力的发展成为马克思评价社会进步的最主要和最根本的标准。马克思评价社会进步的其他两个标准也是建立在这一标准的基础上的。

2. 人的自由全面发展

马克思将人的自由全面发展抑或是人的解放当作社会发展的最终目标及其全部学说的旨趣所在。他和恩格斯曾经在《德意志意识形态》中对共产主义社会中人的发展状况作出浪漫的描述："而在共产主义社会里，任何人都没有特殊的活动范围，而是都可以在任何部门内发展，社会调节着整个生产，因此而使我有可能随自己的兴趣今天干这事，明天干那事，上午打猎，下午捕鱼，傍晚从事畜牧，晚饭后从事批判，这样就不会使我老是一个猎人、渔夫、牧人或批判者。"① 他以人的发展状况为依据提出了人类社会发展的三形态说，即"人的依赖关系（起初完全是自然发生

① 《马克思恩格斯文集》第1卷，人民出版社2009年版，第537页。

的），是最初的社会形式，在这种形式下，人的生产能力只是在狭小的范围内和孤立的地点上发展着。以物的依赖性为基础的人的独立性，是第二大形式，在这种形式下，才形成普遍的社会物质变换，全面的关系，多方面的需要以及全面的能力的体系。建立在个人全面发展和他们共同的社会生产能力成为从属于他们的社会财富这一基础上的自由个性，是第三个阶段。第二个阶段为第三个阶段创造条件”①。从以上论述可以看出，马克思认为人的发展状况是衡量一个社会进步与否的重要标准。从人与社会的关系看，社会是人的社会，人是社会的人，人与社会的这种内在关联决定着社会进步必然会在作为社会历史主体的人的发展上得以体现。因此，马克思将人的自由全面发展作为评价社会进步的重要标准是有其科学依据的。

3. 人与自然关系的协调

人类社会的发展和进步的历史就是人类通过社会实践活动，不断征服自然、改造自然，与自然进行物质交换，获取自身所需物质生产资料和生活资料的历史。过去，在很长一段时间内，由于受理性至上主义思想的影响，人们在处理人与自然的关系的时候，往往以人类为中心和主宰，认为人类能够任意地改造自然。因而，在社会发展过程中，人类往往忽视自然本身所固有的规律，肆意地掠夺自然，其结果便是自然界对人类的报复接踵而至，环境问题和生态危机与日俱增，最终制约了人类社会的发展。作为一种科学的社会进步观，在人与自然的关系上，马克思社会进步观从两者的辩证统一的关系出发，主张两者的协调发展。马克思曾指出，“这个领域内的自由只能是：社会化的人，联合起来的生产者，将合理地调节他们和自然之间的物质变换，把它置于他们共同控制之下，而不让它作为一种盲目的力量来统治自己；靠消耗最小的力量，在最无愧于和最适合于他们的人类本性的条件下来进行这种物质变换”②。在马克思看来，一个社会进步与否，还要看它在处理人与自然的关系上，能否做到人与自然的协调发展。因此，马克思将人与自然关系的协调作为评价社会进步的一个重要的标准和尺度。

---

① 《马克思恩格斯文集》第8卷，人民出版社2009年版，第52页。

② 《马克思恩格斯文集》第7卷，人民出版社2009年版，第928页。

第二节　马克思社会进步观的展开

社会本身是一个活动着和发展着的有机体，而进化则是社会有机体存在和运动的本质特征之一。要正确认识社会发展和社会进步，就必须理解和把握社会进化这一概念及其相关内容。而由于马克思社会进步观是对社会进步的科学认识和揭示，因此，我们对社会进化概念的理解和把握必须是其在马克思社会进步观观点下的展开。只有这样，我们才有可能科学地认识和把握社会进化，从而进一步做到科学地认识和把握社会进步。马克思社会进步观的展开，除了要正确认识社会进化这一概念，还必须就认识和把握社会有机体进化的稳定状态进行论述和研究；从冲突与融合、革新与守旧、兴盛与危机三对概念入手阐述社会有机体进化的运动状态；从社会过程的发生消亡条件、社会过程中的延续与变异、社会过程中的曲折与上升、社会过程中的停滞与增长四个方面入手研究和阐述社会有机体的进化过程。只有这样，才能做到对马克思社会进步观的完整而生动的理解展开。

一　社会运动的进化本质及其进化过程

列宁曾说："马克思和恩格斯称之为辩证方法（它与形而上学方法相反）的，不是别的，正是社会学中的科学方法，这个方法把社会看做处在经常发展中的活的机体（而不是机械地结合起来因而可以把各种社会要素随便搭配起来的一种什么东西），要研究这个机体就必须客观地分析组成该社会形态的生产关系，必须研究该社会形态的活动规律和发展规律。"① 由此可见，马克思主义认为，人类社会是一个处在不断变化发展过程中的有机体，进化是其运动和变化的本质特征。因此，人类社会运动和变化的过程在本质上其实便是人类社会不断进化的过程。因此，我们要科学认识社会进步这一问题，就有必要充分把握社会运动的进化本质及其进化的过程。

① 《列宁全集》第1卷，人民出版社1984年版，第135页。

（一）把握社会运动的进化本质

在现代科学研究中，各学科领域之间的交叉与渗透越来越明显，越来越频繁。进化一词在其刚产生的时候，多用于自然科学研究之中，用来指称和说明自然生物物种的演变过程。后被引入社会科学的研究领域，用来形容人类社会的变化和发展过程。因此，在现今的社会科学研究中，人们多认为人类社会是一个各社会要素有机组合起来的整体，进化是其运动和变化的本质特征之一。因此，要研究人类社会这一有机整体及其进步过程，就必须把握进化这一社会运动的本质特征。总的来说，对社会运动的进化本质的把握应注意以下几个方面。

1. 社会本身是一个活动着和发展着的有机体

人类社会并不是亘古不变、停滞不前的，社会各要素之间也并不是孤立的，正如列宁所说的，人类社会本身是一个不断活动着和发展着的有机整体。如果说，运动是一切物体的存在形式，则具有一定主动性的活动是一般生物有机体存在的重要形式，而从事以进化和发展为目标的自觉的创造活动，则是人类社会有机体存在和运动的重要形式和基本特征。①

人类社会之所以能够从事以进化和发展为目标的自觉的创造活动，其主要原因便在于，人是社会历史的主体，在人类社会的发展和进步过程中，人作为社会历史主体，通过自身的有目的、有意识的实践活动和主观能动性的发挥，促进人类社会的运动和发展。也正因为此，人类社会才能在其自然的历史发展过程中，表现出一种自觉的向前的倾向。

2. 在逻辑与历史的统一中把握社会进化

在社会研究中，逻辑指的是贯穿在关于社会过程的理论体系中的概念范畴之间的联系和秩序，是观念的逻辑，而历史，则是社会本身的进化过程及其发展规律，表现为实际的社会运动。② 从以上关于逻辑和历史的定义中，我们可以看出，逻辑与历史的统一所反映的其实就是主客观相统一的原理。逻辑，即是人们对社会进化过程及其客观规律的主观认识，而历史则指的就是实际的社会运动和社会现实。因此，逻辑与历史的统一表示的其实便是人们对社会进化过程及其客观规律的认识与社会进化过程本身

---

① 欧阳康、张明仓：《社会科学研究方法》，高等教育出版社 2001 年版，第 294 页。

② 同上。

的统一，即人们关于社会进化过程及其客观规律的认识能够正确反映社会进化过程的现实，是主观和客观的相统一、相一致。只有真正做到逻辑与历史的统一，我们才能正确把握社会进化的过程及其客观规律。因此，我们必须在逻辑与历史的统一中把握社会进化。

3. 在动态和稳态二者的统一中把握社会进化

社会进化的过程是静态和动态的统一。这表示社会进化是一个不断活动不断发展的过程，从总体上来说，社会进化的过程呈现出一种动态的态势，但动态并非它唯一的态势，社会在进化过程中，其一些属性、性质在一定时期内是相对稳定的，这便是社会进化的静态态势，或称稳态态势，社会进化的过程就是稳态态势和动态态势的统一。我们在研究和把握社会进化时，也必须做到动态和稳态的统一，将社会进化的动态研究和社会进化的稳态研究结合起来，即在考察社会进化不断发展变化的动态过程的同时，对社会在其进化过程中的某一点或某一阶段的所表现出来的状态和属性进行稳态研究。只有这样，我们才能正确把握社会进化。

（二）社会有机体的进化过程

进化是人类社会有机体运动和发展的本质特征之一。我们要展开马克思社会进步观，研究社会进步问题，就有必要在研究工作中真实地再现社会进化。而真实地再现社会进化，只有通过对社会进化的完整过程的分析才是可能的。[①] 一般说来，要准确和完整地分析社会有机体进化的过程，就必须具体考察社会过程的发生消亡条件、社会过程中的延续与变异、社会过程中的曲折与上升。只有这样，我们才能全面和正确地认识社会有机体的进化过程。

1. 社会过程的发生消亡条件

黑格尔曾经指出："我们假如把一般世界历史翻开来，我们便看到一副巨大的图画，充满了变化和行动，以及在永无宁息的推移交替之中的形形色色的民族、国家、个人。"[②] 任何事物都有其产生和消亡的过程。事物的产生和消亡的过程便是从起点到终点的过程。起点是事物发展的始

---

① 欧阳康、张明仓：《社会科学研究方法》，高等教育出版社 2001 年版，第 308 页。

② ［德］黑格尔：《历史哲学》，王造时译，生活·读书·新知三联书店 1956 年版，第 113 页。

基，终点是事物发展的最终归宿。

凡事物皆是历史的事物，而历史的事物是终归要消亡的事物。对于这一点，不仅自然界和人类社会中的各生命个体如此，人类社会有机体进化的过程同样如此。我们可以看到，在人类社会历史上，任何一种社会形态都不是贯彻于人类社会发展历史的始终的，它们都在社会发展到一定阶段时被新的社会形态所取代。无论是从奴隶制到封建制，还是从封建制到资本主义制度，抑或是马克思所揭示的资本主义的消亡和社会主义的胜利，无不体现了社会过程的发生与消亡。物质资料的生产是人类社会发展的最根本的决定力量，社会过程的发生与消亡，其根源也在于生产力的发展。

2. 社会过程中的延续与变异

事物产生和消亡的过程表现为从起点到终点的连续的、不断的、前后相接的过程，人类社会的发展亦是如此。观察人类社会的发展历史，我们不难发现，人类社会在其发展和进化过程中虽然经历过许多不同的时代和阶段（每一次时代更替往往意味着社会形态的替换），但是其始终呈现出一种连续的、前后相继的发展状态和进化过程，这便是社会有机体进化过程的延续性。社会有机体进化过程的延续性主要是指在社会历史过程中的社会文化的累积性。[①] 社会进化过程除具有延续性外，还具有变异性的特征。社会进化过程的变异性则主要是指，在人们创造性的实践活动的作用下，社会进化过程的每一阶段都表现出和前一阶段不同的内容和特征。社会过程中的延续和变异是我们认识社会有机体进化过程的重要方面。

3. 社会过程中的曲折与上升

“总的前途是光明的，但必然经过长期的斗争与曲折的斗争。短期的与直线的胜利是没有的。”[②] “前途是光明的，虽然道路是艰难的”[③]，马克思主义唯物辩证法的否定之否定规律向我们表明了人类社会的发展道路并不是一帆风顺的，而是前进性与曲折性的统一。曲折和上升是人类社会有机体进化过程中的两种状态，其中曲折是指人类社会在其发展过程中可能会遇到的各种挫折、困难甚至倒退，如 1848 年欧洲革命的失败、苏联

① 欧阳康、张明仓：《社会科学研究方法》，高等教育出版社 2001 年版，第 312—313 页。

② 《毛泽东文集》第 2 卷，人民出版社 1993 年版，第 216 页。

③ 《毛泽东文集》第 2 卷，人民出版社 1993 年版，第 231 页。

解体、东欧剧变等；上升则是指社会的运动和发展的总的趋势是向前发展的，如马克思社会进步观向我们揭示的社会进步的自然历史的进程、资本主义的必然灭亡和社会主义的必然胜利的社会发展的必然趋势，等等。社会进化过程的曲折与上升相伴随的状态，存在于整个社会进化的过程，是我们认识社会有机体进化过程的重要方面。

4. 社会过程中的停滞与增长

社会有机体进化过程中的停滞与增长是我们认识社会进化过程的又一个重要方面，它是我们对社会进化过程的定量研究。社会过程中的停滞是指社会进化因受某种阻碍而处于原来状况下不能继续发展前进的状态。需要指出的是，社会过程中的停滞并不表示社会进步过程的绝对停止，而只是表示一种缓慢的、徘徊的或者原地不动的发展状况；社会进步过程中的增长主要是指社会进化过程所发生的数量、程度或者质量方面的增加和改善。不管是增长还是停滞，在人类社会有机体的进化过程中都是普遍存在着的。社会过程中的停滞与增长同样是我们认识社会有机体进化过程的重要方面。

二　社会有机体进化的状态

社会有机体进化的状态指的是社会机体在社会进化过程中的某一阶段上所呈现出来的状况和形态。一般来说，社会有机体在进化过程中会表现出两种主要的状态，即社会有机体进化的稳定状态以及社会有机体进化的运动状态。我们要展开马克思社会进步观，科学认识社会进步问题，就需要深入分析和认识社会有机体进化的这两种状态。

（一）社会有机体进化的稳定状态

社会有机体进化的稳定状态是指社会在进化过程中，其一些属性、性质在一定时期内是相对稳定的。社会有机体进化的稳定状态体现了人类社会发展和进步的连续渐进的特点。因此，分析和研究社会有机体进化的稳定状态有利于我们获得对社会进化的正确认识。研究社会有机体进化的稳定状态，需要我们在考察现有社会形态的基础上，将其与人类社会历史上的其他各种社会形态进行比较研究。这也是研究社会进化的稳定状态的重点所在。一般而言，社会有机体进化的稳定状态对于社会进化研究的意义主要表现为以下几个方面。

1. 从发展过程的完成结果开始

这里所谓的发展过程的完成结果，其实主要指的是一定的社会形态。因此，从发展过程的完成结果开始去研究社会有机体的进化，其实就是从一定的社会形态尤其是当前社会形态开始去考察社会有机体的活动和发展。这一研究之所以要从一定的社会形态开始，其原因在于它是社会主体历史实践活动和社会发展的结果的呈现。而且由于人类社会有机体的进化是一个连续不断的、前后相继的过程，一定的社会形态必然包含着人类社会发展在之前各个阶段、各个时代所积淀下来的丰富内容，而对社会进化研究而言，这些积淀无疑是极其丰富和极其良好的研究素材。因此，以一定的社会形态，作为研究人类社会有机体进化过程的开始，能够为研究提供极其丰富的素材和研究对象。

2. 将现实作为透视社会进化的钥匙来把握

社会现实或者现有的社会形态是当前社会主体的历史实践活动和社会发展的结果。人类社会的发展和进步是一个不断地由简单到复杂、由低级到高级的过程。现实社会作为人类社会发展的最新阶段，相较于之前的任何社会形态无疑更加成熟、更加高级。对于认识主体而言，一个更为复杂和更为高级的研究对象无疑更能促进其研究工作的开展。而且，研究者对于复杂和高级对象的认识往往能成为认识简单和低级对象的钥匙。人们对社会进化的研究亦是如此，现有的社会形态作为社会发展的最新阶段，其在结构、性质、体系等各方面较之之前的其他社会形态无疑要更加成熟，更加高级。因此，对现实社会或现有的社会形态的研究能够成为认识之前各社会形态、透视社会进化的钥匙。因此，我们应该将现实作为透视社会进化的钥匙来予以把握。

3. 对社会历史动态进化中各社会形态做观察

我们知道，对复杂和高级对象的认识能成为认识简单和低级对象的钥匙，但是，它不能取代我们对简单和低级对象的认识。人类社会是一个不断变化发展着的有机整体，这就决定了作为社会发展结果呈现的社会形态也必然是不断变化发展着的。因此，我们可以认识到，任何一种社会形态在其特征、性质和内容方面必然有别于其他社会形态。对于社会形态的这些独有的特征、性质和内容，我们只有通过对其本身进行研究才能认识到。对高级社会形态的研究或许能成为我们认识低级社会形态的钥匙，但钥匙终究只是给我们提供了进入房间的可能，对于房间里面的事物，我们只有亲自进入到房间里面才能认识到。因此，要把握社会进化，我们有必要对社会历史动态进化中的各种社会形态做观察。

（二）社会有机体进化的运动状态

社会有机体进化的运动状态，指的是社会进化是一个不断活动和不断发展的过程。社会的进化本身包含着突变、间断和非连续性，并且主要是以各种形式的社会革命、飞跃和质变为标志并在其中得到表现和实现的。[①] 社会有机体的进化过程是稳态和动态的统一，但其根本状态在于社会进化的运动状态。要把握人类社会有机体的进化，除了必须要研究和掌握社会有机体进化的稳定状态，更为重要的是要考察和研究社会有机体进化的运动状态。我们在考察和研究社会有机体进化的运动状态时，必须注意冲突与融合、革新与守旧以及兴盛与危机三对重要概念。

1. 冲突与融合是考察社会运动的重要任务方法

冲突与融合，是不同的人类共同体之间相互交往和相互作用的最基本和最普遍的形式。社会冲突体现的是社会进化过程中各种力量之间的对立、排斥的趋势，而社会融合体现的则是社会各种力量之间的和谐、趋同的趋势。我们需要认识到，冲突与融合作为一对对立的概念，其关系却并不是完全对立的，二者是对立统一的关系。在社会运动过程中，社会冲突与社会融合是相互依存的。对其中任何一个进行考察，都不能忽视掉另外一个。要考察社会的运动发展，把握社会进化，就必须重视冲突与融合这一对对立统一的概念。

2. 革新与守旧是动态考察社会运动的另一重要方法

生产关系一定要适应生产力发展的规律是人类社会发展的最一般的规律，它贯穿于人类社会发展的任何一个阶段。生产力作为人类社会中最革命、最活跃的因素，它决定着生产关系和上层建筑的变化与发展。社会运动过程中的革新指的就是人们为适应生产力发展而对生产关系和上层建筑进行的积极的调整，相反，社会运动过程中的守旧则指的是，当生产关系不适应生产力发展时，人们出于自身利益等的考虑，仍然对旧的生产关系或相关制度进行固守。革新与守旧也是在社会进化过程中普遍存在的现

---

① 欧阳康、张明仓：《社会科学研究方法》，高等教育出版社 2001 年版，第 299 页。

象，是动态考察社会运动的另一重要方法，我们要把握社会进化，就必须重视革新与守旧这一对概念。

3. 兴盛与危机是社会运动中的两种状态

兴盛指的是社会结构稳定有序，社会机体健康强壮，社会生产增长迅速，人民生活繁荣兴旺。相反，危机指的是社会结构紊乱无序，社会机体力弱多病，社会生产徘徊停滞，人民生活萧条贫困。马克思主义认为，人类社会的发展和进步是一个自然的历史的过程，但是这一过程并不是一帆风顺的，而会遇到大量的挫折和困难，社会发展呈现出前进性与曲折性的统一的特点。社会兴盛与社会危机这一对对立统一的概念，作为社会运动中普遍存在的现象，便是人类社会发展这一特点的具体表现。人类社会在其进化过程中，既会在有时候呈现出社会兴盛的状态，也会在有的时候呈现出社会危机的状态。社会运动中的这两种状态都是在多重因素影响下呈现出来的，其中，最主要的是社会的内部机构、组织调控和本质规定等因素。社会兴盛与社会危机状态的普遍存在使得它们成为我们把握社会进化时需要考察的重要概念。

第三节　马克思社会进步观的当代价值

马克思曾说过："在思辨终止的地方，在现实生活面前，正是描述人们实践活动和实际发展过程的真正的实证科学开始的地方。"[①] 我们对马克思社会进步观的研究，立足于现实实践，最终归宿和要服务的也是人们的现实实践。

当前，我国正处于社会重大转型时期和全面建设小康社会的关键时期。在这一阶段，我国社会发展实践中存在着诸多问题和困境，如生态环境恶化、经济发展与生态环境矛盾日益突出，城乡差异、地区差异拉大，贫富悬殊加剧，社会矛盾激化，等，所有这些都使得当前我国社会的发展面临着极其复杂的条件和形势。要解决社会发展中存在的各种问题，走出发展中存在的困境，就需要有科学的社会发展理论和社会进步观念来加以指导。在此背景下，研究马克思社会进步观这一科学的进步观，充分发掘

① 《马克思恩格斯文集》第1卷，人民出版社2009年版，第73页。

其当代价值，就具有了十分重要的意义。而本书的研究目标就在于，希望能够通过对马克思社会进步观的深入研究，充分发掘其理论层面和现实层面的当代价值，分析当前我国社会主义现代化建设过程中所存在的诸多问题和困境，使人们树立正确的社会发展观和社会进步观，明确社会发展的方向，探索合理的发展路径，从而促进社会进步，在现实实践中充分显现马克思社会进步观的当代价值。

一 马克思社会进步观的当代价值及其寻求途径

马克思社会进步观是马克思立足于人们的物质资料生产实践的基础上对人类社会进行考察所得出的科学认识，是对社会发展和社会进步的本质认识和理论阐发，具有极大的先进性。它虽然没有就人类社会的发展和进步作具体的设计或过多的说明，却是对社会发展和社会进步的本质认识和一般规律的阐发。这是其他社会进步理论所无法替代和比拟的。也正是由于马克思社会进步观的这一特点，使得其可以在一定程度上超越时空的限制，随社会生活实践的改变而不断地调整和完善自身。因此，尽管当前我们社会发展所面临的条件和形式已经远远不同于马克思所处的时代，这一科学的社会进步理论对于我们而言仍具有极大的当代价值。所以我们有必要对马克思社会进步观的当代价值及其寻求途径进行探究。

（一）马克思社会进步观的当代价值

马克思对社会进步这一问题的研究和论述体现在其大量的经典文献之中。要充分认识马克思社会进步观，把握其当代价值，我们有必要重新认识和解读这些相关经典文献，对马克思社会进步观作出系统地梳理和概述。

1. 马克思社会进步观的经典文献

社会进步问题是马克思着力研究的一个重点问题，他对这一问题的研究和论述体现在其大量的经典文献之中。在《1844年经济学—哲学手稿》中，马克思着力研究和深化了人类解放的命题；在《共产党宣言》中，马克思指出了社会进步的历史过程；在《〈政治经济学批判〉序言》中，马克思则重点讨论和研究了人类社会的发展方向；在《资本论》第一版序言中，我们则可以看到马克思对于社会进步的传导机制的认识。这些经典文献是我们研究马克思社会进步观的丰富的理论资源。下面我们将对这些经典文献及其相关命题作出解读。

（1）《1844 年经济学—哲学手稿》与人类解放命题

人类解放是马克思毕生为之奋斗的终极目标，也是其全部思想的旨趣所在。在《1844 年经济学—哲学手稿》中，马克思对人类解放这一根本主题作出了深刻的阐发。马克思认为，人的本质是随着人自身的劳动实践的发展而发展的，它具有实践性和社会性的双重规定性。只有通过劳动实践，人的本质才能得以实现，人才能实现对自己的本质的真正占有。但现实的状况却是，资本主义私有制下异化劳动的普遍存在，这种异化表现为人同自身的生产活动相异化、人同自己的劳动产品相异化、人的本质同人相异化以及人与人之间相异化四个方面。正如他所说的："工人生产的财富越多，他的生产的影响和规模越大，他就越贫穷。工人创造的商品越多，他就越变成廉价的商品。物的世界的增殖同人的世界的贬值成正比。"① "劳动的现实化竟如此表现为非现实化，以致工人非现实化到饿死的地步。对象化竟如此表现为对象的丧失，以致工人被剥夺了最必要的对象。……占有竟如此表现为异化，以致工人生产的对象越多，他能够占有的对象就越少，而且越受自己的产品即资本的统治。"② 私有财产和劳动异化严重阻碍了人的本质的实现。因此，要实现人对人自己的本质的真正占有亦即实现人的解放，就必须通过实践实现对私有财产和异化劳动的积极扬弃。而实现这一点的根本途径便是共产主义。

（2）《共产党宣言》与社会进步的历史过程

发表于 1848 年欧洲革命前夕的《共产党宣言》，是科学社会主义的第一个纲领性文件，是马克思主义诞生的标志。《共产党宣言》以其对无产阶级历史使命和资本主义必然灭亡、社会主义必然胜利的客观规律的揭示，在马克思著作中，具有十分重要的地位。

马克思恩格斯在《共产党宣言》中论证了：社会进步是一个自然的历史的过程，生产力与生产关系、经济基础与上层建筑的矛盾运动以及阶级斗争是推动这一进程的主要动力。从生产力与生产关系、经济基础与上层建筑的矛盾运动来看，资本主义在其刚产生时，由于适应了被封建的生产

---

① 《马克思恩格斯文集》第 1 卷，人民出版社 2009 年版，第 156 页。

② 同上书，第 157 页。

关系束缚已久的生产力发展的诉求，极大地促进了社会生产的发展，如马克思所说的“资产阶级在它的不到一百年的阶级统治中所创造的生产力，比过去一切世代创造的全部生产力还要多，还要大”①。随着资本主义的发展，其内在矛盾也逐渐显露出来，渐渐地制约着社会生产力的进一步发展，在这种情况下，“生产力已经强大到这种关系（资本主义生产关系）所不能适应的地步，它已经受到这种关系的阻碍；而它一着手克服这种障碍，就使整个资产阶级社会陷入混乱，就使资产阶级所有制的存在受到威胁。资产阶级的关系已经太狭窄了，再容纳不了它本身所造成的财富了。”②

从阶级斗争方面来看，在资本主义的萌芽刚刚在封建社会中孕育并发展起来的时候，由于面临着共同的阶级敌人封建贵族和地主的压迫，资产阶级和工人阶级曾站在一起反对封建制度。当资本主义生产关系逐步在世界范围内确立并获得长足发展的时候，资产阶级开始露出真正的面目，抛弃当初给予工人阶级的承诺，越来越变本加厉地压迫和剥削工人阶级。同时，“随着工业的发展，无产阶级不仅人数增加了，而且它结合成更大的集体，它的力量日益增长，它越来越感觉到自己的力量。”③ 在现代大工业发展的促进下，无产阶级队伍日益壮大，渐渐觉醒，开始有了越来越多的经济诉求和政治诉求，并逐渐组织在一起向资产阶级展开斗争。这一斗争的结果便是，无产阶级充当了资产阶级的掘墓人，推翻资产阶级统治和资本主义社会，通过建立无产阶级专政，逐步实现共产主义。

因此，马克思向我们展示的社会进步的前景便是，人类社会从资本主义发展到社会主义，这是客观的、必然的。

（3）《〈政治经济学批判〉序言》与人类社会的发展方向

1848 年欧洲革命失败后，马克思潜心于理论研究，总结欧洲革命失败的经验和教训，并在 1859 年出版了自己的重要著作《政治经济学批判》一书，并为该书作序，写出了《〈政治经济学批判〉序言》，这一序言是马克思社会进步观走向成熟的标志。在序言里，马克思对人类社会的发展方向做出了论述，他指出：“物质生产力发展到一定阶段，便同他们

① 《马克思恩格斯文集》第 2 卷，人民出版社 1966 年版，第 36 页。

② 同上书，第 37 页。

③ 同上书，第 40 页。

一直在其中现存的生产关系或财产关系（这只是生产关系的法律用语）发生矛盾。于是这些关系便由生产力的发展形式变成生产力的桎梏。那时社会变革的时代就到来了。随着经济基础的变更，运动的全部庞大的上层建筑也或慢或快地发生变革。”① “大体说来，亚细亚的、古代的、封建的和现代资产阶级的生产方式可以看作是经济的社会形态演进的几个时代。资产阶级的生产关系是社会生产过程的最后一个对抗形式……人类社会的史前时期就以这种社会形态而告终。”② 在以上唯物史观的经典表述中，马克思历史地、唯物地看待了人类社会的发展历程及其发展方向。生产力与生产关系的矛盾运动、经济基础与上层建筑的矛盾运动这两组社会的基本矛盾推动着人类社会的发展与进步。生产力决定生产关系，生产关系要与一定的生产力相适应；经济基础决定上层建筑，上层建筑要与一定的经济基础相适应。当社会生产力发展到一定阶段亦即经济基础发生重大变化时，它自然会要求生产关系和上层建筑作出相应的改变，这种改变或调整是自然的、客观的、不以人的意志为转移的。正是在社会的这两大矛盾运动的推动下，马克思认为人类社会在史前时期先后经历了亚细亚的生产方式、古代的生产方式、封建的生产方式和现代资产阶级的生产方式这几种经济的社会形态。马克思在这里关于“经济的社会形态”的划分和其关于社会发展的五阶段说都是关于人类社会发展方向的科学认识。

（4）《资本论》第一版序言与社会进步的传导机制

马克思在《资本论》第一版序言中为我们揭示了社会进步的传导机制，他写道：“问题本身并不在于资本主义生产的自然规律所引起的社会对抗的发展程度的高低。问题在于这些规律本身，在于这些以铁的必然性发生作用并且正在实现的趋势。”③ “如果德国读者看到英国工农业工人所处的境况而伪善地耸耸肩膀，或者以德国的情况远不是那样坏而乐观地自我安慰，那我就要大声地对他说：这正是说的阁下的事情！”④ “现在的社会不是坚实的结晶体，而是一个能够变化并且经常处于变化过程中的机体”⑤。马克思

① 《马克思恩格斯文集》第2卷，人民出版社2009年版，第597页。

② 同上书，第592页。

③ 《马克思恩格斯文集》第5卷，人民出版社2009年版，第8页。

④ 同上书，第8页。

⑤ 同上书，第10页。

上面的这些论述，为我们揭示了社会进步的传导机制，主要可以被理解为这样几点。一是人类社会的发展是按照其自身的客观规律进行的，社会的发展和进步是一个自然的历史的过程，是不以人的意志为转移的，不管你承不承认。二是人类社会的这种自然的历史的发展进程，是在任何国家、任何地区都要进行的，“工业较发达的国家向工业较不发达的国家所显示的，只是后者未来的景象”①。三是人类社会的这种自然的历史的发展进程虽不能被人为地取消，但我们可以通过向别的国家或地区学习，将社会变革和发展的阵痛减轻，促进这一过程的发展。四是不管你承不承认，在社会发展过程中，进步国家或地区对落后国家或地区的影响是客观的和必然的。

2. 马克思社会进步观的当代价值

马克思社会进步观既然是对人类社会的本质认识和一般规律的揭示，那么它对于当前我们的社会发展的实践就仍具有极大的当代价值。其当代价值可以从两个方面来认识，一方面就是其自身的理论价值，这一部分的内容要求我们通过重新认识和解读马克思关于社会进步问题研究的相关经典文献；另一方面就是其现实价值，这一部分的内容则要求我们必须能够紧密结合现实实践来认识马克思的社会进步观。具体说来，马克思社会进步观的当代价值主要表现为以下几个方面。

（1）马克思社会进步观对人类社会发展基本规律的揭示今天仍然适用，具有历史意义。

马克思社会进步观建立在唯物史观的基础上，立足于人们的物质资料的生产实践来考察社会的发展和进步过程，揭示了人类社会发展的基本规律，即生产关系一定要适应生产力发展的规律以及上层建筑与一定的经济基础相适应的规律。人类社会的发展和进步是一个自然的历史的过程，它按照其本身所固有的客观规律进行运动。社会发展和进步的这些固有的客观规律贯穿于人类社会发展的各个阶段，并不因为时代的变换而发生改变。生产关系一定要适应生产力发展的规律作为人类社会发展的最一般的规律，我们在今天的社会发展中仍然必需遵循。如果违背这一规律，我们在社会发展和进步的过程中将会遭受沉痛的失败和惨痛的教训，付出极大

① 《马克思恩格斯文集》第5卷，人民出版社2009年版，第8页。

的代价。这样的例子数不胜数，曾经发生在我国社会主义建设中的“大跃进”和“文化大革命”便是鲜明的例子。因此，研究马克思社会进步观，对于我们正确认识社会发展和社会进步的基本规律，促进当前我们的社会发展具有重大的意义。

（2）马克思社会进步观关于评价社会进步的标准的论述有利于我们树立科学的发展观。

科学发展观，即是坚持以人为本，全面、协调、可持续的发展观。马克思社会进步观认为，我们在评价一个社会的发展和进步状况时，应该用三个标准和尺度去衡量。这三个标准就是生产力的发展、人的自由全面发展以及人与自然关系的协调。在马克思社会进步观提出的这三个衡量社会进步的标准中，生产力的发展是最重要和最根本的标准，它体现的是生产关系一定要适应生产力发展以及上层建筑与一定经济基础相适应的社会发展的基本规律。而科学发展观也将生产力的发展作为实现人的自由全面发展这一最终目标的根本手段，二者在这一点上是相通的；人的自由全面发展则体现了马克思对人这一社会历史主体本身的重视和理论关怀，反映了其人类解放的最终目标和理论旨趣，这一标准与科学发展观中的以人为本的要求相契合；人与自然关系的协调表达了马克思对人与自然辩证统一关系的科学认识，这一标准与科学发展观所提出的全面、协调、可持续的发展的要求是相通的。因此，研究马克思社会进步观，充分认识其评价社会进步的标准，有利于我们树立科学发展观。

（3）马克思社会进步观对于社会运动的基本规律的揭示有利于我们科学看待当前社会发展中所存在的问题。

马克思运用唯物辩证法，揭示了社会运动的三大基本规律，即对立统一规律、否定之否定规律以及质量互变规律。当前，我国正处于社会重大转型时期和全面建设小康社会的关键时期。在这一阶段，我国社会发展实践中存在着诸多问题和困境，如生态环境恶化，经济发展与生态环境矛盾日益突出，城乡差异、地区差异拉大，贫富悬殊加剧，社会矛盾激化，等等。这些都是我们在当前社会发展中不得不面对和解决的问题。根据对立统一规律，我们知道社会发展本身就是一个充满矛盾的过程，社会进步并不是一帆风顺的，社会每进一步都要付出巨大的代价，这种代价便包括当前我们所看到的各种生态问题、环境问题以及社会问题等；根据否定之否定规律，我们认识到社会进步是一个前进性与曲折性相统一的过程，因此，我们在现代化建设过程中必然会遇到各种挫折和问题，对此要科学对待；根据质量互变规律，我们认识到事物的发展是一个量变与质变相统一的过程，对于社会发展中存在的各种矛盾和问题，我们要把它们控制在一定的程度和范围之内，防止它们发生过度的激变。如果我们不了解社会运动的三大基本规律，就无法正确认识当前社会发展中存在的这些问题和困境，更谈不上解决它们。因此，马克思社会进步观对于社会运动的基本规律的揭示有利于我们科学看待当前社会发展中所存在的问题。

（二）马克思社会进步观当代价值的寻求实现途径

马克思主义认为，实践是检验真理的唯一标准。任何科学理论，其最初源起是实践，其最终归宿也必然是现实实践。科学理论只有与实践结合起来，指导实践，作用于实践，才能真正实现其作用和价值。在这一点上，马克思社会进步观作为一种科学的社会进步理论，也不例外。我们研究马克思社会进步观，发掘其当代价值，并不是为了研究而研究，其最终目的在于为社会的发展和进步服务，在现实实践中实现其当代价值，这就要求我们在正确认识马克思社会进步观当代价值的同时，善于结合现实实践，通过正确的途径去寻求马克思社会进步观的当代价值。

1. 增强提出和解决问题的能力

实际上，马克思社会发展理论的当代价值尽管体现在诸多方面，但就其实质而言，主要体现在理论与现实的结合点上，要寻找当代价值也只能由此来切入，并由此来实现。这就自然要求突出“问题意识”[①]。而“问题意识”作为人们主体能动性的重要体现，具体就表现为提出和解决问题的能力。因此，突出问题意识实际上就是要求我们增强提出和解决问题的能力。

首先，我们要突出问题意识，就必须要增强我们提出问题的能力。“提出新的问题、新的可能性，从新的角度去看旧的问题，都需要创造性的想像力，而且标志着科学的真正进步。”[②] 问题是我们研究的对象和起

---

① 丰子义：《马克思社会发展理论的当代价值—兼论其把握方式与寻求途径》，载《北京大学学报》（哲学社会科学版）2006 年第 4 期。

② A. 爱因斯坦、L. 英费尔德：《物理学的进化》，湖南教育出版社 2007 年版，第 175 页。

点，我们要不断深化我们的研究工作，就必须增强我们提出问题的能力。对于一些比较复杂的或者深层次的研究，提出问题显得尤为重要。马克思社会进步观体现在其大量的相关经典文献之中。我们要寻求马克思社会进步观的当代价值，就必须要对这些相关经典文献进行梳理和研究。面对卷帙浩繁的经典文献，如果我们没有较强的提出问题的能力，那么我们的研究工作势必难以深入进行，而只能停留在一些浅层次的研究上，显然，这样是很难寻求和把握马克思社会进步观的当代价值的。因此，要突出问题意识，首先要做的便是增强我们提出问题的能力，这是我们展开相关研究的前提。

其次，突出问题意识，其关键在于增强我们解决问题的能力。问题意识表现为提出问题和解决问题两个方面的意识。其中，提出问题是前提，解决问题则是目的和关键所在。提出问题，其目的在于开阔我们的研究视野，为我们提供更多的研究可能性，从而促进相关研究工作的深入开展，而不是为了提出问题而提出问题。我们在研究过程中，如果光有提出问题的能力而没有解决问题的能力，那么这无异于“自寻烦恼”，是有悖于我们的研究目的的。因此，我们在增强提出问题的能力的同时，还必须增强解决问题的能力。这一点，对于我们寻求马克思社会进步观的当代价值是十分重要的。

2. 坚持和发展马克思的社会进步观

马克思社会进步观建立在对人类社会发展一般规律的认识的基础上，它对社会进步的认识和研究是在本质层面上进行的。因此，尽管当前社会发展所面临的条件和形势已经远远不同于马克思所处的时代，它仍适用于我们今天的社会发展，我们必须予以坚持。同时，我们还需要认识到，马克思社会进步观作为对社会发展和社会进步的本质认识和理论阐发，尽管具有很大的先进性，但由于其所服务的对象社会生活实践一直处在变化之中，这一科学理论中必然会有部分认识观点与现实不符，与现实脱节。这就要求我们根据当前社会发展实际重新解读马克思社会进步观相关经典文本，对马克思社会进步观中与现实不符的、过时的理论主张做出修正和调整，发展和完善马克思的社会进步观。其实，马克思社会进步观的实践性特征和自我超越的内在品质也决定了马克思社会进步观并不是一成不变的，而是会随着社会发展实践的变化而变化的。因此，我们既有发展马克思社会进步观的必要，也具有发展马克思社会进步观的可能。要寻求马克思社会进步观的当代价值，就必须坚持和发展这一科学的社会进步理论。

3. 提高对社会进步趋势的认识能力

马克思社会进步观的当代价值还在于，马克思在批判资本主义社会的基础上，揭示了人类社会发展和进步的必然趋势，即资本主义必然灭亡，社会主义必然胜利，人类社会终将步入共产主义社会。一些人认为，马克思社会进步观对人类社会的进步趋势的认识已经过时了，已经不适用于分析现今的社会发展了，借之以否定这一科学的社会进步理论的当代价值。显然，这种观点是错误的。在当今资本主义社会，由于资产阶级对生产关系作出了一定的调整，阶级矛盾在一定程度上得到了缓和，资本主义生产关系对生产力的发展仍有着较大的促进作用，加之现代科技革命的巨大推动作用，资本主义社会非但没有出现马克思所说的那种阶级矛盾大爆发的情形，反而在社会发展和社会进步中取得了巨大的成就。但是，我们必须看到，在这些成就的背后，隐藏着的是巨大的问题与危机。当代资本主义社会仍面临着经济危机、生态危机、人的单向度化、生存环境恶化等诸多问题。而且，最主要的是资本主义社会的基本矛盾即生产社会化与生产资料的私人占有之间的矛盾并没有得到解决，而且比以前加剧了。所以，我们有理由相信，马克思社会进步观对社会进步趋势的认识在今天仍是正确的。基于此，要寻求马克思社会进步观的当代价值，就必须提高对社会进步趋势的认识能力。

二 直面当代中国社会进步过程的问题

马克思认为，人类社会的每一次进步都要付出一定的代价。社会进步造就了高度繁荣的现代文明，可是也把巨大的灾难留给了人们，并且社会愈进步，灾难愈深重。① 我国的社会进步过程也是如此。尽管当前我国的社会进步取得了一定的历史成就，这一点我们必须予以肯定。但是，我们更需要认识到的是，在现阶段，我国社会发展实践中存在着诸多问题和困境，如生态环境恶化，经济发展与生态环境矛盾日益突出，城乡差异、地区差异拉大，贫富悬殊加剧，社会矛盾激化，等，所有这些都使得当前我

① 冯军：《社会进步的辩证逻辑及人文向度》，载《武汉冶金科技大学学报》1999 年第 1 期。

国社会发展和进步面临着极其复杂的条件和形势。要解决中国社会发展和进步中存在的种种问题，走出发展中存在的各种困境，就必须以马克思社会进步观这一科学的社会进步观念来指导我们的现实实践，直面当代中国社会进步过程中的各种问题和困境。

（一）当代中国社会进步的历史成就及现实问题

我们要用马克思社会进步观来指导当前中国社会发展的实践，首先必须对当代中国社会进步所取得的历史成就及社会进步过程中存在的各种现实问题有一个全面的认识。需要指出的是，对当代中国社会进步过程中所取得的历史成就的肯定固然必要，但我们的注意力应更多地放在对当代中国社会进步所存在的现实困境的认识上。只有清醒地认识到当前我国社会进步过程中的种种现实障碍，我们才能找到有效的途径去排除这些进步的障碍与藩篱，促进我国社会进步取得更大的成就。也只有这样，才能真正体现马克思社会进步观的当代价值。

1. 当代中国社会进步的历史成就

社会进步的过程虽然是曲折的、复杂的，但其进步的根本趋势却是向前的。当前，中国社会进步已经取得了一定的历史成就，这些历史成就主要表现为以下几个方面。

（1）新中国成立后尤其是改革开放以来，中国的社会生产力取得了长足的发展。

新中国成立后，通过三大改造在中国确立了社会主义制度，这在一定时期内极大地解放了当时的社会生产力，促进了社会生产力的发展。尽管随后受“左”倾错误思想扩大的影响，中国发生了“大跃进”和“文化大革命”，社会生产力的发展几近停滞甚至倒退。但在广大人民群众的努力下，中国社会生产力在这一期间仍取得了一定的成就。随着党的十一届三中全会的召开，中国逐渐进入了建设中国特色的社会主义时期。在这一时期，伴随着改革开放的不断深入和社会主义市场经济体制在中国的逐步确立，社会生产力获得了空前巨大的发展。社会生产力的这种空前发展所带来的是经济的繁荣、人民物质生活水平不断提高以及中国综合国力的不断提升等。

（2）人的主体价值和地位不断提升

科学发展观以及构建社会主义和谐社会的提出，标志着在当前中国社会发展中“人”这一社会历史主体的价值及地位正在得到不断的肯定。

过去在很长一段时期内，我们在社会发展中忽视了人作为社会历史主体的自身的价值，社会发展中缺少了必要的人文关怀，其结果便是在社会发展中人们的积极性普遍受挫，这进而影响了中国社会的发展和进步。作为对这一问题的反思，科学发展观以及和谐社会理念的提出极大地改善了这一情况。科学发展观即是以人为本，全面、协调、可持续的发展观。它将以人为本作为其核心，也即是将人的自由全面发展作为其最终目标，这是对人的主体价值的极大的肯定和实现。构建社会主义和谐社会，其核心和灵魂也是以人为本，它所反映和追求的是一种以人为本的社会各因素所达成的整体和谐的发展，因而也体现出了巨大的人文关怀，是对人的价值的极大肯定。因此，科学发展观以及构建社会主义和谐社会的提出，标志着当前中国社会发展中人这一社会历史主体的价值及地位正在得到不断的肯定。

（3）对社会进步的尺度有了更科学、更全面的认识

社会进步是一个复杂的过程，其评价标准和评价尺度也是多样的。以任何一种单一尺度来衡量一个社会的发展和进步状况，都只能得出片面的甚至错误的认识。马克思社会进步观作为一种科学的社会进步理论，认为评价社会进步的标准和尺度主要有三个，即生产力的发展、人的自由全面发展以及人与自然关系的协调。在以往的社会发展中，我们曾一度过度强调生产力的发展，片面追求经济增长而忽视了对人本身价值及自然的尊重，导致社会发展和进步中出现了诸多问题。现在，随着科学发展观和构建社会主义和谐社会的提出，我们在社会进步过程中已经开始越来越多地考虑人自身以及自然的因素，而不是像以往那样一味只强调生产力的发展。这无疑是对社会进步的尺度的更科学、更全面的认识。

2. 当代中国社会进步的现实障碍

当代中国社会进步虽然取得了一定的成就，但我们更需要看到，当代中国社会进步的过程中，仍存在着种种现实障碍，它们制约了中国社会进步取得更多、更大的成就。当前，制约中国社会进步的现实障碍来自多个方面，有经济方面的，有政治方面的，有社会方面的，还有道德方面的，不一而足。但总的来说，可以概括为以下几个方面。

（1）生产力水平障碍

当前社会进步过程中，我国生产力发展的水平仍然较低，这是制约当

代中国社会进步的最大的现实阻碍。

尽管随着改革开放的深入和现代化建设的开展，当前我国的社会生产力已经取得了极大的发展，已经远非当初的“老牛拉破车”所能比拟了。但是，在同发达资本主义国家进行横向比较时，我国的社会生产力无疑还处于较低的水平，加之人口基数庞大，这一问题更被无限地放大了。所以，在社会主义初级阶段的今天，我们在生产力的发展上仍然有着艰巨的任务，仍然必须坚持以经济建设为中心，大力发展社会生产力，以满足不断增长着的人民群众的物质文化需求。可以想见，在很长一段时间内，我国生产力发展的低水平，会制约着当代中国社会的进步。

（2）当前社会进步过程中，人的发展状况和生存状况仍有待改善。

马克思曾经指出：“人们的社会历史始终只是他们的个体发展的历史，而不管他们是否意识到这一点。”[①] 在他看来，人的自由全面发展是社会发展的最终目标，因而将它确立为衡量社会进步的重要尺度和标准。尽管我们已经对过往社会发展中片面追求经济发展而忽视人的发展的问题进行反思，并提出了科学发展观和构建社会主义和谐社会的思想，但这并未完全改变当前中国社会进步过程中人的发展状况不足的局面。同时，在当前中国的社会进步过程中，人的生存状况也不尽如人意，受到来自经济的、社会的、环境的等多方面负面因素的制约和影响，仍存在着许多有待改善的地方。

（3）当前社会进步过程中，社会腐败现象的盛行严重制约着中国社会的进步。

腐败是人类社会躯体上固有的顽疾。在历史上，各种类型的国家都把腐败视为“毒瘤”，并绞尽脑汁，针对其做了各种政治设计。当前，我国正处于社会的重大转型时期，这一时期我国制度在许多方面存在着缺失以及不规范的地方，这就为腐败的滋生提供了极大的空间。可以说，腐败之所以在我国社会主义现代化建设时期愈演愈烈，除了理论上的权力所有者和实际的权力行使者之间不一致的原因外，这是其中一个重要的原因。社会腐败的盛行严重影响了社会的公正和社会诚信，是对社会资源的极大浪费和对法律权威的极大的挑战。在当前社会进步的过程中，社会腐败现象

---

① 《马克思恩格斯文集》第10卷，人民出版社2009年版，第43页。

的盛行已经严重制约了中国社会的进步。

（二）用科学的进步观看待进步中的问题和挑战

当前，在我国社会进步过程中，存在着诸多问题和困境，如生态环境恶化，经济发展与生态环境矛盾日益突出，城乡差异、地区差异拉大，贫富悬殊加剧，等等。同时，我国正处于社会转型的重大时期和现代化建设的关键时期。在这一时期，由于原有利益格局被打破，旧的社会结构也受到冲击，社会各种利益面临重组。这一重组过程，有可能会激化各类社会矛盾，破坏新的社会结构的形成，从而使社会进步面临极其复杂的形势和条件。这使得我国社会进步面临着诸多问题和挑战，而在这种情况下，我们必须用马克思社会进步观这一科学的社会进步理论来看待社会进步中的问题和挑战，做到以下几点。

1. 必须用科学标准评价中国社会进步

社会进步是一个复杂的过程，其评价尺度也是多样的。选择用什么样的标准和尺度来衡量一个社会的发展和进步状况，直接影响着人们能否得出对社会进步的科学正确的认识，从而通过对现实实践的指导，影响社会进步的过程。马克思社会进步观在考察和评价人类社会的进步时，主要采用了生产力的发展、人的自由全面发展以及人与自然关系的协调三个评价标准和尺度。其中，生产力发展标准的依据在于生产力的发展是人类社会发展和进步的根本决定力量；人的自由全面发展标准的依据在于，人是社会历史的主体，社会的发展史归根结底是人的发展史，人的发展是社会发展的根本目标；人与自然关系协调标准的依据则是人与自然的辩证关系。可见，马克思评价社会进步的标准和尺度，是根据科学依据，经过深刻的哲学思考而得出来的，是评价社会进步的科学标准。这也是我们称马克思社会进步观为科学进步观的一个重要的原因。所以，在当前社会发展中，我们必须用马克思社会进步观所提供的科学标准和尺度来评价中国社会进步。

2. 必须正确处理社会矛盾与社会冲突

当前，在我国社会发展过程中，各种矛盾和冲突时有发生，并有激化之势。社会矛盾和社会冲突在现阶段的激化是有其深层次原因的，其原因就在于，我国现阶段正处于社会转型的重大时期和现代化建设的关键时期。这一时期，由于原有利益格局被打破，旧的社会结构受到冲击，社会各种利益面临重组。这一重组过程，势必会激化各类社会矛盾，引发各类社会冲突。马克思认为，在人类社会发展史上，社会矛盾和社会冲突是普遍存在着的。根据他运用唯物辩证法对人类社会运动的基本规律作出的揭示，我们可以知道，社会矛盾是人类社会发展的内在根源和内在动力。面对社会矛盾和社会冲突，我们要做的便是将社会矛盾和社会冲突控制在一定的程度和范围之内，正确处理社会矛盾和社会冲突，从而促进社会的进步。所以，我们必须运用马克思社会进步观这一科学的社会进步理论正确看待和处理各种社会矛盾和社会冲突，化矛盾和冲突为社会进步的动力。

3. 必须不断排除进步的障碍与进步的藩篱

当前，我们社会进步过程中存在着诸多现实阻碍，这些阻碍来自经济、政治、文化、社会、道德等多个方面，我们要促进社会进步，就必须面对和解决这些问题，不断排除社会进步的各种阻碍。要排除社会进步的各种现实阻碍，首先，我们必须进一步深化经济体制改革和政治体制改革，对生产关系和上层建筑中不适应生产力发展的成分作出调整和改善，使其逐步适应当前我国社会生产力的发展，进而从根本上促进社会进步的过程。其次，我们还必须继续大力开展反腐倡廉活动。社会腐败的盛行严重影响了社会的公正和社会诚信，是对社会资源的极大浪费和对法制权威的极大的挑战。在当前社会进步的过程中，社会腐败现象的盛行已经严重制约了中国社会的进步。正因为此，反腐刻不容缓。最后，我们必须坚持和落实科学发展观，以做到对人这一社会历史主体的自身价值的切实尊重和实现。

4. 必须积极推进各个领域的改革和制度创新

改革是社会主义制度的自我完善机制。我国的经济体制等各个领域的改革已经进行了 30 多年，取得了巨大的进展从而带来了巨大的社会进步。问题在于，改革是无止境的，旧的问题解决了，新的矛盾又积累起来。按照马克思的社会进步观，社会进步是一个对旧事物和旧状态不断扬弃的过程，辩证法不承认任何固定的、终结的东西。要谋求中国社会的不断进步，只有不断推进改革开放；要化解当下社会进步导致的新困惑新矛盾，只有不断推进各个领域的制度创新。

第八章　马克思意识形态理论及其当代价值

第一节　马克思意识形态理论相关概念界定

社会存在和社会意识是马克思和恩格斯在创立唯物史观时所提出的两个重要的哲学概念，是唯物史观的两个崭新的范畴。在马克思和恩格斯看来，与思维和存在是哲学的基本问题一样，社会存在和社会意识的关系问题是唯物主义历史观的基本问题，对于二者关系的不同回答是划分唯物史观和唯心史观的唯一标尺。

一　社会存在

在《共产党宣言》中，马克思和恩格斯首次明确提出了“社会存在”这一概念。马克思和恩格斯在对资产阶级关于自由、教育、法等观念做出了深入的批判和揭露后指出：“人们的观念、观点和概念，一句话，人们的意识，随着人们的生活条件、人们的社会关系、人们的社会存在的改变而改变。”① 在唯物主义历史观的视域下，“社会存在”的概念主要有以下三个方面的内涵。

首先，马克思曾明确指出：“全部人类历史的第一个前提无疑是有生命的个人的存在”② 因此，马克思恩格斯所讲的“社会存在”始终是人的社会存在，是人作为社会存在者的存在，离开了人的存在，“社会存在”这一概念便失去了其存在的必要和基础。其次，唯物史观认为，社会存在

① 《马克思恩格斯文集》第2卷，人民出版社2009年版，第50页。

② 《马克思恩格思文集》第1卷，人民出版社2009年版，第519页。

是社会物质生活条件的总和，它包括物质生活资料的生产方式、人口因素和自然环境。马克思指出：“人们首先必须吃、喝、住、穿，然后才能从事政治、科学、艺术、宗教，等等；所以，直接物质的生活资料的生产，因而一个民族或一个时代的一定的经济发展阶段，便构成基础。”① 由此可见，直接的物质资料的生产方式是社会存在的一个重要的表现，它的变化发展对整个社会历史的变化发展起着决定性的作用。此外，人口因素和地理环境也是社会存在的重要组成部分，它们在人类历史发展的不同阶段同一定的生产方式相联系，对社会发展变化均起到一定的制约和影响作用。最后，社会存在的本质是实践，它动态地表现为一种社会实践活动。唯物史观认为，实践是人的主观的、感性的活动，是主观见之于客观的能动的活动，是社会关系的本质和基础。

二 社会意识

与社会存在的概念一样，社会意识也是唯物史观独有的哲学范畴，它是伴随着分工的发展，生产力水平的提高和人类文明的发展进步逐步完备和成熟起来的一个思维体系。经过分工的发展和生产力水平的提高，人类逐步地从事政治、哲学、艺术和科学创新活动，并在此过程中逐渐发展出政治、哲学、艺术、宗教等独立的社会意识形式，构成了一个系统完备的思维体系。

唯物史观认为，社会意识是与社会存在相对应的一个独特的哲学范畴，是社会存在的总体反应，是各种社会精神生活现象所组成的一个详尽完备的有机系统。“它总括了人的一切意识要素和观念形态以及人类社会的全部精神现象及其过程。社会意识是人们对一切社会生活的过程和条件在观念上的反映，归根到底是社会物质生活过程及其条件（主要是物质资料生产方式）在观念上的反映。”② 社会意识是一个复杂的系统，从社会现实生活的层面展开来说，它具有丰富多样的内容和形式。包括诸如经济、政治、法律、宗教、艺术、哲学、科学等意识形式，以及人们的风俗习惯和社会心理等。

---

① 《马克思恩格斯文集》第3卷，人民出版社2009年版，第601页。

② 肖前：《历史唯物主义原理》（修订本），人民出版社1983年版，第259页。

社会意识具有复杂的结构和丰富的内容，按照不同的分类标准可以将其划分为两大类型。从社会意识对社会存在反映的程度和特点来划分，社会意识可以分为社会心理和社会意识形式两个层次；从社会意识的主体范围来划分，可以将社会意识划分为个体意识和群体意识两个层次。个体意识即社会成员的个人意识。个体意识是社会成员个人的社会经历和社会地位在自身头脑中的反映，它是社会成员个人社会实践的产物。个体意识是人类社会发展到一定阶段才产生和出现的，个体意识的形成和发展受到诸多因素的影响和制约，主要有：个人生活实践和知识水平；个人所处的家庭、教育和社会交往条件；社会物质生活条件；社会政治生活条件等。个体意识包括三个层面的内容：社会成员个人的自我意识，个人对自身所处的社会和自然环境的意识，个人对自身与自然和社会关系的意识。群体意识是人类群体的社会地位、社会经历及其共同利益和与整个社会生活的关系在该群体成员头脑中的反映，它是个体意识复合的产物。群体意识主要包括群体自我意识和群体与社会关系的意识两个方面的内容。由于群体意识的主体是特定的社会群体，受到特定社会群体成员的背景和价值观念的影响，群体意识也呈现出一种复杂多样的特点。有家庭意识、集体意识、团体意识、阶层意识、阶级意识、社会整体意识等。

三　意识形态

“意识形态”便成为西方乃至世界思想史上的一个意义混杂、性质模糊的哲学概念。

在学术界，不同学科的学者们均试图从自己的专业理论出发对其给出一个明确清晰的界定，但由于其受到本学科知识的限制，他们对“意识形态”概念所作的界定均带有一定程度的单一学科色彩，因此始终都没有取得令人满意的结论，甚至连马克思和恩格斯都没能够给“意识形态”做出一个精确的定义。“意识形态”这一概念既出现在哲学、社会学以及政治学等学科的理论框架之中，也经常出现在人们的日常生活之中，这使得“意识形态”这一哲学概念显得更加复杂和诡异，让人们更加难以理解和琢磨。虽然给“意识形态”做出一个明确的界定是一件非常困难的事情，但是，还是有不少学者通过对其进行认真翔实的研究论证得出了自己对“意识形态”这一概念独到的理解。

撒姆纳通过自己的研究，他给“意识形态”归纳出了10种定义：“①指基于虚假意识的信仰体系，虚假意识的根源在于阶级利益。②指基于乌托邦幻想而形成的思想体系，乌托邦幻想的根源在于个人旨趣。③指根据事务的表象而形成的错误观念。④指任何系统化、体系化、标准化、制度化的思想体系。⑤指基于特定的生产方式和经济结构而形成的思想意识。⑥指排斥理论探寻而一味追求实用性的不科学的信念（如民间迷信）。⑦指人们在其无意识中幻想出来的与现实世界的种种关系。⑧指思想领域中的各种阶级斗争活动。⑨指具有政治意味和政治效果的社会实践活动。⑩指一种独特的社会实践活动，个人凭此生存于社会整体之中，并切身感受自己与整体之间的关系和社会的‘真实’状况。”① 通过分析撒姆纳对“意识形态”的10种定义，我们可以看出撒姆纳所界定的“意识形态”有三个明显的特点：一是“意识形态”具有虚假性，它是一种错误的观念。二是“意识形态”不是一种杂乱无章的心理现象，而是一种经过思维加工的系统化、制度化的思想体系。三是“意识形态”是一种具有政治内涵的社会实践活动。

雷蒙·高斯根据“意识形态”概念在情感色彩上的差异将“意识形态”分为中性意义上的意识形态，贬义色彩上的意识形态和褒义色彩上的意识形态三大类别。“第一，中性意义（或描述意义）上的意识形态，人们把它当作一个描述性概念，以之分析一定的社会结构与功能，它不论真假是非，不做价值判断。……第二，贬义上的意识形态，这主要是指马克思、法兰克福学派等的‘意识形态’概念。它把人类的一切精神、思想、文学、艺术活动都看成是代表一定阶级利益的虚假意识，从而否定它自诩、自命的普遍真理性，揭示它曲解社会存在并进而维护某些特定团体的利益的根本特征。……第三，褒义上的意识形态，即建设性的意识形态。”② 雷蒙·高斯对“意识形态”的划分方法的确有其独到之处和积极的一面，但是，仅凭感情色彩的划分容易使人们对“意识形态”的理解走向简单化从而缺乏必要的理论深度。

德国知识社会学的创始人卡尔·曼海姆运用知识社会学的研究内容和

---

① 季广茂：《意识形态》，广西师范大学出版社2005年版，第8页。

② 同上书，第16页。

方法将“意识形态”分为两个大的类别：“一类是特定意识形态，一类是整体意识形态。特定意识形态是个别人的观念和表象，目的在于掩饰某些集团的私利；整体意识形态是特定历史时期或特定社会团体的意识形态，目的并不在于现实利益的掩饰和遮盖，而在于塑造特定的世界观，确定理论思维的总体框架和主体的认知态度。特定意识形态的作用范围是个别人的心理，整体意识形态的作用范围是整体化的社会舆论。”① 卡尔·曼海姆对“意识形态”概念的界定简单明确，层次明晰，由特定的群体意识形态上升到整个社会的意识形态层面，这使我们能够更准确的把握“意识形态”概念的内涵。

对于“意识形态”概念的内涵，杨耕教授曾指出，“意识形态”是“社会意识的一种特殊表现形式，意识形态以表现一定社会中的人们的利益、意志、愿望和要求为内容，其基本职能是直接参与社会生活，以巩固或改变一定的社会关系。意识形态既是人们特定的经济关系的观念表现，又直接构成了人们特定的思想关系和特定的精神生活本身。”②

东西方学者对“意识形态”概念的界定可谓见仁见智，他们均从自己的专业知识和学术背景出发对“意识形态”做出了具有建设性和开创性意义的界定，这为我们进一步从学理上研究“意识形态”概念提供了理论基础。通过分析西方学者对“意识形态”概念的界定和理解，我们认为“意识形态”这一抽象复杂的概念可以从如下四个方面理解：首先，意识形态属于人类社会上层建筑的范畴，是社会意识的一种特殊的表现形式，它依赖于特定的社会物质生活和精神生活并反映着特定的社会物质生活和精神生活条件下人们的意志、情感和渴求。其次，意识形态具有历史性和阶级性特征。在阶级社会中，意识形态具有明显的政治色彩，具有不以人的意志为转移的阶级性，它在阶级社会条件下会必然地被打上阶级的烙印。并且，在一定程度上讲，不是每一个阶层或者阶级的意识都可以称为意识形态，只有取得统治地位的统治阶级的社会意识我们才会冠之以“意识形态”这一专有概念。再次，意识形态是一种系统化、理论化的思想体系，它不是人们杂乱无章、漫无头绪的低层次社会心理的反映，而是

① 季广茂：《意识形态》，广西师范大学出版社 2005 年版，第 17 页。

② 张秀琴：《马克思意识形态理论的当代阐释》，中国社会科学出版社 2005 年版，第 1 页。

对社会生活现象的一种系统逻辑的折射和反映。最后，意识形态具有群体性和广泛性特征，它不是单个人或者一小部分社会成员的观念和思想的反映，而是一种能够被某个阶层、阶级所接受和认可的整体的、处于社会层面的思想观念。

第二节　马克思意识形态理论的形成脉络

唯物史观和剩余价值学说构成了马克思主义思想体系大厦的基石。马克思意识形态理论的创立和发展过程与马克思唯物主义历史观的形成过程在逻辑上是完全一致的。在马克思创立唯物史观的过程中，马克思通过其在不同时期的五部主要著作阐发了他的意识形态理论。

一　《黑格尔法哲学批判》：马克思对意识形态问题的初步触及

马克思在对黑格尔法哲学的批判过程中开始对意识形态问题有所触及，并由此逐渐形成了自己的从唯物史观角度出发的意识形态理论。在《黑格尔法哲学批判》中，马克思对意识形态问题的研究初步涉及以下几个方面的内容。

首先，批判黑格尔哲学的神秘主义特征，揭露黑格尔哲学的唯心主义本质，初步探索了意识形态的非决定性特点。黑格尔在《法哲学原理》第262节中写道“现实的观念，精神，把自身分为自己概念的两个理想性的领域：家庭和市民社会，即分为自己的有限性的两个领域。”① 在黑格尔看来，家庭和市民社会是由理念和精神这种充满神秘色彩的东西中发展和衍生出来的。马克思批判黑格尔的观点中充满了泛神论的神秘主义色彩，指出：“在黑格尔那里条件变成了被制约的东西，规定其他东西的东西变成了被规定的东西，产生其他东西的东西变成了它的产品的产品。”② 并且明确指出：“这就是说，政治国家没有家庭的自然基础和市民社会的人为基础就不可能存在。它们对国家来说是必要条件。……事实却是这样：国家是从作为家庭的成员和市民社会的成员而存在的这种群体中产生出来的，思辨的思维

① 《马克思恩格斯全集》第3卷，人民出版社2002年版，第9页。
② 《马克思恩格斯全集》第1卷，人民出版社1956年版，第252页。

却把这一事实说成是观念活动，没有把它说成是群体的观念”[①] 由此，马克思逐渐开始批判了黑格尔哲学中所存在的唯心主义色彩，并且认识到意识在政治国家的构建中并非起到决定性的作用，而且恰恰相反，在政治国家的构建中，作为社会存在的家庭和市民社会却成为基础。

其次，在揭示黑格尔法哲学成为一种维护统治阶级阶级统治的官方哲学的过程中，马克思初步意识到意识形态在维护统治阶级的阶级统治中将发挥重要作用，将会成为统治阶级上层建筑的主要组成部分。“‘外在必然性’的意思只能是这样：当家庭和社会的‘法律’和‘利益’同国家的‘法律’和‘利益’发生冲突时，家庭和社会的‘法规’和‘利益’必须服从国家的‘法律’和‘利益’；它们是从属于国家的，它们的存在依存于国家的存在；或者说还可以说，国家的意志和法律对家庭和市民社会的‘意志’和‘法律’来说是一种必然性。”[②] 马克思在此指出，国家的意志和法律就是隶属国家意识形态范畴的，它们必然是要为维护国家统治阶级的利益服务的。马克思在论述过程中批判了意识形态的阶级性特征。

最后，马克思在对意识形态问题进行探讨的初始，就抛弃了黑格尔的唯心主义原则，坚持从现实的家庭和市民社会出发，即从现实的社会生活实践出发来探索意识形态理论问题，探索作为资产阶级上层建筑的意识形态。这也为其后来创立唯物主义历史观打下了坚实的基础。马克思曾明确指出：“对思辨的法哲学的批判既然是对德国迄今为止政治意识形式的坚决反抗，它就不会面对自己本身，而会面向只有用一个办法即通过实践才能解决的那些课题。”[③] 可见，马克思在对黑格尔法哲学的批判过程中已经跳出了唯心主义的神秘怪圈，从而站在社会实践的高度去重新审视黑格尔在《法哲学原理》中所讲述的资产阶级的家庭、市民社会以及国家的构建问题。

二　《1844年经济学哲学手稿》：马克思意识形态理论的初步形成

在《1844年经济学哲学手稿》这部伟大的著作中，马克思继续对黑格尔的唯心主义哲学进行深入的批判，并开始初步地论述意识形态的相关

---

① 《马克思恩格斯全集》第3卷，人民出版社2002年版，第12页。

② 同上书，第8页。

③ 同上书，第207页。

问题，由此形成了自己有关意识形态问题的理论雏形。

其一，马克思指出了意识形态具有虚假性特征并分析这种虚假性的根源在于异化劳动。劳动异化学说是《1844年经济学哲学手稿》中的一个非常重要的内容，马克思从手稿中具体阐述了自己对于劳动异化的观点，并由此出发展开了对意识形态的分析。他指出："这种物质的、直接感性的私有财产，是异化了的人的生命的物质的、感性的表现。私有财产的运动—生产和消费—是迄今为止全部生产运动的感性表现，就是说，是人的实现或人的现实。宗教、家庭、国家、法、道德、科学、艺术等等，都不过是生产的一些特殊的方式，并且受生产的普遍规律的支配。因此，对私有财产的积极的扬弃，作为对人的生命的占有，是对一切异化的积极的扬弃，从而是人对宗教、家庭、国家等向自己合乎人性的存在即社会的存在的复归。"①

其二，马克思认为，意识形态本身受到了人的感觉器官所具有的功能限度以及人自身状况的影响，它不可能准确真实并且全面地反映现象的真实情况，它本身具有一定的局限性。对此，马克思曾形象地指出："忧心忡忡的贫穷的人对最美丽的景色都没有什么感觉；贩卖矿物的商人只看到矿物的商业价值，而看不到矿物的美和特性。"②

其三，指出了实践活动是扬弃意识形态虚假性的根本途径，而这种社会实践活动就是共产主义运动。因为共产主义是对人的异化和私有制度的积极扬弃，它追求的是人本身的解放。共产主义是自然主义和人道主义的和谐统一。"共产主义是私有财产即人的自我异化的积极的扬弃，因而是通过人并且为了人而对人的本质的真正的占有；因此，它是人向自身、也就是向社会的即合乎人性的人的复归，这种复归是完全的复归，是自觉实现并在以往发展的全部财富的范围内实现而复归。"③ 马克思认为，意识形态之所以具有虚假性就是因为它纯粹地存在于社会意识的领域，长期占据在人类社会上层建筑的层面因而完全脱离了社会实践活动，成为人类异化劳动的产物。要想扬弃意识形态的虚假性，就必须要从人类异化劳动的怪圈中彻底走出来，这条路径便是实践活动，就是要投身到现实的共产主

① 《马克思恩格斯文集》第1卷，人民出版社2009年版，第186页。

② 同上书，第192页。

③ 同上书，第185页。

义的运动中去，站在唯物主义历史观的宏观视域下去审视意识形态领域的问题，坚持唯物史观社会存在决定论的基本原则从而与意识形态的虚假性做彻底的决裂。

三 《关于费尔巴哈的提纲》：马克思意识形态理论的进一步阐释

在《关于费尔巴哈的提纲》中，马克思进一步阐述了他的意识形态理论。即意识形态绝对不可能是无源之水，无本之木，意识形态存在的必要条件便是人类社会实践活动的存在。只有在实践活动的指导下，意识形态才能摆脱其虚无性特征。唯物史观认为，社会意识是社会存在的产物，社会意识来源于社会生活实践，离开实践活动的人类的社会意识只能是感性虚无的个人直观感受。在《1844 年经济学哲学手稿》中，马克思已经指出了实践活动是扬弃意识形态虚假性的根本途径，在提纲中的第七条和第八条中，马克思更加明确指出："'宗教感情'本身是社会的产物，而他所分析的抽象的个人，实际上是属于一定的社会形式的。""社会生活在本质上是实践的。凡是把理论诱入神秘主义的神秘东西，都能在人的实践中以及对这种实践的理解中得到合理的解决。"① 在这里，马克思明确将实践观点引入了历史社会领域，他指出，人类社会生活在本质上是实践的。社会历史的基础就产生在人们的社会生活实践之中。由此，马克思得出结论："环境的改变和人的活动或自我改变的一致，只能被看作是并合理地理解为革命的实践。"② 意识形态绝对不可能是凭空产生又凭空消失的，它必须要依赖于实践活动才能够存在。

四 《德意志意识形态》：马克思意识形态理论基本形成

马克思与恩格斯合著的《德意志意识形态》是马克思意识形态理论创立过程中的一部非常重要的著作，这部著作的完成标志着马克思意识形态理论基本形成。

其一，阐述了意识形态的虚幻性和虚假性特征，并由此批判在意识形态虚假性掩盖下的资产阶级的欺诈性。在《德意志意识形态》一文的开篇序言

① 《马克思恩格斯文集》第 1 卷，人民出版社 2009 年版，第 505 页。

② 同上书，第 500 页。

中，马克思指出："迄今为止人们总是为自己造出关于自己本身、关于自己是何物或应当成为何物的种种虚假观念。他们按照自己关于神、关于标准人等观念来建立自己的关系。他们头脑的产物不受他们支配。他们这些创造者就屈从于自己的创造物。"① 马克思在此一针见血地指出了意识形态所具有的虚假性特征，人们创造出各种各样虚假的意识形态却不能驾驭它们而最终却为它们所役使。在这一点上，以往的哲学尤其是代表德国古典哲学最高成就的黑格尔哲学也没有能够对此有明确的分析和批判，这也充分反映了马克思在意识形态问题上自己独到的眼光。在揭露了意识形态的虚假性特征后，马克思进一步指出："资产者的假仁假义的虚伪的意识形态用歪曲的形式把自己的特殊利益冒充为普遍的利益，"② "每一个企图取代旧统治阶级的新阶级，都是为了达到自己的目的不得不把自己的利益说成是社会全体成员的共同利益，就是说，这在观念上的表达就是赋予自己的思想以普遍的性形式，把它们描绘成唯一合乎理性的、有普遍意义的思想。"③ 资产阶级正是利用了这种虚伪的意识形态来蒙蔽人们、欺骗人们，进而谋取自己的私利。

其二，意识形态没有自己独立完整的历史轨迹，更绝不会在人类社会中永恒存在。"道德、宗教、形而上学和其他意识形态，以及与它们相适应的意识形式便不再保留独立性的外观了。它们没有历史，没有发展，而发展着自己的物质生产和物质交往的人们，在改变自己的这个现实的同时也改变着自己的思维和思维的产物。"④ 在此，马克思明确指出，意识形态没有自己独立的发展历史，它不可能在离开了人类的物质生活和交往的情形下存在下去，它只能是人类生产和生活的产物。所以，"意识在任何时候都只能是被意识到了的存在，而人们的存在就是他们的现实生活过程。如果在全部意识形态中，人们和他们关系就像在照相机中一样是倒立成像的，那么这种现象也是从人们生活的历史过程中产生的，正如物体在视网膜上的倒影是直接从人们生活的生理过程中产生的一样。"⑤ 同时，马克思认为，没有独立历史的意识形态也绝不会在人类社会中永恒存在下

① 《马克思恩格斯文集》第1卷，人民出版社2009年版，第509页。

② 《马恩全集》第3卷，人民出版社1960年版，第195页。

③ 《马恩文集》第1卷，人民出版社2009年版，第552页。

④ 同上书，第525页。

⑤ 同上。

去，意识形态是人类社会发展的一定阶段的产物，尤其是发展到阶级社会时期的产物，它也必定会随着阶级社会的消亡而最终走向消亡。马克思指出："只要阶级的统治完全不再是社会制度的形式，也就是说，只要不再有必要把特殊利益说成是普遍利益，或者把'普遍的东西'说成是占统治地位的东西，那么，一定阶级的统治似乎只是某种思想的统治这整个假象当然就会自行消失。"① 所以，意识形态没有自己独立完整的历史，因此，也绝不会在人类社会中永恒存在。

其三，在阶级社会中，意识形态具有明显的阶级性特征。马克思在认真分析了阶级社会的意识形态问题后认为，在阶级社会中，意识形态不可避免地要被打上阶级的烙印，代表统治阶级的利益。"统治阶级的思想在每一个时代都是占统治地位的思想。这就是说，一个阶级是社会上占统治地位的物质力量，同时也是社会上占统治地位的精神力量。支配着物质生产资料的阶级，同时也支配着精神生产资料，因此，那些没有精神生产资料的人的思想，一般地是隶属于这个阶级的。占统治地位的思想不过是占统治地位的物质关系在观念上的表现。"② 统治阶级在取得了物质的统治地位，即取得了对社会的统治权力以后，他若想稳定和巩固自己的政权和地位，就必须要从思想上进行统治，控制人们的精神和思想。而这种途径就是通过意识形态进行渗透。这使得意识形态必然披上了阶级性的外衣，充满了阶级色彩，在阶级社会中，意识形态具有明显的阶级性特征是一种必然发生和必然出现的现象。

其四，深入探讨了意识形态的起源问题，明确提出社会实践决定意识形态的论点，正是因为人们生产和生活实践以及人们彼此间交往的需要，意识形态才能够产生，意识形态产生于社会实践之中。马克思在论述意识的生产时指出："从直接生活的物质生产出发来阐述现实的生产过程，并把同这种生产方式相联系的、它所产生的交往形式即各个不同阶段上的市民社会理解为整个历史的基础；从市民社会作为国家的活动描述市民，同时从市民社会出发来阐明意识的所有各种不同的理论产物和形式，如宗教、哲学、道德等等。"③

---

① 《马克思恩格斯文集》第1卷，人民出版社2009年版，第553页。

② 同上书，第550页。

③ 同上书，第544页。

五 《资本论》：马克思对意识形态的纵深探究与发掘

《资本论》这部鸿篇巨制是马克思毕生心血的结晶，是马克思学术思想最经典和集中的体现。《资本论》的写作始终贯穿着一条逻辑主线，即它始终是以马克思唯物主义历史观为指导，通过对资本主义生产方式的分析，揭示了资本主义社会发展的一般规律，进而揭露资本主义制度下赤裸裸的剥削本质，最终引导无产阶级通过无产阶级的社会革命推翻资本主义制度，建立每个人都能够自由全面发展的共产主义社会。在《资本论》这部巨著中，马克思也对意识形态问题做了深入的剖析，具体体现在以下几个方面。首先，在《资本论》中，马克思不仅是从经济体制和经济制度层面对资本主义制度进行深入的批判，而且，还从更广泛的范围上（宗教、法律、政治、哲学等）对资本主义的意识形态展开了深入的剖析与批判，透过马克思对资本主义意识形态的彻底明确的分析，马克思指出："在这里，资本主义制度或者已经直接征服整个国民生产，或者在这种关系还很不发达的地方，它也至少间接地控制着那些与它一起继续存在的、属于过时的生产方式的、腐朽的社会阶层。事实越是明显地反对政治经济学家的意识形态，政治经济学家就越是热心地起劲地把资本主义以前世界的法的观念和所有权观念应用到这个已经完成的资本世界。"① 马克思的分析使人们更加了解资本主义制度的欺诈性与虚假性。其次，在继续对"意识形态"一词持否定态度的同时，马克思通过认真具体的剖析，又对"意识形态"一词赋予了"精神生产"的含义。"与资本主义生产方式相适应的精神生产，就和中世纪生产方式相适应的精神生产不同。如果物质生产本身不从它的特殊的历史形式来看，那就可不能理解与它相适应的精神生产的特征以及这两种生产的相互作用。这样就不能超出庸俗的见解。"② 马克思在这里所讲的"意识形态"所具有的"精神生产"的含义就是指它具有"作为人类文化发展载体"③ 意义的一面。它具有抛开阶级性和虚假性色

---

① 《马克思恩格斯文集》第5卷，人民出版社2009年版，第876页。

② 《马克思恩格斯全集》第33卷，人民出版社2004年版，第346页。

③ 张秀琴：《马克思意识形态理论的当代阐释》，中国社会科学出版社2005年版，第42页。

彩的一般意义层面上的“意识形态”的含义，它是人类在社会发展过程中所创造的一切精神文化财富的总和。最后，马克思从唯物主义历史观的角度出发明确指出，社会实践对意识形态具有决定作用，意识形态产生于实践之中，它本身并没有独立性，并且在很大程度上受到社会实践发展程度的制约，必须依赖社会实践的发展而发展。也正是在这个分析的基础上，马克思得出了能够驱除意识形态虚假性和阶级性外衣的根本方法，即生产力的充分发展以及在此基础上的生产关系的彻底转变，而能够从根本上改造社会生产力和生产关系的途径就是进行共产主义运动。唯有如此，我们才能使意识形态真正走向科学和理性的范畴之中。

第三节　马克思意识形态理论的基本观点与特征

一　马克思意识形态理论的基本观点

通过对马克思意识形态理论形成脉络的梳理和分析，笔者认为，马克思所阐述的意识形态理论主要包含下面三重含义。

（一）意识形态属于上层建筑的范畴

马克思用其一生的精力创立了唯物主义的历史观与方法论，他为人们研究人类社会的发展规律提供了一种科学的方式和方法。在唯物史观中，马克思确立了几条最基本的人类社会发展的规律和原则：生产力制约生产关系；经济基础决定上层建筑；社会存在决定社会意识。并且，马克思为人们形象地描绘了几千年来人类社会大厦的三层楼阁的构造，即：生产力是人类社会大厦的基石，它决定着生产关系，并且和生产关系一起构成了人类社会的生产方式。建立在生产力这座大厦基础之上的便是生产关系的总和，我们称为经济基础。而在经济基础之上的社会制度建构（政治制度、政治结构、政治形势）和各种社会意识（思想体系、思想观念）就构成了人类社会的上层建筑。意识形态就属于上层建筑的范畴。对此，马克思曾经在不同的著作中做出过明确的论述：“人们在自己生活的一定社会生产中发生的一定的、必然的、不以他们的意志为转移的关系，即同他们的物质生产力的一定发展阶段相适合的生产关系。这些生产关系的总和构成社会的经济结构，即有法律的和政治的上层建筑竖立其上并有一定的社会意识形式与之相适应的现实基础。”① 在不同的所有制形式上，在生存的社会条件上，耸立着由各种不同情感、幻想、思想方式和世界观构成的整个上层建筑。整个阶级在它的物质条件和相应的社会关系的基础上创造和构成了这一切。通过传统和教育承受了这些情感和观点的个人，会以为这些情感和观点就是他的行为的真实动机和出发点。通过这些经典的论述，我们可以看出，马克思认为，意识形态是属于人类社会上层建筑领域的一个哲学范畴，并且确切地说是属于观念的上层建筑。它可以以多种多样的社会意识形式表现出来。如政治层面的意识形态、宗教和哲学层面的意识形态以及法律层面的意识形态，等等，它们交织在一起共同构成了一个有机的思想体系。这些观念的上层建筑与现实社会的政治制度和政治结构等一起构建起了人类社会大厦的第三层楼阁，并且上层建筑会反作用于经济基础，对社会经济基础和社会生产力实行强有力的管理和统治，使经济基础能够服务于上层建筑的需要，尤其是在阶级社会中统治阶级统治社会的需要。

（二）意识形态是阶级统治的特殊工具

迄今为止，人类社会发展的历史都是阶级斗争的历史。在几千年的阶级斗争的历史过程中，无论是在历史上存在过的作为统治阶级的奴隶主阶级、地主阶级，还是在当今世界仍旧有生命力的资产阶级，他们为了维护自己的阶级统治和阶级利益，都构建了一整套的阶级统治的工具。具体来讲，从生产资料所有制层面，他们采取了生产资料归统治阶级所有的私有制度；从政治制度层面，他们均采取了列宁所说的阶级矛盾不可调和的产物——国家的形式，配之以暴力统治的工具——军队、警察、监狱等；从社会意识层面，他们则极力向普罗大众宣传本阶级的思想和观点，以期能够用自己阶级的思想来说服和同化广大民众，使其成为能让全社会民众接受的思想意识，使统治阶级的思想和意识，成为占社会绝对统治地位的思想。马克思认为，作为人类社会观念上层建筑的意识形态在阶级社会中也不可避免地被统治阶级所利用，从而成为维护统治阶级统治地位和既得利益的特殊工具。“统治阶级的思想在每个时代都是占统治地位的思想。这就是说，一个阶级是社会上占统治地位的物质力量，同时也是社会上占统

① 《马克思恩格斯文集》第2卷，人民出版社2009年版，第591页。

治地位的精神力量。支配着物质生产资料的阶级，同时也支配着精神生产的资料，因此，那些没有精神生产资料的人的思想，一般地是隶属于统治阶级的。占统治地位的思想不过是占统治地位的物质关系在观念上的表现。”① 从马克思的这段论述中我们不难看出，统治阶级在取得了对国家政权的统治权力以后，他若想稳定和巩固自己的政权和地位，在社会意识领域就必须要采取两个大的措施。首先，统治阶级必须使本阶级内部统一思想，使他们能够真正为了维护本阶级共同的阶级利益在思想层面达成默契和共识，形成一个本阶级成员都能够信服和认可的阶级信念。统治阶级的这种彼此认同的阶级观点和信念其本质上就是处于观念上层建筑的意识形态。其次，统治阶级要想让本阶级的思想成为占统治地位的思想，使其能够真正支配社会的精神领域。就必须要从思想意识领域对民众进行统治。而这种统治的方式就是通过不断地宣传本阶级的政治思想、法律思想、道德观念、宗教和哲学观点等，进而控制普通人们的精神和思想。从而达到从根本上稳固自己的统治地位，保护自己的既得利益的目的。对于统治阶级的这种做法，我们称为意识形态的灌输和渗透。统治阶级就是通过意识形态进行渗透这种途径从思想上去控制普通人们。这使得意识形态必然披上了阶级性的外衣，充满了阶级统治的工具色彩。

（三）意识形态属于人类文化的范畴

文化是人类社会生活的反映，在人类社会发展的过程中所创造的所有物质财富和精神财富的总和我们可以统称为文化。抛开意识形态属于观念上层建筑和阶级统治工具这两个层面的含义来讲，从人类文化的宏观角度讲，意识形态属于人类文化的范畴，具有明显的文化特征和色彩。意识形态是在人类社会的发展过程中产生的，意识形态是人类社会发展过程中所创造的精神财富。站在唯物史观的角度上讲，意识形态属于社会意识的范畴，它以一种系统、稳定和抽象的形式反映社会存在，在社会领域它具有多种表现形式，如政治思想、法律思想、道德、宗教、艺术、哲学，等等。而这些意识形态的具体表现形式恰恰就是人类文化发展成果的具体表现。对此，恩格斯曾经在参加马克思的葬礼时的讲话中明确指出：“人们必须首先吃、喝、住、穿，然后才能从事政治、科学、艺术、宗教，等

① 《马克思恩格斯文集》第1卷，人民出版社2009年版，第550页。

等；所以，直接的物质的生活资料的生产，从而一个民族或一个时代的一定的经济发展阶段，便构成基础，人们的国家设施、法的观点、艺术以至宗教观念，就是从这个基础上发展起来的。”① 从恩格斯的表述中我们可以看出，人们在自己的社会生活中首先开始的是为了维持自己的生命而必须进行的物质生活资料的生产，在满足了自己的生存需要后，人类开始投身于自己的精神生活中，从事政治活动，科学发现、艺术创造，等等，在阶级社会中，人们所创造的这一切精神文明成果不仅属于意识形态的范畴之中，而且更是人类社会所独有的人类文明和文化的具体表现形式。在阶级社会中，人类文化正是通过这种能够反映统治阶级意愿和利益诉求的意识形态形式得以迅速而有效地发展和传承，并且在这个发展和传承的过程中使得人类文明能够更加辉煌和灿烂，人类文化的内容更广泛，形式更多样。同时，这也使得人类文化在阶级社会中具有了某种程度上的意识形态色彩。

二　马克思意识形态理论的基本特征

通过对马克思意识形态理论的总结和分析，马克思意识形态理论具有四个非常明显的特征。

（一）意识形态具有虚假性

马克思在《德意志意识形态》一文中曾经明确指出了意识形态具有虚假性和虚幻性。在文章中，马克思所讲的意识形态的虚假性主要是针对以往的阶级社会的唯心主义的意识形态，尤其是自工业革命以来的资本主义社会的意识形态而言的。对此，马克思主要从两个方面做出了阐释和论述。首先，从意识形态的来源上看，意识形态具有虚假性。马克思认为，阶级社会中的意识形态来源主要有两个方面，一是来源于统治阶级自己的头脑和思维，思维是意识形态的基础，意识形态是他们通过自己的思维，通过自己对一些现实社会中根本不存在的虚幻的观念杜撰和虚构出来的。马克思指出：“意识形态是由所谓的思想家通过意识、但是通过虚假的意识完成的过程。推动他的真正动力始终是他所不知道的，否则这就不是意识形态的过程了。因此，他想象出虚假的或表面的动力。因为这是思维过

① 《马克思恩格斯文集》第3卷，人民出版社2009年版，第601页。

程，所以它的内容和形式都是从他纯粹的思维中——或者从他自己的思维中，或者从他先辈的思维中得出的。”[①] 此外，马克思认为：“人们迄今为止总是为自己造出关于自己本身、关于自己是何物或应当成为何物的种种虚假观念。他们按照自己关于神、关于标准人等观念来建立自己的关系。他们头脑的产物不受他们支配。他们这些创造者就屈从于自己的创造物。”[②] 意识形态的另一个来源则是统治阶级继承和借用了他们先辈的思想和传统，而这些已有的观念本身早已打上了虚幻的烙印。“一切已死的先辈的传统，像梦魔一样纠缠活人的头脑。当人们好像刚好在忙于改造自己和周围的事物并创造前所未闻的事物时，恰好在这种革命的危机时代，他们战战兢兢地请出亡灵来为自己效劳，借用他们的名字、战斗口号和衣服，以便穿着这种久受崇敬的衣服，用这种借来的语言，演出世界历史的新的一幕。”[③] 其次，从阶级社会意识形态的目的和功能上看，意识形态具有虚假性。因为在阶级社会，意识形态为统治阶级所控制和掌握，它们只为满足统治阶级的利益服务，统治阶级为了麻痹人们，更多的满足自己的利益诉求，于是利用意识形态作为幌子，将自己的利益渲染成全社会的普遍利益。用政治的、法律的、宗教的意识形态理论去蒙蔽人们的头脑，试图使他们放弃自己利益进而服从于统治阶级利益的需要。对此，马克思做出了精辟的论述：“每一个企图取代旧统治阶级的地位的新阶级，就是为了达到自己的目的不得不把自己的利益说成是社会全体成员的共同利益，就是说，这在观念上的表达就是，赋予自己的思想以普遍性的形式，把它们描绘成唯一合乎理性的、有普遍意义的思想。”[④]

（二）意识形态具有非独立性

马克思认为意识形态本身不具有独立存在的可能性，它没有自己独立发展的历史轨迹。马克思指出：“道德、宗教、形而上学和其他意识形态，以及与它们相适应的意识形式便不再保留独立性的外观了。它们没有历史，没有发展，而发展着自己的物质生产和物质交往的人们，在改变自

① 《马克思恩格斯文集》第10卷，人民出版社2009年版，第657页。
② 《马克思恩格斯文集》第1卷，人民出版社2009年版，第509页。
③ 《马克思恩格斯文集》第2卷，人民出版社2009年版，第471页。
④ 《马克思恩格斯文集》第1卷，人民出版社2009年版，第552页。

己的这个现实的同时也改变着自己的思维和思维的产物。”① 马克思是从唯物史观的角度出发得出这一结论的。首先，唯物史观认为，社会存在决定社会意识，社会存在是社会意识的根源，是社会意识产生和发展的基础，它为社会意识能否准确反映社会存在提供标准和手段。社会意识是社会存在的反映，它对社会存在具有必然的依赖性。虽然社会存在在一定程度和一定的历史条件下具有相对独立性，但是，社会意识是绝对不可能在人类历史发展的长河中单独存在和发展的。意识形态属于社会意识的范畴之中，因此，意识形态没有自己的历史发展轨迹，更不会独立的存在。其次，马克思认为人类社会生活在本质上是一个实践过程，通过物质生产资料的生产实践，我们得以生存和繁衍后代，通过阶级社会中阶级斗争的实践，我们构建了国家政权这一人类社会的组织结构。在此基础上，我们开始了观念上层建筑层面的发展和构建，创造了宗教的、哲学的、法律的、艺术的等社会意识领域的文明成果。而这一切的创作都依赖于人类的社会实践活动。离开人类的实践活动，意识形态就只能是无源之水，空中楼阁而已。因此，马克思指出：“社会生活在本质上是实践的。凡是把理论诱入神秘主义的神秘东西，都能在人的实践中以及对这个实践的理解中得到合理的解决。”② 所以，意识形态没有自己独立的发展历史，它必须要依赖于社会实践活动而存在和发展。

（三）意识形态具有阶级性

马克思在《共产党宣言》中曾经明确指出，自人类社会有文字记载以来的历史都是阶级斗争的历史，在阶级社会中，阶级斗争成为促进阶级社会发展的历史杠杆。对于马克思在唯物史观中所阐述的阶级斗争理论，列宁给予了充分肯定的评价：“马克思主义提供了一条指导性的线索，使我们能在这种看来扑朔迷离、一团混乱的状态中发现规律性。这条线索就是阶级斗争的理论。”③ 马克思运用自己的阶级斗争理论认真分析了阶级社会的意识形态问题后认为，在阶级社会中，意识形态不可避免地要被打上阶级的烙印，具有明显的阶级性特征。按照马克思主义经典作家对阶级

① 《马克思恩格斯文集》第1卷，人民出版社2009年版，第552页。

② 同上书，第505页。

③ 《列宁全集》第26卷，人民出版社1988年版，第60页。

的阐述：“所谓阶级，就是这样一些集团，由于他们在一定的社会经济结构中所处的地位不同，其中一个集团能够占有另一个集团的劳动。”① 可见，阶级就是对生产资料的占有不同而形成的不同的经济社会集团。而在阶级社会中，统治阶级就是掌握和控制生产资料的经济和社会集团。统治阶级为了维护自己的阶级统治，稳定自己已经建立的统治政权，保护自己的阶级利益不受损害，统治阶级采取了一系列的巩固自己统治的措施。反映在社会意识和思想观念层面上，意识形态以及它的政治的、法律的、宗教的等各种表现形式就发挥了维护阶级社会阶级统治工具的作用。统治阶级通过各种方式向下层民众在思想领域和精神层面进行鼓动和宣传，力图将本阶级的虚假的阶级信念灌输给全社会成员，渗透到他们的日常生活甚至是行为习惯和思维方式之中，使其成为全体社会成员共同的价值观念和利益诉求。“一旦资产阶级占领了地盘，一方面自己掌握国家，一方面又同以前掌握国家的人妥协；一旦资产阶级把意识形态阶层看作自己的亲骨肉，到处按照自己的本性把他们改造成自己的伙计。”② 统治阶级通过对下层人们进行意识形态的灌输和宣传，就在无形中为自己的虚假的阶级理念披上了合法性和合理性的外衣，从而达到了在思想意识领域麻痹和控制广大民众，最终维护本阶级的阶级利益和阶级统治的目的。对此，马克思曾一针见血地指出：“统治阶级的思想在每一时代都是占统治地位的思想。这就是说，一个阶级是社会上占统治地位的物质力量，同时也是社会上占统治地位的精神力量。支配着物质生产资料的阶级，同时也支配着精神生产资料，因此，那些没有精神生产资料的人的思想，一般地是隶属于这个阶级的。占统治地位的思想不过是占统治地位的物质关系在观念上的表现。”③ 由此可见，统治阶级将意识形态作为了自己维护阶级统治的重要工具，这必然使意识形态在阶级社会中表现出浓烈的阶级味道和色彩。

（四）意识形态具有总体性

马克思对于意识形态的研究不单纯是从阶级社会的一个层面的内容和一个方向的维度展开的，他是从阶级社会的总体框架出发，从整体上对意

---

① 《列宁全集》第 37 卷，人民出版社 1986 年版，第 13 页。

② 《马克思恩格斯文集》第 8 卷，人民出版社 2009 年版，第 241 页。

③ 《马克思恩格斯文集》第 1 卷，人民出版社 2009 年版，第 550 页。

识形态进行深入分析和探讨的，这其中涉及阶级社会的政治思想、法律思想、道德、哲学、宗教等方面的具体内容。因此，马克思的意识形态理论呈现出一种整体的特点，具有总体性特征。“在不同的财产形式上，在社会生存条件上，耸立着各种不同的、表现独特的情感、幻想、思想方式和人生观构成的整个上层建筑。整个阶级在它的物质条件和相应的社会关系的基础上创造和构成这一切。通过传统和教育承受了这些情感和观点的个人，会以为这些情感和观点就是他的行为的真实动机和出发点。”① 在文章中，马克思所说的由情感、思想和人生观构成的上层建筑就是指意识形态，它的具体形式则表现在阶级社会的上层建筑的各个层面，如政治思想、法律思想和宗教思想等。关于意识形态的总体性问题，马克思进一步指出：“人们在自己生活的社会生产中发生的一定的、必然的、不以他们的意志为转移的关系，即同他们的物质生产力的一定发展阶段相适合的生产关系。这些关系的总和构成社会的经济结构，即有法律的和政治的上层建筑竖立其上并有一定的社会意识形式与之相适应的现实基础。”② 可见，意识形态在马克思的论述中是一个以社会意识层面的整体概念的形式出现的，意识形态是一个具有总体性特征的哲学范畴。

第四节　马克思意识形态理论与当代中国意识形态建设

一　当前我国意识形态建设面临的挑战

（一）西方社会思潮对当代中国意识形态建设的影响

改革开放以来，由于我国经济的迅速发展，人民的物质生活水平明显提高，在物质文明发展的基础上，我国民众的文化生活也日益活跃和丰富起来，在思想文化方面出现了明显的多元化取向。“普世价值”、民主社会主义、新自由主义、意识形态终结论等西方社会思潮对我国现在的思想文化建设造成了一定程度的影响，具体表现在以下几个方面。

其一，在政治制度方面，企图通过舆论宣扬和推行西方的价值观，否定中国社会主义价值观，逐渐达到改变我国国家政权的社会主义性质，改

① 《马克思恩格斯文集》第2卷，人民出版社2009年版，第498页。

② 《马克思恩格斯文集》第2卷，人民出版社2009年版，第591页。

变我国人民民主专政的国体和人民代表大会制度的政体的目的。其二，在经济制度方面，为在中国推行彻底的以私有制为基础的市场经济制造舆论，为彻底搞垮社会主义初级阶段公有制经济的主体地位提供理论层面的依据。其三，在思想文化层面，大肆宣扬西方的享乐主义和拜金主义，叫嚣思想和意识形态的多元化，用资本主义贪图享乐、爱慕金钱的腐朽文化来侵蚀社会主义的先进文化，企图以此动摇马克思主义思想在我国思想和意识形态领域的指导地位。其四，在中国统一问题上，企图用宣传自由、民主、平等来消除中国民众对中华民族的民族认同感和赤诚的爱国主义情怀，站在中华民族整体利益的对立面，积极配合"藏独"、"台独"、"疆独"等分裂势力，并且为他们分裂祖国的罪恶行径提供舆论支持，公然阻挠中国政府完成祖国统一的大业。

（二）当前对意识形态问题的三个认识误区

当前我国学术界对于意识形态问题的争论非常激烈，尤其是随着西方形形色色的社会思潮在我国的泛滥，学者们对意识形态问题的讨论更是异常激烈。这其中不乏对于意识形态问题深刻而科学的认识，但是，在对意识形态的争论过程中也存在一些误区和偏差。当前我国学术界对于意识形态问题在认识上存在三个主要的误区，对意识形态问题存在三个错误的观点和论调，即"意识形态淡化论""意识形态中立论""意识形态虚假论"。

学术界关于意识形态的第一个错误认识是"意识形态淡化论"。从国际形势上看，有些学者认为，自第二次世界大战以来，尤其是苏联解体，美苏两大集团"冷战"结束以来，资本主义与社会主义两大阵营之间的冲突对抗已不复存在，世界局势总体上是走向缓和的，和平与发展已经成为当今世界各国的共识，南北对话、东西合作已经成为现代国际关系的主流。现代世界各国都将自己的主要精力投入到发展生产力、增强本国经济实力、满足本国人民物质和精神需求上来。各国参与的国际交流与合作都是以本国的国家利益为出发点，以是否能够发展本国的科教文卫事业为尺度和依据，不再以是否属于社会主义阵营或资本主义阵营这种意识形态色彩鲜明的尺度为准则。在这种情况下，自"冷战"结束以来，伴随着世界经济一体化和区域经济集团化的发展，社会主义国家和资本主义国家之间已经放下了意识形态之间的分歧，意识形态被逐渐淡化，各国开始从国家利益的角度出发，参与国际分工与合作，共同促进世界经济的发展。从国内形势看，改革开放以来，我们确立了以经济建设为中心的战略目标，把发展经济作为党和国家的首要任务来抓。为此，我们开始实行市场经济，建立有中国特色的社会主义市场经济体制，用计划和市场两种方式来调控经济，同时打开国门，与资本主义国家从政治、经济、文化、科技等各个方面开始大规模的交流与合作。对于此种情况，国内有些学者和民众便从感性的角度出发，认为社会主义国家和资本主义国家之间的意识形态分歧已经趋向淡化，我们完全可以抛开意识形态层面的分歧与资本主义社会密切合作，在现代国际关系的大框架下友好相处。

关于意识形态的第二个错误认识是“意识形态中立论”。有些学者认为，“意识形态”仅仅是一个从属于文化范畴的概念，是人们为了研究人类社会文化现象而创造的一个词汇，它仅仅是一个与一定时期的社会相联系的人们的各种观念、想法等的总和。按照人们从事社会科学研究的需要，可以将意识形态分为政治意识形态、法律意识形态、道德意识形态以及宗教和哲学意识形态等方面。这种对意识形态的划分本身没有任何价值评判色彩，意识形态在这里只是一个为满足社会科学研究需要而创造的一个中性的概念而已。同时，错误地认为，意识形态本身也没有马克思所分析认为的阶级属性特征，意识形态仅仅是一种人类社会中的文化现象，是一定社会中的观念的集合，它不隶属于社会中的任何一个阶层和阶级，它是一个中立的概念，不代表社会中任何阶层和阶级的利益。

关于意识形态的第三个错误认识是“意识形态虚假论”。意识形态具有虚假性，这是马克思在分析阶级社会的意识形态问题时得出的一个重要结论和观点。马克思曾经指出：“意识形态是由所谓的思想家通过意识、但是通过虚假的意识完成的过程。推动他的真正动力始终是他所不知道的，否则这就不是意识形态的过程了。因此，他想象出虚假的或表面的动力。因为这是思维过程，所以它的内容和形式都是从他纯粹的思维中——不是从他自己的思维中，就是从他先辈的思维中得出的。”① 有些学者就因此得出错误结论：现代社会，不论是资本主义社会还是社会主义社会，

① 《马克思恩格斯文集》第10卷，人民出版社2009年版，第657页。

意识形态以及它的各种表现形式在这两种社会制度下都是以一种虚假的形式存在着，无论是资本主义社会的意识形态还是社会主义社会的意识形态都是一种虚假的意识形态。

从马克思唯物史观的角度出发进行分析，可以看出，当前我国学术界对于意识形态问题的上述三种认识在本质上都是对意识形态问题的错误认识。首先，认为当前国际社会之间的交往已经不再以意识形态的分歧作为标准以及民众在思想层面已经淡化了意识形态问题，其结果会是逐步淡化马克思主义在我国意识形态建设中的主导地位，逐步淡化马列主义、毛泽东思想以及中国特色社会主义理论体系对我国思想文化建设的主导地位；其次，认为意识形态本身是一个没有任何价值评判色彩以及不代表任何阶层和阶级利益的中立概念，其结果则是否认意识形态在阶级社会中不可回避和不可抹杀的阶级属性，否认我们党对当前我国社会意识形态的领导权；最后，认为意识形态无论是从内容上还是形式上都是一个虚假的概念，其结果是故意用马克思主义关于意识形态虚假性的观点来抹杀资本主义社会的意识形态和社会主义社会的意识形态的本质区别，有意否定意识形态在社会主义社会文化和思想建设中的积极意义和价值。

（三）社会主义市场经济对我国意识形态建设的影响

在经济飞速发展的过程中，我国精神文明建设层面上引发了许多新的问题和不足，这些问题已经对我国的社会主义意识形态建设造成了一定程度的影响。

其一，在价值观念上存在唯物质利益倾向。改革开放三十多年来，我们打开国门，与世界各国在政治、经济、文化、科教文卫等方面进行了广泛的交流，尤其是在经济和科技方面，为了迅速发展我国的经济，提高我国的科技水平，尽快缩短我国在经济、科技方面与西方发达国家之间的差距，我们坚决实行对外开放的基本国策，与西方发达国家在经济和科技方面进行了深入的沟通与合作，不断地吸引国外的资金来华投资，学习国外先进的生产技术和管理经验。通过这些积极有效的形式，我们在经济和科技上取得了明显的成效，但是，在吸引资金、引进西方先进科技的同时，西方社会的一些腐朽堕落的思想也随之涌入我国，我国民众逐步受到了西方拜金主义、享乐主义、实用主义等唯追求物质利益和物质享受为目标的社会思想的影响，我国民众在价值观层面上表现出一定的唯物质利益的倾向，尤其是那些受惠于改革开放政策而发展起来的一小部分人，他们在党的政策指引下走上了发家致富的道路，个人过上了物质财富极大满足的生活。但是，他们却没能够以先富带动后富，将资金投入到扩大生产、帮助其他人走向共同富裕的道路上来，而是将大量的钱花在一味攀比、追求物质享受上来。他们的所作所为对普通民众在思想上产生了极大的冲击，造成了不良的影响，使得民众在价值观层面对社会主义信仰产生了一定程度的动摇，这对我国的社会主义国家意识形态建设造成了一定影响。

其二，贫富两极分化对民众心理产生影响。邓小平同志曾经指出："马克思主义的基本原则就是要发展生产力。马克思主义的最高目的就是要实现共产主义，而共产主义是建立在生产力高度发达的基础上的。社会主义是共产主义的第一阶段，是一个很长的历史阶段。社会主义的首要任务是发展生产力，逐步提高人民的物质和文化生活水平。从一九五八年到一九七八年这二十年的经验告诉我们：贫穷不是社会主义，社会主义要消灭贫穷。不发展生产力，不提高人民的生活水平，不能说是符合社会主义要求的。"[①] 因此，我们发展社会主义、建设社会主义的目的就是要改变我们国家和人民贫穷落后的状况，建立一个生产力水平高度发达的社会主义国家。后来，邓小平同志在 1992 年的南方谈话中明确提出了关于社会主义本质问题的论断。他指出："社会主义的本质，是解放生产力，发展生产力，消灭剥削，消除两极分化，最终达到共同富裕。"[②] 可见，我们不断发展社会主义生产力，不断提高综合国力的目的，就是要在党的带领下实现共同富裕的目标。小平同志非常重视共同富裕对于建设一个强大的社会主义国家的重要意义。他指出："社会主义最大的优越性就是共同富裕，这是体现社会主义本质的一个东西。如果搞两极分化，情况就不同了，民族矛盾、区域间矛盾、阶级矛盾都会发展，相应地中央和地方的矛盾也会发展，就可能出乱子。"[③] 三十多年的改革开放，我国经济发展取得了举世瞩目的成绩，但是，小平同志指出的共同富裕的目标依旧没能够实现，我国社会的贫富两极分化已经成为一个严峻的现实问题。

---

① 《邓小平文选》第 3 卷，人民出版社 1993 年版，第 116 页。

② 同上书，第 373 页。

③ 《邓小平文选》第 3 卷，人民出版社 1993 年版，第 364 页。

此外，伴随着市场经济的稳定发展，官员贪污腐败现象也更加明显，这对我国的社会主义意识形态建设造成了非常严重的影响。官员是我们社会主义国家形象的代表，是人民的公仆，我们党的宗旨就是“全心全意为人民服务”。但是，现实社会中，许多官员置党纪国法于不顾，以权谋私、贪污腐败，这严重损害了我们党在人民群众中的形象，使群众对社会主义的理想和信念产生了动摇。

二 马克思意识形态理论的时代价值

当前，我国在社会主义主流意识形态建设方面面临着诸多困难和挑战，对此，我们必须要从理论上认真研究和探讨马克思关于意识形态问题的见解和观点，发掘马克思意识形态理论的时代价值，发挥马克思意识形态理论在当代的指导作用，进而构建当代中国的社会主义主流意识形态，即社会主义核心价值体系。马克思意识形态理论的时代价值凸显为以下三个方面。

（一）鉴别和批判当前西方形形色色的文化思潮

当前，西方形形色色的文化思潮在我国泛滥，并且对我国民众尤其是对一些知识分子的思想造成了一定的影响和冲击。如“普世价值”论、指导思想多元论、新自由主义等。对这些思潮在理论上的分析和鉴别不够，这在我国思想界造成了一定程度的冲击。站在马克思意识形态理论的角度分析，马克思认为，意识形态具有虚假性。“意识形态是由所谓的思想家通过意识、但是通过虚假的意识完成的过程。推动他的真正动力始终是他所不知道的，否则这就不是意识形态的过程了。因此，他想象出虚假的或表面的动力。因为这是思维过程，所以它的内容和形式都是从他纯粹的思维中——不是从他自己的思维中，就是从他先辈的思维中得出的。”①由此可知，西方向我国兜售的形形色色的社会思潮都是一种虚假的思想意识形式，他们都被西方包装上了所谓科学合理的虚假的外衣，而其实质目的则是要用这些他们制造的虚假的思想来打垮我们民众对社会主义理想和信念的坚信，进而企图阻止社会主义中国强大起来。其中，特别是对于西方的反华言论，我们必须要时刻保持高度警惕。

---

① 《马克思恩格斯文集》第10卷，人民出版社2009年版，第657页。

（二）清醒认识当代资本主义社会的各种新变化

一般而言，我们所说的当代资本主义指的是第二次世界大战以后的资本主义。当代资本主义社会在经济、政治、阶级等层面发生了诸多变化。

在经济层面上，第二次世界大战以后，当代资本主义社会在生产资料依旧为资本家私人占有的基础上，出现了资本占有形式社会化的倾向。在政治层面上，当代资本主义社会国家对内社会管理和公共服务的职能得到明显的强化。在阶级层面上，随着社会生产力的提高和资本主义经济的发展，当代资本主义阶级结构和阶级关系出现了新的变化。

马克思认为意识形态具有明显的阶级统治的特征，资产阶级的这些调整都是为了维护其阶级统治而被迫做出的，都是资产阶级的意识形态在现实社会中的表现。这使我们更加清楚地认识到资本主义社会的本质。

（三）社会主义主流意识形态的构建

近年来，我们在社会主义意识形态建设方面面临着来自西方反华势力和国内混乱认识的种种挑战，这给我国的社会主义主流意识形态建设造成了很大的压力。在这种严峻的现实情况下，我们发掘马克思意识形态理论的时代价值，用马克思意识形态理论的观点和方法来指导我们的意识形态建设，这对我国社会主义主流意识形态建设具有积极的意义和价值。

首先，有利于我们在建设社会主义意识形态的过程中树立正确的意识形态观。马克思指出，在阶级社会中，尤其是在资本主义社会中，意识形态具有明显的虚假性，早在资本主义社会和封建社会抗争的时期，在资本主义发展的初期，资产阶级就开始用这些虚假的意识形态来蒙蔽和欺骗工人阶级，瓦解工人阶级的斗争精神，进而最大限度地满足自己贪婪的资本扩张欲望。在社会主义制度下，面临西方对我国施加的形形色色的虚假的社会思潮的影响，我们必须要坚持马克思意识形态理论的基本观点，揭开这些社会思潮的虚伪的面孔，看清其真正本质。我们要建设的社会主义的意识形态不是一种虚假的意识形态，不是为了欺骗和压榨人们。马克思主义意识形态是揭露剥削社会统治阶级和剥削阶级用来欺骗劳动人民，以维护自己的剥削和统治，为无产阶级和广大劳动人民指出翻身解放道路的无产阶级的意识形态，是对虚假意识形态的反叛和革命，是给予我们批判旧世界的强大思想武器的意识形态。我们建设的社会主义的意识形态是真正意义上的意识形态，是竖立在我们社会主义公有制经济基础之上的反映最广大人民根本利益的上层建筑，我们建设社会主义意识形态的目的就是，要用以共同富裕为标志的社会主义现代化的共同理想来鼓励和团结全国各族人民，为共同建设一个伟大、富强的社会主义国家而努力，为实现中华民族的伟大复兴而奋争。

其次，当前我国学术界对意识形态问题存在许多偏见和误解，如“意识形态淡化论”“意识形态中立论”等。我们坚持马克思意识形态理论的基本观点和方法有利于厘清对意识形态问题的各种偏见和误解，避免走进对意识形态的认识误区。使我们能够清楚地认识到，在现代社会中，意识形态仍然是一个具有阶级性的概念，我们不仅不能淡化和回避意识形态问题，而且应当更加重视意识形态的建设。当前我们正在进行我们自己的主流意识形态的构建，即社会主义核心价值体系的构建，这正是从马克思唯物史观和意识形态理论的基本观点出发，结合当前的世情和国情做出的一个正确的选择。

第九章　马克思宗教思想及其时代价值

第一节　马克思宗教思想的来源追溯

整个近代哲学的根本任务之一就是反思宗教存在的内在合理性、批判宗教奴役人的消极性、争取摆脱宗教的束缚、寻求人类的解放。宗教批判的过程展示着哲学思想重心的转移——即以神为中心转变到以人为中心。不可否认，马克思、恩格斯的宗教思想与近代宏大的宗教思想发展史必然相关。

一　马克思、恩格斯宗教思想产生的时代背景

到了马克思生活时期所处的德国，正值普鲁士政府统治时期，当时普鲁士政府所颁布的新的书报检查令竭力保护宗教，规定出版物不能用任何的方式反对宗教，宗教是对现存事物的普遍肯定，是国家唯一的精神支柱。必须“要让宗教信条按其独特的本性去决定国家，也就是说，要使宗教的特殊本质成为国家的准则”。[①] 由此可见，当时的德国政治原则和基督教宗教原则的混淆已经成了官方的信条，其目的就是企图通过新教为普鲁士专制政权进行辩护，为当时政权的维护提供合法性证明，从而将世俗国家神圣化。由此看来新教的产生又为当时的德国提供了一个更加崭新的、更为高级的批判、超越的对象，随着历史的发展，“天主教在十八世纪已经丝毫不值得批判了”。[②] 批判新教教义在当时才具有现实意义，因为当时“只有德国人掌握着神学”。这就是具有近代精神的路德新教神

---

① 《马克思恩格斯全集》第 1 卷，人民出版社 1995 年版，第 117 页。

② 《马克思恩格斯全集》第 18 卷，人民出版社 1964 年版，第 653 页。

学。“如果没有德国的新教，这种批判是不可能的，然而它是绝对必要的。”[①] 这种神学在宗教改革后，“是基督教的唯一的值得加以批判的现代形式”。通过上述论述可以看出，马克思、恩格斯当时所处的历史现实背景及其所批判的宗教现状，这一切都为我们理解其宗教思想提供了历史思考材料，便于我们更准确地把握其思想内涵。

二　马克思、恩格斯宗教思想的理论溯源

“每一个时代的哲学作为分工的一个特定的领域，都具有由它的先驱者传给它而它便由以出发的特定的思想资料作为前提”[②]，马克思、恩格斯的宗教思想的产生亦不例外。

（一）伊壁鸠鲁的宗教思想

古希腊自然神论不等同于无神论，它承认上帝的客观存在，但这个上帝绝非传统宗教神学所说的那种自在自为的上帝，而是类似于自然律，是赋予了自然界以规律的某种“理性的上帝”或者一种道德上的至善。这种宗教观是要把宗教建立在理性的基础上，一切宗教信念或启示都应该像任何别的命题一样由理性来判断。

古希腊自然神论思想对马克思的影响主要呈现于其博士论文中。马克思对伊壁鸠鲁哲学中的自由精神和无神论的赞扬，反映了其严格的自我批判精神，从某种意义上可以说，正是伊壁鸠鲁的思想带领着马克思超越了青年黑格尔派的宗教思想。伊壁鸠鲁哲学是以人的幸福和快乐为目的指向，其建立在逻辑学基础之上的“推理和反省思考”是达到这一目的的手段。从这一手段的选择上，我们可以看出伊壁鸠鲁哲学具有明显的启蒙性质和反宗教特征：它不仅将神置于人的幸福和快乐的保障之外，甚至还将神视为造成人的痛苦的原因。伊壁鸠鲁哲学是在继承德谟克利特原子论的基础之上，反对其明显的宿命论思想而建立的。他认为原子除了有垂直下落这一根本特性外，也有着“脱离直线的偏斜”性质。由于脱离了限定性的存在，就赋予了个体以最高的自由和独立性。

在马克思看来，以伊壁鸠鲁为代表的古希腊晚期哲学主要强调自由精

---

① 《马克思恩格斯全集》第18卷，人民出版社1964年版，第654页。

② 《马克思恩格斯全集》第37卷，人民出版社1971年版，第489页。

神，这与强调自我意识的青年黑尔格派的思想是一脉相承的，两种哲学都有相似的时代背景，都面临着从宗教的桎梏下解放出来和争取自由的问题，通过对自我意识的理性张扬来反对宗教。马克思通过对伊壁鸠鲁理论的升华，表达了他用人的自我意识的能动性来反对神对世界的控制。

（二）黑格尔的宗教思想

黑格尔的思想在时代上产生于欧洲启蒙运动晚期。其关于宗教问题的著作颇丰，如《民众宗教和基督教》《耶稣传》《基督教的权威性》《基督教的精神及其命运》等。

黑格尔认为，基督教在成为罗马帝国的国教之后，它就和封建专制统治紧密结合，剥夺了人作为理性人的自由思考的权利，成了封建统治阶级压制人的工具。这种宗教教会的“整个体系的根本错误在于无视了人心中每一个能力所应有的权利，特别是其中最主要的一个，即理性的权利。只要教会体系无视理性，它除了只是一个轻蔑人的体系之外，再也不能是别的东西”。通过对宗教解释权的垄断，“宗教所教导的就是专制主义所向往的。这就是蔑视人类，不让人类改善自己的处境，不让它凭自己的力量完成其自身”。[①] 宗教作为封建专制统治的工具，主要体现在它对封建统治政权的合法性辩护上。与此同时，黑格尔还将“异化”概念引入他对宗教的分析批判当中。他认为宗教同自身、同自然都处于冲突之中，是与自然和真实上帝疏远、离异的结果。所以，“教会与国家、崇拜与生活、虔诚与德行、属灵行为与属世行为，绝不可能融为一体”。[②]

黑格尔对宗教的态度是建立在理性基础上的历史的厚重感和理性的冷静态度而实现的，基于这样的信念，黑格尔通过对基督教一些基本概念的分析，指出上帝并非如康德所言的是人的理性绝不可能达到的领域。他将上帝的本质规制于理性，认识上帝也就是通过理性认识自己，是绝对精神对自我意识的回应。在黑格尔眼中，宗教不是别的，它和哲学一样都是绝对精神在精神中对自身的自我意识，差别只在于其表达的方式：宗教是以感性表象和象征为形式来揭示和展现绝对精神，而哲学则通过概念的形式来表达和证明绝对精神。在此基础上，黑格尔认为宗教是哲学的前身，是

① ［德］黑格尔：《黑格尔通信百封》，上海人民出版社1981年版，第43页。

② 同上书，第301页。

人类达到对绝对精神的理解、与绝对精神合一的必经阶段。黑格尔的宗教观与他的哲学体系一样，具有完整的理性主义特征，他完成了上帝人本化与形而上学的最高形式。黑格尔的上帝是“绝对精神”或“绝对理性”的外在体现，这个上帝实质上不过是被形而上学包裹着的、超脱了现实的、客观化了的人的自我意识。马克思肯定了黑格尔的伟大之处：“把人的自我产生看作一个过程，把对象化看作非对象化，看作外化和这种外化的扬弃；可见，他抓住了劳动的本质，把对象性的人、现实的因而是真正的人理解为他自己的劳动的结果。”①

（三）施特劳斯的宗教思想

施特劳斯是青年黑格尔派中对于后来马克思主义宗教观形成有重大影响的人物之一，他认为以往对《圣经》的解释，在方法上大体上分为两种：一种是超自然主义的，即认为耶稣的生平即是一种超自然的历史；另一种是理性主义的，即认为福音书所记载的并非神启，而只是一段自然的历史，并试图对超自然事件进行理性的阐述和解释。对于这两种方法，施特劳斯都进行了否定，能体现其宗教思想的主要著作有《基督教的信仰理论》《老信仰与新信仰》等；其中最有影响的是《耶稣传》，它的出版对当时的宗教神学领域引发了巨大影响，持续动摇着基督教的传统基础。《耶稣传》对圣经历史的批判性研究，首先否定了基督教的超自然神迹，进而剥夺了其作为宗教的神圣性，整个过程无不凸显着对黑格尔理性宗教思想的继承和改造。

其一，施特劳斯对宗教的超自然性和神圣性进行了批判。施特劳斯以历史主义的批判方法，有效地证明了现实历史上的耶稣和信仰上的基督的不同，通过对福音书的历史考察和比较分析，证明围绕耶稣的一切超自然神迹，都不是真实的历史事实，而是人为编造的神话故事。其二，施特劳斯对“道成肉身”观进行批判性改造。施特劳斯认为福音中所叙述的事实与已知的主宰事件发生过程，在其普遍规律上不相吻合，这削弱了人通过理性赖以理解耶稣的历史内核，同时也证明了理性主义者以福音中的叙述来发现神迹背后的自然原因是错误的。其三，施特劳斯将政治批判与宗教批判相结合。施特劳斯不仅追求宗教解放，而且追求政治自由，这也为

①《马克思恩格斯全集》，人民出版社2002年版，第320页。

马克思关于宗教批判是一切其他批判的前提这一论断做了坚定基础。

正是由于施特劳斯对圣经的批判，加剧了老年黑格尔派与青年黑格尔派之间的论争和分化，引导了宗教批判思想进一步深化，进而从宗教批判走向政治批判。

（四）鲍威尔的宗教思想

鲍威尔和施特劳斯一样，都对圣经进行了批判性的研究，都认为福音中所叙述的都只是人为编造的、虚拟的故事，而不是真实的历史事实。能体现其主要思想的著作有《启示史批判》《约翰福音史批判》《对观福音和约翰音史批判》等。鲍威尔认为，福音故事是个体的，是人为有意识的创造，是个人自我意识的产物。因此，圣经不能代表永恒真理，它反映的只不过是不断发展的圣灵意识，而且这些意识受文化背景和宗教视野的限制。鲍威尔不仅历史地、辩证地考察了圣经的真实性，他还对德国宗教批判运动做出了卓越的贡献。

第一，基于黑格尔关于“苦恼意识”的思想，鲍威尔把基督教的产生理解为普遍的“自我意识”发展中的一个阶段，并且强调了这种意识在发展过程中的辩证精神。第二，鲍威尔还在黑格尔异化的基础上明确了“宗教异化”理论。他创造性地提出“自我异化”概念，认为宗教是人本质的自我异化，是人本质在自我意识上的异化。宗教是自我意识分裂的结果，是人把人的类属性剥夺后，将这些属性脱离世俗后放入天国的结果。而这种异化的状态不是永恒的、固定不变的，人不可能完全丧失自己，也不可能完全被控制，人的自我异化中仍然保留着在世俗事务中的自由，正是这份自我保留的自主权，使得人能与宗教抗衡，而继续体现自我意识的延续和发展。第三，鲍威尔将宗教批判与“现存关系”相联系。鲍威尔是从人的解放这一最终目的来批判宗教的，所以哲学应该对现实的政治方面起作用，如果现存关系同哲学的自我意识有矛盾，就应该直接向现存关系进攻并且动摇它们。

（五）费尔巴哈的宗教思想

费尔巴哈的宗教思想是以唯物主义哲学为基础，在人本主义视角上产生的。他坚持认为自然界是无意识的永恒实体，在时间、物理性上属于第一性，自然界是人的前提、原因和根据，是人产生和赖以发展的对象，人是自然界的产物。而人作为有意识的存在实体，在道德上具有第一性。费尔巴哈对宗教问题的思考是建立在人本唯物主义这一基本命题之上的，即思维与存在统一的基础和主体是人，所以费尔巴哈所论述的人不同于黑格尔所谓的抽象人，人不仅只是一种思维的存在物，而首先意义上应该是生物性的，其次才是能体现出是在感觉本质的感性的人。

人作为宗教的始端，体现在宗教存在的基础和根源来自人的依赖感这一心理根源。这种依赖感，在动物身上是一种不自觉的未被意识到的感觉，这也正是人区别于动物的本质因素，人不但有依赖心理，还将此外化为表象并成为自己所崇拜的对象，通过与动物的本质性区分，费尔巴哈论述了宗教产生的原因，也说明了是人创造了宗教而不是相反。人在克服宗教异化后即人的类本质复归后，宗教也就自然走向尽头了。而在异化的过程中，上帝与人的完全对立体现在上帝是一切实在性之总和，人则是一切虚无性之总和。

费尔巴哈的宗教思想也有其不彻底性，具体表现在：第一，他不是把人看作社会的人，而是看作抽象的、自然的人，忽略了人的社会属性。第二，片面夸大了宗教的作用，把宗教的异化视为最基本的异化，是其他一切异化的基础。这样就只能从孤立的个人的心理活动来解释宗教的根源。马克思在继承了费尔巴哈宗教思想后，极大地发展了其宗教思想唯物主义维度的内在合理性，进而主张要从社会政治方面加深对宗教的批判，更多地联系着政治状况的批判来批判宗教，而不是联系着对宗教的批判来批判政治状况，使得宗教批判具有了更多的现实意义。

第二节　马克思宗教思想的归纳梳理

一　关于宗教的本质、根源与发展规律

（一）关于宗教的本质

马克思、恩格斯的宗教思想，属于马克思主义理论有机组成部分，它是把马克思主义运用于分析、解决宗教问题而形成的关于宗教的本质、起源、演变、作用的基本观点，以及在此基础上形成的对待宗教问题的基本原则和基本策略。

1. “精神鸦片”论

有学者认为马克思主义理论对宗教的本质理解为——“人民的鸦

片”，是统治者用来毒害和麻痹人民的。后来学界对于鸦片在当时的作用做了澄清，认为“宗教鸦片”论更多是在说明宗教的安慰剂作用，是对当时面对苦难现实的人们的心灵慰藉。他们做出此种确认的主要依据是马克思确实明确的提过“宗教是人民的鸦片”这一观点。在《〈黑格尔法哲学批判〉导言》中，“宗教里的苦难既是现实的苦难的表现，又是对这种现实苦难的抗议。宗教是被压迫生灵的叹息，是无情世界的情感，正像它是无精神活力的制度的精神一样，宗教是人民的鸦片。”① 并且列宁把这一观点看作是马克思主义宗教观的基石，他曾在《论工人政党对宗教的态度》中明确提出过：“宗教是人民的鸦片，马克思的这一句名言是马克思主义在宗教问题上的全部世界观的基石。”② 其实这是对马克思宗教思想的误解，我国的学者对马克思的了解主要是通过俄国十月革命以及列宁认识的，列宁对当时俄国革命的需要，针对俄国当时的实际情况（当时俄国的教会对无产阶级革命抱着一种敌对和仇视的态度，而无产阶级队伍内部一部分人认为无产阶级需要一种属于“自己的”“马克思主义”的宗教），在这样的时代背景下列宁对宗教的社会作用采取强烈的批判和否定的态度，把马克思“宗教是人民的鸦片”的说法看成是马克思主义在宗教问题上的全部世界观的基石，而当时，我国的翻译者根据列宁上下文的意思加上了“麻醉”二字，结果就把马克思命题“宗教是人们的鸦片”变成了“宗教是麻醉人们的鸦片”，从而把一个命题粗俗化和简单化了。

2. “异化论”

国内外还有学者将马克思主义宗教本质论理解为“异化论”，即宗教是异化的结果，“宗教作为异化了的经济的可怕的悲惨的象征”，马克思自己也说过宗教的线索应该在经济中去找，“马克思找到了一条通过从异化和剥削到阶级斗争再到私有财产的罪恶和剩余价值的榨取而理解宗教的道路”。包尔丹认为马克思把宗教看成是一种现象，在现象的深层和背后，存在着基础性的社会结构和未被深究的心理困扰，他们构成宗教行为的真正根源，他认为马克思将社会划分为经济基础和上层建筑，宗教是经济异化的表现，宗教与经济异化的关系就同疾病的症状与疾病本身的关系

① 《马克思恩格斯文集》第1卷，人民出版社2009年版，第6页。

② 《列宁全集》第17卷，人民出版社1988年版，第388页。

一样。

对于宗教异化理论的详细论述见于马克思所写的《1844年经济学哲学手稿》中，马克思在其中明确提出了劳动的异化导致了宗教的异化，“宗教的异化本身只是发生在意识领域、人的内心意识领域，而经济的异化则是现实生活的异化。”① 马克思把考察宗教的眼光投向了社会生活，特别是经济生活、生产方式和社会结构。1844年以后在马克思著作中使用异化的概念日渐减少了，他已经认识到宗教的根源问题是很复杂的，他更具体地认识到宗教存在的很深刻的根源是人与自然、人与人关系的不合理，是由自然力量和社会力量对人的双重压迫所致。

3. “自我意识论”

“自我意识说”成为某些宗教学者对马克思宗教本质看法的归结，他们的根据是《黑格尔法哲学批判导言》中的说法：“宗教是还没有获得自身或已经再度丧失自身的人的自我意识和自我感觉。但是，人并不是抽象的蛰居于世界之外的存在物。人就是人的世界，就是国家。”②

持“自我意识说”者看待宗教的本质实际上是从信仰主体的角度去看待的，而这种看法其实并没有把宗教与其他的社会意识区分开来，正如吕大吉先生所分析的，“人的丧失主体性的自我意识并不一定表现为乞求上帝或追求来世的宗教意识，而完全可能用文学艺术、哲学或政治思想等形式予以表现”。③ 只有这种意识与超人间、超自然的力量的敬畏、崇拜联系起来时，它才是宗教意识，马克思在这里并没有把这种自我意识和自我感觉说成是宗教的本质。马克思重点是要揭示宗教异化的原因，因此我们看待马克思对宗教的分析也必须联系到其对人们宗教信仰对象的看法。

4. 认识反映论

“一切宗教都不过是支配着人们日常生活的外部力量在人们头脑中的幻想的反映，在这种反映中，人间的力量采取了超人间的力量的形式。”④ 因此有一部分学者认为马克思主义关于宗教本质的认识是把宗教作为一种社会意识和上层建筑。在这里，恩格斯从反映论的角度，对宗教进行了科

① 《马克思恩格斯文集》第1卷，人民出版社2009年版，第186页。

② 《马克思恩格斯文集》第1卷，人民出版社2009年版，第3页。

③ 吕大吉：《宗教学通论新编》，中国社会科学出版社1998年版，第57页。

④ 《马克思恩格斯文集》第9卷，人民出版社2009年版，第333页。

学的概括，揭示了宗教的一般本质，指出宗教作为一种意识，也是对存在的反映，所不同的是，它是一种幻想的反映。是人们还不能摆脱自然和社会力量的支配时，把本来属于人间的力量幻想为一种超人间的力量的形式。这种观点揭示了宗教之所以为宗教的本质规定性，并把宗教与其他社会意识区别开来。

但是在这里恩格斯没有要求人们把这段话当作宗教的完整的定义，其着眼点仅是宗教的社会根源，而不是社会功能，所以采取的是一种发生学的角度，同时，又因其着眼于人的主观意识对客观外在的反映过程和反映方式，所以它采取了一种认识论的角度。其核心在于揭示宗教同超人间力量的关系。这也不能完整地概括马克思主义理论的宗教本质。

（二）宗教存在的根源

马克思、恩格斯指出宗教的根源“不是在天上，而是在人间”，只有到现实社会中的阶级矛盾、压迫、斗争中才能找到宗教最深刻的根源。

1. 自然根源

在人类社会初期，人与自然的关系主要表现为自然对人的压迫。这一时期，自然作为一种可怕的异己力量成为人类依赖并畏惧的对象。于是，他们认为在现实的物质世界之外，一定还存在着另一个人类看不见、摸不着的“神秘”。存在着一种超自然的力量，这种力量主宰着人类和自然的变化，人类对它只能顺从、祈求而不能违反。于是，人对自然这种异己力量就产生了盲目信仰和崇拜。进而把自然界、自然力人格化为神灵加以膜拜，这就是宗教产生的“自然根源”。

自然宗教普遍存在于各民族的早期阶段，由于所处的自然环境不同，生产和生活的方式不同，崇拜的对象也就不同。现代人类学的研究成果表明人类社会有一个从自然崇拜向图腾崇拜的过渡，前者与后者的区别就在于前者的崇拜对象在形式上是与人截然有别的自然现象，后者的崇拜对象逐步取得了人的形象。原始社会的宗教主要是把自然力和自然物神化的结果，它反映了原始人对自然力的无知与依赖。

2. 认识根源

宗教的最初产生，根源在于自然界对人类的压迫，但自然界对人的压迫形成为宗教观念，则又有赖于人的认识能力。所以，人们在探究宗教产生的根源时，自然而然地将它与人的精神活动联系起来，从认识论的角度来探究宗教产生的原因。在原始社会，由于思维能力受现实条件的局限，人还不能认识事物的整体性和复杂性，对自然界很少有一般性的观念。这种直观形象思维十分强调意识与意识对象的同一性，以至于不能脱离经验对象而形成意识的内容。直观地、片面地、孤立地观察自然界，过分夸大"现实威力"。用幻想和虚构来描述变幻莫测的大自然，这是原始宗教在认识论上的突出特点。原始人的意识活动中，似乎就存在两个世界，除了作用于感觉器官的物质世界之外，还有一个人们感觉不到的神灵世界。而且这个神灵世界在支配着物质世界。

总之，人类认识自然与社会是一个逐渐发展的过程。在这个过程中，有正确的，也有错误的，而错误的认识就有可能使抽象的概念、观念不知不觉地转变成幻想而导致宗教观念的产生。

3. 心理根源

人类形成宗教观念的认识过程，不是纯粹抽象的，而是伴随着人们十分具体的情绪、情感等方面的心理活动。这些心理活动也构成了宗教产生的原因之一。如对超自然力量的至上感和万能感、神圣感和圣洁感、崇拜感和敬畏感、仁慈感和博爱感、恩赐感和祈求感、羞耻感和负罪感、悔恨感和忏悔感、苦难感和天命感、承受感和顺从感、虔诚感和神秘感，等等。在宗教心理中，感情因素是非常重要的，费尔巴哈称感情是宗教的基本工具，上帝的本质不过是表明感情的本质。而感情的产生是与需要密切相连的。一个宗教信仰者在现实生活中缺乏把握感，因幸福的愿望的实现没有保证而焦虑时，便可能在心理上产生对超自然的神力的依赖，以期望神力来帮助他把握住现实，实现幸福的愿望。人的这种依赖主要是为了满足精神上、感情上的某种需要，所以费尔巴哈说人的依赖感是宗教的基础，是有一定道理的。

4. 社会根源

无论什么时候，人们的实践活动都只能在一定的社会关系之中进行。宗教作为一种以人的存在状况为反映对象的社会意识，它的内容不仅反映了人与自然的关系，而且也反映了人与人之间的关系。宗教的产生和存在离不开社会，人与人之间的社会关系是宗教的核心内容，因此，社会根源是宗教产生和发展的最主要的根源。

宗教观念和宗教崇拜活动。例如，图腾崇拜本质上是氏族制度在宗教上的表现，它既包含着宗教方面的某些体制，又包含着氏族社会的某些制度。另外，在原始社会里，人与人之间的社会关系在宗教中也得到了反映。首先，自然宗教里各种神灵虽各司其职，但无地位尊卑之分。其次，在以血缘关系为纽带的氏族社会中，各个氏族成员与宗教崇拜对象的关系是同等的，整个氏族以集体的方式与宗教崇拜对象发生联系，宗教活动必须由全体氏族成员共同参加，各项“宗教义务”也必须由全体氏族成员共同遵守，这些都是氏族社会里人与人之间平等的社会关系的反映。

（三）宗教的发展规律——从起源到消亡

1. 资本主义使宗教成为阶级意识的重要构成

马克思、恩格斯在这一问题上的立场很明确，那就是在现实的物质生活、经济条件即社会存在中去寻找宗教的起源。早在《论犹太人问题》中，马克思就指出，“我们不是到犹太人的宗教里去寻找犹太人的秘密，而是到现实的犹太人里去寻找犹太教的秘密”。恩格斯主张用社会历史发展的具体史实去说明宗教进化的内在根据，表现了他的唯物主义历史观。这一点，早在1846年恩格斯致马克思信中就表露无遗：“如果要想就自然宗教、多神教、一神教的陈旧论调说些什么，那就必须用这些宗教形式的现实发展来对比，为此必须首先研究这些宗教形式。”1886年，在《费尔巴哈论》一书中，恩格斯又说：“由于自然力被人格化了，最初的神产生了。随着宗教的向前发展，这些神愈来愈具有了超世界的形象，直到最后，由于智力发展中自然发生的抽象化过程——几乎可以说是蒸馏过程，在人们的头脑中，从或多或少有限的和互相限制的许多神中产生了一神教的唯一的神的观念。”恩格斯接着论述了从“民族宗教”到“世界宗教”的历史进程：“这样在每一个民族中形成的神，都是民族的神，这些神的王国不越出它们所守护的民族领域，在这个界线以外，就无可争辩地由别的神统治了。只要这些民族存在，这些神也就继续活在人们的观念中；这些民族没落了，这些神也就随着灭亡。罗马世界帝国使得古老的民族没落了（关于罗马世界帝国产生的经济条件，我们没有必要在这里加以研究），古老的民族的神就灭亡了，甚至罗马的那些仅仅适合于罗马城这个狭小圈子的神也灭亡了；罗马曾企图除本地的神以外还承认和供奉一切多少受崇敬的异族的神，这就清楚地表明了有以一种世界宗教来充实世界帝国的需要。但是一种新的世界宗教是不能这样用皇帝的敕令创造出来的。”①

2. 公有制共产主义是历史必然，是宗教消亡的基本指向

当宗教存在的根源不存在时，其消亡也就必然而至，所以，对消亡问题的说明是和对存在根源的探讨联系在一起的。西方思想领域对宗教存在根源的说明大都从个人的心理需求、从人性自身入手，认为宗教是限制人性、人类不幸的根源。在马克思、恩格斯看来，仅止于宗教的心理发生论来探讨宗教存在的根源是远远不够的，宗教的真正根源在于人的社会生活，在于私有制条件下产生的颠倒了的世界和异化了的社会，所以，和以前及当时的思想家的主张不同，马克思、恩格斯认为：消灭宗教不是社会解放的根本途径，因为宗教上的不平等并不是社会不公的原因，而是它的结果，故宗教消亡的前提是私有制的消亡，而不是相反。只有私有制不存在了，以其为产生和存在基础的宗教才会自行消亡。这就是马克思主义形成时期的以私有制的消亡、劳动异化的消除为前提的宗教消亡论。它向我们明白无误地传达了这样一种观点：无产阶级革命的目标不是消灭宗教，而是消灭宗教赖以生存的私有制社会。

唯物史观形成后，马克思、恩格斯就将自己置身于现实的共产主义运动中，在以后长达20年的岁月里，尽管没有改变他们对私有财产制度的彻底否定态度，没有改变私有制是宗教异化的根源这一观点，但基本上再没有讨论过宗教的消亡问题。直到马克思在《资本论》中重新提出，但思想已发生了较大变化。他说：“只有当实际具体的感性的生活的关系，在人们面前表现为人与人之间和人与自然之间极明白而合理的关系的时候，现实的宗教反映才会消失。只有当社会生活过程即物质生产过程的形态，作为自由结合的人的产物，处于人的有意识、有计划的控制之下的时候，它才会把自己的神秘的纱幕揭掉。但是，这需要有一定的社会物质基础或一系列物质生存条件，而这些条件本身又是长期的、痛苦的历史发展的自然产物。”

综上所述，关于宗教的消亡问题，马克思、恩格斯观点很明确。在马克思主义形成期，他们主张通过社会革命消灭一切私有制的途径使宗

①《马克思恩格斯文集》第4卷，人民出版社2009年版，第309页。

教失去存在的根源，从而自行消灭；到了后期，马克思、恩格斯则意识到了宗教消亡的其他社会条件。也就是说，私有制的废除并非宗教消亡的充分条件。至于宗教消亡的方式，马克思、恩格斯都始终坚持宗教的自行消亡，反对用行政命令的手段人为地消灭宗教。这一结论的得出，是马克思、恩格斯深刻认识宗教本质、深入了解宗教存在的社会根源的必然结果。

二 宗教的作用和功能

（一）宗教的社会政治作用

1. 宗教是压迫剥削阶级的辩护

“一个阶级是社会上占统治地位的物质力量，同时也是社会上占统治地位的精神力量。支配着物质生产资料的阶级，同时也支配着精神生产资料，因此，那些没有精神生产资料的人的思想，一般地是隶属于这个阶级的。”[①] 宗教作为一种特殊的意识形态，从产生之日起，就与阶级社会中统治阶级的统治紧密联系在一起，并为阶级统治的合法性和剥削制度的合理性做辩护。在私有制主导的阶级社会中，先知只能是少数剥削阶级的特权，对于多数处于被剥削、被压迫境地的人来说，宗教除了起到对现实的不平等，苦难的同情和慰藉的作用之外，更主要的是作为统治阶级压迫剥削阶级的辩护士，使得剥削阶级的统治剥削成为应然的现实。

2. 宗教是统治阶级的实现工具

对封建制度中传统宗教的作用和它们与封建特权的结合，马克思、恩格斯一直都持坚决的否定态度。1850 年，在《德国农民战争》中，恩格斯揭露了僧侣中封建特权阶层利用伪造文书、制造圣徒遗像、贩卖赦罪符等欺骗手段榨取人民的丑行。1851 年，在《德国的革命和反革命》中，恩格斯进一步具体到德国的情形时讲道：“1845 年，在德国的每一邦里，或者是旧罗马天主教，或者是新教，或者是两者同时，被视为国家制度不可缺少的组成部分。在每一个邦里，这两个教派中的一派的或两派的教士，都是官僚政府机构的重要因素。”[②] 随后在 1854 年，马克思又在《希

① 《马克思恩格斯文集》第 1 卷，人民出版社 2009 年版，第 550 页。

② 《马克思恩格斯全集》第 11 卷，人民出版社 1995 年版，第 26 页。

腊人暴动》中具体分析了俄国和拜占庭的情况："正教不同于基督教其他教派的主要特征，就是国家和教会、世俗生活和宗教生活混为一体。"拜占庭和俄国都如此。不同的是，和"拜占庭的情况相反"，在俄国，"教会变成了国家的纯粹的工具，变成了对内进行压迫和对外进行掠夺的工具"。[①] 可见，宗教在很长一段历史阶段，都是作为统治阶级实现统治的工具。

3. 宗教是人民群众反抗的神圣外衣

从一般意义上来说，当一种阶级或社会力量打着宗教的旗号、利用宗教来作为达到自己目的的手段时，宗教就具有一种"外衣"作用。但在马克思、恩格斯的理论中，"宗教外衣"通常指非统治阶级利用宗教反对统治阶级时所具有的一种作用。马克思、恩格斯对这种作用和原因也进行了相关的分析。

阶级社会尤其是在欧洲中世纪，宗教及神学在当时社会具有至高无上的地位。是当时人们表达思想感情、进行一切活动的唯一可采取的形式。宗教是封建社会制度的外衣，任何一种针对社会制度的改革运动都首先必须是对教会的反叛。在宗教垄断一切的情况下，宗教形式尤其是语言是当时大多数民众所能领悟的唯一形式。通过宗教语言去发动群众就成了最重要的手段。恩格斯对被压迫人民利用宗教形式进行反抗是持肯定态度的。但是这种积极作用只是形式，它并未改变宗教的实质。

通过以上论述可以看出，唯物史观创立后的恩格斯对宗教的社会作用的论述较以前全面了许多，在某种程度上看到了宗教社会作用的复杂性，强调其附属性。更为可贵的是，他们以自己的理论实践告诉我们如何运用唯物史观去解释宗教现象、说明宗教问题。[②]

4. 宗教是资本主义意识形态的扩张

对宗教与取得政权后的资产阶级的关系，马克思、恩格斯也作了分析和批判。认为当他们还是革命阶级时，对宗教持批判或至少是排斥的态度。但是，他们一旦跻身于统治阶级的行列，就会不声不响地丢掉他们的自由思想，变成一个"笃信宗教的人"，利用宗教来加强自己的地位，宗

---

① 《马克思恩格斯全集》第 13 卷，人民出版社 1998 年版，第 148 页。

② 施船升：《马克思主义宗教观及其相关动向》，四川人民出版社 1998 年版，第 123 页。

教也就变成了他们统治的一部分。

马克思1855年在《反教会运动——海德公园的示威》中，揭露了教会同英国资产阶级在政治、经济上联合起来对人民进行的压迫剥削：“从这两件事中我们看到教会和垄断资本共同策划的阴谋；这两件事情表明，宗教的惩治、法律的目的是为了反对下层阶级，而使上层阶级在良心上可以安静下来。”①

马克思、恩格斯认为，在历史上各个时期中，绝大多数人民都不过是以不同的形式充当着一小撮特权者发财致富的工具，而宗教则对这种吸血的制度加以粉饰，并向人民宣告，“为了他们自己的幸福他们必定要忍饥挨饿，因为这是上帝的意旨。”②

（二）宗教的文化心理作用

1. 传衍文化

宗教曾经是长期支配社会的精神力量，从宗教本身的历史发展看，宗教中包含了人类在生存中积淀下来的文化，是人类文化的重要载体。各个不同时代在继承前一代流传下来的精髓时加入时代的新的因素，使它具有了新的内涵，而且从传播的方式上看，宗教一般是言传和习俗，更利于人们的接受，这样人类社会就借助宗教实现了文化的传衍。

2. 民族认同

一个民族信奉同一的宗教，有助于促进该民族在共同心理、习惯和文化传统的形成，从而有利于整个民族的整合，促进民族的凝聚力。而一般采用的宗教仪式通常被认为是特定民族群体沟通、过渡及整合社会的方式，所以在政治意义上说，对于一个民族和社会的认同与稳定有相当的凝聚力作用。

3. 发泄情绪

马克思说宗教是对现实苦难的抗议。在私有制社会，被剥削和被压迫的阶级需要借助宗教来表达自己的精神需求，并通过它来寻求安慰，也可以借助宗教形式反抗统治者的统治。人将一切对现实的情绪表达通过宗教传递到彼岸世界，是人解脱心理压力的一种重要途径，是人出于自我安慰

---

① 《马克思恩格斯全集》第11卷，人民出版社1962年版，第364页。

② 《马克思恩格斯全集》第10卷，人民出版社1998年版，第283页。

的一种心理需要。面对着自然对人的先天压迫和社会中不自觉的异化了的自身来说，宗教作为一种精神的寄托和依赖，是人在长期苦难过程中的诉求表现。

4. 行为习俗

宗教的一般传播方式是通过宗教仪式以及言传，本以道德上教化为目的的宗教，在人的宗教体验和实践中逐渐形成为一种习俗，在一个民族内源远流长地传衍下来，通过这样一种价值认同来规约人们的日常行为，以此作为一种行为规范和标准。

（三）信仰与共产主义设想——从人的异化到人的全面自由解放

1. 从人的异化到人的复归

宗教是异化的表现形式，同样也是人其他异化形式的补偿和救赎。马克思认为对宗教的批判是对现实苦难世界批判的胚胎，对宗教批判的目的是把人的世界和人的关系还给人自己，实现人作为人、人就是人的世界，就是国家和社会的人的复归，就是人的主体意识的彰显，就是人向自由全面发展方向的逼近。

2. 从物的依赖到感性解放

马克思创立的唯物史观认为，直接的物质资料的生产是其他一切活动的基础。而且依据不同的依赖关系将人类社会的演进过程分为三大经济形态：人的依赖关系、物的依赖关系、个人全面自由发展的关系。以物的依赖性为基础的人的独立发展是实现人的感性解放和人的个性自由发展的前提。

3. 从创世观念到自我拯救

宗教作为颠倒了的世界观宣称宗教创造了人，这样的人被认为是抽象地蛰居于现实世界之外的存在物，宗教的狂热和唯灵论成为对抽象的人的现实苦难的慰藉。费尔巴哈曾指出神学的秘密是人类学。一旦人们认识到宗教的本质，人的自我寻找、自我实现的活动就宣告开始了。

4. 从来世理想到现世理想

宗教是人的本质在幻想中的实现，因为人的本质并不具有真正的现实性。相对于宗教上的一种虚妄的彼岸世界的设定，人无奈地去忍受现实的苦难后需找一丝的心灵慰藉，对于人、真正的现实中的人来说没有任何意义，只有打破被二重化的宗教的、想象的世界，才能将被压迫阶级追求自由、解放的理想从对来世的寄托转到现世的理想，完成真实的人的解放。

人的解放并不是一种死后的解脱，而是活着的人性彰显。

三　关于宗教发展的现代启示

（一）宗教的祛魅化——现代社会科技的发展对宗教教义的冲击

自欧洲启蒙运动以来的对于理性的无限延续这一信念，是宗教祛魅化的重要原因。特别是现代社会科技的发展为理性的张扬做出了高度佐证，这进而促进了宗教的世俗化进程，也就是说，人们已用科学与理性的术语对人的行为和其他现象做出解释和论证的倾向，来取代对现实的宗教解释和对人生的宗教倾向。

人们渐渐地、越来越多地用科学原则来诠释固有的宗教信仰。宗教不再具有承载政治色彩的“价值”，而主要表现为调节个人信仰与社会的公共价值之间的关系，向个人提供属于个人生存意义的选择。在现代社会与国家中，宗教不再处于垄断地位，尤其在国家政权的运作系统里，宗教已经退出政治舞台。

（二）宗教的边缘化——现代社会结构发展对宗教功能结构变化的冲击

以往的阶级社会中，统治阶级和非统治阶级之间尖锐的两级对立、非统治阶级非人的处境以及欲求解放的要求是宗教发挥统治功能和安慰功能的重要条件。现代社会，政治发展的民主化，社会矛盾的分散化，阶级意识的淡化，管理的科学化和合理化，使得人们的合理诉求可以通过合法的途径得到有效的解决和满足，大大减少了社会冲突的可能性。宗教丧失了相当一部分维系整个社会的功能，因此逐渐被淡化和边缘化。

（三）宗教的世俗化——现代社会商品关系的发展对宗教需要的冲击

人们所奋斗的一切都和利益有关，商品经济条件下，这种利益关系表现得更加突出。人们放弃了对虚幻的来世幸福的追求，将目光锁定在现实的幸福上，要求围绕自身和自己的现实旋转，宗教作为颠倒了的世界观不能满足人们物质和文化生活不断提高的要求。要继续发挥作用，宗教就必须从天国降到人间，也就是说，过去由权威垄断强加的宗教传统，现在不得不进入市场，让消费者自愿地去选择，宗教活动逐渐被市场经济的逻辑所支配，成为消费者自主选择消费的商品。

（四）宗教的私人化——现代社会政治结构对宗教公共领域的冲击

社会政治结构的理性化发展使得公共制度的运行不再依赖于个人的道德取向，个人意识从社会结构中解放出来，具有了相对的自主性和独立性。现代社会人们对于人的本质的复归，对于生命意义的探寻，使得宗教获得了前所未有的意义。人们将宗教的组织形式、做礼拜的次数和地点等形式化的内容放在一边，转而关心人自身的生命意义，宗教逐渐由最初的公共生活领域转向私人领域，成为不再涉及宇宙、历史，而是深深植根于个人意识，只与个人的生存和心理相关的“私人”的事情。

第三节　马克思宗教思想的当代启示

一　中国宗教的历史和现状

（一）我国历史上宗教状况回顾

在中国的历史上，从来没有过宗教的权力凌驾于皇权之上并支配着皇权的情况，正所谓“普天之下莫非王土，率土之滨莫非王臣”，这一忠君、尊君的思想根深蒂固，在这样一种皇权至上的君主专制的政体下，一切宗教组织和活动都受制和依附于皇权。在历史上，虽然佛教、道教等教团组织也常常在政治、经济、文化等领域上与皇室发生矛盾，但处理矛盾的主动权从来都是由皇权主导，对于教团组织和僧众的管理制度都有日趋严格的趋势。所以，中国的宗教同国家政治的关系与中世纪时期的欧洲和阿拉伯世界的情况迥然不同，正如周恩来同志所言：“中国不是政教合一的国家。在中国，宗教同政治一向是分开的，所以宗教问题不象欧洲政教合一的国家那样严重。”①

在当代中国，社会主要意识形态的构成已经由原来的儒、释、道三者共容变为社会主义思想、西方欧美文化和传统文化三者并容。其中，社会主义思想在政治、教育和新闻媒体中起着导向作用，属中国当代的主流文化。而西方文化作为当今世界的强势文化，正在不断渗透到中国文化中来。随着改革开放和社会的发展，这种渗入越发明显，中国的传统文化经历了漫长的历史积累和沉淀，在经历了与社会主义思想的磨合，经历了

① 《周恩来统一战线文选》，人民出版社1984年版，第180页。

“文革”期间政治上的批判，在不断求发展求创新的当今社会越发趋于边缘化。但是，传统文化毕竟是中国文化的灵魂和根源，是中国人群体归属和相互认同的基础。因此，近年来，人们开始探讨其时代意义并发掘其内在价值，而传统宗教作为传统文化的重要组成部分也愈来愈受到人们的关注。

中华人民共和国在成立时期，对于马克思主义宗教思想还知之甚少，但此时期还是能够结合中国的国情和当时中国宗教的特点，基本上能客观、理性、实事求是地解决宗教问题。在这一时期，毛泽东同志提出了独具特色的主张：将宗教界归入爱国主义统一战线，并在中华人民共和国成立初对宗教进行了民主制度改革，制定并实行独立自主的宗教政策。

到了“文革”时期，中国对待马克思主义宗教思想的态度变得非常的教条和绝对。要么全盘肯定，认为句句是真理，生搬硬套，不顾中国国情；要么曲解和肢解马克思主义宗教思想，根据自己的需要，断章取义，以狭隘的手段制定宗教政策，这导致了1958年和1966年两次采取行政手段消灭传统宗教的事件。

改革开放以来，大家逐渐认识到马克思主义是一种开放的、有待发展的体系，反对以教条主义来看待马克思主义，而是以理性客观的态度对待和研究马克思主义，特别是在对马克思、恩格斯宗教思想的研究上，秉承科学严谨的学术精神，倡导理性自由的学术风气，开始了对马克思、恩格斯宗教思想的探索与研究。并在此基础上得出了“马克思主义的世界观和宗教观可以为我们的宗教研究提供认识论和方法论的指导。但是我们绝不能把马克思主义的这个观点或那个理论当成现成的结论或永恒不变的教条，更不能把马克思、恩格斯、列宁的个别论断当成证明的工具。彻底的辩证法不承认超时空的绝对物，当然也反对把马克思主义自身绝对化。马克思主义应该是一种开放的系统，既要敢于随时摈弃已被实践证明是错误的东西，更要不断地研究新的问题，吸收新的营养，使自身得到发展。……马克思、恩格斯、列宁并不曾建立一个完整的宗教学体系，他们的宗教理论并没有穷尽宗教问题的各个方面，也不是绝对真理。对待马克思主义的宗教理论，我们不能持宗教徒式的迷信态度，不能用经典作家的语录去代替对宗教现象的具体分析。”①

① 吕大吉：《宗教学通论》，中国社会科学出版社1989年版，第33页。

综上所述，可以看出中国从古至今的思想文化一直具有其独有的特征，充分认识中国与西方文化的差异，充分认识中国每个时代的文化特征，对于更好地认识和理解马克思、恩格斯宗教思想的当代价值都是必要的。

（二）宗教在我国的当代走向

当代中国，以马克思、恩格斯的宗教思想为基础，通过我国宗教发展的实践过程，逐步完善和形成了马克思主义宗教观的中国化理论。

1. 在意识形态及政治意向上的发展趋势

一直以来，我党坚持实事求是的科学态度，积极肯定了宗教教义中存在的某些合理因素，为准确全面地评价宗教的功能和价值提供了新的理论框架，为宗教在中国的发展提供了一片沃土。毛泽东明确提出并肯定了，佛教教义的解脱主义思想与中国共产党的消灭剥削制度、拯救万民于水火之中的思想具有共同之处；周恩来也指出宗教的积极作用的确可以很好地推动民族关系的发展；江泽民同志则直接地表达了利用宗教教义、教规和宗教道德的积极因素服务于社会主义的思想。可见，中国共产党对宗教在我国现阶段的发展是持以积极倡导的态度，发掘和发扬宗教的内在积极因素，以此服务于中国社会主义改革和建设。宗教在我国现阶段是推进社会主义向前发展的必要力量，也是马克思、恩格斯宗教思想中国化理论的精髓所在。

2. 在社会适应及法律服从上的基本动向

1990 年《中共中央关于加强统一战线工作的通知》指出：“要引导爱国宗教团体和人士把爱教和爱国结合起来，把宗教活动纳入宪法和法律的范围，同社会主义制度相适应。”这是第一次提出要积极引导宗教与社会主义相适应，并在法律服从上具有了可循依据。在此之后，对于宗教与社会主义社会相适应这一问题逐渐深化，江泽民同志在这一问题上全面阐释了“积极引导宗教与社会主义社会相适应”的具体内涵，他反复强调了“适应”所具有的不同含义，并强调宗教适应社会主义社会的可能性和必要性以及如何适应等问题。实际上，宗教与社会主义社会相适应的理论就是指党和政府如何做好规范宗教与法制和社会的关系问题，是马克思、恩格斯宗教思想在中国发展的集中体现，也是我党对马克思、恩格斯宗教思想在中国这片肥沃的土地上生根、发芽、成长和壮大所做出的最重大贡献。党的十六大以来，我国的宗教发展得到了以胡锦涛同志为总书记的党中央的高度关注和重视。《中共中央关于加强党的执政能力建设的决定》就宗教工作问题提出："全面贯彻党的宗教工作，贯彻党的宗教信仰自由政策，依法管理宗教事务，坚持独立自主自办的原则，积极引导宗教与社会主义社会相适应。"① 这对我国宗教事务的依法管理、科学管理提出了更高的标准和要求，对我国新时期的宗教工作制定了新任务、提出了新要求、指明了新方向、开拓了新视野和新境界，也是"积极引导宗教与社会主义社会相适应"思想的重大发展。

3. 在社会定位及公共作用上的可能选择

宗教作为长期依存于人类社会中的一种社会意识形态，在其所承担的社会职能和作为文化的重要载体上发挥着重要的作用，但同样它也是人类社会发展进步和人的根本解放过程中的重要障碍。所以，在我国现阶段，给予宗教合理的社会定位是做好宗教事务的基础，更是使宗教事业朝着正确的方向发展的条件。纵观我国当代的宗教发展，可以看出我党历来十分重视和发挥宗教的积极作用，并以此来推进社会主义改革和建设，但同时也强调了一定要减少宗教的消极影响。在宗教政策的制定和实施上，彻底解放了宗教对于人在政治意义上的束缚，"只把宗教信仰肯定为人民的思想信仰问题"。② 并将宗教推入到私人活动领域。除此之外，还提出了宗教信仰与政治立场相区别的原则：不能过于简单地将无神论与有神论的差异等同于政治立场上的对立，而要把人民群众的思想信仰与政治立场相分离；人民群众存在思想信仰的差异，不会影响彼此经济利益的一致性，也不会影响人们在维护祖国统一、拥护社会主义原则问题上的一致性。正如毛泽东同志指出的：一方面强调共产党员决不能赞同宗教唯心论；另一方面又主张"共产党员可以和某些唯心论者甚至宗教徒建立在政治行动上的反帝反封建的统一战线"。③

二　马克思宗教思想的现实理论意义

我国在制定正确的宗教政策、积极开展国内宗教工作的过程中，马克

① 《十六大以来重要文献选编》下，中央文献出版社 2008 年版，第 667 页。

② 《周恩来统一战线文选》，人民出版社 1984 年版，第 383 页。

③ 《毛泽东选集》第 2 卷，人民出版社 1991 年版，第 707 页。

思、恩格斯宗教思想都起着至关重要的作用。这对我国的社会主义精神文明建设及社会主义文化建设，对构建我国社会主义和谐社会，都有着重大的现实意义、理论意义和实践意义。

1. 宗教起因于自然和社会双重矛盾

宗教在人类文明发展的过程中极具双面性：一方面，作为人类抽象思维能力的体现，宗教的产生是开始人类文明进程的第一步。另一方面，它用一种超自然力量来解释当时一切自然现象和社会现实，把人类对世界的认识用宗教神话的世界观表达出来，而其他形式的文化、艺术、法律、哲学甚至科学，都尽可涵盖于其中。历史上，无论是受限于人类文明的发展水平，还是缘于统治者的狭隘手段，人们对于自然的认识，为宗教的发展提供了良好的平台。同时，统治者的专权与高压政策，使盲目的人们不得不屈服于社会的现实，在残酷的现实压迫下去寻求宗教的慰藉。马克思、恩格斯将宗教的起源归结于自然和社会对人的双重压迫，这使我们对宗教的现实走向有了清晰的认识。因此在现实意义上看，就要求我们不能也不可能以行政强制的方式，偏激地要求宗教尽快消亡。随着人类社会的发展和进步，人从自然和社会对自身的压迫中解放出来后，宗教自然也失去了存在的现实基础。

2. 解决宗教问题依存于解决现实问题

毋庸置疑地，宗教历经了人类文明发展的源远长流，当代的宗教导向更加趋于理性化，人们对于宗教的认识已不再拘泥于狭隘的盲目崇拜。社会存在的现实和存在的意义是决定宗教存在的基础。马克思、恩格斯的宗教思想强调人的自由解放，并指出它具有强大的实践生命力，宗教是在现实生活实践中培养起来的人的主体意识，主体不可能脱离客体而存在，宗教也无法离开现实独立生成。社会存在决定社会意识这一基本原理要求解决宗教问题必须依存于解决现实问题。中国现实社会中以宗教冲突为表现的现实问题屡见不鲜，我们必须要深刻认识到这一现实问题的背后因素一定根植于某种现实矛盾，而不能将此狭隘地理解为单纯的宗教矛盾。这对于我们处理宗教问题和开展宗教工作起到了积极的指导作用，对于顺利地开展宗教工作，正常进行宗教生活，协调宗教与社会的关系都奠定了坚实的理论基础，具有重大的现实意义。

3. 宗教要适应其所处的社会和时代才能存在和延续

宗教的存在和发展一定依附于它所处社会的包容性和时代所赋予的宗

教价值和信仰的导向。所以，要使宗教存在于人类社会，并得到延续性的发展，就必须使其适应所处的社会和时代。作为上层建筑的宗教与社会经济发展相比，必然会出现相对滞后的状态，此时的社会生产关系必然会要求宗教为适应其自身发展而做出变革，这一马克思主义基本原理要求我们积极引导宗教与社会发展的要求相适应。秉承这一基本原理并结合中国现实，毛泽东提出的爱国统一战线思想为我国宗教的发展做出了独特的贡献，他提出要争取、团结教育宗教界爱国人士和广大信教群众，“共产党员可以和某些唯心论者甚至宗教徒建立在政治行动上的反帝反封建的统一战线”①。在这里，毛泽东没有把信徒的政治态度和宗教信仰等同起来，他认为，不管是谁，只要“他真正划清敌我界限，为人民服务，我们都是要团结的”。② 由此可见毛泽东在宗教问题上解决了两大基本难题：第一，不仅尊重群众的信仰，而且坚持了党性原则。第二，不仅满足了群众的信仰需求，又不会因信仰的分歧而剥夺他们的政治权利。这一思想为今天我们倡导的“宗教与社会主义社会相适应”理论打下了基础，也是宗教发展和社会发展并行这一理论应用于现实的实践表现。

4. 宗教改革预示着社会改革

宗教改革是社会现实变革的结果表现之一，其思想源头可以追溯到中世纪市民的宗教“异端”思想之中。中世纪的城市在 11 世纪、12 世纪兴起后，为了抵制封建贵族与教会的掠夺与控制，城市从经济、政治上支持王权，王权则赐给城市以自由贸易乃至自治的特权。随着城市的发展，市民阶层逐渐兴起，对教会的大一统神权与正统神学的统治极其不满，于是酝酿出反教会的市民“异端”思想。从资产阶级的兴起和封建宗教统治间的对抗中可以看出，宗教的改革必定根源于社会的现实矛盾，社会生产关系是宗教发展的基础和保障，宗教必须适应现实社会，现实社会也必然决定着宗教的变革和发展。经济基础与作为上层建筑的宗教之间的关系，决定了宗教的改革与社会改革关系。但社会改革所包含的范围广泛，社会的改革是相对于之前历史阶段的社会一切关系而言的，作为社会改革构成要素的政治改革、经济结构改革等并不能代表社会改革的全部，而宗教作

① 《毛泽东选集》第 2 卷，人民出版社 1991 年版，第 707 页。

② 《叶剑英选集》，人民出版社 1996 年版，第 476 页。

为人的思想寄托和精神依赖，往往先于其他上层建筑发生变革，这是人主观意愿在现实社会内在期望中的表达，是人挣脱于现实束缚并寻求进一步解放的诉求，因此，在某种程度上宗教改革也预示着社会的变革。

5. 从来世理想回到现世理想

宗教或多或少都以一种彼岸世界或来世轮回的设定，给了所有现实中苦难的人一种精神的依赖和慰藉，从某种程度上起到了维护社会稳定的作用。但这往往也会成为人类伟大精神的创造力的桎梏，拖滞了社会整体发展的步伐。马克思、恩格斯的宗教思想为我们开辟了新的视野，把人们对来世期待带到现世的实践，让人能够正确合理地看待自身所受到的压迫，使人们有勇气和信心去面对现实中的“苦难”，坚定了人的自身实现以及人本质的回归这样一种信念，理性化了人类对宗教信仰的崇拜，这种科学的价值观为当今社会的发展起到了积极的现实作用。

6. 社会主义不能一下子消灭宗教

宗教是人类社会的一种特殊形式的意识形态，自有人类文明以来，就一直同人类社会发展并行，并由最初的简单宗教活动、宗教仪式逐渐演变到现今将宗教理论化、系统化，从当初对宗教的蒙昧状态到现在对宗教的理性看待。纵观人类社会的发展历史，从没有哪个时代完全消除了宗教，也没有任何一个时代能避免宗教对其的影响。对于宗教的存在和发展要根基于唯物史观这一基本原理，明白宗教所存在的根源，不仅要强调它对社会发展所起到的消极阻碍作用，更要看到它对现时代社会的积极推动作用。我国现在正处于社会主义初级阶段，社会的基本矛盾是人们日益增长的物质、文化需求和落后的社会生产力之间的矛盾，现实存在的社会矛盾表明社会于人的压迫依然存在；在人类对于自然界的认识上，虽然第二次世界大战以来人类社会取得了举世瞩目的成就和发展，但对于许多未知领域还处于探索和发现阶段，人对于自然的改造和认识依然处于长期的实践过程当中，这表明自然对人的压迫远远还未消除。因此，在进行我国的社会主义事业的建设过程中，不可能也不必要一下子消灭宗教，随着人类社会的进步，宗教也会随之失去它赖以存在的现实基础而自行消灭。

三 引导宗教与社会主义建设相适应

积极引导宗教与社会主义社会相适应，是我们党从社会主义初级阶段这一基本国情出发，总结中华人民共和国成立以来宗教工作的成功经验所得出的科学论断，是我国宗教发展的正确方向。

1. 政教分离政策是引导宗教与社会主义社会相适应的现实条件

马克思与恩格斯制定宗教政策的总的主张是：教会与国家相分离、教会与教育相分离。恩格斯在《卡尔·马克思〈法兰西内战〉一书导言》及《社会民主党纲领草案批判》中这样表述：“公社在废除了常备军和警察这两种旧政府物质权利的工具以后，立刻着手摧毁精神压迫的工具，即‘僧侣势力’，方法是宣布教会与国家分离。”在曾经政教合一的西方社会里，这种宗教作用于政治，政权受制于宗教的弊端尤为明显。总结了历史上的经验教训，借鉴了西方国家的宗教演变历程，社会主义社会对于政教分离政策的认识和制定，成为了引导宗教与社会主义社会相适应的现实条件。

正确的宗教政策有赖于时代与社会对宗教的认识与肯定。政权与宗教相分离，是保证宗教独立自主发展的现实条件，是促进宗教健康茁壮成长的必然要求。宗教信仰属于人类的一种特殊意识形态，在寻求发展、追求创新的今天，政教分离政策是社会主义社会宗教发展的明智选择和现实条件。

2. 宗教信仰自由政策是引导宗教与社会主义社会相适应的前提

尊重和保护宗教信仰自由，是中国政府对待宗教问题的一项长期的基本政策。宗教信仰自由作为公民的一项权利，得到了宪法和法律的保障。1949 年 9 月 29 日全国政协第一届全体会议通过的《共同纲领》第五条规定：“中华人民共和国公民有宗教信仰的自由权。”1954 年公布的中华人民共和国宪法规定：“中华人民共和国公民有宗教信仰的自由。”我国宪法第三十六条规定：“中华人民共和国公民有宗教信仰的自由。任何国家机关、社会团体和个人不得强制公民信仰宗教或者不信仰宗教，不得歧视信仰宗教的公民和不信仰宗教的公民。国家保护正常的宗教活动。任何人不得利用宗教进行破坏社会秩序、损害公民健康、妨碍国家教育制度的活动。宗教团体和宗教事务不受外国势力的支配。”宗教作为个人的一种信仰，应该完全由公民自由选择，在社会主义国家中应该由国家为导向将其归于纯粹的私人领域。信仰自由作为我国公民的权利，是受到法律保护的，但同时也要受到的法律制约。我国法律规定：公民在享有宗教信仰自由权利的同时，必须承担法律所规定的义务。在中国，任何人、任何团体，包括任何宗教，都应当维护人民利益、维护法律尊严、维护民族团结、维护国家统一，在这一点上，我国的宗教信仰自由政策是与联合国人权文书和公约的有关内容相一致的。这有利于我国社会主义的稳定发展，也是使宗教适应我国社会主义社会的前提条件。

3. 依法加强对宗教事务管理是引导宗教与社会主义社会相适应的重要保证

在拨乱反正后期，我党开始着手于通过宪法和法律手段来管理宗教事务。自20世纪90年代起，“市场经济”与“依法治国”被提出并深入人心。我国政府对于依法加强宗教管理有了更深刻的认识和更紧迫的压力。我国主要领导人曾反复而充分地阐述了“依法加强对宗教事务的管理”的重要性。1990年9月，江泽民指出：“一切宗教必须在国家法律允许的范围内活动。要加强对宗教团体和宗教活动场所的管理，使其自主地依法办好宗教。”1990年年底李鹏指出：“依法对宗教事务进行管理，并不违背宗教信仰自由政策，而是全面贯彻宗教信仰自由政策的需要，是维护安定团结和各民族人民根本利益的需要。不要把对宗教事务的管理同宗教信仰自由对立起来。”① 事实上，依法管理宗教事务也是我国宗教界对自身的要求，他们更加希望我党和政府将宗教政策法律化、条文化，用法律规范社会和宗教行为，保护合法的宗教信仰和宗教活动。依法管理宗教事务在我国的社会主义建设中起着至关重要的作用，它能够从法律上保障公民的宗教信仰自由，有利于我国社会主义法治建设，有利于法律的权威的维护，有利于民族团结、国家统一和社会稳定，有利于我国社会主义和谐社会的构建。

4. 坚持不懈地开展宣传教育是引导宗教与社会主义社会相适应的关键

宗教的历史及存在形式的特殊性让我们清楚地认识到，拥有正确的、健康的宗教观是人类文明向前发展的必要条件，也是社会向前进步的重要基石。然而，目前还有着很大一部分信教群众，不能正确看待自

① 中共中央文献研究室综合研究组等编：《新时期宗教工作文献选编》，宗教文化出版社1995年版，第184—185页。

己的宗教信仰，或多或少在其中保有迷信的成分。这不仅不利于整个社会精神文明的进步要求，也极易被人借宗教信仰之名，进行对社会的破坏活动和对祖国的分裂活动。因此，广泛开展宣传教育是提高人们对宗教认识的有力途径。以马克思主义基本原理为指导，结合各个教派的特点，提高人们对宗教信仰的认识程度，在引导宗教积极的社会作用的同时，尽量避免和减少宗教的消极影响，这是引导宗教与社会主义社会相适应的关键。

四　引导宗教与社会主义相适应的实现途径

在我国现阶段，积极引导宗教与社会主义建设发展相适应，避免出现宗教发展与社会发展相割裂的情况，也就成了我国现阶段对宗教生存与发展的客观要求。这就要求我们合理、科学地引导宗教与社会主义相适应，并且寻求科学的、可操作性的实现途径。

1. 平衡宗教现实作用的双重性

社会学奠基人之一的迪尔凯姆曾说过，宗教体现了社会内在的凝聚力，真正的社会都是宗教的。这句话一方面说明了宗教和人类社会的关系；另一方面也表明了宗教的社会作为。宗教对于现代社会的主要社会功能体现在心理与道德层面，现代社会大大削弱了宗教的颠覆性和革命性，它更多的是作为一支维护社会稳定的力量而存在。现代宗教更多地被界定为个人的信仰及其思想表达，究其原因，主要是使政教分离原则实现。自从美国宪法第一修正案发布以来，世界上越来越多的国家逐渐取消了国教，都采用了政教分离的宗教政策，宗教越来越成为了一种民间力量，退出公共领域，成为私人事务。

从宗教作用的积极方面上来看，它可以起到安抚人心、规范道德、排解群体内心压力等作用，同样它也是承载人类文化的重要载体。不可否认的是，在现阶段，由于受到传统文化的影响，宗教在很多地区和国家都还履行着极其重要的社会职能，发挥着无可替代的作用，对于现代人类社会的各方面还具有举足轻重的影响。但历史的经验和教训也告诉我们，宗教在发挥其积极作用的同时，也不可避免地对社会的发展建设产生消极影响，在很长的一段历史时期，宗教都是作为统治阶级维护自身统治的工具。也正因如此，马克思、恩格斯才结合当时的社会具体情况对宗教展开了猛烈的批判。正是因为宗教的现实作用的双重性，我们在引导宗教与社会主义相适应的时候，要格外地注意区分其积极面和消极面，辩证地看待这两者的关系，积极引导宗教承担社会作用的积极面，避免或减少其对社会的消极影响。一方面我们不可否认宗教在社会历史中的重要性，但是也不能无限度地夸大其作用力，特别是过分夸大宗教对社会可能产生的负面作用。另一方面努力平衡宗教的现实作用的双重性是维护我国社会主义稳定的保证，也是促进社会发展的基础，是引导宗教与社会主义社会相适应的重要途径。

2. 健全系统协调发展机制

发展是硬道理，当今我国各项工作的主题就是发展。发展的目的是要不断提高广大人民的生活水平和生活质量，以此来解决人们日益增长的物质文化需求和落后生产力之间的矛盾，而发展的内容包括经济发展、社会发展和生态环境发展。我国当前的发展任务就是提高人民的生活质量，建立健全协调发展机制，促进经济、社会和环境的协调发展。这就需要我们重视发展的系统性和整体性，及其各个系统发展的相关性。在发展过程中，经济、社会、文化、环境这几个方面相互联系、相互作用，各个方面在构成一个发展有机系统中，都是作为系统整体的一个部分而发挥着作用，它的性质、功能和变化都要受控于系统整体，并受到其他方面发展状况的影响。整体系统的发展需要其各个方面的不断优化，更需要各个方面在发展过程中相互配合、相互促进。只有各个方面在发展过程中配合得当，才能够更好地促进系统整体的发展。同时，一方面的单独发展，也会为系统内其他方面的发展提供有利条件。而每一个方面的真正发展都是在整体发展的平台上展开的，都是在其他方面的相互配合与相互作用下得以实现的。

3. 提高公民文化素质

所谓公民文化素质，是指公民在社会生活中具有的价值观念和精神面貌、科学文化知识水平和认知能力、道德规范行为能力、法律规范行为能力、参与公共事务和社会实践的能力等。公民文化素质是公民作为社会成员，其思想观念、知识、能力三者的综合统一，是内在精神与外在实践活动的综合统一。现代社会的发展是物质文明和精神文明发展的综合体，在这一发展过程中，这两方面紧密相关，但并不是绝对同步的，而这种不同步势必会因生产力的要求逐渐统一。自改革开放以来，我国的经济建设取得了举世瞩目的成就，人民的生活水平有了极大的提高，与此同时，人们对于自身文化素质的提高也就成了社会发展的内在要求。历史上没有任何一个社会的发展是脱离了人的存在而存在的，从某种意义上来讲，宗教作为人们精神的导向，在整个社会的发展和进步中起着不可代替的作用。而当今社会的宗教，已不再是简单的顶礼膜拜就能够保持其长久存在和发展的，也不是盲目追崇就可以使自身得到解脱的。要想正确地看待宗教，认识宗教发展，从而树立正确的价值观念，规范自身的行为道德，就需要深入探讨和研究宗教理论，特别是在马克思主义唯物史观的指导下，在继承马克思、恩格斯宗教思想的基础上，辩证地分析和研究宗教本身，才能够使我们更加清晰透彻地了解宗教的本质，提高人们整体的认知水平和文化素养。提高全民文化素质，有利于我国宗教事业进一步健康发展，有利于正确处理宗教事务，是实现宗教与社会主义相适应的重要途径。

第十章　马克思人的解放学说及其当代启迪

人的解放学说是马克思主义理论的重要内容，实现全人类的彻底解放是马克思主义的根本宗旨和理论归宿。如何实现人的解放，是马克思主义始终致力于探索的课题。人的解放始终贯穿于整个马克思主义理论体系，是其基本的发展线索和灵魂。因此，从这个意义上讲，马克思主义就是人的解放学。我国学者高放提出："'马克思主义是马克思、恩格斯创立的人的解放的科学。'更可以简化为5个字，即人的解放学。马克思主义作为人的解放学，它旨在使科学技术和社会生产力高度发展到足以消灭阶级对立和阶级差别，从而使全世界无产者和全人类都能免除繁重艰险的劳动，摆脱自然和社会任何形式的奴役，达到每个人都能全面自由发展，最终建立'自由人联合体'，实现高度自治，过上幸福美满的生活。"①

纵观马克思跌宕坎坷、波澜壮阔的一生，从《评〈普鲁士最近的书报检查令〉》到《资本论》、从共产主义通讯委员会到第一国际，无论生活多么艰难、环境多么险恶，马克思始终毫不动摇地为自己的理想——人类解放——而奋斗着。马克思主义的社会理想——共产主义社会，就是人的解放的一个重要目标。在马克思、恩格斯著作中的某些地方，"共产主义"与"人的解放"是同义语。恩格斯在《共产主义原理》中提出："共产主义是关于无产阶级解放的条件的学说。"② 因而，研究马克思人的解放学说也就抓住了马克思主义的纲领。

---

① 高放：《马克思主义是人的解放学》，载《宁夏党校学报》2005年第3期。

② 《马克思恩格斯文集》第1卷，人民出版社2009年版，第676页。

第一节 马克思人的解放学说的形成

人的解放学说作为马克思主义极其重要的组成部分，其自身也经历了从不成熟到成熟的发展历程。根据马克思哲学思想的演讲历程，其人的解放学说大体上可以分为三个发展阶段：黑格尔哲学时期、费尔巴哈时期和历史唯物主义时期。

一 黑格尔哲学时期

马克思在1843年的《论犹太人问题》中第一次使用了“政治解放”和“人类解放”的概念。有的学者认为这是马克思人的解放学说的起点。但实际上，马克思此前已经有了人的解放思想，我们可以追溯到其博士论文《德谟克利特的自然哲学和伊壁鸠鲁的自然哲学的差别》。从博士论文到《黑格尔法哲学批判》这一阶段，总体来看，马克思对黑格尔哲学十分推崇。他把客观理性（绝对精神）作为世界的本质，并从客观理性出发探索人的解放。

1837年夏，马克思到施特拉劳疗养。在疗养期间马克思阅读了大量黑格尔的著作，并加入了“博士俱乐部”，成为青年黑格尔派的成员。他对黑格尔哲学推崇备至。① 马克思汲取了黑格尔的理性主义思想，并将理性作为认识世界的出发点。他说：“我们必须从对象的发展上细心地研究对象本身，而决不允许任意划分；事物本身的理性在这里应当作为一种自身中矛盾的东西展开，并且在自身中求得自己的统一。”② 这一时期的主要著作有博士论文《德谟克利特的自然哲学和伊壁鸠鲁的自然哲学的差别》以及《莱茵报》时期的文章等。马克思博士论文的基本观念就是强调理性的力量。在这部著作中马克思把自我意识看作人的本质，借助自我意识来说明哲学精神、理性与世界的关系，认为自我意识具有最高的神性，世界就是哲学精神、理性的实现或表现，通过理性批判“使世界哲学化”和“使哲学世界化”。他说：“普罗米修斯自己承认道：说句真话，

① 《马克思恩格斯全集》第40卷，人民出版社1982年版，第16页。

② 《马克思恩格斯全集》第47卷，人民出版社2004年版，第8页。

我痛恨所有的神灵。这是哲学的自白、它自己的格言，借以表示它反对一切天上的和地上的神，这些神不承认人的自我意识具有最高的神性。不应该有任何神同人的自我意识相并列。”① 这里“天上的神灵”就是指精神统治者，在当时主要指基督教。“地上的神灵”就是现实的统治者，即封建统治者。“反对一切天上的和地上的神灵”蕴含着追求人的解放和自由的理想。马克思用普罗米修斯的语言明确宣布：“我宁肯被缚在崖石上，也不愿作宙斯的忠顺奴仆。”② 他还通过分析伊壁鸠鲁的原子偏斜说，论证了人的自由的哲学基础。他提出原子“‘偏离直线’就是‘自由意志’”，③ 偏斜运动打破了命运的束缚，原子在偏斜运动中体现了自我意识的绝对性和自由。

在《莱茵报》时期，马克思坚持以黑格尔哲学为武器，投入到现实的政治批判中。他坚信世界的本质是理性，强调自由是人的本性，自由是全部精神存在的类本质，并按照理性的原则对普鲁士政府的专制统治进行了尖锐的批判。

他还从理性、自由出发去说明人的本质，认为人的本质就是自由。他说：“自由确实是人所固有的东西。”④ 并从人的自由的角度去理解社会制度，认为社会制度应该符合自由的要求。“出版物在任何情况下都是人类自由的实现。”⑤ “法典就是人民自由的圣经。”⑥ 他还强调了出版自由对于解决摩塞尔河沿岸地区的贫困问题的重大意义。在接触现实中，马克思也看到了利益与理性的矛盾，注意到利益的阶级性。在针对莱茵省议会关于出版自由问题的争论中，马克思反复强调：“在这里论战的不是个别的人，而是等级。”⑦ 他还看到了私人利益对人们思想、行为及国家和法的影响。在关于林木盗窃法的辩论中，马克思提出：“在西伯利亚也像在法国一样，林木仍然是林木，在堪察加也像在莱茵省一样，林木占有者仍然

① 《马克思恩格斯全集》第 40 卷，人民出版社 1982 年版，第 189 页。

② 同上书，第 190 页。

③ 同上书，第 121 页。

④ 《马克思恩格斯全集》第 1 卷，人民出版社 1956 年版，第 63 页。

⑤ 同上书，第 62 页。

⑥ 同上书，第 71 页。

⑦ 同上书，第 42 页。

是林木占有者。因此，林木和林木占有者本身如果要颁布法律的话，那末这些法律之间的差别将只是它们颁布的地方和书写的文字不同而已。”①“应该为了保护林木的利益而牺牲法的原则呢，还是应该为了法的原则而牺牲林木的利益，——结果利益占了法的上风。”② 但是马克思并不承认这种利益必然性的合理性，他将私人利益控制国家和法称为“下流的唯物主义”，是“违反人民和人类神圣精神的罪恶”。③ 并要求人们的行为合乎理性，他说：“我们的等级代表已经执行了自己作为等级代表的使命，但我们却决不是想说他们这样做是正确的。莱茵省的居民应该战胜这些代表的等级，人应该战胜林木占有者。法律不仅责成他们代表私人利益，而且还责成他们代表全省的利益，同时，不管这两重任务是怎样的矛盾，但在发生冲突场合下，私人利益的代表应该毫不犹疑地为全省的代表牺牲。”④

这一时期的马克思坚定地站在劳动人民的立场上，捍卫劳动人民的权利。“我们要为穷人要求习惯权利，但并不是限于某个地方的习惯权利，而是一切国家的穷人所固有的习惯权利。”⑤ 他肯定了共产主义运动的合理性，“现在一无所有的等级要求占有中等阶级的一部分财产，这是事实，即使没有斯特拉斯堡的演说，也不论奥格斯堡如何保持沉默，它仍旧是曼彻斯特、巴黎和里昂大街上引人注目的事实。”⑥ 还提出了要对共产主义进行“理论论证”的必要性。他说：“难道我们仅仅因为共产主义不是目前的沙龙问题，因为它的衣服不洁和没有洒香水就不应该把它当作目前的重要问题吗？”⑦ 这时的马克思已经有了历史唯物主义和共产主义的萌芽，并为其后来科学的人的解放学说的形成埋下了伏笔。

在《莱茵报》时期的斗争使马克思陷入“应然”与“现然”的矛盾之中，黑格尔的理性主义与现实形成了强烈的反差。这就促使马克思反思

① 《马克思恩格斯全集》第1卷，人民出版社1956年版，第180页。
② 同上书，第179页。
③ 同上书，第180页。
④ 同上。
⑤ 同上书，第142页。
⑥ 同上书，第131页。
⑦ 同上书，第130页。

自己的哲学思想。从《莱茵报》退出后，马克思深化哲学研究，并写了《黑格尔法哲学批判》。在这部著作中，他超越了黑格尔的唯心主义哲学，提出了市民社会决定国家的观点，朝科学的人的解放学说又迈进了一步。

二 费尔巴哈时期

超越黑格尔后，为了寻求解决现实问题的出路，马克思转向当时代表哲学最高水平的费尔巴哈人本主义哲学。在《德法年鉴》上的两篇文章，《1844 年经济学哲学手稿》和《神圣家族》中，马克思以费尔巴哈哲学为基础，进一步发展了其人的解放思想。

费尔巴哈的反宗教思想在当时起到了巨大的思想解放的作用，产生了强烈的社会反响，正如恩格斯晚年回忆说："在我们的狂飚突进时期，费尔巴哈给我们的影响比黑格尔以后任何其他哲学家都大。"[①] 马克思对费尔巴哈哲学的基本原则除了若干保留之外十分推崇，认为费尔巴哈发现了新的出发点，即以"自然为基础的现实的人"。1844 年 8 月 11 日马克思在致费尔巴哈的信中还这样说："您（我不知道是否有意地）给社会主义提供了哲学基础，而共产主义者也就立刻这样理解了您的著作。建立在人们的现实差别基础上的人与人的统一，从抽象的天上降到现实的地上的人类这一概念，——如果不是社会这一概念，那是什么呢！"[②] 受费尔巴哈的影响，马克思从人出发来说明世界，论证人的解放。马克思强调人本身是人的最高本质，人的根本就是人本身，人的解放就是异化的扬弃和人性的复归。在《1844 年经济学哲学手稿》中，马克思提出："共产主义则是以扬弃私有财产作为自己的中介的人道主义。"[③] 在《摘自"德法年鉴"的书信》中，马克思从人本主义出发提出了为共产主义论证的任务，他说："我们的全部任务只能是赋予宗教问题和哲学问题以适合于自觉的人的形态，像费尔巴哈在批判宗教时所做的那样。""对当代的斗争和愿望做出当代的自我阐明（批判的哲学）。"[④]

马克思从人本主义的视角来定义"解放"，提出"任何解放都是使人

① 《马克思恩格斯文集》第 4 卷，人民出版社 2009 年版，第 226 页。
② 《马克思恩格斯文集》第 10 卷，人民出版社 2009 年版，第 13 页。
③ 《马克思恩格斯文集》第 1 卷，人民出版社 2009 年版，第 216 页。
④ 《马克思恩格斯全集》第 1 卷，人民出版社 1956 年版，第 418 页。

的世界即各种关系回归于人自身”[①]。在《论犹太人问题》中，马克思论述了“政治解放”与“人的解放”的区别。一方面，马克思肯定了政治解放的历史进步性，政治解放标志着“专制权力所依靠的旧社会的解体”,[②] 它使市民社会从封建国家政治中分离出来，它推翻了专制权力，摧毁了等级、公社、行帮和封建特权，使国家事务变为人民的事务，粉碎了束缚市民社会发展的精神枷锁，使人成为利己的独立个人。“政治解放一方面把人变成市民社会的成员，变成利己的、独立的个人。”[③] 另一方面，马克思也看到了政治解放的局限性，政治解放“另一方面把人归结为公民，归结为法人”。[④] 即政治解放没有克服市民社会同政治国家的二元分化，而是通过人的二重化完成了这种分化。人们通过政治解放所获得的宗教信仰、财产、就业等方面的自由，只是“作为孤立的、封闭在自身的单子里的那种人的自由”。[⑤] 它建立在人与人分离的基础上，使得每个人把别人看作自己自由的限制，人们依然不自由。“政治解放本身还不是人类解放。”[⑥] 这里的“人类解放”是指与“纯政治革命”相区别的、改造市民社会本身的革命，实际上是社会主义革命。“在人类自我解放竭力采取政治自我解放的形式的时期，国家是能够而且也一定会达到废除宗教、消灭宗教的地步的。但这一步，它只有通过那种达到废除私有财产、限定财产最高额、没收财产、实行累进税的办法”，通过“同自己的生活条件发生暴力矛盾，宣布革命是不间断的”。[⑦] 随着私有制的废除，人的二重化将被克服，人类获得真正解放。“只有当现实的个人同时也是抽象的公民，并且作为个人，在自己的经验生活、自己的个人劳动、自己的个人关系中间，成为类存在物的时候，只有当人认识到自己的‘原有力量’并把这种力量组织为社会力量因而不再把社会力量当作政治力量跟自己分开的时候，只有到那个时候，人类解放才能完成。”[⑧]

---

① 《马克思恩格斯文集》第1卷，人民出版社2009年版，第46页。

② 《马克思恩格斯全集》第1卷，人民出版社1956年版，第441页。

③ 同上书，第443页。

④ 《马克思恩格斯全集》第1卷，人民出版社2009年版，第46页。

⑤ 《马克思恩格斯全集》第1卷，人民出版社1956年版，第438页。

⑥ 同上书，第435页。

⑦ 《马克思恩格斯文集》第1卷，人民出版社2009年版，第33页。

⑧ 《马克思格斯全集》第1卷，人民出版社1956年版，第443页。

在《〈黑格尔法哲学批判〉导言》中，马克思从人本主义出发，进一步探讨了人的解放，提出："对宗教的批判最后归结为人是人的最高本质这样一个学说，从而也归结为这样的绝对命令：必须推翻那些使人成为被侮辱、被奴役、被遗弃和被蔑视的东西的一切关系。"①

他还论证了人类解放的现实可能性，找到了完成人类解放历史使命的依靠力量——无产阶级。完成人类解放"就在于形成一个被戴上彻底的锁链的阶级，一个并非市民社会阶级的市民社会阶级，一个表明一切等级解体的等级"。② 并且，马克思还强调了革命理论对无产阶级革命运动的指导作用，"哲学把无产阶级当做自己的物质武器，同样，无产阶级也把哲学当做自己的精神武器。"③

马克思发现仅仅从哲学人本主义来论证人的解放，无法论证人的解放的客观必然性和找到现实道路，要解决人的解放的客观必然性和现实道路问题，必须深入到经济学中去。1843 年秋马克思开始研究经济学，1843 年秋到 1844 年写成了《1844 年政治经济学哲学手稿》。

在这个手稿中，马克思通过对"异化劳动"的研究，进一步发展了人的解放学说。这时的马克思虽然已经意识到了费尔巴哈哲学的某些局限，但还没有超越费尔巴哈哲学。他依据费尔巴哈的人本主义理论，从人的本质的对象化和异化去说明人的解放，实际上认为人的解放就是异化的扬弃和人的本质的复归。他提出人的本质是自由自觉的活动，即劳动，这种劳动是人的本质的对象化。通过分析资本主义条件下的四个层次的异化，即劳动者同劳动产品的异化、人的生命活动同劳动相异化、劳动与人的类本质的异化、人与人的关系的异化，马克思论证了消灭私有制、异化劳动和实现共产主义的必然性。他指出："共产主义是对私有财产即人的自我异化的积极的扬弃，因而是通过人并且为了人而对人的本质的真正占有；因此，它是人向自身、也就是向社会的即合乎人性的人的复归，这种复归是完全的复归，是自觉实现并在以往发展的全部财富的范围内实现的复归。这种共产主义，作为完成了的自然主义，等于人道主义，而作为完

① 《马克思恩格斯文集》第 1 卷，人民出版社 2009 年版，第 11 页。

② 同上书，第 16 页。

③ 同上书，第 17 页。

成了的人道主义，等于自然主义，它是人和自然界之间、人和人之间的矛盾的真正解决，是存在和本质、对象化和自我确证、自由和必然、个体和类之间的斗争的真正解决。它是历史之谜的解答，而且知道自己就是这种。”①

马克思还提出了共产主义也不是人类解放的终点，而只是一个阶段。他说：“共产主义是作为否定的否定的肯定，因此，它是人的解放和复原的一个现实的、对下一段历史发展来说是必然的环节。共产主义是最近将来的必然的形态和有效的原则，但是，这样的共产主义并不是人类发展的目标，并不是人类社会的形态。”②

马克思并不局限于费尔巴哈，在某些方面超越了费尔巴哈的抽象的人性论和人道主义。通过对异化劳动的经济根源的分析，马克思揭示了资本主义社会的阶级对立。他指出，异化劳动使社会日益分化为“有产者阶级和没有财产的工人阶级”③。他还提出了无产阶级的解放包含全人类的解放的思想，“从异化劳动同私有财产的关系可以进一步得出这样的结论：社会从私有财产等等的解放、从奴役制的解放，是通过工人解放这种政治形式表现出来的，而且这里不仅涉及工人的解放，因为工人的解放包含着全人类的解放。其所以如此，是因为整个人类奴役制就包含在工人同生产的关系中，而一切奴役关系只不过是这种关系的变形和后果罢了。”④这已经超越了费尔巴哈，离历史唯物主义越来越近了。

在《神圣家族》中，马克思与他的亲密战友恩格斯深刻地批判了鲍威尔、施蒂纳的自我意识，发展了唯物主义，继续向历史唯物主义的人的解放学说前进。他们提出了“生产方式”这个范畴，并强调了物质利益对思想的作用。他们提出了“思想一旦离开物质利益，在现实面前就会出丑”的著名论断以及人民群众的历史主体作用，这表明马克思已经站在历史唯物主义的门口了。

在这部著作中，马克思更加明确地论证了无产阶级的历史地位、历史作用及使命，并强调无产阶级必须意识到自己在精神上和肉体上的贫困和自己

---

① 《马克思恩格斯文集》第1卷，人民出版社2009年版，第185页。

② 同上书，第197页。

③ 同上书，第155页。

④ 《马克思恩格斯全集》第42卷，人民出版社1979年版，第101页。

的非人的地位，从而执行历史给私有制的判决。“它的目的和它的历史任务已由它自己的生活状况以及现代资产阶级社会的整个结构最明显地无可辩驳地预示出来了。英、法两国的无产阶级中有很大一部分人已经意识到自己的历史任务，并且不断地努力使这种意识达到完全明显的地步。”①

总体来看，这一时期马克思人的解放学说主要是以费尔巴哈的人本主义为武器，探索人的解放。但在很多方面已经超越了费尔巴哈，特别是随着对经济学研究的深入，更深刻地论证了共产主义的必要性和现实性，论述了无产阶级的历史地位和使命，初步形成了唯物史观的一些基本观念和范畴，为科学的人的解放学说的形成奠定了基础。

三　历史唯物主义时期

从1845年春《关于费尔巴哈的提纲》开始，伴随着唯物史观的逐步成熟和完善，马克思人的解放学说也渐趋成熟和完善。这一时期富有代表性的著作《关于费尔巴哈的提纲》《德意志意识形态》《共产党宣言》《法兰西内战》《哥达纲领批判》《人类学笔记》等中都包含了深刻的人的解放思想。

《关于费尔巴哈的提纲》是马克思清算费尔巴哈哲学的一个总纲。在这篇著作里，马克思批判了费尔巴哈唯物主义、机械唯物主义等，把实践引入了自己的哲学范畴，将实践作为新的认识论的基础，并在此基础上，提出了人的本质在现实性上是社会关系的总和的科学论断。这对马克思形成科学的人的解放学说具有重大的意义。依据此纲领，马克思、恩格斯合著了《德意志意识形态》，完成了从费尔巴哈人本主义向历史唯物主义的转变，从此抛弃了费尔巴哈人本主义哲学。从费尔巴哈抽象的人转到具体的、历史的人，即处在由一定社会生产关系决定的社会关系之中的人。

在《德意志意识形态》中，马克思不再从人的本质出发去说明人的解放，而是从物质资料的生产、从生产力与生产关系的关系矛盾运动中去说明人的解放。他明确提出：“按照我们的观点，一切历史冲突都根源于生产力和交往形式之间的矛盾。”② 马克思强调了生产力的发展对人的解

① 《马克思恩格斯全集》第2卷，人民出版社1957年版，第45页。

② 《马克思恩格斯文集》第1卷，人民出版社2009年版，第567页。

放的程度具有决定作用，指出实现人的解放不是思想活动，而是历史活动；强调生产力的发展、物质财富和精神财富的巨大丰富是人的解放的基础。马克思把人的解放置于生产力发展的坚实基础之上，从而使人的解放学说走上了一条科学的道路。同时，马克思还预测了在共产主义条件下阶级与阶级对立会消失，国家将消亡，社会实行按需分配，人人将获得全面而自由的发展、实现真正的解放。

在《共产党宣言》这部标志着马克思主义诞生的伟大著作中，马克思、恩格斯提出无产阶级推翻资产阶级的统治、夺取政权、争取民主的方略以及创立无产阶级政党和“全世界无产者联合起来”的革命策略，展望了未来共产主义社会的基本特征，即未来社会是每个人的发展是一切人的自由发展的条件的自由人的联合体。

在此之后的著作中，马克思进一步丰富和发展了其人的解放学说。在《1848年至1850年法兰西阶级斗争》中，马克思提出了无产阶级专政的思想。在《法兰西内战中》，马克思热情地讴歌了巴黎公社的革命精神，提出公社是劳动者在经济上获得解放的政治形式，并提醒人们为了争得无产阶级的解放，“必须经过长期的斗争，必须经过一系列将把环境和人都完全改变的历史过程。”[①] 在《哥达纲领批判》中，马克思提出了共产主义的阶段划分理论，阐释了社会主义分配原理，说明了人的解放的长期性和渐进性。在《资本论》及其手稿中，马克思通过分析资本主义经济制度，揭示了资本家剥削工人的秘密，通过对资本主义基本矛盾的分析，得出了资本主义必然灭亡、社会主义必然胜利的结论，为共产主义的实现找到了现实的科学依据。在晚年的《人类学笔记》及书信中，马克思探讨了落后国家进入社会主义社会的道路问题，提出落后国家和民族在汲取西方现代文明优秀成果的基础上可以跨越资本主义的“卡夫丁峡谷”，从而进入社会主义社会的理论。这为世界上大多数国家和民族进入社会主义社会提供了理论依据和指导，极大地丰富了其人的解放学说。

---

① 《马克思恩格斯全集》第17卷，人民出版社1963年版，第363页。

第二节　马克思人的解放学说的内涵展开

在马克思主义理论视野中，什么是人的解放？这是一个深刻而又复杂的问题，而要弄清楚这个问题，必须深入分析马克思对人的本质的论述。

一　人的解放的内涵

要弄清楚“人的解放”的内涵，必须抓住两个关键词，即“人”和“解放”。

人，在马克思的视野里指现实的人，历史的人，实践的人，即处在一定社会关系中的人，而在各种关系中最根本的关系是生产关系。“现实的人”是唯物史观的前提。马克思曾指出：“我们的出发点是从事实际活动的人。”① “它的前提是人，但不是处在某种虚幻的、离群索居和固定不变状态中的人，而是处在现实的、可以通过经验观察到的、在一定条件下进行的发展过程中的人。”② “一些现实的个人，是他们的活动和他们的物质生活条件”③；“个人怎样表现自己的生活，他们自己也就怎样。因此，他们是什么样的，这同他们的生产是一致的——既和他们生产什么一致，又和他们怎样生产一致。因而，个人是什么样的，这取决于他们进行生产的物质条件”。④

解放是相对于束缚而言的，意指主体通过有意识的活动摆脱束缚、获得自由。“解放”与“自由”在西方语言中是同义词，源出于拉丁文“Libertas”，英语中的 Liberal、Liberate、Liberation、Liberty 等既可以译成“自由”，也可以译成“解放”。在马克思主义哲学视域中，人的解放是指现实的人通过对客观规律的认识和掌握，在实践中摆脱束缚获得自由的过程。人们在生活中遇到的束缚多种多样、千差万别，我们可以粗略地划分为自然对人的束缚、人对人的束缚、物对人的束缚。在原始社会，人们最大的敌人来自大自然，社会主要矛盾是人与自然的矛盾；奴隶社会和封建

---

① 《马克思恩格斯文集》第 1 卷，人民出版社 2009 年版，第 525 页。

② 同上。

③ 同上书，第 517 页。

④ 《马克思恩格斯全集》第 3 卷，人民出版社 1960 年版，第 24 页。

社会是以人身依赖关系为基础的社会形态，阶级矛盾尖锐，人对人的束缚最为突出；在资本主义社会，人们陷入了物对人的束缚之中，主要是资本对人的束缚。只有在未来的共产主义社会，人们才能摆脱这些束缚，成为自然、社会和人自身的主人，获得全面而自由的发展。

人类历史就是人不断解放自身的历程，历史发展到哪里，人类就解放到哪里，共产主义也不是“千年王国”，而只是人类社会发展进程的一个阶段，人的解放是一个永无止境的过程。马克思从人的解放的角度出发将人类历史划分为三大社会形态。“人的依赖关系（起初完全是自然发生的），是最初的社会形式，在这种形式下，人的生产能力只是在狭小的范围内和孤立的地点上发展着。以物的依赖性为基础的人的独立性，是第二大形式，在这种形式下，才形成普遍的社会物质变换，全面的关系、多方面的需要以及全面的能力的体系，建立在个人全面发展和他们共同的、社会的生产能力成为从属于他们的社会财富这一基础上的自由个性，是第三个阶段。第二个阶段为第三个阶段创造条件。”①

二　人的本质

人的本质是什么？这是千百年来人们一直在探索并争论不休的问题，也是哲学的一个基本问题，是人的解放的基本问题。马克思主义对人的本质也做出了科学的回答。

本质是事物的根本属性。青年马克思对人的本质的回答深受黑格尔“绝对精神”和费尔巴哈人本主义的影响。在黑格尔那里，人是“绝对精神”的外化，人的本质就是“绝对精神”。“在他看来，人不过是在精神展开的过程中出现的一个阶段。当人作为人，也就是作为市民社会的成员时，不过是‘具体的观念’，处于低于精神的阶段。换句话说，人把超出人之上的东西，把人以外的东西看成是本质，市民社会的人不过是现实的存在。”② 费尔巴哈把一切个体所共有的理性、爱情和友谊看作人的本质。马克思从前人的思想中汲取营养，形成了科学的人的本质论。在他看来，

① 《马克思恩格斯文集》第8卷，人民出版社2009年版，第52页。

② ［日］诚冢登：《青年马克思的思想——社会主义思想的创立》，尚晶晶、李成鼎译，求实出版社1988年版，第57—58页。

人有三重本质，即人的类本质、社会本质和个体本质。

1. 人的类本质

人的类本质将人与动物区别开来，它是哲学要研究的基本问题。当然马克思主义哲学也对人的类本质做出了科学的回答。对于马克思主义视野中的人的类本质，研究者争议较大。本书认为，人的自觉能动性是人的类本质。

马克思强调了劳动的伟大作用，我们需要进一步发掘马克思有关劳动的思想。在马克思的视野中，什么是劳动呢？马克思在《1844 年经济学哲学手稿》中把“劳动”定义为“自由自觉的活动”“有意识的生命活动”。这里的关键不是“活动”，而是“自由自觉”“有意识”，显然马克思是在强调人的能动性。只有这种能动性，才能把人和动物区别开来，因为动物也有获取生存资料的活动。恩格斯在《自然辩证法》中指出：“如果说动物不断地影响它周围的环境，那末，这是无意地发生的，而且对于动物本身来说是偶然的事情。但是人离开动物愈远，他们对自然界的作用就愈带有经过思考的、有计划的、向着一定的和事先知道的目标前进的特征。”① “动物仅仅利用外部自然界，单纯地以自己的存在来使自然界改变；而人则通过他所作出的改变来使自然界为自己的目的服务，来支配自然界。这便是人同其他动物的最后的本质的区别，而造成这一区别的还是劳动。”② 毛泽东也继承了马克思这一关于人的类本质的思想，它在《论持久战》中明确指出：“这种能动性，我们名之曰‘自觉能动性’，是人之所以区别于物的特点。一切根据和符合于客观事实的思想是正确的思想，一切根据于正确思想的做或行动是正确的行动。”“自觉的能动性是人类的特点。”③ 当然，这里的能动性不是唯心主义的抽象的能动性，而是辩证唯物主义的实践的能动性。马克思在《关于费尔巴哈的提纲》中对旧唯物主义忽视人的能动性和唯心主义夸大人的能动性都进行了批判。他说：“从前的一切唯物主义——包括费尔巴哈的唯物主义——的主要缺点是：对对象、现实、感性，只是从客体的或者直观的形式去理解，而不

① 《马克思恩格斯文集》第 20 卷，人民出版社 1971 年版，第 517 页。

② 同上书，第 518 页。

③ 《毛泽东选集》第 2 卷，人民出版社 1991 年版，第 477—478 页。

是把它们当做人的感性活动，当做实践去理解，不是从主体方面去理解。因此，结果竟是这样，和唯物主义相反，唯心主义却把能动的方面发展了，但只是抽象地发展了，因为唯心主义当然是不知道真正现实的、感性的活动本身的。”①

人的解放的根本动力就在于人的自觉能动性。人类认识、改造自然界和社会以及人类自身的能力的提升根源就在于人的能动性。

2. 人的社会本质

人的类本质把人与动物区别开来，而人的社会本质则把不同时代、不同民族、不同国家、不同地位等的人区别开来。马克思在研究人的类本质的基础上，进一步研究了人的社会本质。

马克思批判了费尔巴哈对人的本质“只能理解为类，理解为一种内在的、无声的、把许多个人自然地联系起来的普遍性”。在引入实践的基础上，马克思强调了实践活动中社会关系的重要意义，揭示了在人与自然的关系背后蕴藏的人与人之间的关系。他明确提出“人的本质不是单个人所固有的抽象物，在其现实性上，它是一切社会关系的总和”。②

社会关系总和的社会本质与人的能动性类本质并不矛盾，人的实践的能动性在现实社会中的表现、确证和实现的基础就是一切社会关系。人的社会性也是人的实践活动不同于动物的本能活动的重要原因。正是通过对人的社会本质的分析，马克思揭示了阶级社会中统治阶级与被统治阶级、剥削阶级与被剥削阶级的对立和斗争，找到了资产阶级与无产阶级对立的根源以及实现共产主义的依靠力量，为人的解放找到了现实的依据。

3. 人的个体本质

人的个性是人的个体本质，它把一个人与另一个人区别开来。马克思在研究人的类本质、社会本质的同时，也探索了人的个体本质。在马克思的著作中经常出现“有个性的个人”“自主活动”“独立个性”“自由个性”等概念。

人的个性一般是指个人所特有的能力、素质、气质、品格、爱好、情

① 《马克思恩格斯文集》第1卷，人民出版社2009年版，第503页。
② 《马克思恩格斯文集》第1卷，人民出版社2009年版，第505页。

感等方面的总和，是一个人成为自我而非他人的独特规定性。至于马克思视野里人的个性的内涵，我国学者韩庆祥明确地将其表述为三个基本方面，即“作为人类对外部世界的独特的主体倾向性的个别表现方式的个性；作为特定社会群体成员的个人所具有某种特殊社会特征的个性；作为个人在外部世界的个别（或独特）存在形式的个性。”①

马克思关于人的个体本质的思想，有两方面的突出特征。一方面，从价值取向的维度，马克思充满了对人的个性发展的人道主义关切。另一方面，从人的个性发展的科学性的维度，他以唯物史观为方法论指导，强调了人的个性发展的社会物质基础，以及人的个性发展的历史继承性和物质制约性。在《德意志意识形态》中，马克思指出：“人们用以生产自己必需的生活资料的方式，首先取决于他们得到的现成的和需要再生产的生活资料本身的特性。这种生产方式不仅应当从它是个人肉体存在的再生产这方面来加以考察。它在更大程度上是这些个人的一定的活动方式、表现他们生活的一定形式、他们的一定的生活方式。个人怎样表现自己的生活，他们自己也就怎样。因此，他们是什么样的，这同他们的生产是一致的——既和他们生产什么一致，又和他们怎样生产一致。因而，个人是什么样的，这取决于他们进行生产的物质条件。”② “个人的真正的精神财富完全取决于他的现实关系的财富。”③ 他超越了人本主义对个性的抽象的关切，把个性的解放置于实践的基础之上，为个性的解放找到了现实的、具体的、科学的道路。因而，马克思关于人的个体本质的思想是合价值性与合科学性的统一。

三　人的解放的目标

马克思认为，人解放的目标就是实现从必然王国向自由王国的飞跃，从而实现人的全面而自由的发展。

必然王国是指人们的认识和实践活动中处于盲目的或未被认识的必然规律所支配的状态，而自由王国则是指人们在认识和实践活动中处于摆脱盲目必然性的奴役，自由自觉地认识和改造自然界、人类社会及思维领域的状态。

---

① 韩庆祥：《马克思人学思想研究》，河南人民出版社 1995 年版，第 262—263 页。

② 《马克思恩格斯全集》第 3 卷，人民出版社 1960 年版，第 24 页。

③ 同上书，第 42 页。

人类历史就是从必然王国向自由王国发展的历史，就是人们不断认识、掌握并自觉地运用客观规律，从而在生产力巨大发展的基础上，人自身获得全面发展的历史。在生产力、生产关系和人自身获得巨大发展的基础上，人类结束了史前史，开始人类自己的历史。马克思指出："个人的全面发展，只有到了外部世界对个人才能的实际发展所起的推动作用为个人本身所驾取的时候，才不再是理想、职责，等等，这也正是共产主义者所向往的。"①

马克思认为，只要劳动还是人谋生的手段，还与人的幸福生活相对立，还没有成为生活的需要，人就处在必然王国的状态下。他说："自由王国只是在必要性和外在目的规定要做的劳动终止的地方才开始；因而按照事物的本性来说。它存在于真正物质生产领域的彼岸。"②

必然王国与自由王国是对立统一的，在人类历史中此消彼长。人们不可能完全摆脱必然王国的束缚，因为任何自由都以必然为前提。恩格斯曾经指出："自由不在于幻想中摆脱自然规律而独立，而在于认识这些规律，从而能够有计划地使自然规律为一定的目的服务。这无论对外部自然的规律，或对支配人本身的肉体存在和精神存在的规律来说，都是一样的。"③ 在共产主义社会，生产力高度发达，物质、精神财富极大丰富，人自身的素质全面提高。"在这个必然王国的彼岸，作为目的本身的人类能力的发挥，真正的自由王国，就开始了。"④

自由王国是人类不断接近但永远无法完全达到的境界。毛泽东曾经提出，人类历史，就是一个不断从必然王国向自由王国发展的历史。人类每前进一步，就是向自由王国迈进了一步，正如恩格斯所说："文化上的每一个进步，都是迈向自由的一步。"⑤

第三节　马克思人的解放学说的层次分析

深刻剖析马克思人的解放思想，我们发现，它是一个严整的包含多层

① 《马克思恩格斯全集》第3卷，人民出版社1960年版，第330页。
② 《马克思恩格斯文集》第7卷，人民出版社2009年版，第928页。
③ 《马克思恩格斯文集》第9卷，人民出版社2009年版，第120页。
④ 《马克思恩格斯文集》第7卷，人民出版社2009年版，第929页。
⑤ 《马克思恩格斯文集》第9卷，人民出版社2009年版，第120页。

次深刻思想的理论体系。我们可以从主体和内容两个角度来逐层分析。

一 人的解放的主体层次分析

从主体的角度，人的解放包括人类解放、社会解放、个人解放三个层次。马克思运用唯物辩证法，将特殊与一般、局部与整体结合起来考察，从而揭示了人类解放、社会解放与个人解放的辩证统一关系。

1. 人类解放

人类解放是作为类存在的人的解放，是由德国青年黑格尔派领袖布鲁诺·鲍威尔在 1843 年论述犹太人解放问题时提出来的。马克思对鲍威尔的观点进行了辩证的批判，发展了人类解放的思想。人类解放在内容上指所有人在所有领域的解放，因而是彻底的解放。人类在生产和生活中受到自然的、社会的以及人自身的束缚，人类解放就是要摆脱这些束缚、获得自由，即"必须推翻使人成为被侮辱、被奴役、被遗弃和被蔑视的东西的一切关系"。[①] 其中最根本的是消除生产资料私有制的束缚，而要从根本上消除生产资料私有制，必须达到生产力高度发达和人自身素质的全面提升。

2. 社会解放

社会解放是指人的社会存在的层面上的解放。马克思从人的社会存在的层面提出人的社会本质是一切社会关系的总和，又从各种社会关系中抓住了生产关系这个根本性的社会关系。从生产关系的角度出发，利用阶级的分析方法，马克思将人划分为不同的阶级或阶层，并通过研究各阶级、阶层的生活方式，为自己的理论找到了坚实的基点。

马克思所指的人的解放不仅包括无产阶级的解放，还包括资产阶级的在内的所有阶级、阶层的解放。马克思指出："共产主义不是一种单纯的工人阶级的党派性学说，而是一种最终目的在于把连同资本家在内的整个社会从现存关系的狭小范围中解放出来的理论。"[②]

完成人类解放这一艰巨的历史使命，其依靠力量是无产阶级。无产阶级由于自身一无所有的经济地位，作为历史上最后的被剥削、被压迫的阶

① 《马克思恩格斯文集》第 1 卷，人民出版社 2009 年版，第 11 页。

② 《马克思恩格斯文集》第 1 卷，人民出版社 2009 年版，第 370 页。

级，具有彻底的革命性，它要求消灭一切阶级和阶级对立，实现所有人的解放。资产阶级由于自身的“既得利益者”的地位，“只要有产阶级不但自己不感到有任何解放的需要，而且还全力反对工人阶级的自我解放，工人阶级就应当单独地准备和实现社会变革”。[①] 无产阶级只有解放全人类，从而摆脱阶级斗争，才能解放自己。“它是一个若不从其他一切社会领域解放出来并同时解放其他一切社会领域，就不能解放自己的领域。”[②] 而无产阶级要获得解放，必须夺取政权，争得民主，然后将生产资料收归人民所有，消除生产资料私有制，从而在生产力高度发达的基础上消灭一切剥削和压迫。

3. 个体解放

个体解放是从人的个体存在的层面来讲的解放。个体解放是人类解放、社会解放的落脚点和归宿，社会发展的最终目标就是个体的解放与发展。马克思在《资本论》中指出，共产主义是“以每一个个人的全面而自由的发展为基本原则的社会形式”。[③]“在保证社会劳动生产力极高度发展的同时又保证每个生产者个人最全面的发展的这样一种经济形态。”[④] 可见，共产主义社会的一个最突出的特征就是个人的全面而自由的发展。

人类发展的历史就是一部人类个体解放的历史。在人类的早期阶段，个人更多地依赖于自然、集体、他人，“类”的发展与个体的发展相对立。个人的发展得不到应有的尊重和满足，甚至以牺牲个人的发展来换取社会的发展。一部分人的自由和幸福是以牺牲另一部分人的自由和幸福为代价的。马克思指出：“在人类，也像在动植物界一样，种族的利益总是要靠牺牲个体的利益来为自己开辟道路的，其所以会如此，是因为种族的利益同特殊个体的利益相一致，这些种族的利益同时就是这些具有特权的特殊个体的力量之所在。”[⑤] 这里的“特殊个体”无疑是指在脑体分工中垄断精神生产的剥削阶级成员。

在私有制和旧式社会分工下，社会发展与个人发展相分离。人类社会

① 《马克思恩格斯文集》第1卷，人民出版社2009年版，第370页。

② 《马克思恩格斯全集》第1卷，人民出版社1956年版，第466页。

③ 《马克思恩格斯文集》第5卷，人民出版社2009年版，第683页。

④ 《马克思恩格斯文集》第3卷，人民出版社2009年版，第466页。

⑤ 《马克思恩格斯全集》第34卷，人民出版社2008年版，第127页。

的发展是以牺牲个人的全面发展为代价的，通过牺牲个人的全面发展来实现，而个人的发展是不顾社会利益的。在资本主义条件下，资本家和雇佣工人都是资本的人格化，“资本家完全同工人一样地处于资本关系的奴役下，尽管是在另一方面，在对立的一极上”。[①] 资本使得人的关系物化，劳动者的劳动与其本身相异化，这种状态只有在生产资料公有制和生产力高度发达的社会才能消除。马克思强调指出：“代替那存在着阶级和阶级对立的资产阶级旧社会的，将是这样一个联合体，在那里，每个人的自由发展是一切人的自由发展的条件。”[②] 在共产主义社会中个人发展将与他人发展、社会发展高度一致，个人获得真正解放。

在马克思的视野里，人类解放、社会解放与个体解放是相联系的，人类解放是最高目标，个体解放是最终归宿，社会解放是桥梁。只有实现社会解放，特别是无产阶级的解放，才能实现人类解放和个人解放，同时个体的解放与发展又将进一步推动社会、人类解放。“人类的才能的这种发展，虽然在开始时要靠牺牲多数的个人，甚至靠牺牲整个阶级，但最终会克服这种对抗，而同每个个人的发展相一致。”[③]

二　人的解放的内容层次分析

从“解放”的角度看，人的解放的实践是一个全方位、多层次的体系。在马克思的视野中，人的解放是具体的、历史的，实践是实现人的解放的根本途径。正如马克思所言：“劳动尺度本身在这里是由外面提供的，是由必须达到的目的和为达到这个目的而必须由劳动来克服的那些障碍所提供的。但是克服这种障碍本身，就是自由的实现，而且进一步说，外在目的失掉了单纯外在自然必然性的外观，被看做个人自己提出的目的，因而被看做自我实现，主体的对象化，也就是实在的自由，——而这种自由见之于活动恰恰就是劳动。”[④] 纵观马克思的分析，人的解放的实践又主要包括以下几个层次的内容。

---

① 《马克思恩格斯文集》第 8 卷，人民出版社 2009 年版，第 470 页。
② 《马克思恩格斯文集》第 2 卷，人民出版社 2009 年版，第 53 页。
③ 《马克思恩格斯全集》第 34 卷，人民出版社 2008 年版，第 127 页。
④ 《马克思恩格斯文集》第 8 卷，人民出版社 2009 年版，第 174 页。

（一）经济解放

人的解放的首要条件是挣脱自然界对人的束缚。自然界是人类生存和发展的首要物质前提，在人类解放面对的各种束缚中，自然的束缚是最基本的束缚。人猿揖别之后，人类面临的最大敌人就是大自然的威胁。在渔猎社会和农耕社会，人类盲目地受自然规律的支配，依赖自然、敬畏自然、崇拜自然。在近代以来的工业社会，由于盲目地运用自然规律，人类走向征服自然、破坏自然。只有随着生产力的进一步发展、科技的日益进步，人与自然才能真正和谐相处，人类才能真正成为自然的主人。由于自然界处于永不停息的变化发展之中，人类认识、改造自然的活动也就永远不会终结。共产主义社会也只是人从自然束缚中解放出来的一个新阶段，而不是终点。

人从自然束缚中解放出来是人从其他领域的束缚中解放出来的基础。人只有认识、掌握并能熟练地运用自然规律，才能创造出满足自身生存和发展所需的基本物质条件，才能为人的全面发展提供必要的物质基础。生产力的发展是人类从自然束缚中解放出来的首要条件。“物质生活的生产方式制约着整个社会生活、政治生活和精神生活的过程。”① 生产力的发展程度是人从自然束缚中解放出来的基本标尺，它标志着人和自然之间的改造与被改造的关系，表征着人从自然中获取自身生存发展所需要的物质、能量等的能力。“只有在现实的世界中并使用现实的手段才能实现真正的解放；没有蒸汽机和珍妮走锭精纺机就不能消灭奴隶制；没有改良的农业就不能消灭农奴制；当人们还不能使自己的吃喝住穿在质和量方面得到充分保证的时候，人们就根本不能获得解放。‘解放’是一种历史活动，不是思想活动，‘解放’是由历史的关系，是由工业状况、商业状况、农业状况、交往状况促成的。”② “生产力的这种发展（随着这种发展，人们的世界历史性的而不是地域性的存在同时已经是经验的存在了）之所以是绝对必需的实际前提，还因为如果没有这种发展，那就只会有贫穷、极端贫困的普遍化；而在极端贫困的情况下，必须重新开始争取必需品的斗

---

① 《列宁选集》第2卷，人民出版社2012年版，第424页。

② 《马克思恩格斯文集》第1卷，人民出版社2009年版，第527页。

争，全部陈腐污浊的东西又要死灰复燃。”①

马克思强调工业和科技的发展对人从自然束缚中解放出来的重大意义。“工业的历史和工业的已经生成的对象性的存在，是一本打开了的关于人的本质力量的书。”② “甚至历史学也只是顺便地考虑到自然科学，仅仅把它看作是启蒙、有用性和某些伟大发现的因素。然而，自然科学却通过工业日益在实践上进入人的生活，改造人的生活，并为人的解放作准备，尽管它不得不直接地使非人化充分发展。工业是自然界对人，因而也是自然科学对人的现实的历史关系。因此，如果把工业看成人的本质力量的公开的展示，那么自然界的人的本质，或者人的自然的本质，也就可以理解了；因此，自然科学将失去它的抽象物质的方向或者不如说是唯心主义的方向，并且将成为人的科学的基础，正像它现在已经——尽管以异化的形式——成了真正人的生活的基础一样；说生活还有别的什么基础，科学还有别的什么基础——这根本就是谎言。”③

大工业的发展进一步推动了人的解放和全面发展。一方面，大工业为工人才能的全面发展创造了机遇。“现代工业通过机器、化学过程和其他方法，使工人的职能和劳动过程的社会结合不断地随着生产的技术基础发生变革。这样，它也同样不断地使社会内部的分工发生革命，不断地把大量资本和大批工人从一个生产部门投到另一个生产部门。因此，大工业的本性决定了劳动的变换、职能的更动和工人的全面流动性。”④ 大工业“用那种把不同社会职能当做互相交替的活动方式的全面发展的个人，来代替只是承担一种社会局部职能的局部个人”。⑤ 另一方面，大工业极大地提高了劳动生产率，为劳动者提供了更多的可自由支配的时间，使他们有可能去接受更多的教育，在科学、技术或艺术等方面得到进一步的发展。

经济解放最根本的动力在于人。马克思曾指出：“在一切生产工具

---

① 《马克思恩格斯文集》第 1 卷，人民出版社 2009 年版，第 538 页。

② 同上书，第 192 页。

③ 《马克思恩格斯全集》第 3 卷，人民出版社 2002 年版，第 307 页。

④ 《马克思恩格斯文集》第 9 卷，人民出版社 2009 年版，第 311 页。

⑤ 同上书，第 312 页。

中，最强大的一种生产力是革命阶级本身。”① 现代知识经济的出现证实了这一思想的科学性。马克思还科学地预测在未来共产主义社会，人的发展成为社会共同的财富和动力，“个人的充分发展又作为最大的生产力反作用于劳动生产力”。② “表现为生产和财富的宏大基石的，既不是人本身完成的直接劳动，也不是人从事劳动的时间，而是对人本身的一般生产力的占有，是人对自然界的了解和通过人作为社会主体的存在来对自然界的统治，总之，是社会个人的发展。”③ 如何造就全面发展的人呢？马克思强调了教育的作用，提出教育不仅是提高社会生产力的一种方法，而且是造就全面发展的个人的唯一方法。

经济解放也包括生产关系的解放。马克思对资本主义生产关系进行了深刻的研究。一方面，他高度肯定了资本主义生产关系的历史进步性。“资产阶级在它不到一百年的阶级统治中所创造的生产力，比过去一切世代创造的全部生产力还要多，还要大。”④ 资本主义还极大地推动了社会关系的不断变革发展，“资产阶级除非对生产工具，从而对生产关系，从而对全部社会关系不断地进行革命，否则就不能生存下去。生产的不断变革，一切社会状态不停的动荡，永远的不安定和变动，这就是资产阶级时代不同于过去一切时代的地方。……一切新形成的关系等不到固定下来就陈旧了。”⑤ 另一方面，马克思科学地论证了资本主义生产方式的不合价值性和不合规律性。他深刻地批判了资本主义制度下异化劳动对工人阶级的摧残。同时，马克思并不像空想社会主义者只是停留在价值观层面否定资本主义私有制。而是从生产力与生产关系的矛盾运动中深刻地探究了资本主义私有制灭亡的必然性，揭示了资本主义自身无法克服的生产无限扩大与生产资料私有制之间的矛盾。资本主义创造的巨大生产力使得资本主义生产关系必然被新的更高的生产关系所代替，即为社会主义生产关系所代替。但这种转变不会自然发生，完成这一使命的力量——无产阶级，必须意识到自己的使命并通过革命的方式摧毁资本主义国家机器，掌握国家

① 《马克思恩格斯文集》第1卷，人民出版社2009年版，第655页。

② 《马克思恩格斯文集》第8卷，人民出版社2009年版，第203页。

③ 同上书，第196页。

④ 《马克思恩格斯文集》第2卷，人民出版社2009年版，第36页。

⑤ 同上书，第34页。

政权，并将生产资料收归人民所有，最终建立“自由人的联合体”。

（二）政治解放

从专制制度下解放出来，是人从自身奴役中解放出来的重要环节和内容。青年时代的马克思就对普鲁士王国的专制统治进行了猛烈地抨击。他指出：“专制制度的唯一原则就是轻视人类，使人不成其为人，而这个原则比其他很多原则好的地方，就是在于它不单是一个原则，而且还是事实。”[①] 在《论犹太人问题》中，他论述了“政治解放”与“人类解放”。政治解放是资产阶级革命，它以形式上的自由、民主、平等、人权等代替了封建的等级、特权，它使宗教信仰成为个人私事，并使国家与市民社会分开。马克思高度肯定了政治解放的进步意义，“当国家宣布出身、等级、文化程度、职业为非政治的差别”。[②]“政治解放同时也是同人民相异化的国家制度即统治者的权力所依据的旧社会的解体。政治革命是市民社会的革命。”[③]“政治解放当然是一大进步；尽管它不是普遍的人的解放的最后形式，但在迄今为止的世界制度内，它是人的解放的最后形式。”[④]同时，马克思也看到了“政治解放”的局限性，“政治解放”还不是“人类解放”。在私有制条件下，不可能有真正的政治解放。“尽管如此，国家还是让私有财产、文化程度、职业以它们固有的方式，即作为私有财产、作为文化程度、作为职业来发挥作用并表现出它们的特殊本质。国家根本没有废除这些实际差别，相反地，只有以这些差别为前提，它才存在，只有同自己的这些要素处于对立的状态，它才会感到自己是政治国家，才会实现自己的普遍性。”[⑤]

因而，马克思主张彻底的政治解放，即消灭阶级和阶级对立，实现无产阶级的解放和全人类的解放。他说：“工人阶级解放的条件就是要消灭一切阶级；正如第三等级即资产阶级解放的条件就是消灭一切等级一样。”[⑥]

---

① 《马克思恩格斯全集》第 1 卷，人民出版社 1956 年版，第 411 页。

② 《马克思恩格斯文集》第 1 卷，人民出版社 2009 年版，第 29 页。

③ 同上书，第 44 页。

④ 同上书，第 32 页。

⑤ 同上书，第 30 页。

⑥ 《马克思恩格斯全集》第 4 卷，人民出版社 1958 年版，第 197 页。

（三）精神解放

人类走过漫长的蒙昧时代和野蛮时代，步入文明时期，而人类的文明史却是以人奴役人的社会形式开始的。统治阶级制造了以强制服从、忍辱负重、禁欲主义为特征的维护封建身份和等级制度的思想文化。我国古代的“三纲”“五常”等封建礼教、西方中世纪的基督教都是其中的典型代表。这些精神枷锁牢固地把人民群众束缚在统治阶级的战车上，使广大人民群众失去了对自我存在价值的自觉意识。因而，要使人从自身的奴役中解放出来，首先必须从人奴役人的精神枷锁下解放出来。

马克思、恩格斯高度重视人的精神解放。青年时期，他们亲自参加了反宗教的青年黑格尔派的运动，后来以费尔巴哈的唯物主义为武器批判宗教唯心主义。马克思并不是一般地反对宗教，它一方面揭露了宗教的本质——颠倒的世界观；另一方面揭露了宗教产生的社会根源，从而深入到对社会现实的批判。马克思对宗教的批判与对政治的批判是相互交融的。他说：“彼岸世界的真理消逝以后，历史的任务就是确立此岸世界的真理。人的自我异化的神圣形象被揭穿以后，揭露非神圣形象中的自我异化，就成了为历史服务的哲学的迫切任务。于是对天国的批判就变成对尘世的批判，对宗教的批判就变成对法的批判，对神学的批判就变成对政治的批判。”①

他还深刻地强调了理论解放的实践意义，强调用彻底的革命理论来唤起人民的觉醒和革命行动。马克思说：“即使从历史的观点来看，理论的解放对德国也有特别实际的意义。德国的革命的过去就是理论性的，这就是宗教改革。正像当时的革命是从僧侣的头脑开始的一样，现在的革命则从哲学家的头脑开始。”② 他强调理论可以转化为物质的力量。“批判的武器当然不能代替武器的批判，物质力量只能用物质力量来摧毁；但是理论一经掌握群众，也会变成物质力量。理论只要说服人［ad hominem］，就能掌握群众；而理论只要彻底，就能说服人［ad hominem］。所谓彻底，就是抓住事物的根本。而人的根本就是人本身。”③

① 《马克思恩格斯全集》第1卷，人民出版社1956年版，第453页。
② 《马克思恩格斯全集》第3卷，人民出版社2002年版，第208页。
③ 《马克思恩格斯文集》第1卷，人民出版社2009年版，第11页。

资产阶级利用“自由”“平等”“博爱”的空洞说教掩盖资产阶级的剥削和压迫，美化其统治。马克思揭露了资产阶级这套虚伪的说教，指出资产阶级宣扬的“自由”“平等”是建立在交换价值基础上的，形式上的平等、自由掩盖着事实的不平等、不自由。他说：“如果说经济形式，交换，在所有方面，确立了主体之间的全面平等，那么内容，即促使人们去进行交换的个人材料和物质材料，则确立了自由。可见，平等和自由不仅在以交换价值为基础的交换中受到尊重，而且交换价值的交换是一切平等和自由的生产的、现实的基础。作为纯粹观念，平等和自由仅仅是交换价值的交换的一种理想化的表现；作为在法律的、政治的、社会的关系上发展了的东西，平等和自由不过是另一次方的这种基础而已。”① 剩余价值理论的创立，彻底揭穿了资产阶级麻痹工人群众的美妙福音，为无产阶级的革命准备了理论武器。

（四）社会解放

马克思强调了社会关系解放的重要价值。人是社会的存在物，只有在一定的社会关系中才能存在和发展，“社会关系实际上决定着一个人能够发展到什么程度”。② 人的解放包含着人从狭隘的社会关系中解放出来，人只有走出血缘氏族的囹圄，打破狭隘地域、民族的壁垒，在社会交往充分发展的基础上，在国家、民族历史转变为世界历史的基础上，才能获得广袤的发展空间，获得丰富的发展手段。“每个单独的个人的解放程度是与历史完全转变为世界历史程度一致的。”“各个单独的个人才能摆脱各种不同的民族局限和地域局限，而同整个世界的生产（包括精神的生产）发生实际联系，并且可能有力量来利用全球的这种全面的生产（人们所创造的一切）。”③

马克思高度肯定了市场交换对人的社会关系的解放作用，交换使得“人的依赖纽带、血统差别、教养差别等事实都被打破了，被粉碎了（一切人身纽带至少都表现为人的关系）；各个人看起来似乎独立地……自由地互相接触并在这种自由中互相交换”。④ 在资本增值无限扩张、市场不

① 《马克思恩格斯全集》第30卷，人民出版社1995年版，第199页。

② 《马克思恩格斯全集》第3卷，人民出版社1960年版，第295页。

③ 同上书，第42页。

④ 《马克思恩格斯文集》第8卷，人民出版社2009年版，第58页。

断开拓、交通和通信飞速发展的推动下，人类的交往获得了前所未有的发展，狭隘的血缘、民族、地域的限制被打破了，世界市场逐步形成。世界市场不仅促进了生产力的巨大发展，而且极大地解放了人的活动空间。

资本主义虽然极大地扩大了交往的范围，密切了人们之间的联系，但它使人际关系陷入冷冰冰的物质利害关系之中，并成为与人的幸福相对立的关系。“它使人和人之间除了赤裸裸的利害关系，除了冷酷无情的‘现金交易’，就再也没有任何别的联系了。它把宗教虔诚、骑士热忱、小市民伤感这些情感的神圣发作，淹没在利己主义打算的冰水之中。它把人的尊严变成了交换价值，用一种没有良心的贸易自由代替了无数特许的和自力挣得的自由。”① 可见，资本主义对人的社会关系的解放有极大的局限性，需要进一步的发展。在私有制和异化劳动的条件下，人的社会关系不可能获得真正的解放。只有消灭生产资料的私有制和社会分工的强制，在生产资料公有制的基础上，人的全面而丰富的社会关系才能形成。同时，人将全面地占有和控制这种社会关系。这是共产主义社会的基本特征。马克思指出：“个人的全面发展，只有到了外部世界对个人才能的实际发展所起的推动作用为个人本身所驾取的时候，才不再是理想、职责等等。”②

（五）个性解放

人的自由个性的发展是社会发展的归宿。在马克思的著作中，他多次提到“人的个性”解放。总结马克思人的个性解放的思想，我们可以粗略地将人的个性解放划分为三个历史阶段：“自然的个人”—“偶然的个人”—“有个性的个人”。

在人类发展的早期阶段，由于生产力落后、分工还不够发达，人处于“自然的个人”阶段，人的发展表面上显得比较全面。马克思曾指出：“在发展的早期阶段，单个人显得比较全面，那正是因为他还没有造成自己丰富的关系，并且还没有使这种关系作为独立于他自身之外的社会权力和社会关系同他自己相对立。留恋那种原始的丰富，是可笑的，相信必须

① 《马克思恩格斯选集》第2卷，人民出版社1995年版，第34页。

② 《马克思恩格斯全集》第3卷，人民出版社1960年版，第330页。

停留在那种完全的空虚化之中，也是可笑的。”[①]

私有制的确立和分工的发展使人的“原始丰富性”解体了。分工特别是脑体劳动的分工使得个人的发展片面化，人成为“偶然的个人”，即是对社会没有自主性、处于被奴役地位的个人。“偶然的个人”在马克思的三形态划分中包括前两形态，即“人的依赖关系”和“以物的依赖为基础的人的独立性”阶段。在前一种形态，富者田连阡陌，贫者无立锥之地，森严的等级制度和特权，使得人的发展片面化，一部分人拥有充分的发展权；而另一部分人则被剥夺了发展权；在后一种形态下，虽然废除了封建的等级和特权，但人又陷入物的奴役之下，满足资本无限扩张的欲望成为生产的目的，“资本在具有无限度地提高生产力趋势的同时，又在怎样的程度上使主要生产力，即人本身片面化，受到限制等等。”[②]

在“偶然的个人”阶段的人的个性的片面发展，造成了以“物的依赖为基础的人的独立性”。这为“有个性的个人”创造了经济基础和社会基础。“……第二个阶段为第三个阶段创造条件。因此，家长制的，古代的（以及封建的）状态随着商业、奢侈、货币、交换价值的发展而没落下去，现代社会则随着这些东西同步发展起来。”[③]

同时，“偶然的个人”还为“有个性的个人”的实现锻造了完成这一跨越的依靠力量——无产阶级。在资本主义制度的剥削和压迫下，“单个无产者的个性和强加于他的生存条件即劳动之间的矛盾，现在无产者自己已经意识到了……”“为了保住自己的个性，就应当消灭它们至今所面临的生存条件……使自己作为个性的个人确立下来。”[④]

随着生产力的发展和人自身素质的提高，人必将获得全面而自由的发展，而全面而自由发展的个人必将是“有个性的个人”。这一阶段正对应马克思三阶段划分中的第三阶段，即“建立在个人全面发展和他们共同的社会的生产能力成为从属于他们的社会财富这一基础上的自由个性”[⑤]。

“有个性的个人与偶然的个人之间的差别，不是概念上的差别，而是

---

① 《马克思恩格斯文集》第 8 卷，人民出版社 2009 年版，第 56 页。

② 《马克思恩格斯全集》第 30 卷，人民出版社 1995 年版，第 406 页。

③ 《马克思恩格斯文集》第 8 卷，人民出版社 2009 年版，第 52 页。

④ 《马克思恩格斯文集》第 3 卷，人民出版社 1960 年版，第 87 页。

⑤ 《马克思恩格斯文集》第 8 卷，人民出版社 2009 年版，第 52 页。

历史事实。”[①] 在未来共产主义社会，人的个性将得到全面而自由的发展，成为“有个性的个人”。马克思指出：共产主义社会是“建立在个人全面发展和他们共同的社会的生产能力成为从属于他们的社会财富这一基础上的自由个性”[②]。在消灭了生产资料私有制、竞争、交换的共产主义社会，由于生产力的高度发达，物质财富和精神财富的充分涌流，劳动不再是谋生的手段，而是人们生活的第一需要，人们可以自由地选择发展的领域，并有大量的自由时间可以用于各种社会活动。“个性得到自由发展，因此，并不是为了获得剩余劳动而缩减必要劳动时间，而是直接把社会必要劳动时间缩减到最低限度，那时，与此相适应，由于给所有的人腾出了时间和创造了手段，个人会在艺术、科学等方面得到发展。”[③] 人将克服商品经济条件下的社会关系的物化和人的非主体化，随着生产的全面社会化和人的全面社会化，个人将自由地、自主地支配自身的发展环境，真正成为自身的主人。马克思指出：在未来社会中，“……各个人都是作为个人参加的，它是各个人的这样一种联合（自然是以当时已经发达的生产力为前提的），这种联合把个人的自由发展和运动的条件置于他们的控制之下。”[④] 人的个性将从社会分工的强制下解放出来，人们可以自由地选择生活的领域。“在共产主义社会里，任何人都没有特定的活动范围，每个人都可以在任何部门内发展，社会调节着整个生产，因而使我有可能随我自己的兴趣今天干这事，明天干那事，上午打猎，下午捕鱼，傍晚从事畜牧，晚饭后从事批判，这样就不会使我老是一个猎人、渔夫、牧人或批判者。”[⑤]

第四节 马克思人的解放学说的时代启迪

人的解放是社会主义制度和共产党人不变的价值追求。虽然我国现阶段生产力还不够发达，物质和精神财富还不够丰富，为了实现经济建设的

---

① 《马克思恩格斯文集》第1卷，人民出版社2009年版，第574页。

② 《马克思恩格斯文集》第8卷，人民出版社2009年版，第52页。

③ 同上书，第197页。

④ 《马克思恩格斯文集》第1卷，人民出版社2009年版，第573页。

⑤ 同上书，第537页。

目标不可避免地会在一定程度上损害人的发展。从马克思人的发展的三阶段来看，我们还远未达到“人的自由个性阶段”。但是我们不可以偏离马克思主义关于社会发展和人的解放的基本航向。离开了人的解放的目标，我们的社会主义改革和现代化建设就会脱轨。苏联和东欧社会主义失败的教训再次佐证了社会主义必须“以人为本”。从苏联社会主义失败的惨痛教训中，我们可以发现，其失败并不在于经济落后、政治软弱、军力薄弱，很大程度上是在于经济社会发展与人的发展不协调。一方面国家、党、政府、军队力量强大；而另一方面人民的生活水平改善缓慢，民主受到压制。当时社会主义国家成了个人发展的“虚幻的共同体”，不仅没有为人的解放和发展提供肥沃的土壤，反而束缚、压抑人的发展。所以在苏共垮台时，普通民众并没有感到多少遗憾，很少有人为捍卫苏联而奋力抗争。因此，社会主义必须为人的解放、人的发展和人的幸福创造条件，这才实实在在地为共产主义理想的实现打下了坚实的基础。而共产主义就是人的解放的更高阶段，是在生产力高度发达的基础上实现人的自由、全面发展的社会形态。

中华人民共和国成立后相当长一段时间里，由于苏联模式的影响和自身理论准备的不足，我们强调国家和集体的发展，对个人的发展关注不够，甚至漠视个人的合法权益，“文革”将这种错误推向顶峰。虽然“文革”的初衷是捍卫社会主义道路，但结果却给人民带来了长期深重的灾难，最重要的一点教训就在于“文革”背离了人的解放的航向，忽略了人的主体性价值。改革开放以来，在“解放思想、实事求是”思想的指引下，人们在反思“文革”的过程中，重新审视和发掘马克思人的解放学说，寻找解决现实问题的钥匙，人的发展重新获得了应有的重视。十六大报告明确地提出以促进人的全面发展为我党的重要目标，十六届三中全会则更加鲜明地提出“以人为本”。十七大报告明确将“以人为本”列为科学发展观的核心。十八大报提出的全面建成小康社会目标具体地体现了“以人为本”的思想。十八大以来，党中央开展群众路线教育实践活动、深化社会各领域改革、重拳反腐、从严治党、精准扶贫等都深刻体现和贯彻落实了马克思人的解放精神。

任何事物都是在矛盾中发展的。我们也要看到，在当前我国经济社会发展中，存在诸多不利于人的健康发展的问题。市场经济和非公有制经济的迅猛发展为人的解放开辟了道路，赋予了人民极大的自由；对外开发的深入发展更是将我们深度融入了全球化，极大拓展了人们活动的空间和领域，信息技术的发展极大便利了人们的社会交往。但其负面效应也逐步显露，出现了与人的健康发展要求相悖的倾向。市场经济、非公有制经济等的弱点和消极面暴露，环境的污染、资源的破坏、生态的失衡已经日益威胁到人类的后续发展；拜金享乐、奢靡浪费、贪污腐败、好逸恶劳、假冒伪劣等冲刷着人们的灵魂和价值堤防；收入差距、地区差距、城乡差距摇撼着社会的团结和谐；经济建设与社会建设、精神文明建设不协调，人民的幸福感并没有伴随收入的增长而同步增长；“低头族”随处可见，人与人间的情感疏远化。工具理性抬头，功利性价值取向蔓延，人的主体性，部分人陷入精神迷茫，物欲膨胀，不择手段攫取私利。“金钱是一切事物的普遍的、独立自在的价值，因此它剥夺了整个世界——人的世界和自然界——固有的价值。金钱是从人的劳动和人的存在的同人相异化的本质；这种异己的本质统治了人，而人则向它顶礼膜拜。”①

在社会主义现代化建设中，我们必须时刻保持清醒，自觉坚持以人为本。一是在价值观上抵制人的物化，弥补市场经济不足，要通过制度完善、思想教育、社会建设、文化建设、舆论宣传等努力抵制腐朽思想和生活方式，形成风清气正的社会文化风气，筑牢社会主义的精神家园，构建社会利益和谐。二是要防止科学技术的负面效应，要大力弘扬人文精神，以人文精神引导科学技术的发展。科学是一把“双刃剑”，它在推进人类物质文明进步的同时，也会威胁人类自身的发展。马克思指出：科学技术有时“表现为异己的、敌对的和统治的权力”。② 爱因斯坦指出：“关心人的本身，应当始终成为一切技术上奋斗的主要目标；关心怎样组织人的劳动和产品分配这样一些尚未解决的重大问题，用以保证我们科学思想的成果会造福于人类，而不致成为祸害。”③

---

① 《马克思恩格斯文集》第 1 卷，人民出版社 2009 年版，第 52 页。

② 《马克思恩格斯文集》第 8 卷，人民出版社 2009 年版，第 358 页。

③ 《爱因斯坦文集》第 3 卷，商务印书馆 1979 年版，第 349 页。

第十一章　恩格斯的自然观及其当代启示

第一节　恩格斯自然观的文本解读

本节意在围绕自然观这个中心，对恩格斯论述自然及人与自然关系的重要文献进行深入的文本解读。

一　恩格斯《自然辩证法》[①]

（一）自然观的变革：对形而上学自然观的辩证超越

恩格斯在《自然辩证法》“1878 年的计划”的开篇说道：“在自然科学中，由于它本身的发展，形而上学的观点已经成为不可能的了。”[②] 自然科学的发展在多大程度上解释了自然世界的真实面貌，人们便在多大程度上形成了对自然的观念。在恩格斯所处的 19 世纪呈现为从对自然的形而上学的观念到辩证唯物主义的自然观念的变革，这个变革从自然研究不断地深入到人们的观念和哲学领域，新的哲学思考也从形而上学的樊篱走向辩证唯物主义。

---

① 此著作是恩格斯的一部重要著作。从 1873 年到 1876 年，恩格斯先后写了《导论》和一些论文札记，但在 1876 年到 1878 年，恩格斯忙于反击杜林，创作了《反杜林论》，暂时中断了自然辩证法的研究。1878 年以后又开始继续研究，写出后来组成《自然辩证法》的大部分论文和札记。但到 1883 年马克思逝世以后，恩格斯完全中断了研究，而专心致力于马克思遗稿的整理和出版。这也使得《自然辩证法》成为一部未完成的著作。在恩格斯逝世后，其中《劳动在从猿到人的转变中的作用》和《神灵世界中的自然研究》分别在 1896 年和 1898 年发表，1925 年全文才得以在莫斯科出版。《自然辩证法》（节选）收录于人民出版社 2009 年版《马克思恩格斯文集》第 9 卷，第 399—563 页。

② 《马克思恩格斯全集》第 20 卷，人民出版社 1971 年版，第 357 页。

自然科学的新发展不断地揭示了自然世界的辩证性质，人们的自然观也必然走向一个新的变革。恩格斯说："新的自然观就其基本点来说已经完备：一切僵硬的东西溶解了，一切固定的东西消散了，一切被当做永恒存在的特殊的东西变成了转瞬即逝的东西，整个自然界被证明是在永恒的流动和循环中运动着。"[①] 我们从自然科学研究的历史和自然发展的历史中看到适合于人类自然、社会和历史的普遍性的理论，人们从形而上学的自然观走向辩证的自然观。

（二）辩证法的改造：对黑格尔辩证法的唯物主义"颠倒"

人们对自然界、人类社会和人自身思维规律的最一般的抽象就是辩证法的本质。在《自然辩证法》中我们看到恩格斯对辩证法的基本观点和对辩证逻辑的认识，将辩证法从黑格尔的唯心主义引向唯物主义方面，正像恩格斯肯定黑格尔对辩证法做出的巨大贡献——尽管在他那里是唯心主义的，后世也应当肯定恩格斯在辩证法的唯物主义导向上所做的工作。

恩格斯对辩证法的理解是继承了黑格尔辩证法的积极因素的，他在唯物主义的范畴内将黑格尔对自然辩证法的颠倒的理解形式通过辩证法本身"颠倒"过来。他说："辩证法的规律是从自然界的历史和人类社会的历史中抽象出来的。辩证法的规律无非是历史发展的这两个阶段和思维本身的最一般的规律"[②]，因而，辩证法不能诉诸所谓"绝对精神"的实现和神秘力量的支配，而黑格尔的辩证法单就辩证法本身来看，成就是巨大的，但辩证法背后的理论逻辑却是从颠倒的哲学本体论出发的。恩格斯看到了这些，指出，"辩证法被看作关于一切运动的各个最普遍的规律的科学"[③]，它区别于形而上学从单纯概念出发的哲学思维逻辑，是从自然和历史的事实抽象思维的结果。恩格斯在将辩证法同唯物主义有机结合的基础上，将辩证法的基本规律简单地概括为："'量转化为质和质转化为量

① 《马克思恩格斯文集》第9卷，人民出版社2009年版，第418页。

② 同上书，第463页。

③ 《马克思恩格斯全集》第20卷，人民出版社1971年版，第611页。

的规律'、'对立的相互渗透的规律'、'否定的否定的规律'"。[①]

（三）劳动的作用：从猿到人、从自然界到社会

人究竟从何而来？恩格斯的回答无疑是具有经典意义的。他说："劳动是整个人类生活的第一个基本条件，而且达到这样的程度，以致我们在某种意义上不得不说：劳动创造了人本身。"[②] 劳动被引入对自然和人类社会的思考，恩格斯在分析自然科学发展，特别是物质形态的演进和分化中看到人从何而来[③]。从生命体个体的形成和历史进化来看，人的分化不是自然地完成的，劳动在其中产生了不可替代的作用。通过劳动，人才在根本意义上从动物界分离出来。

猿的产生是自然分化的结果，在不断的变化进程中，猿的肢体得到分化和区别，语言逐渐产生，人形成对自然和人自身的意识，人便在根本意义上从猿转化为人——与其他动物从根本上区别开来的人。人的诞生使自然界发生了新的变化，社会在这个意义上才得以产生。从自然界到社会只是自然界跟随人走进人的历史。恩格斯说："动物仅仅利用外部自然界，简单地通过自身的存在在自然界中引起变化；而人则通过他所作出的改变来使自然界为自己的目的服务，来支配自然界。这便是人同其他动物的最终的本质的差别，而造成这一差别的又是劳动。"[④] 劳动是人的能动的活动，人在劳动中按照自己的目的改造自然界，在劳动的交往中形成社会，使得自然史具有了人的社会历史的意义。

① 《马克思恩格斯全集》第26卷，人民出版社2014年版，第2页。

② 《马克思恩格斯文集》第9卷，人民出版社2009年版，第550页。

③ 拉普拉斯证明了从气团而来的太阳系的形成，随着热的收缩和冷却而形成呈现不同状态的球体。在这一过程中相互转化的物理运动形式交替作用，在某一点上物质的物理运动形式向化学的亲和性靠近，化合作用开始起作用。从最初的有生命原生质，后随着条件的不断变化得以产生第一个细胞，这是整个有机界形态发展的基础。从原生生物里不断地分化出最初的植物和最初的动物，而那种神经系统化的最充分发展的脊椎动物的形态也处于这种分化之中，这其中包含人的分化产生。对于这个过程可参见恩格斯《自然辩证法》，《马克思恩格斯选集》第4卷，人民出版社1995年版，第371—374页。

④ 《马克思恩格斯文集》第9卷，人民出版社2009年版，第559页。

二 恩格斯《反杜林论》[①]

（一）自然辩证法的历史与规律

在《反杜林论》中，恩格斯全面地考察了辩证法的发展轨迹：从古代朴素辩证法到形而上学，再到黑格尔辩证法。恩格斯对黑格尔的卓越工作做了这样的评价："黑格尔第一次——这是他的伟大功绩——把整个自然的、历史的和精神的世界描写为一个过程，即把它描写为处在不断的运动、变化、转变和发展中，并企图揭示这种运动和发展的内在联系。"[②]恩格斯看到19世纪自然科学的发展以及社会历史方面的变革，看到现实的改变所引起的认识世界的变化，他批判地继承了黑格尔辩证法的合理的内核，将辩证法从黑格尔所设定的唯心主义的樊篱中拯救出来，与唯物主义相结合，创立了唯物主义辩证法，开启了辩证的自然观分析的大门。

恩格斯通过反驳杜林并对其加以批判，指出了唯物辩证法的三大规律——矛盾、质量互变规律、否定之否定规律。在此基础上，恩格斯第一次对辩证法给出定义："辩证法不过是关于自然界、人类社会和思维的运动和发展的普遍规律的科学。"[③] 因此，我们对自然的理解必然要给予对自然的辩证把握，我们对自然的认识和改造是辩证法指导下的人的主观能动性力量的呈现。

（二）人认识自然的限度

单个人的思维只能被具体的理解，而我们对人的思维能力的把握要站在整个人类思维的高度。人的思维作为"无数亿过去、现在和未来的人

① 此著作是恩格斯为出面还击杜林对共产主义的理论威胁而完成的著作。写于1876年9月至1878年6月。在1875年的德国，德国社会民主工党与全德工人联合会合并，通过了浸透着拉萨尔机会主义的《哥达纲领》，表现出对拉萨尔主义的妥协。杜林是一个小资产阶级思想家，在19世纪70年代自己宣称改信社会主义，并出版了一系列著作对马克思主义进行全面的理论攻击。在当时，这种气氛威胁着社会主义理论的纯洁。马克思、恩格斯决定予以还击，而马克思当时正忙于经济学研究，这一任务便由恩格斯承担。这一著作由三版序言及引论、哲学编、政治经济学编和社会主义编构成。现收录于人民出版社2009年版《马克思恩格斯文集》第9卷第3—398页。如无特别说明，《反杜林论》在本书中是指《反杜林论》序言、引论和哲学编。

② 《马克思恩格斯文集》第3卷，人民出版社2009年版，第542页。

③ 《马克思恩格斯文集》第9卷，人民出版社2009年版第149页。

的个人思维而存在”[1]。如果从思维的单个的主体来看，具体的个人的思维必然受自身能力或自然和社会的主客观条件的限制，思维也必然表现为有限性。但从作为思维主体的人的无限延续和思维本身的性质来看，人类整体思维对自然和社会的认识是无限的。因此，我们任何一个时代的任何个人只是在有限地达到自身思维的认识高度，而我们从自然和社会所获得的任何一个认识高度都是人的思维的有限和无限的辩证统一。真理的规律也同于此。真理是人们形成的正确的认识，它是有限与无限、相对和绝对的统一。真理的限度是它在一定的范围内正确地反映了客观事实，而一旦超过这个范围，真理便成为相对的真理或者谬误。

因此，人对自然的认识进而形成的自然观没有绝对性的真理，我们在一个时代采取的对自然的态度和行为在另一个时代、变化了的条件下所得到的结果可能是相悖的。我们谈论自然观，就不能脱离自然观本身产生的历史情境；我们理解自然观，就不能无视当下自然和社会的时代境遇。这是我们认识的限度，同时也是人本身和自然本身所能承受的限度，超过这个限度的结果在思想观念上会走向错误，在现实结果上却可能造成我们不能承受的惩罚和无法挽救的毁灭。

（三）辩证唯物主义自然观

在《反杜林论》中恩格斯对杜林所提出的先验主义和世界模式论进行了有力的驳斥，并阐述了唯物主义的基本原理。恩格斯提出“世界的真正统一性在于它的物质性”的论断以驳斥以杜林为代表的“世界统一于存在”的命题，在恩格斯看来，存在作为世界存在的前提不是世界统一本身，把世界统一的现实本身与存在等同必然走向唯心主义。所以，唯物主义认为世界的真正统一性在于其物质性，“原则不是研究的出发点，而是它的最终结果；这些原则不是被应用于自然界和人类历史，而是从它们中抽象出来的；不是自然界和人类去适应原则，而是原则只有在符合自然界和历史的情况下才是正确的”。[2] 不是我们的意识先于自然并能无限制地用以改造自然，相反，是我们的自然决定我们的意识。我们面对自然

---

① 《马克思恩格斯文集》第9卷，人民出版社2009年版，第91页。

② 同上书，第38页。

所形成的自然观只有在符合自然必然性的情况下才是正确的。

三 恩格斯《路德维希·费尔巴哈和德国古典哲学的终结》[①]

（一）黑格尔与费尔巴哈

恩格斯从黑格尔哲学“凡是现实的都是合乎理性的，凡是合乎理性的都是现实的”[②]。这个哲学命题展开对黑格尔及其哲学的探讨。恩格斯说，黑格尔的“合乎理性的现实性”，是包含着必然性的理性展开。现实性这种属性不是事物超越历史和条件限制的属性，而是必然性的现实体现。“凡是在人类历史领域中是现实的，随着时间的推移，都会成为不合理性。”[③] 事物进入这样一个逻辑：现实性的东西随着时间丧失其必然性，走向不合理性的方向，那么这种不合理性的必然性本身是包含在现实性之中的。从黑格尔的命题出发沿着其辩证法的轨迹，我们走到另一个命题：“凡是现存的，都一定要灭亡。”[④] 自然界和人本身都处在一个不断的变化过程中，而不是一成不变地处于某个完美的状态，任何人与自然关系的观念，不是给出人与自然之间最终的理想状态，而是按照规律的指引不断从低级到高级发展的进程，我们所能达到的统一也只能是在这个过程中的辩证的实现。

恩格斯指出黑格尔要建立以某种绝对真理构成的体系，而恰是这样的一个哲学体系的构建需要，使得“革命的方面就被过分茂密的保守的方面所窒息”[⑤]。之后，费尔巴哈恢复了唯物主义在哲学中的权威。费尔巴哈认为，自然界不依赖任何哲学而存在，人本身作为自然界的产物，以自

---

① 此著作是恩格斯重要的哲学著作，写于1886年。在19世纪50年代以后，自然科学成绩斐然，但庸俗唯物主义大肆传播，对哲学的认识含混不清。到80年代，工人运动进一步传播了马克思主义思想，但资产阶级对此故意曲解和歪曲，为了达到澄清事实、批判错误思想的目的，恩格斯写就此作。此著作最初在德国社会民主党的机关刊物《新时代》连载发表，1888年出版单行本。由一篇序言和四章正文构成。现收录于人民出版社2009年版《马克思恩格斯文集》第4卷第267—313页。中文单行本有人民出版社1972年4月第1版。本书主要参考《马克思恩格斯文集》第4卷内容。

② 《马克思恩格斯文集》第4卷，人民出版社2009年版，第268页。

③ 同上书，第269页。

④ 同上。

⑤ 同上书，第271页。

然界为我们生长的基础。在自然界和人以外不存在任何东西，我们的宗教幻想所创造出来的那些最高存在物只是我们自己的本质的幻想反映。唯心主义的“魔法被破除了”，黑格尔的“‘体系’被炸开了”[①]。费尔巴哈至少在自然界面前恢复了唯物主义的面貌。但是费尔巴哈在自然认识上对唯物主义的坚定的恢复所做出的贡献并不能掩盖其在历史认识上的唯心主义的显现。费尔巴哈坚定地批判黑格尔主义，但同时也抛弃了辩证法这个积极的东西。因此，一旦费尔巴哈走向宗教和伦理，他的“真正的唯心主义就显露出来了”[②]。费尔巴哈不可避免地走进这样一个矛盾：自然观的唯物主义与历史观的唯心主义竟如此明显地对立起来。这给我们认识自然、认识人与自然的关系以某种启示。当然，马克思和恩格斯所做的工作是在批判、继承和改造黑格尔和费尔巴哈哲学的基础上将唯物主义和辩证法结合在一起，这就迈出了辩证唯物主义新的一步。

（二）自然和精神

恩格斯在文中指出：“全部哲学，特别是近代哲学的重大的基本问题，是思维和存在的关系问题。”[③] 从人的历史和自然的历史来看，原始人类在解释人自身和外部自然现象时受到颇多的限制，因为生产力发展水平低下，人们所获得的知识水平有限，难免诉诸与肉体分离的所谓灵魂。这时，人们开始思索关于人的思维与肉体乃至外部自然界的关系，进而用这种思维去解释自然界的神秘现象，认为有神化的力量的支配。哲学最基本的问题随着人们对世界的反思被提出。

恩格斯在本书中比较系统地阐述了关于哲学的基本问题。他认为哲学的基本问题不外乎两个方面，对这两个方面的不同的回答将划分出不同的派别。一是世界的本原问题；二是思维与存在的同一性问题。恩格斯是坚持唯物主义的可知论的，他认为自然界是世界的本原，人的精神或思维只是能动地反映并作用于自然。人们对世界的认识受现实条件的制约，但是未知的世界只是尚未被认识的世界，而不是不可认识的。我们认识自然界

① 《马克思恩格斯全集》第21卷，人民出版社1965年版，第313页。
② 《马克思恩格斯文集》第4卷，人民出版社2009年版，第287页。
③ 同上书，第277页。

的一切可能性包含在人们的实践当中。

（三）社会发展与自然发展

对于社会历史发展，恩格斯对唯心主义历史观进行了深刻的批判，提出对历史发展的唯物主义的认识。恩格斯认为社会历史的发展与自然史不同。自然界发展的历史并不以人的精神意识的参与而使其客观规律得到改变，人作为对自然具有能动作用的主体，无论其意识是否参与，自然界仍会按其自身规律运行。而社会历史的发展不同于自然界，因为社会是人的关系的总体，其整个过程处处体现人的精神意识的作用。但是单个的人在社会中有着不同的意识表达，社会中个人的行为结果表面上表现为偶然性。恩格斯指出社会的发展不是单个人的意识作用的结果，而是人作为总体起作用的结果，表面上的偶然性的发生包含着事物运动的必然性的规律。因此，恩格斯得出这样的结论：人类社会绝非偶然性堆积的结果，而是同自然界一样是有其自身规律的。

四　恩格斯《家庭、私有制和国家的起源》[①]

伴随着研读的深入，我也曾有这样的疑问：研究自然观要不要深入到社会和历史中去？我思考的结果是肯定的。因为自然是属于人的历史的自然，人是自然的和社会的人，而社会也是属于人的自然历史的社会。从纯粹的自然界我们无法获得对自然的完整认识，也无法真正理解人与自然的关系。因此，我们的研读，特别是对于文本的研读，要从更广泛的角度获得更普遍的认识。

① 此著作是恩格斯在马克思逝世之后独立完成的研究成果，写于1884年3月底至5月26日。1877年美国人类学家摩尔根出版《古代社会，或人类从蒙昧时代经过野蛮时代到文明时代的发展过程的研究》一书，马克思对此有浓厚的兴趣，但在1883年马克思与世长辞，恩格斯的这部《就路易斯·亨·摩尔根的研究成果而作》的著作可以看作“在某种程度上是实现遗愿”。同时19世纪80年代，社会上出现关于社会历史的资产阶级的错误思潮，恩格斯结合自己所掌握的和马克思留下的史前社会的相关资料，展开研究，写出此作。批判了资产阶级的错误观点，论述了人类社会家庭、私有制和国家的问题。此作由两个序言、九章正文、一个附录构成。现收录于人民出版社2009年版《马克思恩格斯文集》第4卷，第13—198页。本书主要参考此卷的内容。

（一）两种生产

唯物主义是注重社会生产的，特别是物质生活的生产和再生产，这是历史发展的决定性因素。恩格斯认为，人类的生产本身分为两种形式：一是生活资料的生产，即人类为满足吃、穿、住、用及其所需工具的需要而进行的生产活动；二是人自身的生产，即种的繁衍。人类为了生存及生命的延续必须不断繁衍后代。在史前时期，人的生产占有突出的位置，因为受自然限制而生产力低下的时代，人不仅作为劳动者，同时也作为劳动工具而存在。历史地看，在某一个阶段人本身就是最大的生产力。

对于两种生产的历史作用及其意义。恩格斯论述到："一定历史时代和一定地区内的人们生活于其下的社会制度，受着两种生产的制约：一方面受劳动的发展阶段的制约，另一方面受家庭的发展阶段的制约。"① 人在生产中所形成的交往关系，在生产关系之上构建的社会制度，是与人的两种生产相联系的。人在自然和社会中怎样生产、以什么样的方式生产、生产的内容等，一方面受自然必然性和历史必然性的规定；另一方面这些内容由作为能动的因素有力地影响着自然和社会的发展进程。所以对人与自然的关系的考察就不仅仅只是停留在人面对自然界本身的态度和行为，人类的生产活动及在生产活动中所形成的关系，进而整个社会制度形式等都在一定程度上对我们处理人与自然的关系有所影响。

（二）三次分工

人类社会私有制的产生在一定形式上表现为三次重要分工的演进，分工是人类参与社会生产活动的历史结果。一定的分工形式是与劳动生产力的水平相适应的。

恩格斯认为，两性之间的分工是人类最初的分工形式，它是原始社会纯粹以自然为依据的分工形式。但是生产的发展推进了分工的进程。人类的第一次社会分工发生在游牧部落从野蛮人中分离出来。带来的结果是牲畜作为私有财产而存在，"第一次使经常的交换成为可能"②。人类社会的第二次大分工是以铁器工具为标志的，随着生产力的提高，"发生了第二

① 《马克思恩格斯文集》第4卷，人民出版社2009年版，第16页。

② 同上书，第179页。

次大分工：手工业和农业分离了”①。恩格斯感慨道：“我们就走到文明时代的门槛了。”② 第三次分工在第二次之后随之而来，由于商品贸易的发展，商人的出现将人类社会推向文明时代。总之，伴随着生产力的不断进步，人们征服自然并从中获得巨大的财富，不断地摆脱自然的限制，彰显着主体的力量并占有财富，并延伸到社会领域之内，形成一种社会的上层建筑，这个上层建筑将对自然和社会产生巨大的作用。

五　恩格斯的几封书信

（一）《恩格斯致马克思（1858 年 7 月 14 日）》③

在此信中恩格斯谈到自然科学的发展及其所包含的思辨的内容。恩格斯通过对生理学的研究，指出细胞的发现带来全部生理学的革命，这个革命的意义绝非只是自然科学的一个成就，它的影响将带来思辨的启发。他谈到黑格尔的《自然哲学》在发展了的自然科学面前的预见性，通过磁、光、热、化学亲和力以及运动的转化，指出自然科学的发展事实有力地证明了事物的辩证运动。还有一个重要的方面，恩格斯说：“人们在接触到比较生理学的时候，对人类高于其他动物的唯心主义的矜夸是会极端轻视的。”④ 这实际上指出人与动物之间的关系，包含着人类源于自然界的观点。

（二）《恩格斯致马克思（1873 年 5 月 30 日）》⑤

在此信中恩格斯谈到自然科学中的辩证思想。特别是他指出了自然物质与运动之间的关系，物体的任何形式和种类只有在运动之中才能被认识，在运动之外和与其他物体的关系之外，只是在自然物质的相互关系中、在运动中才能认识自然界。“对这些不同的运动形式的探讨，就是自然科学的主要内容。”⑥ 恩格斯接着描述了他的基本思路：从最简单的物

---

① 《马克思恩格斯文集》第 4 卷，人民出版社 2009 年版，第 182 页。
② 同上书，第 184 页。
③ 《马克思恩格斯文集》第 10 卷，人民出版社 2009 年版，第 162—164 页。
④ 同上书，第 164 页。
⑤ 同上书，第 383—389 页。
⑥ 同上书，第 385 页。

体的位置移动即机械运动，进而产生各种力的运动形式，对这些运动形式及其相互转化的研究即为本意上的物理学，而物理学范围内的运动在一定的强度之下，引起物体内部结构的变化，进而走向化学作用的领域。化学所要研究的不限于有生命的物体或无生命的物体，无生命的物体在化学之内更纯粹地显示出化学研究的运动作用，而当化学向更高的形式发展，它便辩证地过渡到有机体的运动了。事实上恩格斯在这里对自然科学表现出辩证的思想。自然科学，包含着自然世界本身的运动规律和人对自然的认识的规律，只有在这个规律之内，自然界作为人们思维所能达到的自然界才有意义，而人的认识也具有客观的科学的依据。

（三）《恩格斯致约瑟夫·布洛赫（1890年9月21日—22日）》①

在此信中恩格斯首先指出对历史认识的最根本的前提。他说："历史过程中的决定性因素归根到底是现实生活的生产和再生产。"② 我们自己创造我们的历史，但这种创造首先是在确定的前提和条件下进行的，经济的前提和条件归根结底起着决定性的作用，但政治、宗教等前提作为传统也影响着历史进程。

在论述人们怎样创造历史时，恩格斯提出了著名的历史的"合力论"。他论述道："最终的结果总是从许多单个的意志的相互冲突中产生出来的，而其中每一个意志，又是由于许多特殊的生活条件，才成为它所成为的那样。这样就有无数互相交错的力量，有无数个力的平行四边形，由此就产生出一个合力，即历史结果，而这个结果又可以看做一个作为整体的、不自觉地和不自主地起着作用的力量的产物。"③ 历史的最终的结果并不像任何一个个人所希望的样子，而像自然过程一样表现为一种必然，这是唯物主义的认识。无数个力的作用最终以合力的形式形成历史结果，本身意味着符合一种社会的必然性的运动规律。

（四）《恩格斯致瓦尔特·博尔吉乌斯（1894年1月25日）》④

在此信中恩格斯指出经济关系作为基础对社会历史具有决定性的作

① 《马克思恩格斯文集》第10卷，人民出版社2009年版，第591—594页。
② 同上书，第591页。
③ 同上书，第592页。
④ 同上书，第667—670页。

用。这里的经济关系是指包括全部技术在内的生产方式和交换方式。这里所说的全部技术也决定着产品的交换方式和分配方式，从而也决定着氏族制度解体之后的阶级的划分，决定着国家、政治、法律等上层建筑因素。他说："社会一旦有技术上的需要，这种需要就会比十所大学更能把科学推向前进。"① 恩格斯接着论述了上层建筑各个因素之间的相互作用。上层建筑是一个复杂的辩证系统，在经济基础的决定性的必然之上，谈论政治的上层建筑和观念的上层建筑之间的相互作用才是有意义的。

此信中最为重要的内容是，恩格斯指出历史发展的必然性和偶然性之间的辩证关系。恩格斯指出："人们自己创造自己的历史，但是到现在为止，他们并不是按照共同的意志，根据一个共同的计划，甚至不是在一个有明确界限的既定社会内来创造自己的历史。他们的意向是相互交错的，正因为如此，在所有这样的社会里，都是那种以偶然性为其补充和表现形式的必然性占统治地位。"② 人们通过历史的各种形式的偶然性而得到实现的必然性，为我们所得到的必然性归根到底仍是经济的必然性。到此我们又看到恩格斯所提出的"中轴线理论"，即历史发展中远离经济基础的领域内的偶然性表现为一条波动的曲线，但这个曲线的平均轴线总是同经济发展的轴线几近平行。恩格斯这样论述道："历史上所有其他的偶然现象和表面的偶然现象都是如此。我们所研究的领域越是远离经济，越是接近于纯粹抽象的意识形态，我们就越是发现它在自己的发展中表现为偶然现象，它的曲线就越是曲折。如果您画出曲线的中轴线，您就会发现，所考察的时期越长，所考察的范围越广，这个轴线就越是接近经济发展的轴线。"③

我之所以在自然观念的研究中不厌其烦地深入到这些历史唯物主义的理论中，并非远离主体，因为唯物史观所回答的不仅仅是单纯的人类社会的问题，对人的回答本身包含着对人与自然界关系的内涵阐释。在我们阐述当代科学技术对世界的影响，政治、宗教等对自然世界的作用以及人们

① 《马克思恩格斯文集》第 10 卷，人民出版社 2009 年版，第 668 页。

② 同上书，第 669 页。

③ 同上。

对自身行为规范的思考等，都有着重要的意义。

第二节 恩格斯自然观的哲学图景

一 人与自然的本体论回答

（一）人的基本规定性

个人的存在及由此产生的个人与其他自然的关系，在马克思和恩格斯看来，是唯物主义哲学“第一个需要确认的事实”。这个事实厘清我们认识人与自然的最基本的逻辑。我们首先必须要做的是对人的基本规定性的探析。

1. 人的存在的自然性与社会性

恩格斯从对自然科学发展史的研究中看到自然界演进的历程，在这个漫长的历程中，人同其他动物一样，从自然界进化而来。从最初的天体运动引起的能量和物质的运动变化，从最初的有机物质中产生蛋白质，从最初的蛋白质的运动变化发展出第一个细胞，从最初的细胞发展出原生生物，从原生生物逐渐发展出原始的动物与植物，动物的不断发展演进使不同的种分化开来，从脊椎动物中“发展出这样一种脊椎动物，在它身上自然界获得了自我意识，这就是人”。① 单就人从自然界进化而来这一点来看，人首先是作为自然的存在物而成为人的。人与动物从发生学的角度看，都是自然界演化的结果，人同动物甚至植物一样，都只是自然界的一部分。但是，人的自然性却必须使自身从自然界中脱离出来才能成为作为人的自然存在。因为，作为整体的自然界自在地存在着，而无法使自身得以确证。人以自然为对象，即把自然界视作不同于人的、维持人的肉体存在的异在的对象，人的自然存在才成为现实。

恩格斯从对自然辩证法的研究中逻辑地推演出人的社会性。在《自然辩证法》中，恩格斯从自然科学的发展和自然界演进过程中得出人是自然界进化的结果，即指出人的自然性。紧接着，恩格斯指出自然界将随着人进入人的社会历史之中。其前提是人作为自然界的一部分在以自然界

① 《马克思恩格斯文集》第9卷，人民出版社2009年版，第420页。

为对象的活动过程中确证自我存在，而人要从自然界中脱离就要与另一个作为人的存在发生关系，这个关系就是劳动的交往需要和表现形式。人以自然界为对象，确证人之为人的自然性；人以作为自然的一部分的另一些人为对象，确证了人的社会性。然而，使这一切成为可能的，人以自然界或人自身为对象的活动，是劳动实践。

2. 人的存在的意识性与类特性

马克思曾提出：人是能思想的存在物。正是因为人是有意识的思维着的存在，“建筑师”和“蜜蜂”之间才有着本质的不同。恩格斯指出人是有意识和思维的存在，这是劳动的结果。在恩格斯的论述中，人从自然界中的猿进化而来，这其中劳动起着决定性的作用。因为劳动需要人产生语言，并进而形成健全的大脑，产生意识。恩格斯说“鹦鹉”只是在音节上模仿了人所教授的发音，而对于意义却一无所知。人是有思维和能动意识的存在，而动物只是根据需要产生自身行为。人所理解的事物和所采取的行为具有人的意识的特定意义，而不是动物根据生存欲望的原则而做出的反应。一旦人的行为被赋予意识的含义，就带来了人类特有的对自然界的能动的改造和对自身思维的能动的创造。

意识的形成必然产生人作为人的“类特性”。意识是人所特有的本性，这可从恩格斯关于人的起源和进化过程清晰地看到，它对于不同于人的自然界而言，是人类所特有的思维。但是对于人而言，意识又是普遍的存在。正是因为意识相对于自然界的特殊性和相对于人类自身的普遍性，使人作为类的存在物而区别于其他类。但是，无论是人所独有的意识，还是因意识而形成的人的类特性，都是劳动实践的结果。

3. 人的存在的实践特性

无论是前文所述的人的自然性和社会性，还是人的意识和人的类特性，都只有在实践的基础上，在实践这一对象性的活动中才是有意义的。

在《自然辩证法》中，恩格斯明确地指出了劳动这一人类实践形式的基础作用。他认为劳动“是整个人类生活的第一个基本条件，而且达到这样的程度，以致我们在某种意义上不得不说：劳动创造了人本身”①。

① 《马克思恩格斯文集》第9卷，人民出版社2009年版，第550页。

实践作为人的能动的对象性的活动，使人面对人自身以外的自然界及其他一切外界存在。人首先是以实践的手段从自然界中获取生存所必需的资料，即物质资料的生产实践是人类的第一个活动。自然界作为自在的存在并不能直接给人以生存必需的全部资料，人要经过能动的实践实现自我生存的满足，在这个过程中，人在对自然界的对象性活动中看到了自身改变自然的力量，从而确证了自身相对于自然界的存在。因此，我们可以尝试得出这样的结论：将人的自然性、社会性、意识性和类特性统一起来的是人的实践特性，人作为实践的存在物呈现人的本质。

（二）自然的基本规定性

1. 作为人之先与人之外的客观的自然界

自然是先在的客观存在。在恩格斯那里，自然界是先在的客观存在，无论是人产生的物质机理、肉体构造还是人的手的分化和大脑的发展，以至于人的思维意识，等等，都是在自然的、先在的基础之上发展而来的。自然是作为整体的客观存在。对此，恩格斯说："当我们通过思维来考察自然界或人类历史或我们自己的精神活动的时候，首先呈现在我们眼前的，是一幅由种种联系和相互作用无穷无尽地交织起来的画面。"① 恩格斯给我们描述的是一个作为联系整体的自然界的清晰图画。自然界是按其自身规律运行的客观存在。恩格斯说："自然界不是存在着，而是生成着和消逝着。"② 自然界是客观的、运动的，运动是绝对的、普遍的。在人产生以前，自然界的运动已经是一个自我演进的过程，已经是一个通过自我否定而不断发展的辩证运动，已经是一个不以外界意志为转移的客观规律的现实进程。

2. 作为人的实践活动对象的自然界

人类产生以后的历史，自然界的发展及自然界的历史，无不打上人的实践活动的烙印。恩格斯研究了劳动在从猿到人的过程中的作用，指出了人虽然是自然进化的结果，是从自然界中分化出来的历史结果，但是通过劳动实践，人不仅获得了肉体组织的生存满足，也获得了能动思维和意

---

① 《马克思恩格斯文集》第9卷，人民出版社2009年版，第385页。

② 同上书，第415页。

识，由此自然将跟随人进入人的历史。所谓的自然的历史是人的自然观念的历史，是人通过实践活动感受到的对象性的现实自然界的历史。

二 人与自然的价值论逻辑

（一）恩格斯自然价值的两重意义

1. 作为人的存在基础的自然

从马克思主义的基本观点看，人与社会产生和发展的基础是人的生产活动，即实践。实践是人对于自然界的能动的活动，没有自然这个对象性的存在，人的实践是无意义的，那么所谓人与社会的发展将无从谈起。

人是自然界进化的产物，并以自然界为对象获取其生存的基本资料，以维持自身作为肉体的存在。一方面通过能动的实践活动从自然中获得了欲望的满足和生存的条件。另一方面人又在自然界的规律约束之下有限地改造自然界。从历史的发展进程来看，自然界直接地提供了人类社会的农业生产和基础工业生产所需要的物质前提，但其作为自然的存在物与人无涉时我们便无从谈论其价值，而一旦人的力量延伸至此或它们进入人的领域，它们实际上就具有了某种价值。

2. 作为价值的基础的自然

恩格斯在《自然辩证法》中指出劳动只有加上自然因素才能成为财富的源泉。他通过对人的起源的探讨和对人类生产过程的研究，与马克思保持着高度的一致。恩格斯说："如果土地像空气一样容易得到，那就没有人会支付地租了。既然情况不是这样，而是在一种特殊情况下被占有的土地的面积是有限的，那人们就要为一块被占有的即被垄断的土地支付地租或者按照售价把它买下来。"① 恩格斯在此指出了自然资源在一个时期的有限性，因其有限性所带来的使用价值的表现形式在最直观的形式上体现了自然的价值。这种价值的表现形式实际上就是自然的价格，它所要表征的不外是自然在生产中作为要素的意义。

其实，恩格斯一方面认识到自然作为客观存在的某种价值；另一方面也看到自然在人与自然关系上表现出的某种价值。无论是自然在何种意义

① 《马克思恩格斯文集》第1卷，人民出版社2009年版，第68页。

上体现其某种价值意义，都应当归结为人的实践活动中人与自然的关系。只有在人与自然的关系中，自然才具有对人来说的某种价值，人才在实践中有实现自然的某种价值。正确地认识这一点，将给我们处理人与自然乃至人与环境之间的关系带来某种启示。

（二）自然价值的理论指引

所谓的价值论维度的自然探讨，就是主体与客体之间所表现出的双向互动的价值关系。在自然价值的生成和实现中，人和自然所特有的关系属性，将为我们处理人与自然的关系带来某些启示。这些启示可以从两个基本的方面来看：人的特殊关系属性决定人对自然应具有的、基本的应然态度，自然的关系属性决定人面对自然应遵循的、基本的必然要求。

人在人与自然的价值关系中所具有的属性决定人要改造自然，同时要保护自然。首先，人是作为肉体的自然存在物而存在，通过自身的对象性的实践活动改造自然，获取自身生存所需要的条件。其次，人是作为社会存在物而存在的。人在生产实践中不能因其自身的无限欲望而随意索取，因为他人对自然的需要同自身对自然的需要一样要得到尊重；人也不能对自然毫无作为而不予改造，因为人作为自然的存在物与自然自身的存在一样需要生存发展。自然在人与自然的价值关系中所具有的属性决定人必须尊重自然规律。在自然价值的生成与人的实践活动相统一的过程中，人对自然的作用和自然对人的作用也是相互的。人在一定程度上创造了环境，同时环境也创造了人，“自然界所有过程都处在一种系统联系中”[①]。自然界处在不断的运动、变化和发展中，人同自然界的沙粒、原生物等一样，都要遵从自然界客观运动的规律。

三　人与自然的方法论选择

我们知道，在马克思主义看来，人的基本规定性和自然的基本规定性包含有人与自然关系的基本逻辑，是我们处理人与自然关系的起点。我们对自然的一切认识首先发自对人与自然本体论的追问。而这种关系的现实的理论基点是实践。通过实践人才成为现实的人，自然才成为人所感受到

① 《马克思恩格斯文集》第9卷，人民出版社2009年版，第40页。

的感性的自然，它们之间的价值关系才得以生成和实现。但是，人是以何种姿态面对自然，以何种方式处理人与自然之间的关系呢？实践通过何种方式达成人与自然关系的本质这个问题，直接产生对人与自然关系的方法论的诉求。

（一）方法论的哲学争论

如果从以人为中心这个前提出发，自然只是从属于人的存在而不具有主体性。此种认识最终将归结到人对自然的绝对主导和控制。如果从以自然为中心这个前提出发，“荒野”的力量和自然至上性的属性将让人在自然面前显得无力，只能顺从自然的自在的发展，敬畏自然的客观存在。

在恩格斯看来，人与自然的关系绝不是绝对的“统治与被统治”的关系，在人与自然发生关系的实践领域，人的主体性和自然作为对象被赋予的主体性辩证存在，人的意识能动性和自然的客观规律性辩证统一。人对自然的方式和自然对人的方式将统一在一个基点上，即变革的实践。

（二）人与自然关系的实现形式

恩格斯深刻批判了将自然看作人的支配对象和统治对象的观点，也批判了对自然的盲目的敬畏。他辩证地指出了人与自然之间通过实践所达成的同一性。

人与自然之间的异质性是客观存在的。人之所以成为人，并同动物区别开来，是人劳动的结果。人的基本规定性使人与自然界之间产生理论上的界限和实际的距离。人与自然界之间的异质性是人的发展和自然演进的必然结果，是伴随着人从自然界不断演化的整个进程的。人与自然的同质性也是客观存在的。因为人首先是作为肉体的自然存在物，人的产生的历史和生产实践的历史与自然的变革的历史是相统一的，人的整个的生产实践的历史都是与自然进行物质交换的历史，人以自然为对象实现自身的生成和发展，实际上同时也是自然的生成和发展。

基于人与自然之间的同质性和异质性，人与自然的关系、人的实践之于自然的实现方式就要超越绝对的“统治”和“顺从”的关系。在实践中人与自然的关系应该是基于人的能动性和自然的客观性的辩证统一。恩格斯说：“我们统治自然界，决不像征服者统治异民族那样，决不同于站在自然界之外的某一个人。”我们所谓的“统治”只能是在自然客观规律基础上的能动的实践活动。我们连同肉、血和脑都属于自然界并存在于其中，我们对自然界的全部支配力量就是我们比其他一切生物强，能够认识和正确运用自然规律。因此，人与自然的关系的实现方式，包含着对立统一的两个方面：人的基本规定性要求人对自然的能动的认识和改造，作为客观存在的自在自然界成为人的实践对象；自然的基本规定性要求实践必须以尊重自然自身的运动规律为前提，作为能动性的人的力量要受到自然客观性的约束。这两个方面将归结为一点，那就是在实践中实现人与自然关系的辩证统一。

（三）作为方法的科学技术

科学技术对人类社会的历史发展和自然界历史发展具有巨大的推动作用，这个作用包含在人的实践过程中，将体现在两个辩证的方面，即科学技术对自然界和人类社会的双重作用。

一是科学技术的发展作为人类社会的积极因素极大地促进了生产的发展和社会进步。恩格斯通过研究发现自然科学的发展凝结着人与自然发展的整个历史轨迹，从对世界的本原的思考到世界如何组成的疑问，人们对自然界的最原始的好奇，产生人对自然界最初的科学探索。恩格斯说："弓箭对于蒙昧时代，正如铁剑对于野蛮时代和火器对于文明时代一样，乃是决定性的武器。"[①] 从这里我们可以看到，恩格斯看到了科学技术所带来的对人类历史的进步所做出的贡献。

二是科学技术作为人类通过实践运用自然力从而征服自然的手段，对自然界和人类社会带来消极的影响。恩格斯认为在科学技术与资产阶级相结合的状况下，人与自然之间的关系遭到了前所未有的破坏。工人所面对的是远超自身承受能力的劳动和被破坏得不堪的自然环境，恩格斯看到曼彻斯特这样的景象："桥底下流着，或者更确切地说，停滞着艾尔克河，这是一条狭窄的、黝黑的、发臭的小河，里面充满了污泥和废弃物，河水把这些东西冲积在右边的较平坦的河岸上。"[②] 科学技术在资本主义社会就转化为一种新的统治形式，最大限度地榨取自然界的资源和工人劳动的

---

① 《马克思恩格斯文集》第 4 卷，人民出版社 2009 年版，第 34 页。

② 《马克思恩格斯全集》第 2 卷，人民出版社 1957 年版，第 331 页。

剩余价值。因此结果往往并不像我们看到的那么美好："近代科学技术的发展史，就是一部资本主义取代封建主义、农业工业化、农村城市化的历史，是一部自然破坏、生态恶化和生产者为之殉难的历史。"①

四　人与自然的辩证法超越

（一）人与自然的辩证法总特征

1. 联系和发展的辩证法

恩格斯深入地考察了自然发展的历史以及自然科学发展的历史，以翔实科学的事实指出自然界普遍联系和发展的事实。恩格斯指出："辩证法在考察事物及其在观念上的反映时，本质上是从它们的联系、它们的联结、它们的运动、它们的产生和消逝方面去考察的。"②

恩格斯认为自然界是联系和发展的，这不仅可以从自然界发展的历史和自然界作为自在存在的事实清晰地看到，也可以从作为自然界物质存在的外部事物联系和内部要素联系进行把握。恩格斯在研究了19世纪自然科学所取得的重大成就的基础上，对自然界的起源进行了科学的考察。整个自然界是按照自身的规律不断演化的，处在自然界中的任何事物，包括人和其他动物，都是这种不断演化进程的结果。正是因为事物之间、事物内部要素之间的联系而产生相互作用，正是因为相互作用的矛盾运动促使事物发展变化。

这种联系和发展同时存在于人的思维领域。因为客观的自然界的联系发展反映到人的思维中，就是人的思维对客观存在的辩证运动的主观呈现，就是思维对于自然界辩证运动的事实的思维形式的再现，这是主观辩证法在人的思维中完成的任务。唯物辩证法不仅看到客观的自然界的联系和发展，也看到人的思维领域，即人的主观精神世界的辩证运动。就如物理学、生物学、化学等之间的联系和发展反映的是客观的物质世界的不同层面，从科学发展的历史事实来看，它们的联系和发展与自然界本身的联系和发展实际上是同一的过程。

---

① 孙道进：《马克思主义环境哲学研究》，人民出版社2008年版，第147页。

② 《马克思恩格斯文集》第9卷，人民出版社2009年版，第25页。

由此而到整个人类社会。从历史的角度看，人的诞生是自然界演化的结果，而人在自然界中不断进化的结果就是以自然为对象的自我意识的确立。人从自然界乃至动物中区别出来，就把自然界也带入人的社会历史当中，实践使人将自然界和社会联系起来，使人与自身联系起来，这直接地表现为人的思维与改造自然的活动的统一。因此，自然界、人类社会及人自身之间及其内部是相互联系和发展的，他们整体的历史表现出唯物辩证运动的总特征。

2. 联系和发展的辩证法启示

对于联系，恩格斯从19世纪自然科学的重大发现——细胞学说、能量守恒定律和进化论出发，指出自然科学的这些重大发现不仅说明自然界本身及其组成部分之间是联系着的，作为其思维表现形式的自然科学各个部分也是相互联系的。对于发展，恩格斯这样说道："一个伟大的基本思想，即认为世界不是既成事物的集合体，而是过程的集合体，其中各个似乎稳定的事物同它们在我们头脑中的思想映象即概念一样都处在生成和灭亡的不断变化中，在这种变化中，尽管有种种表面的偶然性，尽管有种种暂时的倒退，前进的发展终究会实现。"① 自然界本身是运动变化的，是不断地在处于生成和消逝的过程中的，以此为对象的科学知识只能是不断地变化和发展的。于是，我们的真理只是相对的，这种相对性就体现在不断的发展中相对的真理所包含的谬误的种子，这其实是唯物辩证法的发展观点，即否定之否定规律的应有之义。

（二）辩证法基本规律对人与自然关系的指引

恩格斯将辩证法的基本规律简单概括为："'量转化为质和质转化为量的规律'、'对立的相互渗透的规律'、'否定的否定的规律'"。② 这是唯物主义辩证法的三大规律。整个自然界、人类社会和人的思维都遵循着辩证法的基本运动规律，从而彼此联系、发展。

1. 对立统一规律——人与自然关系的认识基准

恩格斯在《自然辩证法》和《反杜林论》中对唯物辩证法基本规律

① 《马克思恩格斯文集》第4卷，人民出版社2009年版，第298页。
② 《马克思恩格斯全集》第26卷，人民出版社2014年版，第2页。

进行了阐发。恩格斯说，直不能是曲，曲不能是直，这个命题实际上就是矛盾，就是悖理，但是直线和曲线却在微分学的一定条件下相等，这就是矛盾辩证法的作用。他指出了对立统一规律是事物运动发展的根本规律。实际上，指出的是事物矛盾的普遍存在以及矛盾之间的相互转化。在自然界、社会和人的思维中，任何事物都包含着内在的矛盾性，事物的发展正是矛盾运动斗争的结果。

在人与自然的关系中，对立统一规律对我们的指引是根本性的，是我们对自然认识和实践的基准。矛盾的普遍存在是自然界发展的客观前提，人与自然之间的矛盾本身就是自然自身的矛盾。当我们认识到人与自然固有矛盾的同时，又要对人与自然之间的同一性做出科学的判断。这体现在自然发展和人的发展的一致性上。人能够按照自然的规律以自身能动的实践改造自然，获得自身发展的物质需要。

2. 质量互变规律——人与自然关系的实践准则

对于质量互变规律，恩格斯这样表述道："在自然界中，质的变化——在每一个别场合都是按照各自的严格确定的方式进行的——只有通过物质或运动（所谓能）的量的增加或减少才能发生。"[①] 质量互变规律揭示了事物因内部矛盾所引起的发展是通过量变和质变的互相转化而实现的，指出矛盾的斗争与统一实现的过程和事物运动发展的渐进性和飞跃性之间的辩证关系。

质量互变规律对我们在人与自然关系上的指引，就是我们实践所要追求的结果的一个准则。一方面，如果我们要实现实践的积极结果，即要实现人与自然之间的和谐的统一，就要把握质的飞跃是通过量的积累实现的，而不能通过实践一蹴而就。同样在面对人与自然关系失衡的时候，人的实践要改变这种状态，也并非能够立即实现，而是要通过不断的实践行为，通过量的积累加以改变。另一方面，这个指引的意义还在于，如果我们要防止实践行为所引起的消极的破坏结果，即防止倒退的质变的发生，就必须把握量变和质变的辩证限度。因此，量变和质变作为发展的表现形式，指引我们的是——人对自然的实践活动的限度。

---

① 《马克思恩格斯文集》第9卷，人民出版社2009年版，第464页。

3. 否定之否定规律——人与自然关系的发展逻辑

对于否定之否定规律，恩格斯认为其发展的实现形式，是发展的逻辑形式。辩证法的主要规律的逻辑："量和质的转化——两极对立的相互渗透和它们达到极端时的相互转化——由矛盾引起的发展，或否定的否定——发展的螺旋形式。"[①] 否定之否定规律揭示出事物矛盾运动的解决形式和发展的实现形式。事物发展过程是由肯定、否定和否定之否定这些环节构成的。否定之否定在整个的环节中作为结果是矛盾的解决和发展的实现，作为新的起点是新的矛盾的产生和新的发展的前提。

在恩格斯看来，否定之否定在自然界、社会和人的思维领域普遍地存在且发挥着极其重要的作用，它以客观的决定性和无法抗拒的力量实现发展的结果，以至在任何一个领域我们的发展总是以否定之否定的形式得以实现。具体来看：人的实践活动对自然界的积极的能动的改造实现了人与自然之间的平衡，这种肯定形式实际上是对之前人与自然关系状态的一种否定。然而随着对自然的获取超出自然的承载能力，之前的关系肯定被打破，人与自然关系的否定状态出现。那我们的发展指向何处呢？否定之否定将实现新的变革，这种变革从人对人与自然关系的反思开始，进而发展到实现一种人与自然和谐相处的新的形式。

五　人与自然的历史观图景

（一）自然进入人与社会的历史

1. 自然观引入历史观

随着人进入人的历史成为历史的人，自然也跟随人进入人的历史，成为历史的自然。这个过程是伴随着人以自然为对象的实践活动的发生而发生的。一方面自然作为人存在的基础成为历史进程的基础；另一方面自然作为人的能动实践活动的对象而成为历史的一部分。

当然，相对产生于自然界的人来说，无论在时间上还是空间上，自然界都有着相对于人的优先性。但是，整个自然的历史却不可否认地成为整个历史的一部分，整个客观的自然在人面前成为历史的自然。首先，自然

---

① 《马克思恩格斯文集》第9卷，人民出版社2009年版，第401页。

作为人的产生和生存的基础，必然地进入了人的历史。其次，在尚未置于人的“统治”之下的自然界领域，也不是脱离于历史的自然。“只有当人类的发展达到一定的社会历史阶段后，才能通过科学实验活动（如同位素的衰变），大致推算出地球的年龄和人类诞生的时间。”① 因此，对于人类诞生以前的自然界，并不是在历史之外。我们的自然观念只有引入到历史观念中才是可以理解的。

2. 人与自然的关系引入人与人的关系

在生产实践中，人们确立了与自然界的最基本的关系——自然界满足自身生存的需要。同时在生产物质资料的过程中，被确认的还有人的物质生活。也正是在这个生产过程中，因生产而产生的生产关系同时被确立。通过实践，自然不再是对于人的异己的存在，因为它作为人的生存的基础和人的实践的对象而成为人的一部分，人在对自然的有目的的能动活动中确证了人本身，同时也确证了人与自然之间辩证的关系。在人改造自然界的实践活动中，在运用自然力的过程中，人与人必然地结成生产关系，而这种确定的生产关系事实上是人与自然关系在人与人关系上的影像。因此，人与人的关系中包含着人与自然的关系的必然含义。

3. 人与自然关系的辩证和解引入到社会的变革

在私有制产生以前，人与自然的关系、人与人的关系是实践活动的两个方面，一方面是人在实践中面对自然界这个对象；另一方面是人在面对自然界的实践活动中结成一定的生产关系。这时隐藏在人与自然关系背后的实际上是人与人的关系。

随着私有制的产生，自然界不仅作为资源，同时也作为财富，成为所有者掠夺和占有的对象。人与自然的关系已经不是单纯的作为主体的人同自然界之间的直接关系，而成为社会关系的一部分。我们如果要想寻求人与自然关系之间的辩证和解，就不是单单从人与自然这两者之间进行变革，而是要对整个自然界、社会和人的思维进行变革。因此，在人与自然的关系进入人的关系以后，对人与自然关系的改变，只有在对整个社会关系进行变革时才是有意义的。

---

① 俞吾金：《自然辩证法还是社会历史辩证法》，载《社会科学战线》2007 年第 4 期。

（二）对资本主义社会人与自然关系的批判

恩格斯对私有制的产生和国家的起源以及资本主义社会的产生发展进行过深刻的论述。通过这些论述我们大致可以看到资本主义社会人与自然关系的基本规定性：少数人对自然的无偿占有和大多数人对自然的一无所有之间不可调和的矛盾。这是资本主义私有制的必然结果，恩格斯认识到资本主义在社会发展中的积极作用，但资本主义私有制和大工业所带来的对自然界的破坏和人的本质的异化，同样也比以往任何世代都要多、都要大。资本主义创造了灿烂的社会文明，同时人的本质和自然界本质的丧失也超过以往世代。自然界成为财富的基础，成为被无限掠夺的对象。自然界不再是单纯地要满足人的生存需要，而且要满足资产阶级对财富的无限欲望。

因此从人与自然的关系角度来看，整个资本主义产生和发展的历史可以被看作资产阶级对自然的控制和对人的控制的历史。在这双重控制之下产生两种直接的结果：一是资本主义生产力的发展；二是自然环境的破坏和恶化以及人的异化状态。第一种结果是恩格斯加以肯定的，对于第二种恩格斯和马克思一道进行了揭露和批判。资本主义"控制自然的观点总是以普遍性的名义把控制自然说成人类的普遍义务，宣传它对整个人类而不是对某些特殊利益集团的好处"。① 而实质上是资产阶级私有制的本性所带来的必然结果。于是，通过对资本主义私有制的变革，这种"普遍性的神话"必将破产，人与自然将从资本主义的控制之下得到解放，并实现人与自然关系的辩证和解。

（三）对共产主义人与自然关系的设想

1. 共产主义把人与自然关系的和解诉诸社会解放

恩格斯通过考察人类社会发展的历史进程，深刻地揭示了资本主义使人与自然处于尖锐对立的状态。资本主义一方面创造了以往任何社会都无法比拟的生产力；另一方面颠覆了人与自然的关系的平衡状态，使人与自然之间的矛盾不断激化。恩格斯指出解决人与自然矛盾的途径是从改变现有的生产方式和社会制度入手，对资本主义私有制进行积极的扬弃并对其

① 孙道进：《马克思主义环境哲学研究》，人民出版社2008年版，第335页。

生产方式加以变革，这是历史发展的必然性趋势，也是从根本上解决人与自然关系辩证和解的唯一途径。

共产主义从资本主义社会历史事实出发科学地揭示了人类解放的伟大坐标，坚定地指明了社会文明的走向。在马克思主义看来，社会的解放是人的解放和自然的解放的必要条件。因为只有在社会中自然对人来说才成为对象，才成为人与人关系联结的纽带，才是人的现实的生活要素。也只有在社会中人与人的关系才成为现实，人对自然的能动的实践才成为现实的活动。因此如果我们谈论自然的解放、人的解放，只有在社会解放这个维度内，才是有意义的。共产主义正是如此，它积极地扬弃了资产阶级私有制，扬弃了资本主义生产所带来的对自然的掠夺和对人的异化以及对实践活动的异化，从而构建了自然界、社会与人之间辩证的统一。

2. 共产主义把自然从资本主义私人占有的控制中解放出来

对于共产主义与资本主义最根本的区别，是生产资料的社会占有对生产资料的资产阶级私人占有的积极的代替。恩格斯说，共产主义“生产资料由社会占有，不仅会消除生产的现存的人为障碍，而且还会消除生产力和产品的有形的浪费和破坏，这种浪费和破坏在目前是生产的无法摆脱的伴侣，并且在危机时期达到顶点。”① 显然，共产主义从所有制上对资本主义的否定，将自然从资产阶级的野蛮的“控制”中解放出来，使自然不是为少数人所有，不是作为商品的现实形式，不是作为利润的载体而获得自然自身的价值和意义。

3. 共产主义把人从资本主义的异化劳动中解放出来

在共产主义社会，“一旦社会占有了生产资料，商品生产就将被消除，而产品对生产者的统治也将随之消除。社会生产内部的无政府状态将为有计划的自觉的组织所代替。个体生存斗争停止了。于是，人才在一定意义上才最终地脱离了动物界，从动物的生存条件进入真正人的生存条件。”② 伴随着共产主义代替资本主义的历史进程，作为人的异己力量存在的自然界成为人的自然界，作为异己力量的生产劳动成为人的自觉的活

① 《马克思恩格斯文集》第3卷，人民出版社2009年版，第563页。

② 同上书，第564页。

动，作为异己力量的人的依附关系成为真正人的社会关系。整个历史的客观的异己力量过去统治人，现在将处于人类自己的控制之下，人开始完全自觉地自己创造自己的历史。在自然的解放的基础上，在生产实践的解放的同时，人作为真正人的解放成为现实。

4. 共产主义把自然界、社会与人辩证统一起来

共产主义通过对资本主义社会的否定之否定过程，通过对资本主义的积极的扬弃和超越，实现自然的解放和人的解放，这同时也是社会解放的应有之义。人与自然关系和解的基础在社会解放那里找到了，要想改变人与自然之间恶化的关系状态，不是从技术上进行不痛不痒的改变，也不是从生产上进行强制的克制，而是要改变建立在私有制基础上的整个资本主义的生产方式和社会制度。通过这个变革，即资本主义的消亡同时也是共产主义的实现过程，社会历史进入这样一种状态：在其中的每个人都将进行自觉的实践活动，每个人都得到自由的全面的发展。自然界和社会强加于人的对立将被消解，人强加于自然界和社会的主体性将被约束，自由自觉的活动将使人拥有人的最本质力量。随着社会的变革和解放，自然界和人将从资本主义的恶化结果中得以拯救和复归，自然界、社会和真正的人便在共产主义中辩证统一起来。恩格斯感叹道："这是人类从必然王国进入自由王国的飞跃。"①

第三节　恩格斯自然观的生态启示

面对中国的生态现实，理论并不能跨越时空直接产生指导具体行为实践的力量，然而理论观照现实所给我们带来的启示却是跨越时空的。恩格斯的自然观念及其在人与自然关系方面的哲学思考，将给我们带来理论的基础思考并进而引导我们的观念转变和实践变革。

一　本体论启示

人的基本规定性揭示了人的自然属性和社会属性、思维特性和实践

① 《马克思恩格斯文集》第3卷，人民出版社2009年版，第564页。

特性。自然的基本规定性揭示了自然界的客观性、整体性和规律性。这给我们带来的基本启示是：人的基本规定性启示我们人的主观能动性力量以自然界为对象，自然的基本规定性启示我们自然界自身的客观运动不以人的意志为转移。人与自然发生关系的基点是人之于自然对象性的实践活动，人尊重自然的必然性和人改造自然的可能性包含在这个实践进程中。

面对当代人与自然关系的困境及生态问题，人首先要从本体论上认清人的本质和自然界的本质。人的主体能动性力量的实现以尊重自然客观性为前提。在这里两者关系的颠倒就会导致人的主体性力量对自然界自身规律的漠视，与客观规律相悖的能动性实践并不能带来实践的积极结果，最终导致的会是：人的自身力量因无法确认而带来的迷失和自然被破坏而带来的失衡。

二　价值论启示

恩格斯认为解决自然界的问题或生态问题，不仅仅是自然价值大小、人怎样面对自然界价值的问题，更是人怎样看待人与自然价值关系的问题。我们与自然之间的价值关系在自然对我们需求的满足和自然自身发展需要的满足之间，在我们生存需要的满足和我们的后代生存需要的满足之间，在我们后代生存需要和自然自身发展需要之间。因此我们对于自然界的价值关系绝不是统治与被统治，而是通过实践，人与自然都获得发展的满足，因为人作为自然的一部分生活于其中，并且是历史地生活于其中。

三　方法论启示

马克思主义哲学的任务不仅要“解释世界”，更要“改造世界”，这个改造世界的基本途径是实践，而实践以何种方式得以实现改造的目的则是方法论的实现问题。这种意义给我们的基本启示是：实践赖以实现的方式和方法的不同，人的实践活动所能达到的程度也不同。人在多大程度上实现发展或者人在多大程度上实现改造自然界的目的，不仅看自然界生产了什么，而更应看它怎样生产。

面对当代人与自然关系的困境及生态问题，人首先要认识到作为方法的生产工具运用和科学技术的进步意义。在社会主义条件下，科学技术的运用在促进生产力发展的同时，必然地相伴而生的是对资源的最大限度的开发、对自然界潜能的最大限度的挖掘。而且科学技术的客观结果往往成为人的异己的力量，超出人的能力控制范围。科学技术双重作用的矛盾只能用科学技术来解决，解决的关键是人怎样运用的问题。科学技术作为人们实践活动的实现形式，作为方法对人的意义绝不能被异化为人的异己力量，人对科学技术运用应该符合人的基本规定性和自然的基本规定性，使其能够遵守科学技术的方法论限定，而不能成为本体使人与自然相对立。

四　辩证法启示

自然界是辩证运动的，作为对自然界的能动反映，人的思维也是辩证运动的，人认识自然和改造自然的认识和实践活动是合规律性的，这个合规律性排除人的思维特质，就是自然界自身的基本的辩证运动规律。

面对当代人与自然的困境及生态问题，人首先应该把自然作为一个联系的整体和发展的进程来理解。其次自然界自身运动的三大基本规律也同时是人与自然关系的基本规律，人对自然的实践活动也遵循着这些规律。因此生态问题的形成有其矛盾对立和统一的运动过程、有其量的积累和质的转化过程、有其否定之否定的发展过程。最后恩格斯对这种实践的改变，不仅仅在自然领域，因为直接实践的改变只改变我们面对自然的直接行为，本质的改变是改变我们实践本身，这个实践本身，即生产本身的改变将诉诸社会生产方式和社会制度的否定之否定的变革。

五　历史观启示

恩格斯将自然界引入人的社会，将自然观引入历史观，将自然界的历史引入人的社会历史，将人与自然的关系引入人与人的关系，最终将人与自然关系的和解引入社会的变革。在批判了资本主义对自然的控制和对人的控制这种双重控制之后，他描述了人与自然关系和谐发展的未来图景，这个途径就是共产主义社会。这给我们的基本启示是：人与自然关系的矛盾本质绝不仅仅在于人与自然两者之间，人与自然关系的矛盾的和解只能在生产方式和社会制度的变革中寻找，只能在变革的生产即实践中去寻找。而真正的人与自然关系的和谐只能在对私有制进行积极扬弃和人获得全面发展的共产主义才能实现。

面对当代人与自然关系的困境即生态问题，人首先要认清生态问题产生的社会根源是私有制对自然的控制和掠夺。在私有制之前，人面对自然的生产活动是原始的自然经济的生产活动，人从自然界中获取资料以满足自身的生存目的和限度。但在私有制产生之后，自然作为财富和财产为少数人占有，从而占有者为了满足财富的占有需要无限制地占有自然资源，并不惜以破坏自然平衡为代价。其次，改变生态问题不能只单单从技术方面进行无关痛痒的调整，这只是一个生态问题解决的假象而并未从根本上达成人与自然的和谐。如某一技术的采用或许减轻或改变了某种生产的生态破坏程度，但这同样是以这一技术可能造成更大的破坏为代价。最后，恩格斯为我们指出了人与自然关系之间的矛盾辩证和解的未来图景，这就是共产主义社会。因为扬弃了资本主义私有制的共产主义社会要实现的就是自然界、社会和人的辩证统一。我国作为社会主义国家，在积极发展生产力的同时，要对不适应生产力发展的制度因素进行积极的变革，这种对生产力的适应不是片面的体现在积极发展的某种指标上，而是要使制度变革符合这样的发展：在那里，每个人的发展是一切人自由发展的前提。社会的解放包含了人的解放和自然的解放的内在含义，从而获得自然界、社会和人的辩证统一。

从我国理论和实践的发展来看，随着我国社会主义建设的深入发展，随着社会建设各个方面取得的伟大成就以及所伴随的生态问题的出现，我们对人与自然关系的认识不断深化，社会发展更加理性，理论指导更加科学。我们在新的建设条件下认识到了人的现实和自然的现实，认识到了人与自然之间存在的对立统一的矛盾；我们认识到经济发展要统筹兼顾，不是一味发展生产力而忽略自然和社会；我们认识到了社会发展是一个整体的发展过程，不能以牺牲自然为代价发展经济，也不能以牺牲未来为代价发展当今；我们认识到了科学技术是第一生产力，但同时看到科学技术运用的合理性和科学性，而不再是一味地盲目引进和直接应用；我们认识到了资本主义私有制对自然生态的破坏本质，从而对资本主义制度的认识更加深化，对其工业化及其产生的后果的认识更加深刻；我们认识到了社会主义在制度架构上的优越性，坚持社会主义道路并不断地进行理论和实践变革，推动社会主义建设朝着更加完善的方向发展。

第十二章　马克思主义群众观及其当代启示

群众观是马克思主义的基本观点，动态考察和厘清马克思主义群众观，坚持人民群众主体论的思想，对正确处理党群关系和顺利开展党的群众工作具有重大意义。

第一节　群众及群众观的概念界定

一　群众概念的界定

对群众概念的理解直接影响和蕴含着对群众所持的观点和态度。而群众概念又是随时间的不同而动态变化，随研究角度的不同而侧重点不同。要真正理解马克思主义群众概念，就要找到其区别于其他群众概念的侧重点所在，同时赋予其不断变化的时间色彩。

（一）不同时代的群众概念

在中国传统政治语境中，“群众”一词并没有成为政治概念。而中国传统社会中“民”的概念却是一个政治化程度非常高的概念。民被看作国家的构成要素，是国家之本。但由于国家被理解为“君—民共同体”，君又处于主人位置，因而民是处于被统治的地位的。

在当代中国政治语境中，“群众”一词已经成为与政治现实高度一致的概念。它既继承了中国传统社会中群众概念的人群集合体这一形式，又吸取了中国传统社会“民”的概念中国家构成的基本要素、国家之本的政治内涵。同时，它还受到国外“人民”“公民”概念的影响。但就其本质上讲，当代中国政治语境中的“群众”概念是直接源于马克思和恩格斯群众观中对群众概念的定义的，即人民群众是一切对社会历史起推动作用的人。

（二）不同时期的群众概念

人民群众是一个历史性很强的概念，在同一个国家的不同时期，群众所指的对象也不相同。在我国，经历了革命和建设的不同历史时期，群众概念的不同主要体现在不同时期不同的外延上。

毛泽东同志在《关于正确处理人民内部矛盾的问题》中指出："应该首先弄清楚什么是人民，什么是敌人。人民这个概念在不同的国家和各个国家的不同的历史时期，有着不同的内容。拿我国的情况来说，在抗日战争时期，一切抗日的阶级、阶层和社会集团都属于人民的范围，日本帝国主义、汉奸、亲日派都是人民的敌人。在解放战争时期，美帝国主义和它的走狗即官僚资产阶级、地主阶级以及代表这些阶级的国民党反动派，都是人民的敌人；一切反对这些敌人的阶级、阶层和社会集团，都属于人民的范围。在现阶段，在建设社会主义的时期，一切赞成、拥护和参加社会主义建设事业的阶级、阶层和社会集团，都属于人民的范围；一切反抗社会主义革命和敌视、破坏社会主义建设的社会势力和社会集团，都是人民的敌人。"① 可以说，毛泽东在革命时期对人民群众的定义是非常正确的，但在毛泽东领导社会主义建设的中后期，由于他错误地将我国的主要矛盾定义为无产阶级与资产阶级、社会主义道路与资本主义道路的矛盾，进而导致他在应该依靠什么样的群众上将知识分子和党内持不同意见者错误地认为是资产阶级知识分子、资产阶级当权派或"走资派"。

粉碎"四人帮"以后，邓小平针对过去把知识分子看作资产阶级知识分子的错误认识，明确指出了我国的知识分子绝大多数已经是工人阶级的一部分，"从政治立场这个基本方面来看，绝大多数科学技术人员应该说是站在工人阶级立场上的。这样的革命知识分子，是我们党的一支依靠力量。"② 他十分重视知识分子，并强调，必须充分发挥知识分子在社会主义现代化建设中的特殊重要作用。十一届三中全会后，邓小平首先实现了拨乱反正，恢复了我国知识分子应有的地位。同时，由于我国实行以公有制为主体、多种所有制并存的基本经济制度，我国的社会结构发生了变

---

① 《毛泽东文集》第7卷，人民出版社1999年版，第205页。
② 《邓小平文选》第2卷，人民出版社1994年版，第93页。

化，邓小平把一切有利于促进我国社会主义生产力发展的人们都纳入到“人民群众”的范围中来；又因为对港、澳、台实行“一国两制”方针，邓小平因此将爱国作为又一个新的划定人民群众范围的标准，扩大了人民群众的外延。总结起来，邓小平认为人民群众包括工人、农民、知识分子，即全体社会主义劳动者、拥护社会主义的爱国者和拥护祖国统一的爱国者。

江泽民在庆祝中国共产党成立80周年的“七一”讲话中也对人民群众的范围进行了进一步的拓展。他指出，“改革开放以来，我国的社会阶层构成发生了新的变化，出现了民营科技企业的创业人员和技术人员、受聘于外资企业的管理技术人员、个体户、私营企业主、中介组织的从业人员、自由职业人员等社会阶层。而且，许多人在不同所有制、不同行业、不同地域之间流动频繁，人们的职业、身份经常变动。这种变化还会继续下去。在党的路线方针政策指引下，这些新的社会阶层中的广大人员，通过诚实劳动和工作，通过合法经营，为发展社会主义社会的生产力和其他事业作出了贡献。他们与工人、农民、知识分子、干部和解放军指战员团结在一起，他们也是中国特色社会主义事业的建设者。”①

到今天社会主义现代化建设的新时期，一切赞成、拥护和参加社会主义建设事业的阶级、阶层和社会集团，包括工人、农民、知识分子等劳动人民，以及拥护社会主义的爱国者和拥护祖国统一的爱国者，都属于人民群众的范畴。

（三）马克思主义的群众概念

马克思主义历史唯物主义认为，人民群众是指一切对社会历史起推动作用的人。它包含质和量两个方面的规定性。首先，从质的方面看，作为人民群众要符合推动历史发展的规定性，这实际上是群众概念的内涵。其次，从量的方面看，人民群众的主体始终包含体力劳动者和脑力劳动者，是社会成员中的绝大多数，这实际上是群众概念的外延。马克思主义群众概念的内涵首先是在马克思主义经典作家那里获得的。他们最早实现了对西方主流社会的群众理论的根本颠覆。在西方，“人民群众”经常被带上无序、愚昧、盲从、非理性、无组织、暴力的贬义色彩。而在马克思、恩

---

① 《江泽民文选》第3卷，人民出版社2006年版，第286页。

格斯那里，“人民群众”概念是在肯定和赞扬的意义上使用的，并被看作有着无穷的力量的群体。随着我国一代代领导人对马克思主义群众观的继承和发展，马克思主义群众概念也在不同的历史时期获得了其特定的内涵，其外延总是随着我国革命和建设的实际发生着变化。

二　群众观的界定

（一）不同立场的群众观

这里说的立场不同主要是指是站在群众的立场上还是站在群众的对立面即剥削阶级、统治阶级立场上。基本立场决定了对待人民群众的基本观点，有什么样的立场就有什么样的群众观。马克思主义群众观与西方主流社会及我国封建历史上的统治者的群众观是比较典型的两种不同立场的群众观，两者形成鲜明的对比。

首先来看西方群众理论专家的群众观。在西方，除了 18 世纪法国启蒙思想家卢梭等极少数学者赋予“人民群众”主权者的地位以外，大多数的资产阶级思想家站在资产阶级统治者的立场上将人民群众视为非理性、愚昧、无判断力的一类人。在他们看来，人民群众不能正确行使权力，必须将其权力让渡给精英阶层，接受并服从统治。对群众的恐惧、蔑视和贬低也成了西方群众理论家固有的传统。

最早对西方主流社会的群众观点予以根本性颠覆和革命性改造的是马克思主义经典作家。他们从人民群众的立场出发，得出了以人民群众历史主体论为核心的马克思主义群众观。随后马克思主义群众观在我国得到了继承和发展。我国领导人始终站在人民群众的角度观察社会问题，并充分发动人民群众的力量，取得了不同历史时期革命和建设的伟大胜利。这充分证明了与人民群众同立场的马克思主义群众观的科学性及其巨大的实践价值。

（二）不同条件的群众观

群众观是一个动态的历史性的概念，在不同的国家在不同的时期，即使是在同一个国家的不同时期，由于所处的历史条件不同，群众观也呈现出一定的差异。

比如，西方的群众观与中国的群众观除了价值上的差异，还有另一个重要差异即“群众”概念在政治处境上的差异。而造成这个差异的原因就在于中西民主化程度这一条件的不同。如果说中西群众观在价值上中国要比西方更加客观更加科学，那么在政治处境上西方则要比中国更加先进更加现实。在西方理论家那里，尽管群众总是被赋予极其低劣的地位，但随着19世纪这一由少数人的民主向全民民主转变的民主化时代的到来，西方现代群众理论正式形成。因而，西方的群众理论与西方的民主制度和民主政治这一条件是密不可分的。具体来讲，西方群众有两类典型的政治处境：一类是衰败的或不成熟的民主制度下的普通平民，作为民主政治的主体享有民主权利，但易受集体逻辑支配、易被煽动；另一类是正在争取民主的斗士。而在中国，并不存在民主制度下的群众，甚至是不存在争取民主的群众的。在中国群众理论那里，群众也分为两类：一类是在专制制度下在先锋队带领下争取实现自己解放目标的“革命群众”，可惜这个目标还不是成为公民；另一类是在革命后的政治秩序中被纳入新的权力体系，部分摆脱臣民地位但依然处于下位还没有成为公民的“体制化群众”。而这一“体制化群众”在中国只是得到了公民的头衔而并非真正享有民主权利；但在西方，“体制化群众”即是民主制度下的公民。①

第二节　马克思主义群众观的本质内涵和核心内容

一　马克思主义群众观的诞生及演进

马克思主义群众观的诞生是对西方群众理论家群众观的根本性颠覆和革命性改造。马克思主义群众观的诞生不是主观臆造的，而是在马克思主义辩证唯物主义和历史唯物主义科学理论指导下通过参加社会实践而得出的科学结论。历史唯物主义为我们揭示了社会历史发展的一般规律，而这种规律实际上就是社会基本矛盾的客观实在性及其发展过程的规律性。按照历史唯物主义的结论，这一基本矛盾即生产力与生产关系、经济基础与上层建筑的矛盾。恩格斯曾在马克思墓前说过的一段话：“正像达尔文发现有机界的发展规律一样，马克思发现了人类历史的发展规律，即历来为

---

① 丛日云：《当代中国政治语境中的“群众”概念分析》，载《政法论坛》2005年第2期。

繁芜丛杂的意识形态所掩盖着的一个简单事实：人们首先必须吃、喝、住、穿，然后才能从事政治、科学、艺术、宗教，等等；所以，直接的物质生活资料的生产，从而一个民族或一个时代的一定的经济发展阶段，便构成基础，人们的国家设施、法的观点、艺术以至宗教观念，就是从这个基础上发展起来的，因而，也必须由这个基础来解释，而不是像过去那样做得相反。"[①] 因此，整个社会关系体系发展的最终根源就在于生产力的发展变化。而劳动者在生产力中占据重要的作用，劳动者是占人口绝大多数的、直接从事生产劳动过程和为这一劳动过程提供直接服务的人民群众。这样，人民群众的社会主体地位就被正确揭示出来了：人民群众是历史的创造者，在实践中创造了丰富的物质财富和精神成果，是推动历史车轮前进的根本力量。

马克思主义群众观始终保持着与时俱进的品质。自诞生以来，顺应历史潮流实现了自我发展和不断演进。列宁曾经在一次演讲中说，"千百万创造者的智慧却会创造出一种比最伟大的天才预见还要高明得多的东西"[②]；在谈到人民群众的作用时，他又说，"俄国的整个新纪元正是靠人民的热情赢得并且支持下来的。"[③] 同样，在毛泽东看来，人民群众更是具有无穷无尽的力量，"真正的铜墙铁壁是什么？是群众，是千百万真心实意地拥护革命的群众。这是真正的铜墙铁壁，什么力量也打不破的，完全打不破的。"[④] 在《论联合政府》的报告中，他指出，"人民，只有人民，才是创造世界历史的动力。"[⑤] 在坚持基本立场不变的前提下，时代的发展又赋予了马克思主义群众观更丰富的内涵。如列宁、毛泽东、邓小平都曾对"群众"概念所指称的范围做过相应调整。除了概念的变化，马克思主义群众观在不同时期的不同提法更加直观地体现了其自身的演进，如邓小平理论的"三个有利于"的观点、"三个代表"思想中的"代表最广大人民群众的根本利益"的观点、科学发展观中的"以人为本"的观点。

---

① 《马克思恩格斯文集》第3卷，人民出版社2009年版，第601页。

② 《列宁全集》第33卷，人民出版社1985年版，第281页。

③ 《列宁全集》第13卷，人民出版社1987年版，第81页。

④ 《毛泽东选集》第1卷，人民出版社1991年版，第139页。

⑤ 《毛泽东选集》第3卷，人民出版社1991年版，第1031页。

二　马克思主义群众观的特征

马克思主义群众观的特征是马克思主义群众观本质的反映，正确掌握马克思主义群众观的特征有利于我们进一步理解和把握马克思主义群众观，从而促使我们在实际的群众工作中自觉检验自己、纠正自己、提升自己。总的来说，马克思主义群众观突出体现了如下特征。

（一）始终坚持唯物史观的基本前提

历史唯物主义的贡献就在于为我们揭示了社会发展的一般规律，正是在对这一规律的正确揭示下，人民群众在社会历史中的地位和作用才得到正确的认识。那就是人民群众作为社会实践的主体，是社会历史真正的主人。任何忽视或曲解人民群众地位和作用的人都是不符合社会历史发展的客观实际的，其群众观点也必定是错误的。因此，历史唯物主义为马克思主义群众观的正确性确立了基本前提，这一前提，也必将作为一条主线在马克思主义的继承人那里得到延续。

（二）始终坚持人民群众的基本立场

对待人民群众的基本观点取决于其基本立场。正是因为一代又一代的马克思主义者始终坚定地站在广大人民群众的立场上观察历史、分析历史，始终代表人民群众的利益，真正从人民群众的角度考虑问题，才有了为人民的自由幸福奋斗的动力和在艰苦环境中将革命进行到底的决心和毅力，才得到广大人民群众真心实意的拥护和支持，也为革命和建设事业通向成功找到了正确的途径。正如《共产党宣言》里在谈到共产党人同全体无产者的关系时讲到的，“共产党人不是同其他工人政党相对立的特殊政党”，“他们没有任何同整个无产阶级的利益不同的利益”。①

（三）始终保持与时俱进的理论品质

任何科学的理论都是对客观实践的正确反映，而实践是不断变化发展的，因而理论也必须为适应变化发展了的实践而实现自我发展。马克思主义群众观之所以自诞生以来对社会主义革命和建设事业依旧保持着非常宝贵的指导意义，就在于它始终保持着与时俱进的理论品质，在一代代共产党人那里得到丰富和发展。马克思主义群众观的与时俱进说明了马克思主

① 《马克思恩格斯文集》第1卷，人民出版社2009年版，第3页。

义群众观并非是教条也并非是僵化的理论，而是对马克思主义群众观动态的坚持。

三 马克思主义群众观的本质内涵

马克思主义群众观的核心和本质内涵即人民群众主体论，就是在以历史唯物主义社会基本矛盾理论分析认识社会历史发展规律的基础上，确立人民群众是社会历史主体和主人的观点，并进而确立马克思主义政党尊重人民群众主体地位的基本立场和基本观点。马克思主义人民群众主体论具体表现在人民群众历史主体论、人民群众实践主体论、人民群众价值主体论、人民群众利益主体论、人民群众权力主体论和人民群众执政主体论等方面。

（一）人民群众历史主体论

人民群众历史主体论即坚持人民群众是历史存在与发展的主体的观点。它构成了马克思主义群众观的基本内涵，也是唯物史观作为世界观在社会历史领域所表现出来的根本立场和观点。马克思主义群众观之所以认为人民群众是历史的主体，其依据在于以人民群众为主体的物质生产力是社会存在和发展的决定力量。人民群众是物质生产力中最具能动性的主体因素。正如江泽民所说，人是生产力中最具决定性的力量，无论工具多么复杂，都要由人来创造与使用；人工化的劳动对象也是人民群众对象化的产物，就是纯粹自然的劳动对象也只有被人民群众的劳动对象化才具有意义与价值，也才能构成生产力的要素，才能在历史发展进程中发挥功能和作用。社会历史，就其本质而言是以人民群众为主体的人类活动的产物，也是以人民群众为主体的人类活动基础上对客观世界进程的推动。这样就自然得出人民群众是社会历史的主体，人民群众的活动是社会历史存在与发展的主体根据的观点。正如马克思所说的“人们完全自觉地创造自己的历史”。①

另外，人民群众的历史主体性还体现在人民群众的活动与历史发展规律与趋势的统一上。人类社会历史发展不以人的意志为转移的客观规律，正是无数有意识的、有目的的人民群众活动“合力”的体现，人类社会

① 《马克思恩格斯文集》第26卷，人民出版社2014年版，第963页。

发展规律本质上就是人民群众为主体的历史活动的规律；人类社会历史发展的趋势往往都最为深刻地为人民群众的利益和要求所反映，是人民群众在一定的社会条件下自主选择的结果。

（二）人民群众实践主体论

人民群众通过实践活动创造人类历史，人类历史实际上就是人民群众实践活动的历史。人民群众实践主体论是从马克思主义实践观的角度对人民群众主体内涵的深入反映：第一，人民群众的感性生命的存在是实践的自然前提和承担者。实践活动是人的实践活动，人是实践活动的重要因素。实践活动是人的主体性与物质世界的客观性相互作用、相互影响的结果，它体现了人与自然的能动关系。人类社会产生以来，人民群众生动的实践活动使先在的自然世界具有了真正的价值和意义，失去人的主体，自然界就变成了没有意义的无。第二，任何实践活动都是人充分发挥主观能动性的结果，都是在人民群众的智慧与理性指导下完成的。实践活动在本质上是人在正确认识和把握客观规律基础上对客观实践的创造性活动，它集中体现了人的目的性、自主性、计划性和创造性。正如马克思所说，“蜘蛛的活动与织工的活动相似，蜜蜂建筑蜂房的本领使人间的许多建筑师感到惭愧。但是，最蹩脚的建筑师从一开始就比最灵巧的蜜蜂高明的地方，是他在用蜂蜡建筑蜂房以前，已经在自己的头脑中把它建成了。劳动过程结束时得到的结果，在这个过程开始时就已经在劳动者的表象中存在着，即已经观念地存在着。”① 总之，人并非消极被动地适应环境，而是在尊重规律基础上积极能动地改变和创造世界，而且总是在一定历史阶段上最大限度地发挥自己已有的聪明才智，将人的本质力量最大化地表现出来。而在这个过程中，他们创造出了非常丰富的物质财富和精神财富，为进一步推动社会实践的发展打下基础。

（三）人民群众价值主体论

人民群众价值主体论是唯物史观的基本价值立场。人民群众价值主体论具体回答了谁是价值创造的主体、谁是价值评价的主体以及价值为了谁的问题，具体如下：首先，人民群众是价值创造的主体。这是因为，人民群众的实践是一切价值的本质和源泉。人民群众的实践活动存在于它推动

---

① 《马克思恩格斯文集》第5卷，人民出版社2009年版，第208页。

社会发展、创造历史价值的全过程。人民群众在改造世界的过程中创造出了丰富的物质价值和精神价值，还创造出了人自身的价值。从价值创造的角度讲，人民群众改造世界的过程就是价值创造的过程，他们是实践主体和价值创造主体的统一，而唯心史观由于把社会存在看成是由少数英雄人物的意识和意志决定的，也就得出帝王将相、英雄豪杰是价值创造的主体的结论。其次，人民群众是价值评判的主体。人民群众作为价值创造的主体，在价值创造活动之前就已经形成自己的价值评判了。这种价值评判成为人民群众在某一阶段是否选择进入某个实践领域的直接依据。人民群众作为价值评价主体是最有资格、最符合实际的，因为人民群众直接参与实践活动，对社会实践规律最了解，且有着非常丰富的实践经验，因而有能力做出科学的价值判断。最后，价值是为了人民群众的价值。资本主义社会把最大限度地剥削奴役人民群众从而最大限度地获取剩余价值作为目标追求，结果使人民生活处于水深火热之中。对此，马克思、恩格斯给予了深刻的揭露和批判，他们创立科学社会主义就是为了探索一种尊重和符合人的本性的社会形态，即“在保证社会劳动生产力极高度发展的同时又保证每个生产者个人最全面的发展的这样一种经济形态”。① 实现生产力的发展与人的自我发展的统一，从而真正让价值成为符合广大人民群众意愿的价值。

（四）人民群众利益主体论

确立人民群众的利益主体地位是马克思主义群众观的奠基石。利益主体论的得出是有着充分的现实依据和理论依据的。首先，从客观层面来看，人民群众不仅是社会物质财富和精神财富的创造者，还应该是社会物质财富和精神财富的享有者和受益者。这也体现了社会历史主体与社会利益主体的统一性。其次，从理论层面来看，唯物史观从人的现实存在和内在规定性出发，深刻揭示了私人利益背后隐藏的社会关系，肯定了私人利益存在的合理性。当然，这里的私利不是在统治阶级少数人意义上使用的，而是指广大劳动人民群众的单个人的利益。因而这就避免了从抽象的人出发来谈利益的问题，也避免了从剥削阶级统治阶级的立场谈利益的问题，从而真正尊重广大人民群众中的每一个现实的个人利益，将群众利益

① 《马克思恩格斯文集》第3卷，人民出版社2009年版，第466页。

落到实处。

（五）人民群众权力主体论

人民群众权力主体论是马克思主义关于国家、公共权力理论的实质。马克思主义认为，一切权力属于人民，人民当家作主，是无产阶级专政的社会主义国家的核心内容和根本准则，是区别于剥削阶级国家政权的显著标志。在漫长的阶级社会中，国家公共权力一直是少数人垄断的、凌驾于社会之上的、维护剥削阶级政治统治的工具，是少数人对多数人的特权。马克思主义者意识到，权力分配的结果最终取决于物质资料的占有状况。因此，只有消灭生产资料私有制，才能将一切社会权力从少数剥削阶级手中归还给人民群众。在无产阶级执掌政权后，社会公共权力正式由无产阶级政党代表人民群众来掌握，无产阶级政党领导者一切权力的行驶都以人民群众的根本利益为基础。无产阶级政党除了人民的利益外没有自己的特殊利益。

（六）人民群众执政主体论

人民群众执政主体论是共产党执政的社会主义国家所特有的一种现象，这是由人民群众的历史主体地位决定的。执政的主体要回答的是由谁来执掌政权、公共权力归谁所有、体现谁的利益等问题。要理解人民群众执政主体论，必须了解执政主体所包含的三个层次体系即实质性执政主体、代表性执政主体和执行性执政主体之间的关系。实质性执政主体可以这样理解，即政党代表谁的利益谁就是实质的执政主体，它对政权性质具有决定性作用，执政主体是最高主体；代表性执政主体通常以政党形式出现，是实质性执政主体的组织基础和中坚力量；执行性执政主体通常是从事具体政治工作的单位和个人。很显然我们说的人民群众执政主体是从实质性意义上说的。人民群众作为执政主体并不是说全体人民群众都要亲自参与到政府机构之中，这显然是没有必要的也是不可行的。人民群众作为执政主体，是决定权力性质、决定自身利益的主体。

四　马克思主义群众观的主要观点

（一）历史活动是群众的事业

“历史活动是群众的事业”的观点是马克思、恩格斯在其合著《神圣家族》里提出的。它是自觉运用其哲学基本原理逻辑分析的结果，更是他们深入无产阶级的革命斗争实践的产物。针对青年黑格尔派把世界的发展归结为“自我意识”和“实体”的对立，并进而在历史观上将“精神”和“群众”对立起来，认为全部历史就是英雄反对群众的历史，“历史上的一切伟大的活动之所以一开始就是不合时宜的和没有取得富有影响的成效，正是因为群众对这些活动表示关注和怀有热情”[①] 等荒谬观点，马克思给予了针锋相对的批判。

首先，马克思、恩格斯指出，青年黑格尔派完全抛弃了黑格尔客观唯心主义中不自觉地包含着的反映历史真实规律的内容。那就是黑格尔虽然把“绝对精神”看作历史发展的根本动力，但他把群众看作“绝对精神”创造历史的承担者，而认为哲学家只是作为回顾这一过程的工具在事后才登场的。实际上，黑格尔将人类历史发展规律以客观唯心的方式表达出来了。而青年黑格尔派没有吸取黑格尔的这一合理内核。他们认为自己就是绝对精神，就是历史的积极的创造者，而群众则是消极的破坏历史的物质的因素。在他们那里，“改造社会的事业被归结为批判的大脑活动”[②]，而物质因素是被鄙视被忽视的。其次，针对青年黑格尔派将“精神”视作“群众”的敌人的观点，马克思、恩格斯用物质决定意识的原理予以了批判。在他们看来，精神、思想是由物质来决定的，精神和思想是群众的精神和思想，历史是有思想的群众追求自己利益的活动。群众是一切历史活动的主体，他们把自己所从事的一切历史活动当作自己的追求，当作自己的使命，当作自己的存在方式，而且这种活动在人类历史的长河中不断发展壮大，正如马克思、恩格斯所说，“历史活动是群众的活动，随着历史活动的深入，必将是群众队伍的扩大。”[③]

（二）群众是创造历史的主体

人类社会发展的自然历史过程，就根植于人民群众有意识、有目的的社会活动中；社会发展的客观规律和趋势从总体上都是人民群众为主体的意志和社会活动相互交错的体现。简言之，历史之本即物质生产，而人民群众又构成了物质生产活动最广泛、最重要的主体。人民群众是

---

① 《马克思恩格斯文集》第 1 卷，人民出版社 2009 年版，第 286 页。

② 同上书，第 293 页。

③ 同上书，第 287 页。

创造历史的主体，具体体现在三个方面：第一，人民群众是社会物质财富的创造主体，人民群众为人类创造出了一切其他活动得以进行的物质基础，从而满足了人类最基本的物质需要；第二，人民群众是社会精神财富的创造主体，人民群众创造的精神财富本身是人民群众在历史活动中所表现出的伟大智慧的凝结，承载着人类历史丰富的文化底蕴，它满足了人民的精神需要；第三，人民群众是社会变革的根本力量。尤其是在阶级社会，人民群众成为最为革命的力量推动历史车轮前进。纵观整个历史，以人民群众为主体的人们创造出了一切。所以说，人民群众是创造历史的主体。

（三）尊重群众的首创精神

尊重群众的首创精神是唯物史观和党的宗旨的本质体现，也是总结我国改革开放三十多年以来实践的必然结论。早在列宁时期，尊重人民群众创造性的重要意义就被明确提出来。列宁说："不相信群众，怕他们发挥创造性，怕他们发挥主动性，在他们的革命毅力面前发抖，而不能全心全意从各方面去支持他们，这就是社会革命党人和孟什维克的领袖们最严重的罪过，他们之所以动摇犹豫，无休止而又毫无成效地企图在旧的国家官僚机构的旧皮袋里装新酒，其最深的根源之一，就在这里。"① 在我国一代代领导人那里，尊重人民的首创精神更是备受重视。他们把充分发挥人民群众的首创精神看作推进中国共产党理论创新和取得改革开放伟大成果的动力源泉。作为邓小平理论的显著特色，尊重人民群众首创精神的思想得到了大力提倡。他明确提倡要"大胆试""大胆闯"。"我们改革开放的成功，不是靠本本，而是靠实践，靠实事求是。农村搞家庭联产承包，这个发明权是农民的。农村改革中的好多东西，都是基层创造出来，我们把它拿来加工提高作为全国的指导。"② 他还清楚地说道："改革是大家的主意，人民的要求。"③ 胡锦涛在庆祝中国共产党成立 90 周年大会上指出："每一个共产党员都要把人民放在心中最高位置，尊重人民主体地位，尊重人民首创精神，拜人民为师，把政治智慧的增长、执政本领的增强深深

① 《列宁全集》第 25 卷，人民出版社 1958 年版，第 361 页。

② 《邓小平文选》第 3 卷，人民出版社 1993 年版，第 382 页。

③ 同上书，第 118 页。

扎根于人民的创造性实践之中。”①

（四）群众利益至上

群众利益至上，就是把群众利益看得高于一切。它是以人民群众为利益主体的利益观的本质所在。坚持群众利益至上，是共产党与其他一切剥削阶级政党的根本区别，是共产党人价值观的核心内容。共产党作为执政党，是代表最广大人民群众利益的党，其存在的价值就是为广大人民群众谋利益谋幸福，而不是为了共产党自身的特殊利益和任何个人的利益。江泽民同志曾在建党 80 周年讲话中指出，“我们党始终坚持人民的利益高于一切。党除了最广大人民的利益，没有自己特殊的利益。”② 坚持群众利益至上，要求党的全部理论、路线、方针、政策都必须以广大人民群众的利益为出发点和归宿，要求时刻关心广大人民群众的利益需求和倾听广大人民群众的呼声，主动为人民群众排忧解难。坚持群众利益至上，不容许在人民面前作威作福，也不容许对人民群众的利益不闻不问，更不容许做损害人民群众利益的事情。只有始终把人民群众的利益放到第一位，才能在充分发挥好人民群众历史创造者的积极性、主动性和创造性的同时，实现好、维护好和发展好最广大人民群众的根本利益，才能真正做到权为民所用、情为民所系、利为民所谋。

五 马克思主义群众观的历史价值

以人民群众主体论为核心的马克思主义群众观作为科学的世界观和方法论，为各国无产阶级革命和建设事业提供了巨大的理论指导，在推动历史发展的进程中彰显了其巨大的理论魅力和历史价值，无论过去、现在还是将来，它都是我们应该坚持的一项基本理论。

首先，马克思主义群众观具有深刻的理论价值。马克思主义群众观始终站在人民群众的立场上，遵循历史发展的规律，从社会实践主体的角度考察人民群众在社会历史活动中的地位和作用，得出人民群众是创造历史的主体的科学结论。对人民群众的地位和作用的科学定位从根本上结束了

① 胡锦涛：《在庆祝中国共产党成立 90 周年大会上的讲话》，人民出版社 2011 年版，第 15 页。

② 《江泽民文选》第 3 卷，人民出版社 2006 年版，第 280 页。

唯心史观关于英雄创造历史的错误观点，为人类认识世界和改造世界提供了强大的理论武器。除此之外，马克思主义群众观为人类活动提供了操作层面的方法指导，就是始终尊重人民群众的主体地位，尊重人民群众的首创精神，相信人民群众，注重在各项活动中依靠和发动人民群众的力量，坚持“从群众中来，到群众中去”的根本路线。

其次，马克思主义群众观具有深刻的实践价值。马克思主义群众观作为一项科学的理论，其实践价值就在于它是为共产党始终保持同人民群众的密切联系、正确处理党和人民群众的关系、始终代表人民群众、为人民群众谋利益奠定了基石。同时，它也是我们中国共产党永葆先进性的保证。回顾历史，我们不难发现，无论在革命战争年代还是在社会主义建设的和平时期，只有树立群众观点，保持与人民群众心连心，深入到群众中去，我们才能获得从事革命和建设的动力和源泉，才能始终保持各项工作的正确方向，才能找到革命和建设事业取得成功的正确路径。

第三节　马克思主义群众观的中国化及其发展

马克思主义群众观作为科学的世界观，自诞生之日起就成为共产党人进行革命和建设不可或缺的重要科学理论，其基本精神的延伸和基本作用的发挥穿越国界、跨越时代，为各国共产党人所借鉴。尤其是在中国，我国不同时期的领导人将马克思主义群众观与我国具体实际相结合，形成了中国化的马克思主义，创造性地完成了对马克思主义群众观的继承和发展，实现了马克思主义的与时俱进。

一　中国共产党人对马克思主义群众观的继承

（一）人民群众动力观与人民战争的胜利

马克思主义经典作家把人民群众创造历史的原理运用于关于战争问题的理论与实践中，得出了人民群众在战争中具有决定作用的结论。他们具体阐述了人民群众在战争中的地位与作用，主要体现在如下几方面：第一，人民群众对战争的高度认识、理解和支持是战争取得胜利的巨大支持。列宁曾说，“群众对战争的目的和原因的认识具有巨大的意义，这种认识是取得胜利的保证。"[①] 第二，人民群众积极参与战争为战争提供了充足的人力保证。他们自愿加入革命队伍中，一部分直接奔赴前线参与作战，另一部分作为充足的后备力量随时等候作战。第三，人民群众对战争在财力上、物力上的支持能及时满足战场上巨大的生活必需品和枪支弹药的需求，为战争提供物质和财力保证。以上可归结为一点，即人民群众是人民战争的动力源泉。

毛泽东的人民战争思想集中体现了其群众性的特点，是对人民群众主体地位在战争领域的正确运用。一切为了人民、坚决依靠人民是其人民战争思想的实质。首先，在战争性质上，毛泽东用阶级分析的方法得出战争根源于阶级矛盾，并始终站在广大劳动人民群众的立场上与一切侵略势力和剥削势力进行彻底斗争，以维护广大劳动人民群众的利益。其次，在争取作战力量上，毛泽东始终坚持相信和依靠群众，最广泛地发动和组织群众。最后，在战争中的人与武器的关系问题上，毛泽东指出，"武器是战争的重要的因素，但不是决定的因素，决定的因素是人不是物。力量对比不但是军力和经济力的对比，而且是人力和人心的对比。军力和经济力是要人去掌握的。"[②]

（二）党的三大作风的形成与党的建设的加强

作风建设是马克思主义政党建设的重要内容。党的三大作风建设在国内革命战争时期逐步形成，在延安整风时期达到成熟，并在我国的社会主义建设和改革中得到坚持和发展。1945 年党的七大在延安召开，毛泽东在作《论联合政府》的政治报告中从理论高度概括了党的三大优良作风，他明确指出，"以马克思列宁主义的理论思想武装起来的中国共产党，在中国人民中产生了新的工作作风，这主要的就是理论和实践相结合的作风，和人民群众紧密地联系在一起的作风以及自我批评的作风。"[③] 三大作风作为中国共产党区别于其他政党的显著标志，对加强和完善党的建设、保持党同人民群众的血肉联系、争取革命的最后胜利起到了关键性作用。

---

① 《列宁全集》第 31 卷，人民出版社 1958 年版，第 117 页。

② 《毛泽东选集》第 2 卷，人民出版社 1991 年版，第 469 页。

③ 《毛泽东选集》第 3 卷，人民出版社 1991 年版，第 1093 页。

1. 密切联系群众的作风

密切联系群众的作风也就是要求走群众路线，它是以毛泽东为代表的中国共产党人，把马克思主义关于人民群众是历史的创造者这一原理，系统地运用于党的全部领导活动中形成的一种科学工作方法。密切联系群众的作风，就是党的领导机关、干部要和广大人民群众紧密结合在一起，和群众打成一片，不脱离群众，始终以人民群众的根本利益为一切工作的出发点和归宿，相信群众、依靠群众，从群众中来、到群众中去，向群众学习，对群众负责。

密切联系群众的作风，在社会主义建设新时期得到了很好的发扬。邓小平在改革和建设的目的和依靠力量上都突出地体现了这点。在他看来，一切为了群众不是一句空话，而是要给人民群众带来切实的利益，要通过不断提高生产力满足人民日益增长的物质文化生活需要。邓小平还非常注重人民群众在现代化建设和改革中的作用，他曾指出，“社会主义现代化建设极其艰巨复杂的任务摆在我们的面前。很多旧问题需要继续解决，新问题更是层出不穷。党只有紧紧地依靠群众，密切地联系群众，随时听取群众的呼声，了解群众的情绪，代表群众的利益，才能形成强大的力量，顺利地完成自己的各项任务。”① 密切联系群众的作风在江泽民、胡锦涛那里也得到高度重视。江泽民在建党 80 周年讲话中强调，“80 年的实践启示我们，必须始终紧紧依靠人民群众，诚心诚意为人民谋利益，从人民群众中汲取前进的不竭力量。始终保持同人民群众的血肉联系，是我们党战胜各种困难和风险、不断取得事业成功的根本保证。”② 胡锦涛在党的 90 周年华诞上明确指出，“全党同志必须牢记，密切联系群众是我们党的最大政治优势，脱离群众是我们党执政后的最大危险。我们必须始终把人民利益放在第一位，把实现好、维护好、发展好最广大人民根本利益作为一切工作的出发点和落脚点，做到权为民所用、情为民所系、利为民所谋，使我们的工作获得最广泛、最可靠、最牢固的群众基础和力量源泉。”③

① 《邓小平文选》第 2 卷，人民出版社 1994 年版，第 342 页。

② 《江泽民文选》第 3 卷，人民出版社 2006 年版，第 271 页。

③ 胡锦涛：《在庆祝中国共产党成立 90 周年大会上的讲话》，人民出版社 2011 年版，第 14 页。

2. 理论联系实际的作风

理论联系实际的作风体现了实事求是、一切从实际出发这一根本要求，是实现实事求是思想路线的根本途径。理论联系实际的作风从根本上是为了解决马克思主义基本原理与我国的基本国情、我国革命和建设具体实际相结合的问题而提出的。这对有效纠正当时把马克思主义教条化、把国际共产主义经验教条化的错误思想起到了重要作用。1941 年 5 月，毛泽东在《改造我们的学习》中把是否实行理论联系实际的原则，提高到党性纯不纯、完不完全甚至是有没有党性的高度来认识。他指出，实行这个原则，“就是要有目的地去研究马克思列宁主义的理论，要使马克思列宁主义的理论和中国革命的实际运动结合起来，是为解决中国革命的理论问题和策略问题而去从它找立场、找观点、找方法的。”① 在新的历史时期，这一作风仍然是我们必须坚持的作风。胡锦涛在建党 90 周年大会上再次提到，“中国共产党人坚信马克思主义基本原理是颠扑不破的科学真理，坚信马克思主义必须随着实践发展而不断丰富和发展，从来不把马克思主义看成是空洞、僵硬、刻板的教条。马克思主义，理论源泉是实践，发展依据是实践，检验标准也是实践。任何固守本本、漠视实践、超越或落后于实际生活的做法都不会得到成功。在历史上的一些时期，我们曾经犯过错误甚至遇到严重挫折，根本原因就在于当时的指导思想脱离了中国实际。”②

3. 批评与自我批评的作风

批评与自我批评的作风是党的优良传统。列宁曾强调，“一个政党对自己的错误所抱的态度，就是衡量这个党是否郑重，是否真正履行它对本阶级和劳动群众所负义务的一个最重要最可靠的尺度。”③ 在延安整风运动时期，毛泽东还对批评与自我批评的方法与目的做出了说明，那就是要采取“团结—批评—团结”的公式，达到“惩前毖后、治病救人”的目的。批评是对别人的缺点或错误提出意见，自我批评是指政党或个人对自己的缺点或错误进行自我剖析。批评与自我批评的作风是正确处理党内各

① 《毛泽东选集》第 3 卷，人民出版社 1991 年版，第 801 页。

② 胡锦涛：《在庆祝中国共产党成立 90 周年大会上的讲话》，人民出版社 2011 年版，第 11 页。

③ 《列宁全集》第 39 卷，人民出版社 1986 年版，第 37 页。

种矛盾的重要方法，是党有效开展廉政建设和反腐败斗争，建设好、管理好一个有几千万党员的大党的一项重要武器。江泽民曾在建党 80 周年讲话中说，“要经常运用批评和自我批评的武器，开展积极的思想斗争，坚持真理，修正错误。各级党组织都要努力增强解决自身矛盾的能力，勇于正视和解决存在的问题，决不回避和粉饰。”①

（三）群众观念的强化与干群关系的处理

树立正确的群众观念是处理好干群关系的前提。领导干部只有不断强化人民群众是历史主人的观念，才能正确认识到自己的权力来源于人民群众，做到权为民所用，利为民所谋。如，邓小平提出“领导就是服务”②的科学命题，他要求各级领导干部树立“公仆”意识，并指出领导干部是人民的“公仆”，人民群众是社会的“主人”，各级领导干部就是要当好人民群众的“公仆”，要服务好人民群众这一“主人”。这对于领导干部摆正自身的位置，自觉以普通劳动者的身份出现，自觉服务于人民群众有重要的意义。他强调，各级领导干部一定要反对官僚主义，反对搞干部特殊化，要坚定不移地走群众路线。

（四）群众工作方法的贯彻与思想政治工作的优势

思想政治工作作为党的工作的重要组成部分，是实现党的领导的重要途径和社会主义精神文明建设的重要内容，也是搞好经济工作和其他一切工作的有力保证。我们党经过长期的实践得出，只有自觉将群众工作方法贯彻到思想政治工作中去，才能真正发挥出思想政治工作的优势。这是由思想政治工作的本质决定的。江泽民同志曾在中央思想政治工作会议上明确指出：党的思想政治工作本质上是群众工作，是宣传群众、教育群众、引导群众、提高群众的工作。可见，人民群众是思想政治工作的主体，要做好思想政治工作，一定要抓住思想政治工作就是群众工作这一本质，进而自觉将群众路线的工作方法贯彻到其中，做到让思想政治工作贴近群众。这是做好思想政治工作的前提。具体来讲，就是要在思想政治工作过程中强化群众意识，坚持从群众中来，到群众中去，认真调查了解群众经济生活、社会生活、文化生活、家庭生活等各领域的新情况、新问题，使

---

① 《江泽民文选》第 3 卷，人民出版社 2006 年版，第 291 页。

② 《邓小平文选》第 3 卷，人民出版社 1994 年版，第 121 页。

思想政治工作渗透到各个方面，做到不仅要关心人民群众的生活和工作，而且要从心理上、思想上、政治上关心他们，从而真正了解人民群众的所思、所想、所需，用真情和服务耐心倾听群众、疏导群众、引导群众，并在此过程中总结思想政治工作的经验和教训、摸索思想政治工作的新规律和新办法。总之，群众工作方法是思想政治工作的根本方法，只有将群众工作方法融入到思想政治工作过程中去，才能把思想政治工作做到人民群众的心坎上。

第四节　中国共产党人对马克思主义群众观的发展

中国共产党一代又一代领导人带领中国人民取得了社会主义现代化建设和改革开放的伟大胜利，在实现中华民族伟大复兴的征程上一步一步迈向前进。究其根本原因，就在于我们的每一代中国共产党领导人始终坚持用马克思主义群众观理论指导社会主义建设和改革，并在不同阶段的实践中逐步实现了马克思主义群众观的丰富和发展，赋予了马克思主义群众观以鲜活的生命力。

一　邓小平理论中“三个有利于”的群众观

邓小平同志把马克思主义群众观放在改革开放和现代化建设的新时代背景下加以阐发，赋予了马克思主义群众观以改革和现代化建设的新的时代内涵。

1992 年，邓小平在南方谈话中明确提出，判断改革开放中一切工作得失、是非、成败的标准是，“是否有利于发展社会主义社会的生产力，是否有利于增强社会主义国家的综合国力，是否有利于提高人民的生活水平”①，简称“三个有利于”标准。“三个有利于”标准的三个方面有机结合、相互贯通，深刻地体现了为人民利益为人民幸福生活着想的出发点，是马克思主义群众观在我国新时期的新发展。“三个有利于”标准真正体现了社会主义的本质要求和人民群众利益高于一切的观点。在对社会主义的认识问题上，邓小平从广大人民群众的切身利益出发，认为贫穷不

① 《邓小平文选》第 3 卷，人民出版社 1993 年版，第 372 页。

是社会主义，社会主义就是要消灭贫穷，要不断满足人民群众日益增长的物质文化生活需要，提高人民的生活水平，最终达到广大人民群众的共同富裕。在社会主义建设新时期，应该把工作重心转移到经济建设上来，这样才能为提高人民群众生活水平提供物质基础。

二 “三个代表”思想中“最广大人民”的群众观

进入到新世纪、新阶段，我们所处的国际国内环境发生了广泛而深刻的变化，以江泽民为核心的党中央总结80年来的奋斗历程和基本经验，展望21世纪的艰巨任务和光明前途，提出只有始终坚持贯彻落实“三个代表”重要思想，才能保持党的先进性，不断提高执政水平和领导水平，从而始终确立好人民群众的主体地位，并维护好、实现好、发展好最广大人民群众的利益。

江泽民在建党80周年讲话中指出，“三个代表”重要思想是一个统一的整体，相互联系，相互促进。“发展先进的生产力，是发展先进文化、实现最广大人民根本利益的基础条件。人民群众是先进生产力和先进文化的创造主体，也是实现自身利益的根本力量。不断发展先进生产力和先进文化，归根结底都是为了满足人民群众日益增长的物质文化生活需要，不断实现最广大人民的根本利益。”① 由此可以看出，江泽民的“三个代表”重要思想真正体现了一切为了群众、一切依靠群众的群众路线，开辟了马克思主义群众观的新境界，尤其是“始终代表最广大人民群众的根本利益”的思想，是对马克思主义群众观的创新最明显的地方。“始终代表最广大人民群众的根本利益”，即党的理论、路线、纲领、方针、政策和各项工作，必须坚持把人民的根本利益作为出发点和归宿，充分发挥人民群众的积极性、主动性、创造性，在社会不断发展进步的基础上，使人民群众不断获得切实的经济、政治、文化利益。

三 科学发展观中“以人为本”的群众观

2004年3月，胡锦涛同志在中央人口资源环境工作座谈会上讲到“坚持以人为本，就是要以实现人的全面发展为目标，从人民群众的根本

---

① 《江泽民文选》第3卷，人民出版社2006年版，第281页。

利益出发谋发展、促发展，不断满足人民群众日益增长的物质文化需要，切实保障人民群众的经济、政治和文化权益，让发展的成果惠及全体人民。”① 2007年10月，在党的十七大报告中，胡锦涛进一步指出，“全心全意为人民服务是党的根本宗旨，党的一切奋斗和工作都是为了造福人民。要始终把实现好、维护好、发展好最广大人民的根本利益作为党和国家一切工作的出发点和落脚点，尊重人民主体地位，发挥人民首创精神，保障人民各项权益，走共同富裕道路，促进人的全面发展，做到发展为了人民、发展依靠人民、发展成果由人民共享。”② 由此可以看出，“以人为本”是马克思主义关于人民群众是历史的创造者这一历史唯物主义在新的历史条件下的运用和发展，是新时期的马克思主义群众观。

“以人为本”突破了传统的发展观念，将发展的最终目的回归到人本身，从根本上将其与“以物为本”或“以经济为本”区分开来，我国领导人提出“以人为本”全面协调可持续的科学发展观，明确“发展为了人”这一价值取向，从根本上摒弃了“以物为本”、以GDP为中心的发展模式。“以人为本”本质就在于以大多数人和他们的根本利益为本，发展成果惠及全体人民，而不是以少数人和他们的利益为本。“以人为本”突出人在经济社会发展中的主体作用，强调了发展要依靠广大人民群众，强调人才资源是第一资源。“以人为本”强调人的发展的全面性，除了要不断发展经济，以满足人民群众基本的物质生活需要以外，还要加强社会主义民主政治建设和文化建设，满足人民群众参与政治生活的需求，提高人民群众的思想道德素质和科学文化素质，切实保障人民群众多方位的利益需求。

第五节　马克思主义群众观的现实意义

马克思主义群众观作为一项科学的理论，无论是在过去的革命时期、社会主义建设初期，还是今天全面建设小康社会的新时期，都是我国进行社会实践的重要理论指导，对我国取得不同时期的阶段性成果有着非常重

① 胡锦涛：《在中央人口资源环境工作座谈会上的讲话》，人民出版社2004年版，第2页。
② 《十七大以来重要文献选编》上，中央文献出版社2009年版，第12页。

要的意义。今天，我们研究马克思主义群众观，就是为了更好地掌握其精神实质和实现其新的发展，并将其运用到我国现阶段的各项事业中去，更好地发挥其应有的现实作用。这需要我们既要看到群众观念相比过去应有的变化，又要善于发现当前群众工作存在的困境，从而在强化人民群众主体论的根本观点这一过程中，深刻体会马克思主义群众观对我国现阶段开展群众工作的重要现实意义。

一　新时期马克思主义群众观需要与时俱进

（一）应使人民群众概念的内涵和外延更具包容性

人民群众的概念是对群众观点的重要反映，直接关系到群众观点的正确性。在革命时期，由于革命斗争的需要，分清敌人和人民，和一切剥削阶级划清界限是我们党争取获得广泛群众支持的前提，也是我们革命的首要问题。我们以阶级性作为划分人民群众与敌人的依据，这是符合当时的具体实际的。但随着我国步入社会主义建设新时期，社会的主要矛盾是人民日益增长的物质文化需求和我国落后的生产力水平之间的矛盾。与之相适应，那种长期把人民群众置于与剥削阶级对立位置上的定位也不符合实际了。这就要求我们自觉在内涵上和外延上对人民群众的概念予以调整。具体来讲，在我国社会主义现代化建设的新时期，一切赞成、拥护和参加社会主义建设事业的阶级、阶层和社会集团，包括工人、农民、知识分子等劳动人民，以及拥护社会主义的爱国者和拥护祖国统一的爱国者，都属于人民群众的范畴。这一群众概念的定义，将有利于我们争取和团结最广泛的群众参与到社会主义建设的伟大事业中来，有利于我们最大限度地利用各行各业的劳动者的智慧。

（二）应更加突出人民群众根本利益的一致性

在马克思和列宁的时代，由于阶级斗争的尖锐化和复杂化，人民群众内部往往是有着复杂的阶级构成的，人民群众是划分阶级的。这种人民内部也要进行阶级分析的观点在当时阶级斗争的范围内是适用的，而在中国共产党领导全国人民进行全面建设小康社会的今天，虽然由于我国生产力水平还不够发达，尤其是随着改革开放的不断深入和社会主义市场经济的不断发展，不同群体之间的矛盾更加凸显出来，有很多利益需要协调，但是，从根本上讲，我国广大人民群众的利益是一致的，随着我国生产力水平的进一步提高，这些矛盾也是可以不断减少甚至化解的。

（三）应寻求“群众”观念和“公民”观念之间的统一性

“群众”属于政治概念，群众观念是一个建立在整体意义上的观念。而“公民”属于法律概念，它从法律意义上把个人所具有的社会地位、权利与义务、个人和国家的关系等进行规范，形成具体化的公民权利、公民地位、公民利益等。因此，“群众”和“公民”是两个具有不同意义的概念。但是，这并不等于我们在使用这两个概念的过程中要将二者割裂开来，恰恰相反，我们要看到二者是互补的，是有其内在统一性的。只有将整体意义上的人民群众的主体地位具体到法律意义上公民的各项权利和义务，才能使维护人民群众各项利益的工作更具可操作性，更有制度保障，也才能避免将群众概念抽象化。随着我国社会民主和法制进程的发展，公民观念和公民意义将得到进一步加强，将群众观念与公民观念统一起来必将成为时代发展的要求。

（四）应实现贯彻群众观的体制和机制创新

群众工作体制和机制是群众工作赖以进行的载体，它直接关系到群众工作效果的好坏。群众工作体制和机制是与一定的社会历史条件密切联系的，因而在不同的历史时期有不同的群众工作体制和机制。在我国现阶段，就是要适应执政党地位及其和人民群众相互作用方式的新变化，适应社会主义市场经济环境的新要求，适应构建社会主义和谐社会的新目标，创立与过去不同的贯彻落实群众观的新体制新机制。总的来讲，就是要彻底转变过去那种与革命斗争需要和计划经济体制相适应的高度集中的、自上而下的、领导与群众相分离的群众工作体制和机制，确立与人民群众主体地位相符合的“亲情服务、平等交流、良性互动、和谐发展”[①] 的群众工作运行新机制；就是要转变过去党在战争年代仅仅依靠非权力影响力、仅仅把群众工作看作思想教育工作的群众工作体制和机制，确立不仅依靠执政党的宗旨、信念等非权力因素，更为重要的还充分依靠执政党公共权力的力量，为人民群众谋利益、办实事的群众工作体制和机制。

---

① 衣芳等：《人民群众主体论——群众观、党群关系、群众工作理论研究》，人民出版社2008年版，第354页。

二　当前群众工作存在的问题及其根本原因

（一）当前群众工作面临的困境

认真研究我国当前的群众工作现状，找出群众工作存在的困境，是我们从理论上和实践上更好地落实群众工作的第一步。从目前来看，我国当前群众工作存在如下问题：一是对群众工作定位不够准确。忽视群众工作的重要地位和作用，把群众工作看成是可有可无的，甚至是权宜之计。对群众工作不够重视自然导致群众工作效率低下，导致群众工作执行不到位等不良后果。二是群众工作方式方法亟待转变。新时期人民群众的主体意识更加强烈，人民群众的利益呈现多元化，人民群众中的具体矛盾日益增多，因此，群众工作的难度和复杂度都将前所未有，过去那种说教的、命令的甚至是草率的方式都不被人民群众所接受，一种以尊重人、关心人、满足人、塑造人为目的的新的群众工作方式正揭开序幕。

（二）造成当前群众工作困境的原因分析

我国当前群众工作中存在的一系列问题，从根本上讲，就在于人民群众主体论的立场、观点和方法在一些党员和领导干部中慢慢退化了。认识不到人民群众的主体地位，就看不到群众工作的根本性意义和全局性意义，就不会有想群众之所想、急群众之所急的服务意识，就不能弄清“为了谁”的问题；认识不到人民群众的主体地位，就不能和人民群众打成一片，就不能自觉深入到群众一线开展工作，因而也就不能了解群众的实际困难，也就看不到蕴含在人民群众中的伟大力量，就不懂得结合人民群众的实践寻找和创新出为人民群众所接受的工作方法，就不能弄清“依靠谁”的问题；看不到人民群众的主体地位，就不能看到自己和群众应有的关系，不能看到自己存在的价值即是为人民群众服务，就不能自觉把自己当成人民群众的公仆，也就是不能明白“我是谁”的问题。

三　新时期、新阶段必须强化的几大群众观

（一）群众路线是我们党的根本路线

党的群众路线概括起来是：“一切为了群众，一切依靠群众，从群众中来，到群众中去。”江泽民同志曾明确指出，群众路线是把马克思列宁主义关于人民群众是历史创造者的原理系统地运用到党的全部活动中形成

的党的根本工作路线。群众路线的基本公式“群众—领导—群众”与马克思主义认识论的基本公式“实践—认识—实践”、马克思主义辩证法的公式“个别（特殊）——一般（普遍）—个别（特殊）”是一致的。自觉运用这一方法，就是要深入群众的实践中去，要向群众做调查工作，并善于总结人民群众的智慧经验，将其作为党制定政策方针的依据，更好地指导人民群众的实践，并进一步接受群众实践的检验。群众观念和群众工作方法是群众路线密不可分的两个方面，不讲群众工作方法的群众观念是空洞的，离开了群众观念的群众工作方法是假的。在中国共产党成为执政党并带领全国人民建设全面小康社会的今天，群众路线作为党的根本路线，只有贯彻到党的一切理论、政策和实际工作中去，才能促进党的各项工作的健康发展，才能真正维护好、保护好、发展好人民群众的根本利益。

（二）群众路线是各项工作的生命线

胡锦涛同志指出，“群众路线是党的生命线”，保持党同人民群众的血肉联系，是我们党永远立于不败之地的根本保证。我们党在从事各项工作中，工作方法有许多条，其中最重要的就是群众路线。这是由我们党的性质和根本宗旨决定的。我们党是中国工人阶级的先锋队，是中国人民和中华民族的先锋队，全心全意为人民群众服务是党的根本宗旨。只有在党的各项工作之中始终贯彻党的群众路线，才能保证党永葆生机和活力，才能找到各项工作顺利开展的路径和方法。在新的历史时期，面对新任务新问题，必须牢牢把握住群众路线这条党的生命线，将根子扎到广大人民群众中去，确保在开展各项工作的过程中代表人民群众，为人民群众谋利。

（三）群众观念是我们党的基本观点

马克思主义群众观是根据辩证唯物主义和历史唯物主义世界观和方法论，是正确认识人民群众的历史地位和作用而形成的理论观点，是马克思主义政党观察和处理一切社会历史问题的基本立场、基本观点和基本方法，是共产党人一切理论和实践的基石。在我国，一代又一代领导人在继承马克思主义经典作家关于人民群众是历史主体的基本观点基础上，结合我国不同历史时期的实际，实现了马克思主义群众观的与时俱进，从而在创新和发展中坚持了这一基本观点。我们党始终坚持历史唯物主义观点，尊重历史发展规律，将人民群众历史主体论作为党的基本观点。这也就决定了我们共产党人自成立之日起就保持与人民群众同立场、关心爱护群众、重视人民群众的作用、尊重人民群众的首创精神。

（四）群众意愿是评价政绩的基本依据

政绩观实际是一个群众观的问题。真正的政绩，一定是而且只能是干部在自己岗位和政务活动中所取得的反映人民群众意愿、被人民群众认可的成绩，实现政绩的目的也一定是为了实现人民群众的利益。因此，作为政绩的评价体系，群众意愿是首要的根本的标准。近年来，一些领导干部过于看重“显性政绩”忽视“隐形政绩”，片面追求GDP的增长，大搞形象工程，甚至搞虚假政绩，而对于百姓疾苦则不闻不问，这种做法不仅对国家资源造成了严重浪费，违背了经济发展的客观规律，还严重损害了党的形象，危害人民的利益。因此，作为领导干部一定要自觉将群众意愿作为评价自己政绩的基本依据，从根本上清除为政绩而追求政绩、为自己私利而追求政绩的错误观念和行为，树立尊重人民群众意愿的科学政绩观。为此，作为领导干部就要做到：一是要保证重大决策出台前要充分听取群众意见，坚持从群众中来、到群众中去的群众路线工作方法；二是要让群众参与干部政绩考核，自觉接受群众的评价和监督。

（五）群众利益是我们党追求的根本目标

中国共产党自成立之日起，就是始终代表人民群众的利益并为之不懈奋斗的政党。立党为公、执政为民是中国共产党执政的本质，全心全意为人民服务，实现好、维护好、发展好最广大人民群众的根本利益是我们党的根本目标。具体来讲，就是要把不断满足人民群众的物质利益、政治利益和文化利益作为自己的根本目标。江泽民同志曾强调：“我们党要始终代表中国最广大人民的根本利益，就是党的理论、路线、纲领、方针、政策和各项工作，必须坚持把人民的根本利益作为出发点和归宿，充分发挥人民群众的积极性、主动性、创造性，在社会不断发展进步的基础上，使人民群众不断获得切实的经济、政治、文化利益。”① 我们党之所以把群众利益作为自己的根本目标，是由我们党的性质和根本宗旨决定的。作为广大劳动人民群众中最积极最先进的代表，不断满足人民群众的物质文化需要，实现人民群众的安居乐业，是中国共产党人一贯的价值追求。我国当前大力发展生产力、大力发展民主政治、大力发展先进文化都直接服务

① 《江泽民文选》第3卷，人民出版社2006年版，第279页。

于这一根本目标。

（六）群众态度是党风状况的风向标

党风是党的组织和党员在思想、政治、工作、生活等方面表现出来的一贯态度和行为，它具体表现着党的精神风貌，是党的性质、宗旨和世界观在党的活动中的表现。党风的好坏直接影响党在人民群众心目中的形象，影响党和人民群众的关系，因此群众的态度是衡量党风状况的风向标。党风的核心内容主要包括理论联系实际的作风，密切联系群众的作风，批评与自我批评的作风，谦虚谨慎、艰苦奋斗的作风，民主集中制的作风等。事实证明，什么时候我们党的作风建设得好，什么时候我们的党就能真诚倾听群众呼声，真实反映群众愿望，真情关心群众疾苦，就能多为群众办好事、办实事，从而我们的党就能得到人民群众的认可；反之亦然。因此，作为共产党员，要随时了解群众的态度，了解群众的意愿，要善于从群众的反映中检查和反省自己的工作情况和作风问题，并及时调整和完善自己的工作态度、方法和思路等。

第十三章　马克思主义科学技术观与我国自主创新道路

第一节　马克思主义创始人的科学技术观

一　马克思的科学技术观归纳

（一）技术的本质即工业

人类通过劳动体现人的价值，在改造征服自然的实践活动过程中人类创造并使用技术为生存发展创造条件，同时也不断地变革着人类自身和人类社会。因此，在考察技术的本质时，马克思是从人类的生产实践出发的，即从人类的劳动活动出发进行研究的。从人类产生发展的历史来看，劳动把人从自然界分化出来，把人与动物区别开来。一方面，马克思认为，劳动打开了人类历史的大门。正如马克思说："因此，如果把工业看成人的本质力量的公开的展示，那么，自然界的人的本质，或者人的自然的本质，也就可以理解了。"[①] 另一方面，马克思指出："一定的生产方式与一定的共同的活动的方式联系着，而这种共同的方式本身就是'生产力'。"技术蕴含于劳动之中，从而技术构成了人类所特有的最能体现人的本质力量的活动。马克思从工业劳动中揭示了工业的本质是人的本质力量的外化。[②] 马克思把工业理解为一般意义上的技术，正是人的满足生存需要的实践活动以及人在历史过程中对物质生活资料的无止境追求，才使技术成为人类不可或缺的东西，才赋予技术以特别的意义。

---

① 《马克思恩格斯文集》第1卷，人民出版社2009年版，第193页。

② 《马克思恩格斯全集》第42卷，人民出版社1972年版，第129页。

（二）技术革命引发生产方式和生产关系变革

世界发展史也是一部经济形态演化史。因此，经济形态的演化，科学技术一直是推动力量。马克思指出："生产的一般规定在一定社会阶段上对特殊生产形式的关系，留待别处（以后）再说。生产也不只是特殊的生产，而始终是一定的社会体即社会的主体在或广或窄的由各生产部门组成的总体中活动着。"① 因此，历史上看，以科技为变革力量导致了三次技术革命：以蒸汽动力技术为主导的第一次技术革命，实现了生产的机械化；以电力技术和无线电技术为主导的第二次技术革命，实现了生产的电气化；以微电子技术为主导的第三次技术革命，实现了生产的自动化。

（三）技术是自然力的延伸和劳动过程的杠杆

作为社会意识的科学技术知识，必须通过人们的实践和应用，才能转化为具有巨大物质力量的现实生产力，作用于社会存在。在人类社会漫长的发展过程中，自然界的人的本质只有在社会中和通过社会才能真正体现出来。因此，只有把科学技术转化为社会财富，产生经济效益和社会效益，才能成为第一生产力，为生产发展和经济建设、社会进步服务。因而，社会化大工业的发展，所有的一切劳动，其最终的成果都是为了人，从而实现由人而对人的本质的真正占有。

（四）工业革命体现技术的本质与人类社会的未来

人类社会不断发展前进，科学技术的广泛应用，在各行各业中开拓了广阔的生产领域，人区别于动物的生产劳动，并在一开始就以人类的智慧确定了劳动目的。马克思指出："劳动生产是随着科学技术的不断进步而不断发展的。"② 可以说，生产劳动是人类历史的起点，也是科技作为生产力的起点，是历史和逻辑的统一。每一次科学技术的重大突破，都极大地促进了生产的发展。现代技术的发展已使科学与生产的关系越来越密切，就物质生产而言，其发展取向和途径以及组织管理与经营对科学技术的依赖程度都在日益加强。无数的事实表明，科学技术已成为促进生产力发展的最活跃的因素。

---

① 《马克思恩格斯文集》第8卷，人民出版社2009年版，第9—10页。

② 《马克思恩格斯文集》第5卷，人民出版社2009年版，第698页。

二 恩格斯的科学技术观归纳

（一）科学是从现实需要和现实需求中产生的

恩格斯认为，科学技术的产生和发展源于人的需要，源于社会的需要，一旦有社会上的需要，技术就会比十所大学更能把科学推向前进。人类科学技术发展的历史证明了这一点。因此，特别是自然科学和技术成果都是特定历史时代的产物。人类不可能也没有必要发现和自己社会存在毫无关系的科学原理，没有必要也不可能发明和自己的需要没有任何关系的技术。

（二）工具制造使人类最终从动物界分离出来

从人类历史发展来看，从使用工具到制造工具，无不说明劳动创造文明，同时人类所创造的文明物品反过来使得人类劳动得到延伸和发展，这是自然发展的结果。通过劳动，人类创造了丰富的物质文明和精神文明成果，不断地推动着人类社会的前进。在自然生产活动过程中，从通过人类劳动的耗费而创造财富的角度看，任何工具等文明物品，都是劳动耗费后的“物化”。人类社会的产生，首先是由人使用和制造工具并最终与动物界区分开来。人类不仅学会使用自然工具而且制造工具，来获得生活生产的物质资料。因而，从工具的使用价值来说，它是人类劳动的一种手段上的帮助与延伸，是劳动借以更大地发挥自己，同时节约自己的手段。从价值角度看，工具、机器等资本形态不过是人类劳动耗费的一种历史性的“异化”了的存在与运作方式。因此工具从价值形成与效用上都不与人类劳动构成矛盾。最终，工具使人类从自然界中分离出来。

（三）科学与技术相互依赖

科学与技术是辩证的对立统一关系。科学以认识自然、探索未知为目的，而技术是以对自然界的认识为根据，利用得到的认识来改造自然为人类服务。新技术的发展又促使我们认识自然的实验手段不断增加、不断提高，从而推动科学的进一步发展。科学中有技术，技术中也有科学。科学不仅仅是自然科学，科学和技术同样以自然界为对象，但严格地说，自然科学研究的目的是为了认识自然，包括认识自然界发生的各种现象、剖析自然界存在的所有物质、揭示主宰自然现象的内在规律和相互联系。在科学中人们不仅要认识其宏观和外观，还要认识其内部各个层次上的精细结构、运动特点及运动规律。而技术侧重以我们对自然界的认识去利用自然，向自然索取，改造自然以适应人类越来越复杂、越来越高标准的生活的需要。对于科学来说，技术是科学的延伸；对于技术来说，科学是技术的升华。

第二节　中国化马克思主义的科学技术观

一　毛泽东思想中的科学技术观

毛泽东分析了鸦片战争后中国落后的根源："一是社会制度腐败，二是经济技术落后。……如果不在今后几十年内，争取彻底改变我国经济和技术远远落后于帝国主义国家的状况，挨打是不可能避免的。"[①] 毛泽东敏锐地感觉到科学技术对社会发展的支撑作用。毛泽东正是从长远发展的战略高度对科学技术予以特别的重视。

（一）发展科学技术要把感性知识与理性知识相结合

毛泽东对我国发展科技有着深刻的认识，始终抱有科技革命的思想。在社会主义改造基本完成后，1956 年毛泽东又提出要走适合中国国情的中国工业化道路，并提出要进行技术革命、革技术落后的命，要努力学习科学知识，迅速赶上世界科学先进水平。毛泽东在 1960 年批示了"鞍钢宪法"，提出有领导地实行伟大的马克思列宁主义的城乡经济技术革命运动。同时，他还提出"在企业不断进行上层建筑、生产关系和生产技术的三大革命"。1963 年，毛泽东在《人的正确思想是从哪里来的?》一文中，从哲学角度重申科技革命的思想，他认为科学实验作为一项革命运动，应该成为一种战略思想。应当说，把科学实验作为一种相对独立的实践形式和革命运动，提到同生产斗争、阶级斗争同等重要的战略高度上来，是毛泽东对科学社会主义的一个贡献。在毛泽东看来，在经济技术、科学文化十分落后的中国，不开展一场伟大的技术革命、经济技术革命和科学实验革命，落后面貌不可能根本改变。因此，要不断促使感性知识与理性知识的结合，从而实现我国科技革命的成功。

---

① 《毛泽东文集》第 8 卷，人民出版社 1999 年版，第 340 页。

（二）自力更生为主，争取外援为辅

20 世纪 50 年代中期，苏联社会主义建设中的缺点和错误暴露后，中国结合自己建设道路的探索，以毛泽东为核心的中共中央开始思考中国科技自立道路的问题，提出发展中国科技“还是要以自己的东西为主”。因此，毛泽东等中共中央领导同志主要强调如何正确学习苏联的先进科技，批判学习中的教条主义态度，反对机械照搬照抄国外技术，主张结合中国实际情况进行学习，并且提倡汲取科技发展中的有益经验。

中华人民共和国成立初期，新生的社会主义中国科技力量十分薄弱，科技水平极其低下，同时帝国主义大搞技术封锁和禁运，只有苏联和各民主主义国家给予中国无私援助。毛泽东提出“自力更生为主、争取外援为辅”的科技方针，是在对社会主义国家从援助到限制最后断绝科技合作关系、资本主义国家对我国长期实行技术封锁禁运的特殊国际形势下的重大政治决策，是 20 世纪 50 年代中期到 60 年代中期新中国科技“黄金时期”的政策支柱。

（三）努力使我国科学技术工作逐步走上自立的道路

中华人民共和国成立后，毛泽东就告诫全党：“革命需要知识分子，建设尤其需要知识分子，没有科技人员就不能将中国建设成为一个科学、文化、技术、工业各个方面更好的国家。只有依靠知识分子才能改变我国科学技术落后的状况。”毛泽东认为，要走上科学技术创新的道路就需要培养科技知识分子。发展和运用科学技术离不开知识分子，人才是科学技术的载体。毛泽东分析了我国知识分子的状况，指出：“在知识分子问题上没有主动，在工业方面没有主动。”① 因此，“现在我们只有很少的知识分子。旧中国留下来的高级知识分子只有十万，我们计划在三个五年计划之内造就一百万到一百五十万高级知识分子（包括大学毕业生和专科毕业生），”② 培养又红又专的知识分子队伍已是势在必行。1956 年 1 月，中共中央召开了知识分子会议，在会议的闭幕式上毛泽东又讲道：“现在是革技术的命，叫技术革命，叫文化革命。要搞科学，要革愚昧与无知的命。”因此，中国要大力发展科技没有知识分子是不行的，要在短时间内

① 《毛泽东文集》第 7 卷，人民出版社 1972 年版，第 96 页。

② 《毛泽东文集》第 7 卷，人民出版社 1999 年版，第 101 页。

造就大批的知识分子，并号召全党努力学习科学知识，为迅速赶上世界科学先进水平而奋斗。

（四）学习外国的东西，创造中国独特的新东西

20世纪50年代以来，新的科技发明层出不穷，预示新的科技革命的出现。以毛泽东为代表的中共领导人强调自力更生地发展新中国的科技事业，把“自力更生为主”作为新中国科技方针的核心内容，从来没有拒绝外援和贬低学习外国先进科技的意图。一个民族如果没有创新精神，一味靠技术引进，就永远难以摆脱技术落后的局面。因此，毛泽东一直强调在学习国外先进技术时，不能一味依赖外国的现成技术，而必须进行自己的探索和创造。

在《毛泽东同音乐工作者的谈话》（1956年8月24日）中提到：“说中国民族的东西没有规律，这是否定中国的东西，是不对的。当然也可以先学外国的东西再来搞中国的东西，但是中国的东西有它自己的规律。”“外国有用的东西，都要学到，用来改进和发扬中国的东西，创造中国独特的新东西。吸收外国的东西，要把它改变，变成中国的。”“应该学习外国的长处，来整理中国的，创造出中国自己的、有独特的民族风格的东西。”其中，毛泽东深刻地提出了要学习国外先进的科学技术，抱着学以致用的态度来发展中国的科技事业。新中国科技奠基时期，以毛泽东为核心的中共中央对“独创”有三个方面的认识：首先，阐明了“仿制”与“独创”的辩证关系。随着中国科技水平的提高，中共中央把提高自行设计能力、摆脱仿制的制约，提到工作全局的高度。其次，指明了中国摆脱仿制走向独创的道路。现代技术的重大发展，在很大程度上已经不是以工艺研究为基础，而是从基础科学理论研究和科学新生长点上突破的。最后，独创必须发挥中国人民的主动性。学习外国科技要变成中国的东西。

（五）努力赶上和超过世界先进水平

毛泽东认为，我们应当采取的唯一正确的办法是做出全面规划，分清缓急本末，有系统地利用苏联科学的最新成果，尽可能迅速地赶上苏联水平。因此，毛泽东认为我们要坚持量力而行，反对贪多贪大。当然，要赶超世界先进水平，理所当然不能拿落后的技术作为出发点，而是要利用世界的先进成果作为我们科技研究的出发点。同时在技术引进方面不能光顾

着追求技术本身的先进性，而是要考虑到我国现实环境和社会经济条件，否则，国外的先进科技就难以在我国发挥作用。因此，我们在向发达国家学习的时候，引进技术必须考虑其对社会的适应性，即要引进有能力和有条件消化、吸收乃至创新的技术。

历史发展的实践证明，发展新中国的科技事业，必须依靠中国自己的力量，科技工作者要在学习外国先进科技的基础上进行赶超和创新。但由于“文化大革命”我国的发展迟缓了十年时间，甚至于科技发展也被中断，对于西方发达国家的认识发生了“左”的倾向，完全否定学习外国的正确方针政策，把学习外国科技视为“崇洋媚外”，甚至终止了我们国家的国际交流与合作，从根本上破坏了“自力更生为主、争取外援为辅”的方针，给中国科技发展事业造成严重损失，极大地拉开了我国同世界先进国家的科技水平的差距。1976 年，在“文化大革命”结束之后，中共中央实现在科技发展指导方针上的拨乱反正，彻底纠正我国发展中存在的自我封闭的错误做法，重新强调发展科学技术还是要坚持“毛主席过去制定的‘自力更生为主、争取外援为辅’的方针”。因此，在改革开放的时代背景下，我们只有不断扩大国际间的科技合作，始终立足于自主创新，坚持走建设创新型国家之路，才能把中国科技的命运牢牢地掌握在中国人民自己手里。

二　邓小平理论中的科学技术观

党的十一届三中全会后，邓小平继承和发展了毛泽东的科技思想，明确提出“科学技术是第一生产力”的论断，即科学技术是生产力的基础，要发展生产力就要高度重视科学技术。

（一）中国要发展，离不开科学

世界的科技革命，不断地推动着人类社会向前发展。邓小平指出：“中国要发展，离开科学不行。”“中国的现代化建设刚起步，也许本世纪末可以看到比较显著的进步，真正的进步要到下个世纪的三十年至五十年。中国的特点是又大又落后，办起事情来不容易。当然还要靠我们自己的努力。从现在的状况看，是有希望的。”①“在发展科学技术方面，我们

① 《邓小平文选》第 3 卷，人民出版社 1999 年版，第 183 页。

要共同努力。实现人类的希望离不开科学，第三世界摆脱贫困离不开科学，维护世界和平也离不开科学。”①

（二）四个现代化，关键是科学技术现代化

科学技术的发展，是人类社会发展的关键所在，是我们建设社会主义的中心任务所在。邓小平认为：“没有现代科学技术，就不可能建设现代农业、现代工业、现代国防。没有科学技术的高速度发展，也就不可能有国民经济的高速度发展。”② 实现四个现代化，邓小平认为必须实现科技的现代化。科学技术是生产力，这是马克思主义历来的观点。马克思认为生产力中也包括科学，技术生产的发展要求自觉地应用自然科学。同世界发达国家相比，科学技术水平的落后是我们国家落后的主要原因所在。大力发展科学技术，是我们摆脱落后、实现四个现代化的主要核心任务。因此，我们国家要实现真正的繁荣富强，必须做到以科学技术推动我国现代化建设事业的前进。

（三）科学技术是第一生产力

1988 年 9 月，邓小平根据当代世界科学技术发展的趋势和现状，提出了“科学技术是第一生产力”的论断。邓小平这一论断，体现了马克思主义的生产力理论和科学观。从世界发展历史来看，“科学技术是第一生产力”，既是现代科学技术发展的重要特点，也是科学技术发展的必然结果。

（四）发展科学技术，不抓教育不行

邓小平认为，教育是科学技术革命的基础，发展生产力离不开教育。“我们要实现现代化，关键是科学技术要能上去。发展科学技术，不抓教育不行。靠空讲不能实现现代化，必须有知识，有人才。没有知识，没有人才，怎么上得去？科学技术这么落后怎么行？要承认落后，承认落后就有希望。现在看来，同发达国家相比，我们的科学技术和教育整整落后了二十年。科技人员美国有一百二十万，苏联有九十万，我们只有二十多万，还包括老弱病残，真正顶用的不很多。日本人从明治维新就开始注意科技，注意教育，花了很大力量。明治维新是新兴资产阶级干的现代化，我们是无产阶级，应该也可能干得比他们好。”教育作为一个国家长盛不衰的根本法则，只有教育才能使一个国家的文明代代相传，才能使一个国

① 《邓小平文选》第 3 卷，人民出版社 1972 年版，第 123 页。

② 《邓小平文选》第 2 卷，人民出版社 1994 年版，第 86 页。

家不断拥有活力，才能使一个国家不断发展强盛。

三 党的第三代领导集体和新一届领导集体的科学技术战略

我们党的第三代领导集体面对新世纪、新时期的新变化，在继承并发展了邓小平的“科学技术是第一生产力”的思想上，提出了“科教兴国”战略。

（一）创新是一个民族进步的灵魂

高度重视科学技术，是我们党第三代领导集体执政的显著特点之一。江泽民在关注创新问题时，首先注重的就是科技创新。在1989年国家科学技术奖励大会上，江泽民同志就指出，我们要迎接科学技术突飞猛进和知识经济迅速兴起的挑战，最重要的是坚持创新。在1995年5月，全国科学技术大会上，江泽民提出：创新是一个民族进步的灵魂，是国家兴旺发达的不竭动力。江泽民认为：“搞科学技术特别是搞技术，创新非常重要；创新是一个民族进步的灵魂。中华民族是有这种灵魂的。创新也是国家兴旺发达的不竭动力。创新不能搞闭关锁国，要引进先进技术。我们要用历史唯物主义的观点来看这个问题。我们应该引进世界科技水平比较高的技术，光引进还不够，还需要有自己的创新，这样我们就可以提高得更快一点。换句话说，如果我们自己有比较好的基础，然后再去引进先进技术，效果就会不一样。我们一定要在自力更生的基础上搞好创新。发展高技术，要始终突出自主创新，只有不断提高自主创新能力，我们才能减少对技术引进的依赖，提高参与国际市场竞争的能力。”在党的十五大报告中，江泽民指出要有重点地引进先进技术、增强自主创新能力。

（二）科学的本质就是创新

当科技创新的思想一步步被我们党提高到一个新的历史水平，就必须加速科技成果向现实生产力的转化，大力发展高新技术产业。1999年8月，江泽民在全国技术创新大会上指出：“科技创新越来越成为当今社会生产力解放和发展的重要基础与标志，越来越决定着一个国家、一个民族的发展进程。”“我们必须把以科技创新为先导促进生产力发展的质的飞跃，摆在经济建设的首要地位。这要成为一个重要的战略指导思想。”①只有依靠科技创新，把科技创新作为经济增长的主要动力源，才能更加主

---

① 《江泽民文选》第2卷，人民出版社2006年版，第392页。

动地适应知识经济兴起的挑战，实现中华民族的伟大复兴。“作为一个独立自主的社会主义大国，我们必须在科技上全面掌握自己的命运。我国已经具有一定的科技实力和基础，具备相当的自主创新的能力。我们必须在学习引进国外先进技术的同时，坚持不懈地着力提高国家的自主研究开发的能力。要对引进国外先进技术与国内自主研究开发工作统筹规划做到有机结合。能够自主研究开发的，就要以国内开发为主。要注重引进关键技术，借鉴有关的新原理，不断提高我们的研究开发能力，提高创新能力，使我国跻身国际科技发展的先进行列”。

（三）科教兴国战略

1995 年 5 月 26 日，江泽民在全国科技大会上的讲话中指出：“党中央、国务院决定在全国实施科教兴国战略，是总结历史经验和根据我国现实情况做出的重大部署。没有强大科技实力，就没有社会主义现代化。科教兴国，是指全面落实科学技术是第一生产力的思想，坚持教育为本，把科技和教育摆在经济、社会发展的重要位置，增强国家的科技实力及向现实生产力转化的能力。”① 由此，我们国家提出了实施科教兴国的战略，确立科技和教育是兴国的手段和基础方针。在中共十五大上，江泽民指出：“科学技术是第一生产力，科技进步是经济发展的决定性因素。要充分估量未来科学技术特别是高技术发展对综合国力、社会经济结构和人民生活的巨大影响，把加速科技进步放在经济社会发展的关键地位，使经济建设真正转到依靠科技进步和提高劳动者素质的轨道上来。我国是发展中国家，应该更加重视运用最新技术成果，实现技术发展的跨越。”他再次提出把科教兴国战略和可持续发展战略作为跨世纪的国家发展战略。改革开放以来的实践证明，扩大对外开放，加强国际科技交流与合作，积极引进国外先进技术，是加快我国科学技术发展的有效途径。

（四）建设创新型国家

胡锦涛在党的十七大报告中指出：“在世界新科技革命推动下，知识在经济社会发展中的作用日益突出，国民财富的增长和人类生活的改善越来越有赖于知识的积累和创新。科技竞争成为国际综合国力竞争的焦点。当今时代，谁在知识和科技创新方向占据优势，谁就能够在发展上掌握主

---

① 《江泽民文选》第 1 卷，人民出版社 2006 年版，第 428 页。

动。世界各国尤其是发达国家纷纷把推动科技进步和创新作为国家战略，大幅度提高科技投入，加快科技事业发展，重视基础研究，重点发展战略高技术及其产业，加快科技成果向现实生产力转化，以利于为经济社会发展提供持久动力，在国际经济、科技竞争上争取主动权。面对世界科技发展的大势，面对日趋激烈的国际竞争，我们只有把科学技术真正置于优先发展的战略地位，真抓实干，急起直追，才能把握先机，赢得发展的主动权。”“要积极推进科技体制创新，加快构建区域创新体系，不断提高科技进步对经济增长的贡献率。特别是要牢固树立人才资源是第一资源的观念，加强人力资源能力建设，注重培养创新型人才特别是创新型领军人才。”建设创新型国家，核心就是把增强自主创新能力作为发展科学技术的战略基点，走出中国特色自主创新道路，推动科学技术的跨越式发展。

（五）中国特色自主创新道路

2008 年 6 月 24 日，胡锦涛在出席两院院士大会上强调：要把增强自主创新能力作为发展科学技术的战略基点、作为调整产业结构和转变发展方式的中心环节，把建设创新型国家作为面向未来的重大战略选择，更加自觉、更加坚定地走中国特色自主创新道路。胡锦涛指出：“提高自主创新能力、加快技术进步是调整经济结构和转变经济增长方式的关键环节，大力提高自主创新能力特别是原始性创新能力，大力发展战略高技术，完善先进技术引进与创新相结合的体制机制，加快科技成果向现实生产转化，尽快使经济发展真正走上依靠科技进步来提高劳动者素质的轨道。要进一步推进改革，完善社会主义市场经济体制，有针对性地消除导致产业结构低度化和经济增长收入粗放式的体制性根源，形成有利于调整经济结构和转变经济增长式的体制机制，形成调整经济结构和转变经济增长方式的强大合力。”建设创新型国家，就要建立推动科技创新的体制，提高自主创新能力；就要坚持人才资源是国家发展的第一重要资源；必须发展创新文化，培育全社会创新精神。

第三节 对中国特色自主创新道路基本特征的思考

一 马克思主义科学技术观对自主创新道路的伟大启迪

（一）科学技术是社会进步的火车头，也是社会发展的基本动力

科学技术从来就是推动社会进步的最强有力的杠杆，是历史的火车

头，是最革命的因素。它启示和召唤着我们要不断开拓、勇于创新，时刻追踪高新技术发展的态势和跟上科技革命的时代步伐。“科技创新已越来越成为当今社会生产力的解放和发展的重要基础和标志。”科技现代化不仅是发展生产力、实现产业现代化的关键因素，而且是建设社会主义精神文明、塑造全党全国人民创新精神的直接动力。

科学技术对一个国家、民族的生存和发展业已成为决定性因素。因为“国际间的竞争，说到底是综合国力的竞争，关键是科学技术的竞争。在科学技术上落后，就会被动挨打。”[①]“贫穷不是社会主义，愚昧更不是社会主义。”[②] 我们国家积极引导人民群众建立科学、文明、健康的生活方式，努力形成学科学、用科学、爱科学、讲科学的社会风气和民族精神，创造与社会主义现代化进程相适应的社会精神风貌。“但相对来说，全社会的科学精神不足也是一个缺陷。”[③] 科学技术现代化建设就是要通过改变人们的思想观念，帮助人们树立科学的自然观、宇宙观和世界观、人生观，在改造客观世界的同时积极改造自身的主观世界。科学精神就是科学的思维、科学的态度和科学的方法，其本质就是解放思想、实事求是。

（二）科学技术创新是民族创新能力的集中体现

我们党是从科技革命的浪潮中提炼出“创新”的重要思想的，因为科学技术创新是整个民族能力创新的集中体现。江泽民反复强调：“创新是一个民族进步的灵魂，是一个国家兴旺发达的不竭动力，也是一个政党永葆生机的源泉。”在21世纪发展的新阶段，我们党提出了理论创新、体制创新和科技创新的伟大战略思想。因而，“三个代表”重要思想的提出、政治经济文化各个领域体制改革的不断深入、国家知识创新工程和国家知识创新体系的建立，等等，都是这种创新精神在新的伟大实践中的重要成果。

（三）社会制度的优越性最终体现在科学技术水平上

我国改革开放三十年以来，整个国家的社会生产力、综合国力和人民大众的生活上升到新的水平，也取得了令人瞩目的巨大发展和进步。金融

---

① 中共中央文献研究室：《十三大以来重要文献选编》（下），人民出版社1993年版，第1590页。

② 《江泽民文选》第1卷，人民出版社2006年版，第437页。

③ 《江泽民文选》第2卷，人民出版社2006年版，第491页。

危机以来，中国强劲的发展势头依然不减，从而导致西方国家一些舆论认为，中国的发展道路为世界各国走出金融危机提供了一种新的启示，正在颠覆西方的传统理论，探索“中国成功之谜”非常有意义。特别是2008年中国政府和中国人民在面临众多纷繁复杂事情中所做出的从容不迫的处理来看，这是一系列惊人表现，使许多外国政治家、学者看到了中国特色社会主义的优越性，认为它“凸显了中国的制度优势”。中国特色社会主义的成功实践，以雄辩的事实证明了社会主义制度具有无比的优越性。我们建立和坚持社会主义制度，是完全合乎规律的正确选择。从经济生活方面来看，我们必须承认，“二战”后西方国家由于劳动生产率大幅度提高，工人生活有了明显改善，我国人民的整体消费水平与其相比较还有很大差距。那么，究竟应该怎样看待这个问题？我认为，生活水平的高低，不能说与社会制度的优劣没关系。但是，社会制度优劣的比较应当是一种长期的战略性对比，是以一个社会形态全过程与另一社会形态全过程作对比，而不是与某个短期阶段相对比。在资本主义发展的时期，率先实行资本主义生产方式的国家，大力发展科技，将各种发明创造投入到生产之中，整个国家有了快速的发展。由此引发的三次工业技术革命，导致了西方国家科技发展立于世界的先锋地位。因此，在社会主义发展的初级阶段，我们应该学习西方先进的科学技术，努力为我国社会主义建设贡献科技创新的巨大力量。两种制度的比较，让我们充分认识到科技创新对于未来国家发展的趋势的影响，科技创新最终体现了社会主义制度的优越性，并且使中华民族长生不息并不断博发出强大的生命力。

（四）科教兴国中国的现实选择和战略任务

技术的发展，网络的普及，世界正变得越来越小，科技为整个世界的发展贡献了不可小觑的力量。我们面临的知识经济时代，国家和地区之间的竞争，越来越多的表现为发展的竞争，实质是人才和科技的竞争。科教兴国是我国实现现代化的重要发展战略，是践行科学发展观的内在要求。1988年，邓小平同志第一次提出了“科学技术是第一生产力”。人是生产力中最活跃的因素，人才资源已经成为当代科学进步与经济发展的第一资源，成为市场经济条件下经济发展的核心竞争力。科技的进步和人才的培养，关键在教育。古人言：“人不通古今，马牛如襟居。”正如马克思所说：“教育不仅是提高社会生产力的一种方法，而且是造就全面发展的人的唯一方法。”党的十七大提出，要“推动社会主义文化大发展大繁荣”，“软”实力也是“硬”实力，文化的大发展、大繁荣必将推动思想、教育、学术、科技的复兴和繁荣，为“兴国”奠定起支点。在社会文明进步的过程中，教育具有基础性、先导性、全局性的地位和作用。

（五）在科技领域不断实现从必然王国向自由王国的飞跃

人的全面发展，实质上是“个人的全面发展”。自由的人，如果仅仅从人与自然的关系角度看，就是驾驭了自然规律、获得了支配自然的主动权，同时又能够自觉地爱护和保护自然的人。人是自然的产物，但是在价值上人却应当是优先的。人只有超脱自然界的束缚成为自由的人，并且不断提高驾驭自然的自由度，实现从必然王国向自由王国的飞跃，才能全面地发展自己和提高自己，在更高层次的社会政治领域获得对客观世界的认识，在更广阔的社会政治领域更大自由地实现自身的价值。在不断认识自然和改造自然的过程中，人与自然亲密相伴、和谐相处，这也是在人与自然的关系上以人的自由发展的重要标志。社会主义社会在实现自身发展的过程中，不断创造有利于人的全面发展这个本质和规律正常实现的条件，不断生产社会主义社会的全面性，实现从必然王国向自由王国飞跃。

（六）科学技术已成为一项国家事业，必须建立国家创新体系

当今世界已进入知识经济时代，创新立国已成为发展经济、参与国际竞争的大趋势。传统的依靠资源、资本和劳动力为主导的发展模式正在向依靠科技、知识和人才为主导的创新发展模式转变，国际间的竞争也越来越呈现出创新竞争的特点。党中央、国务院从21世纪国家振兴的战略全局出发，提出了大力推进国家创新体系建设的重大任务。纵观当今世界发展趋势，人类正在经历一场全球性的新的科学技术革命。企业的竞争，经济的发展，综合国力的较量，日益集中地表现在科技竞争方面，努力增强科技自主创新能力成为各国，特别是发展中国家的战略举措。科学技术革命已经成为一项国家事业，我们必须尽快建立国家创新体系。

二　中国特色自主创新道路基本特征的思考

中国特色的自主创新道路，从总体上是指符合中国目前两大最重要的国情的自主创新道路，也就是建设符合我们国家正处于社会主义初级阶段

和改革开放体系的中国特色自主创新道路。

（一）中国特色的自主创新道路，是科学发展观指导下的自主创新道路

坚持科学发展观与建设创新型国家之间是辩证统一、相互促进的。科学发展观要求我们全面建设小康社会，经济社会平衡协调发展，从而达到人与自然的和谐相处。科学发展观的实现，要靠创新型国家的建设；创新型国家的建设，也要靠科学发展观的指导。科学发展观所指引的中国特色社会主义的自主创新道路是一种创新型发展道路，它要求我们从基本国情出发，从我们面临的突出的主要矛盾出发，重新审视总结我们的发展成就和经验教训，坚持树立以人为本的理念，实现我国经济全面、协调、可持续的发展。

1. 把自主创新的出发点和落脚点放在以人为本的理念下

自主创新要坚持以人为本，必须充分认识人在自主创新中的主导地位和人才在自主创新中的关键作用，必须尊重人才，实施人才强国战略。人才是创造性思维的主要来源，也是把创造运用于劳动中的重要力量。科学发展观的核心是以人为本，强调人是发展的目的、发展的主体，强调在推进经济社会全面发展的基础上，必须不断推进人的全面发展。

增强自主创新能力，首要任务就是聚集和培养一大批科技领域和企业发展急需的创新人才。当今世界的竞争，归根结底是人才的竞争。谁拥有世界一流的人才，谁就拥有了统治世界的巨大能力。要坚决把自主创新放在以人为本的理念之下，走人力资源强国之路，在发现人才、凝聚人才、造就人才、用好人才上不断取得新的进步。

2. 从追求创新发展的速度到追求又好又快的自主创新

科学发展观的第一要义是发展。用科学发展观统领自主创新，必须牢牢抓住发展这个中心环节，实现又好又快的自主创新。自主创新是国民经济又好又快发展的可靠保证，是全面建设小康社会、转变经济发展方式的重要支撑，是增强国家综合竞争力的战略基点。我们国家的创新发展在20世纪基本上来自技术的引进，并对国外先进技术进行研究从而创新理论，结合我国的基本发展国情以此发展我国科学技术，追求科学技术创新的速度，以促进我国经济社会发展的需要。然而，我们更要发展我们国家自己的技术，更好地为社会主义建设服务，从而实现自主创新。自主创新

要以推进科学发展为动力，以落实科学发展为核心，以实现科学发展为目标。自主创新和科学发展的关系可以概括为：创新驱动发展，发展有赖于创新。在现阶段，创新推动发展又主要表现为经济发展方式的转变。目前我国正处于发展方式的转型期，即正在由粗放型发展方式向集约型发展方式转变，而这个转变成功与否，极大地取决于科技水平能否有一个很大的提高，新技术和新产品的研发能否取得重大成效，也取决于自主创新。只有坚持自主创新，并在若干重要领域取得重大突破和成效，才能为转变经济发展方式、推动产业结构优化升级提供有力和持久的技术支撑，才能加快我国从工业大国向工业强国转变的历史进程，才能推动我国早日进入创新型国家的行列。

3. 在自主创新领域里实现全面、协调、可持续发展

建设中国特色的自主创新道路，就要在自主创新领域里实现全面、协调、可持续的发展。在经济科技全球化趋势的推动下，现代新技术革命呈现出一个持续的、全面的推进过程。坚持可持续发展，追求可持续的自主创新是经济科技全球化的时代要求。科学发展观所要求的发展，是健康的、协调的、全面的、合理的发展，是各个要素、各个方面、各个系统全面推进的发展，是兼顾各方整合协调的发展，是可持续的发展。要使经济、社会、政治全面发展，就要实现创新经济、创新社会、创新政治发展模式。科学发展观既立足于解决当前发展中的诸多矛盾和问题，更着眼于长远发展，着眼于解决长远发展中有可能产生的重大矛盾和问题。与此相适应，科学发展观所要求的自主创新是可持续的创新。科学发展观要求的科技创新，既立足于解决当前自主创新中的核心技术和关键技术难题，更着眼于可持续的自主创新，着眼于解决长远的自主创新中的重大基础技术、重大关键技术和重大核心技术难题。可见，可持续的自主创新是赶超世界先进技术，不停顿的和不断深化的创新，是最高要求、最高境界的创新，是实现可持续发展所要求的创新。

4. 把自主创新的过程和结果与“五个统筹”结合起来

科学发展观的基本要求是全面、协调、可持续，根本方法是统筹兼顾。用科学发展观统领自主创新，必须坚持统筹协调。自主创新必须统筹兼顾，实现科技创新的过程与结果适应社会发展的需要。要正确认识和妥善处理自主创新中的重大关系，统筹国家和区域创新，企业和高

校、科研院所创新，优势产业和一般产业创新，体制机制和管理创新，实现国家创新体系建设的完整覆盖面，使各个板块都向着一个目标方向发展，相互协作、相互促进。统筹中央和地方关系，中央的政策方针与地方创新发展协调一致，统筹西部和东、中部区域关系，实现全面的自主创新局面以促进区域经济的全面发展，统筹个人利益和集体利益、局部利益和整体利益、当前利益和长远利益，充分调动各个方面参与自主创新的积极性。

（二）中国特色的自主创新道路是以改革开放为动力的自主创新道路

改革开放是促进经济社会发展的强大动力，是强国富民的必由之路。改革开放是建设中国特色社会主义的自主创新道路的发展动力，自主创新道路应和不断推进改革开放相伴随。建设我国的自主创新道路，要积极推进改革开放和提倡自主创新，不断全面深化改革扩大开放，提高开放型经济水平，增强我国的自主创新能力。事实证明，改革开放是决定中国命运的关键选择。改革开放以来，我国经济得到了迅速发展，加强了国际合作交流，国外的先进科技更多的应用到我国的社会主义现代化建设之中。改革是推动经济社会发展的强大动力，我们要深化改革开放，推进自主创新，让改革开放和自主创新成为经济发展的双引擎，为经济发展提供强大的社会动力和技术支撑。

（三）中国特色的自主创新道路，是具有政府集中力量办大事优势的自主创新道路

创新型国家道路的建设，离不开政府的力量。政府作为社会主义市场经济的宏观调控者，作为科技创新的引导者，作为科技创新资金的重要提供者，在我国建设自主创新的道路上起着举足轻重的重要作用。创新从个人行为、企业行为发展成一种国家行为，国家环境在创新过程中发挥着重要作用，国家资源（包括物质资源、信息资源和人力资源）的优化配置成为国家竞争力的重要来源。国家可以为科技创新提供大量资金以及人力资源，提供科研条件，发挥整体优势进行科技创新。这里国家的概念不是国有的概念，而是整体的概念，包括公、私部门，而且随着全球经济一体化和贸易自由化的进程，国家创新系统的概念正日益超越国界而变成国际性的概念。

走中国特色的自主创新道路，要坚持发挥社会主义集中力量办大事

的优势，由政府出面通过各种中长期规划，制定相应的科技创新鼓励政策，加大对科技类公共产品的资金投入和制度等的支持力度，这是中国宏观调控体系的优势。政府应从政策上扶持开发对经济社会发展具有重大带动作用的高新技术，实施科研项目，通过企业、科研院所等的集中创新条件实施科技创新研究，支持自主创新。同时，政府应实行支持自主创新的财税、金融和政府采购等政策，为企业的科技创新投入等提供优惠税收措施，鼓励企业的自主科技创新。发展创业风险投资，提供资金、政策支持，鼓励自主创新企业的建立。改革开放以来，通过科技、教育等领域创新计划的投入，极大地促进了我国的自主创新能力和科技发展在经济社会发展关键领域的部署，努力实现科技发展的重点跨越。

在当前情况下，发挥社会主义集中力量办大事的制度优势，实现资源、人力、科研条件的充分整合，集中政府力量推进科技创新，充分体现国家意志和区域发展战略目标要求。一方面，要集中力量继续加大国际科技合作园等建设，不断增强高新区的自主创新能力。另一方面，要选择产业带动力强、区域辐射力大的项目进行重点扶持，使其尽快形成规模，为地方经济发展做出贡献。同时，根据国家经济社会发展的重大需求，发挥社会主义制度集中力量办大事的政治优势，整合资源，重点突破，实现跨越式发展。同时注重发挥市场配置资源的基础性作用，使科技创新既服务于国家意志和战略目标，又能够适应社会主义市场经济规律的要求，充分激发各个创新主体的积极性和创造性。

（四）中国特色的自主创新道路，是主动追求社会福利最大化、努力遏制市场机制弊端的道路

建设中国特色的社会主义自主创新道路，要主动追求社会福利最大化，努力遏制市场机制弊端。社会主义市场经济，是走共同富裕的道路，是实现社会福利最大化的市场经济。市场经济遵循等价交换原则，这就要求在发展社会主义市场经济过程中，在人们从事的一切商品经济活动中，都必须自觉地关注人文社会价值，注重人文精神建构，用“是否有利于人的全面发展、是否有利于社会和谐进步”这两个标准作为根本价值尺度，来支配、规范经济活动。具体地说，各种利益实体和商品生产经营者从事各种经济活动，在遵循价值规律、追求利润最大化的同时，必须兼顾

经济活动的社会效益、环境效益和人的权益，实现人的价值。

在价值规律支配下的市场经济，经济主体只能以利益最大化为准则提供产品供给，以实现其主体的经济利益最大化。政府要通过法律、行政等手段，进行社会主义市场经济的调节，实现市场资源的合理配置，创新管理市场经济的方法手段，努力发挥社会主义市场经济的优势。然而，作为公共物品的社会工程，是为了全民享有的服务，使整个社会福利最大化的普及，都只能通过政府作为公共产品来供给。因此，国家通过宏观调控和公共物品及其基础设施的建设，通过创新科技追求社会福利最大化的实现。同时，国家应当对市场经济进行有效的宏观管理，特别是科学制定和有效运行市场经济的竞争规则，通过看得见的手对价值增值规律的作用进行引导、监控和规范，以追求社会利益最大化为目标，最大限度地为自主创新提供优化的环境。

（五）中国特色的自主创新道路，是以国家为引导的多区域创新体系协同配合的道路

在世界经济全球化、一体化进程中，区域经济的发展将扮演更加重要的角色，随着区域经济的加快发展，竞争出现多元化格局，区域经济发展中竞争的焦点已真正集中到科技创新领域，区域科技创新能力正日益成为一个地区经济获取竞争优势的决定性因素，成为一个地方经济、社会可持续和谐发展的根本所在。世界经济的发展，正是由进一步的分工合作引起的区域发展，要发挥我国区域经济的优势，建立国家性的经济区域中心，创新多区域国家体系的建设道路。

对于积极推进区域创新合作的部门和领导的政绩评价也应通过量化指标予以认可，以鼓励、保护和有效推动区域自主创新合作。科技创新能力和竞争力已经密不可分，区域科技创新能力越来越成为一个地区经济发展和社会进步的强大驱动力，正日益成为地区经济获取国际竞争优势的决定性因素，成为区域发展最重要的能力，成为地方经济社会持续、快速、健康发展的迫切要求。我国不应仅仅作为世界制造中心，而且要成为区域经济的金融发展、科技创新中心。力争发挥我国的地理、制度优势，促进我国自主创新道路的建设。我国经济已经进入以结构调整为主线的发展阶段，必须依靠科技创新能力的提高，才能赢得区域经济发展的竞争力，因此大力推进区域科技创新体系的建设是解决区域综合竞争力不强、经济运

行质量不高的根本途径和重要保障。

（六）中国特色的自主创新道路是坚持对外开放条件下的自主创新道路

走中国特色的自主创新道路，也要加强国际间的合作发展。要扩大对外开放，加强国际科技交流与合作，积极引进国外先进技术，是加快我国技术升级和经济发展的有效途径。坚持对外开放，抓住当前新一轮国际化生产要素重组和产业转移的重大历史机遇，进一步提高对外开放水平，学习引进国外的先进科技，更好地以开放促进我国的自主创新。我们要抓住机遇，结合国家“十一五”科技规划以及我国中长期科技发展的要求，提高引进技术的适用性和先进性。要抓住跨国公司研发全球化的机遇，鼓励跨国公司来华兴办研发中心，支持国内企业与跨国公司进行多种形式的经济技术合作。在自主创新道路的建设中，要继续实施“走出去”战略，鼓励企业在境外设立研发机构，跟踪前沿技术，吸引国外创新人才，利用境外创新资源，提升我国的技术实力和水平。

在经济科技全球化的大背景下，要处理好自主创新和扩大开放的关系。从对外开放层面来说，即使是自主创新，也不能忽略对外交流和引进的作用。在开放经济条件下，在战略上要强调自主，在战术上要学会借鉴和学习。因为，如果不参与国际竞争，关起门来搞创新，创新就很难瞄准国际发展进程。所以，要积极支持国内科学家和科研机构参与或牵头组织国际性科学工程和项目，鼓励与跨国公司的技术合作，特别是要善于学习国外的先进管理制度和思想。加强对外合作交流，促进科技互动互惠，通过自主创新推进我国的工业化、现代化发展。自主创新绝不是自我创新和封闭创新，要提高自主创新能力，必须善于利用全世界、特别是发达国家的创新资源，引进先进技术，提高我们自身的创新能力，形成更多的自主知识产权。提高自主创新能力是国家发展战略的核心，是提高综合国力的关键，是实现经济向更高水平跃升、塑造新的国家竞争优势的必然要求。因此，中国特色的自主创新道路必然是坚持对外开放条件下的自主创新道路。

人类历史的发展，需要科学技术的不断创新应用。从人类社会产生起，人类创新活动的发展和科学技术的进步，就给人类创造了越来越充分的发展条件。科学技术的进步归根结底是为了更好地为人类服务，使人得到全面自由的解放，但要实现科学技术的无限制发展和人的全面发展，则要依赖于社会主义的实现及其更高程度的发展。因此，建设创新型国家，就必须大力发展科学技术的自主创新。中国特色社会主义的发展需要靠自主创新能力的不断提高和发达的科学技术来支撑，而这种能够解除对科学技术发展束缚的基本社会制度——社会主义，也将为创新和科学技术的发展开辟更广阔的空间，让我们在这种良性互动中朝着人的全面发展目标不断前进。

第十四章　马克思主义文化观与社会主义文化建设

“文化”一词，深受人们关注，除了其被冠于“智力支持”“精神动力”和“方向保证”的“头衔”外，更重要的恐怕是它作为人类生活座架的一个构件，涉及生活的方方面面。中共十八大将“文化强国”建设和中国特色的“文化发展之路”提上议程，这是我们社会主义建设史上的大事件。本章从马克思主义文化入手，对新时期社会主义文化建设的现状和实践进行省察和反思，不敢宣称提出许多建设性的观点，唯愿能澄明这一问题，引发读者的进一步思考和深入的讨论。

第一节　马克思主义文化理论述真

社会主义的文化建设，其指导思想依然是马克思主义。探究中国特色的“文化强国”之途，马克思主义的文化观是一个绕不开的观点。对马克思主义的文化观进行理论归纳，是构建中国特色“文化发展之路”的前提。

“文化”是一个在马克思主义创始人那里论述不多，但并非不重要的概念。作为一个文化人，马克思、恩格斯或直接或间接地对文化和文化建设进行过阐明。他们在这方面最卓越的贡献就在于为文化和文化建设设置了唯物史观的座架。换言之，马克思主义的文化观，重要之点便在于将其置于历史唯物主义之下。马克思、恩格斯在克服德意志意识形态“无根性”缺陷的基础上，自然地将视阈从“自我意识”转入了“现实个人”，由此构成了马克思主义文化观的起点。正是在“现实个人”的活动—实践—的基础上，文化得以产生并繁衍开来。

历史唯物主义语境中的文化，作为一种现象，与人类文明发展同步，与社会进步同行。而其之所以具有这般功效，主要是因为它具有促进人类文明的基因和异于其他现象的特质。归结起来，主要表现在：

第一，能动的创造性，这是文化最难能可贵的基因。文化的最可贵价值便在于其创造性。社会对文化产品的需求变化比对物质产品的需求变化要快得多，要求也苛刻得多。在文化领域里，没有程式化的东西，不能有千篇一律的东西，它追求的是永不重复性的创造，它触及的是人的心灵这个地球上最美丽的花朵。

第二，特有的包容性，这是文化得以持存的重要保证。文化现象是一个开放的体系，以其博大的胸怀，表征着“有容乃大”的境界。它既是世俗的，又是高雅的；既是大众的，又是精英的；既是赞美的，又是批判的；既是沉静的，又是激荡的；既是历史的，又是前瞻的。

第三，深刻的批判性，这是文化现象的生机活力之源。文化创造得以持续进步的一个重要原因就在于其批判特性。它不是教条式地预测未来，而期望于“批判旧世界中发现新世界”[①]。真正的文化人是自由职业者，和科学家一样，都是精神产品的塑造者。由于身份、地位决定他们是具有独立人格和批判反思精神的。

第四，发展的不平衡性，这是文化发展的现实境遇。在“人类社会大厦的三层楼”中，文化从属于思想上层建筑，其发展观和经济基础（或生产力）的发展同步，超越生产力发展水准或在其之后都是常见的正常现象。差异性和不平衡的特点在所难免。

第五，成果的大众性，文化创作和文艺表演应是人民心声的揭示和表达，离开了现实生活脉搏的文化难有生命迹象。人们既是生物的也是社会的，在追求自己的物质利益的同时也要向往真、善、美，在他们看到希望和前景的时候，生物性占上风，在他们看不到希望和前景的时候，社会性占上风。文化的使命是为人的解放呐喊，为社会发展鸣笛。文化既要歌颂又要批判，既要讴歌幸福更要表达痛苦，从这个角度说，文化是形而上的、是哲学的、是批判的。历史上的文化活动的动力源泉最主要的是来自人类对痛苦的思索。对痛苦的思索，演化出哲学；为痛苦找依托，开创出

---

① 《马克思恩格斯文集》第10卷，人民出版社2009年版，第7页。

宗教；用痛苦来表演，创作出艺术。

第六，鲜明的导向性，这是马克思主义视阈下文化所特有的标签。文化本无阶级划分，但在一定阶级语境中的文化则会带有该社会的烙印。文化引领着人们的思想和社会舆论的导向，任何一个时代的上层建筑的监护人，都必然从舆论控制角度把文化置于自己的监护之下，这就是文化创作总是受到统治阶级的制约。这是因为“统治阶级的思想在每一时代都是占统治地位的思想”①。

对于文化现象，还有两个与我们休戚与共的问题不得不在此提及。

其一，文化与社会经济生活是有矛盾的。在马克思主义的语境里，某些有重大意义的艺术形式只有在艺术发展的不发达阶段上才是可能的。展现在历史上的古罗马、古希腊时代的艺术产品是最辉煌的。封建时代产生的艺术是最丰富的，从封建社会向资产阶级社会转变过程中产生的艺术也是较丰富的。而市场经济时代则不然。因为市场经济以前的社会本质上是靠思想和精神统治的社会，资产阶级社会以前的文明社会本质上是政治社会，市场经济则是靠规则、契约统治的社会，本质上是经济社会——靠冷酷无情的经济利益得以持存。对于人类而言，在物质匮乏的现实下，精神力量便会成为支撑力，精神的作用是巨大的；在物质丰裕的条件下，则往往会出现精神空虚，精神的东西成了奢侈品。最伟大的艺术产生在最愚昧的时代，最震撼人心的艺术产生在对最痛苦的生活的回忆和思考中。人是靠物质和精神双重的拐杖支撑着的伟大而又无奈的生灵。“国家不幸诗家幸，赋到沧桑句便工”（赵翼），就是说明愤怒出诗人，痛苦出艺术。革命文学、战争文学、伤痕文学就是这样诞生和被载入文学史册的。

其二，文化创作是一项荣誉与风险并存的活动。文化成果是人们智慧的结晶，是其创造力的彰显，具有文明基因的文化成果的问世是有功于人类的大事件，极其荣耀。但文化创作也是有风险的，不仅有艺术和经济风险，尤其是有政治风险，这是文化的反思批判性本质所决定的。所以，问题的关键就在于怎样变通，怎样规避风险，怎样在一个个不可能性中寻求可能性；既不违背原则，又能代表社会和人民，以使主流文化不被社会边缘化。

---

① 《马克思恩格斯文集》第1卷，人民出版社2009年版，第550页。

因此，在马克思主义的视界中，文化是在现实个人的实践活动中逐渐形成的，具有创造性、包容性、批判性、不平衡性、大众化和导向性特质的，同社会经济生活矛盾着的，荣誉与风险并存的一种现象。

第二节　我国社会主义文化建设的现状省察

早在毛泽东时代，就点明了三大革命任务——“政治革命”“经济革命”和“文化革命”；确定了新国家的三大目标——“新政治”“新经济”和“新文化”①。我们的社会主义建设，都是以此为根据来逐步推进的。时至今日，中国特色的社会主义文化建设取得了重大进展。对于我们社会主义文化建设的历史回顾和成果罗列，前人已经做了翔实而具说服力的整理，无意义的重复并非笔者所愿。

1. 我国社会主义文化建设的现实难题

至今，我们进行社会主义文化建设探索先后历经了两大主导形态——建设新民主主义文化和中国特色的社会主义文化。经过共产党人艰难的探索和反复的验证，总体来说，我国社会主义文化建设思路更加清晰，目标逐渐明确，任务更加艰巨，效果愈发明显。从“新文化”的提出，到高扬“精神文明”大旗，再到“文化大发展大繁荣”的决议，最后到“文化强国”、中国特色的社会主义文化发展之路的确立。虽然我们社会主义文化建设在思路、目标、任务和成效上都使文化建设取得了长足进步，但时代也给我们提出了一些新的挑战，这就需要对以下四大问题进行有效的回应。

第一，全球化背景下，如何化解文化建设所面临的外在压力和寻求其发展的内在动力？随着交往范围的不断扩展，普遍交往成为可能，“地域性”的存在向“世界历史性”的存在转变。全球化的不断推进，文化关系必会变得复杂，不同的文化必会发生碰撞。传统文化和现代文化、国内文化和外来文化、民族文化和全球文化、个体文化和大众文化等之间的激荡，传统观念、民族特色、宗教习俗和心理素质等都会受到严重冲击。简言之，文化碰撞在引发文化冲突的同时，也为我们的文化建设工作制造了

① 《毛泽东选集》（第2卷），人民出版社1991年版，第665页。

压力。中华传统文化如何在全球化的进程中保持自身的优良基因而不退化，既要顶住外来压力，又要挖掘潜在自身良性发展的内在动力。而处理好这个问题就成了当前文化建设的重要旨归。

第二，信息时代里，如何在虚拟文化的管理中扬长避短？随着信息高速公路的开通，虚拟文化发展开来并迅速蔓延到生活的各个领域。作为网络化时代的产物，虚拟文化彻底、快速而又新颖地改变着人们的生活，改变着交流的方式，改变着文化活动的内容和文化的样态。它拓宽了文化发展的空间，加快了文化传播的速率。同时，虚拟文化因其固有的虚拟性和无形性特征，在消解传统文化的优秀基因，挑战道德底线的同时，以文化快餐现象出现也会造成文化消化的不良。虚拟文化的扩散，对于我们社会主义文化建设是机遇与挑战并存，在加速文化建设的同时，对其进行有效管理，难度也逐渐增大。如何在管理虚拟文化中扬长避短，优化管理方式，是亟待解决的重大问题。

第三，意识形态与文化的激荡中，如何彰显文化的力量？文化和意识形态都在“人类社会大厦的三层楼”之顶，从属于思想上层建筑。意识形态是观念文化的核心层，是特定之人浸染其中的思想环境，因而其范围较之文化显得略窄。“占统治地位的思想不过是占统治地位的物质关系在观念上的表现，不过是以思想的形式表现出来的占统治地位的物质关系。”① 因而，意识形态引导文化发展的方向，确定文化发展的原则。正是在这样的被引导、被确定的关系之下，文化作为一种超阶级的现象，如何彰显自身的力量，这是一个无法置若罔闻的话题。

第四，多元化视阈下，如何开辟文化发展的新境域？众所周知，人类存在方式的多样式，决定了专属于人类的文化的多样态特征。文化大发展和大繁荣之所以可能，就在其具备多样性特质。随着人类生存方式的与时俱进，世界交往的普遍实现，文化的样态也必然要相应地发生改变，这些新变化也即关乎文化的发展。在新时代，考察文化发展之途，拓宽文化发展的路径，既是文化本身的要求，也是时代的呼声。《世界文化多样性宣言》（Universal Declaration on Cultural Diversity，2001 年）就是对这些呼声的积极回应。开辟文化发展的新境域，使其在多元社会中获得勃勃生机而

---

① 《马克思恩格斯文集》第 1 卷，人民出版社 2009 年版，第 550 页。

长存，这是时代给我们设置的新课题。

2. 我国社会主义文化建设的经验总结

随着社会主义建设的不断深入，我们在文化建设方面虽然走了不少弯路，遭遇到许多挫折，但总体而言，我们在文化建设之途上还是取得了不少成果。这除了归功于共产党的正确领导和人民群众的大力支援外，还少不了及时总结经验，并在实践和历史的双重维度中去验证。归结起来，我国社会主义文化建设的基本经验主要如下。

第一，坚守一个指导思想——马克思主义。建构社会主义特色的文化，离不开马克思主义的指导。实践经验证明，当马克思主义被当作指导思想真正得以贯彻之时，文化会在波折中取得较大成功，反之则不然。马列主义、毛泽东思想和中国特色社会主义理论体系是被实践和时间证明了的正确的方法论。将其作为文化建设的指导思想，能够在纷繁复杂的情势下保证文化建设不变质、不偏航。简言之，即保证文化建设的社会主义性质和方向。我们文化建设取得的丰硕成果，离不开马克思主义的指导。

第二，坚定“双百”和“两为”方针。“百花齐放，百家争鸣”是根据中国的实际情况——社会主义社会依然矛盾重重的现状和国家需要迅速地发展经济和文化的现实要求上提出来的。“双百”方针，是“促进艺术发展和科学进步的方针”，是“促进我国社会主义的文化繁荣的方针”。[①] 艺术的形式和风格特色得以自由发挥，科学领域可以自由争辩，通过科学和艺术的实践去解决文化发展中的矛盾，这是极富远见而又极为科学的方法。在解放思想和拨乱反正，总结革命和文艺运动实践经验的基础上，我们党又提出了文艺“为人民服务，为社会主义服务”[②] 的要求。使政治和文化间的关系回到正轨，为社会主义文化的建设统一了方向，明确了服务对象和社会主义文化的职能。广大文化工作者积极投身于社会主义文化建设伟大洪流之中，争做人民大众的代言人。这两大方针，既是文化建设应遵循的基本方法，也为文化建设指明了方向。

第三，坚持“三面向”和“三贴近”的要求。邓小平的题词“教育

---

① 《毛泽东文集》第7卷，人民出版社1999年版，第229页。

② 《文艺为人民服务、为社会主义服务》，载《人民日报》1980年7月26日。

要面向现代化，面向世界，面向未来”，为教育体制改革指明了方向，并迅速扩展到教育外的其他领域。这为文化建设指明了方向，建构“面向现代化、面向世界、面向未来的，民族的科学的大众的社会主义文化”①，是我们文化建设的总要求。“贴近实际、贴近生活、贴近群众”的要求是“三面向”的延伸和具体化，其实质即要“面向事物本身”，以事实为依据，以人民群众及其生活为参考准则，关照到最广大群众的利益和愿望，以便创造出更多为喜闻乐见的优秀精神产品。这两大要求从宏观和微观处确证了文化建设的基本要求。

第四，坚守“四个自信”。党的十八大报告中，将“自信”同中国特色的社会主义道路、理论体系和制度结合起来，形成了“道路自信”“理论自信”“制度自信”“文化自信”，增强对中国特色社会主义的“自豪”之感。② 我们文化建设中，对所选择的社会主义道路要予以肯定，树立“道路自信”；对社会主义理论体系、方法范式等的当代价值要予以认可，要有“理论自信”；对社会主义制度的优越性要信心十足，坚持“制度自信”。在此基础上，以我们所处的社会主义大环境为荣，形成对中国特色社会主义的“自豪”之感。

第五，建构“五位一体”格局。党的文化建设同政治、经济、社会和生态建设共存共进，构成了我们社会主义现代化建设“五位一体”的总体布局。党的十八大报告将社会主义建设进行了总体规划，强调要“更加自觉地把全面协调可持续作为深入贯彻落实科学发展观的基本要求”，全面贯彻落实“五位一体”的总体布局，“促进现代化建设各方面相协调，促进生产关系与生产力、上层建筑与经济基础相协调”，并不断扩展“生产发展、生活富裕、生态良好”的文明发展之路，为将我国建设成“富强民主文明和谐”的社会主义现代化国家而奋斗。将文化建设同社会全面建设相关联，“五位一体”，相互促进，共荣共辱，这是文化建设中极宝贵的经验。

---

① 中共中央文献研究室：《十六大以来重要文献选编》（上册），中央文献出版社 2005 年版，第 29 页。

② 胡锦涛：《高举中国特色社会主义伟大旗帜　为夺取全面建设小康社会新胜利而奋斗——在中国共产党第十七次全国代表大会上的报告》，人民出版社 2007 年版，第 36 页。

第三节　新时期社会主义文化建设实践致思

我们社会主义文化建设，并非书斋式的玄想和言之无物的空谈，其深刻之处在于凸显时代关怀，其异质于旧思路的根本之处在于它从不是满足于构造解释世界的逻辑体系，而是随着世界本身的变化而发展的。面对现实提出的新问题，结合文化建设已有的经验，文化强国之路漫漫，我们必须不断求索。

其一，正视文化和尊重文化人是文化建设的基本要求。文化有着“有容乃大”的胸怀和不平衡的特性，使其具有主流和世俗之分。正视文化现象，认清二者的分野的同时，确证二者缺一不可，都是社会生活的必然要求。在革命年代里，主流文化盛行，激起人们的革命斗志，鼓舞人民去完成社会变革；在和平年代里，主流文化和世俗文化并存，革命文化甚至被迫让位于娱乐文化、消闲文化，甚至包括一些低俗文化。对于主流文化或先进文化，上层建筑的监护人要作为公共产品来投入，若是放任自流，大搞“纯市场化”，文化就会被金钱货币关系所吞没，最后就只剩下低俗的甚至是反社会的文化。此外，文化人应当受到足够的尊重，文化产品的价值需要得到社会认可。文化创造和传播必须要付出艰辛代价，文化人的劳动是脑力劳动和体力劳动的统一，这里的体力劳动也属于复杂劳动。文化艺术作品的价值和文化工作者的价值也必须得到社会的高度承认，文艺工作者的劳动是艰辛的，其艺术生命是短暂的，其责任是重大的。正视文化现象，尊重文化工作者，是文化大发展和大繁荣的基础。

其二，文化工作者的全面发展是文化建设的重要基础。文化建设的主体是人民群众，而其中主要依靠力量则是广大的文化工作者。文化产品源于生活，归功于文化工作者的创造。而文化工作者的修养和境界，直接关系到文化成果（作品）的质量，这对文化建设的影响是显而易见的。因而，当代的文学艺术工作者要率先成为全面发展的人。摆脱狭隘分工的藩篱，才能摆脱创作上的狭隘眼界和胸怀；摆脱知识的局限性，才能摆脱艺术创作中的束缚；摆脱书斋和程式的枷锁，才能脱离实际的困境。社会生活是创作的源泉，人的活动是创作的对象，崇高使命是创作的动力。文化工作者要放下架子，在市场经济的时代里，主动和企业接近，和百姓的世俗生活接近，和政府要解决的瓶颈问题接近，其创作成果才能得到社会的认可。

其三，上层建筑监护人需要为文化建设创造良好环境。文化引领社会舆论导向，任何时代的上层建筑监护人，都必会从舆论控制角度把文化置于其监护之下，未超越于特定上层建筑控制的文化，犹如笼中鸟——飞着，但自由度不高。在社会主义的文化建设中，上层建筑监护人对文化创作和文化现象要适度宽容，扩大小鸟笼子的容积，这是共产党人自信的标志。要善于从文学作品中发现社会问题、社会舆论和社会倾向，并据此调整自己的社会政策，改进工作。因为任何文学艺术作品都必然是社会生活的现实反应。绝大多数文化工作者都是有良知和责任心的，不能把对阴暗面的揭露看作别有用心。此外，还应将文化同科学技术一样置于“生产力”的高位。欧洲的文艺复兴运动拉开了资产阶级凯歌行进的帷幕。在人类社会大厦的三层楼中，文化从思想的上层建筑角度照应社会、表达社会、批判社会、引领社会，又从生产力的基础科学技术领域不断注入创造的活力。这是不容忽视的。上层建筑监护人需要为文化建设创造宽松而又和谐的外部环境，以保文化强国之途坦荡。

其四，文化管理体制要与时俱进并顺利实现“三嫁接”。解放思想、实事求是、与时俱进和求真务实乃科学发展观最为鲜明的精神实质。面对发展变化着的国内外状况，文化管理体制也必须与时俱进，要不断创新。要把时代对文化管理的新要求落到实处，要做到文化管理体制顺利实现和政府“嫁接”、企业“嫁接”和教育“嫁接”。通过立法确立文化投入机制，通过改革进行文化组织和团体的整合，通过政府的政策倾斜，在社会建立文化工作者的保障制度。通过深化文化体制和经济体制改革，使文化产业化成型，文化适度产业化中，要避免其能成为放任不管的代名词。文化建设也要和教育规划接轨，这是各级政府的责任，几年抓一个大项目，每年有几个大活动，让文化工作者有所作为。

其五，树立“大文化”概念是文化建设的最终落脚点。我们身处于一个“大文化”时代，文化建设要在“总体性”视阈下统筹规划，要努力将文艺工作和理论、科技、教育等精神创造工作结合，要把影视、广告、商业活动、思想教育和党建贯通安排；文化建设要在“大文化”背景下，实现将物质产品创造和社会制度建设完美结合。

总之，中国特色的社会主义文化建设和发展之路并没有可以复制的模板，“文化强国”的构想需在中国现实境遇中不断摸索前行。

第四节 小结

我们国家正处在一个变革时期，由于我们选择的是社会主义市场经济，这就必须有先进文化来引领，文化工作者在中国现代化建设中大有用武之地。当前的任务是，讴歌社会主义新农村建设中的人和事；讴歌改革开放和和谐社会建设中的人和事；讴歌民主政治建设的成果和举措；伸张社会正义，反映社会呼声，揭露官僚主义、贪污腐败、形式主义，为实现民族复兴和国家富强贡献力量。从而为实现中国特色的社会主义文化发展之路打下坚实的基础。

第十五章 马克思唯物史观与科学发展观

《〈政治经济学批判〉序言》（以下简称《序言》）是一部划时代的理论经典，在这部著作中，马克思回顾了多年以来的研究历程，针对资本主义社会发展的新情况和无产阶级运动的新要求，对历经多年思考的理论成果特别是对指导他研究工作的唯物主义历史观的基本原理进行了总结性的表述。《序言》有五部分内容：第一，马克思《政治经济学批判》一书的结构体系安排；第二，马克思研究政治经济学的动机；第三，马克思多年研究的几个理论结论；第四，马克思和恩格斯的合作；第五，马克思在英国伦敦研究政治经济学和无产阶级革命理论的经过。其中，马克思得出的六个方面的重要研究结论是《序言》的核心内容，分别揭示了社会系统的内在结构和动力机制及其发展趋势；揭示了社会变革的条件和演进规律；揭示了资产阶级社会的命运和人类社会的发展趋势。作为马克思主义经典文献，《序言》从哲学和经济学相结合的高度对唯物主义历史观所作的800多字系统完整的精辟阐述，完成了思想史上划时代的革命。时至今日，这些历史唯物主义原理对我国当前的社会主义改革和建设仍然具有重要的现实意义和时代启迪。它对于社会系统、社会变革及人类社会发展趋势的揭示和分析，都将有助于我们正确把握历史发展规律，努力实现科学发展。

第一节 社会结构理论与全面协调发展

《序言》对人类社会系统的内在结构、动力机制和发展趋势作了经典表述：“人们在自己生活的社会生产中发生一定的、必然的、不以他们的意志为转移的关系，即同他们的物质生产力的一定发展阶段相适合的生产关系。这些生产关系的总和构成社会的经济结构，即有法律的和政治的上层建筑竖立其上并有一定的社会意识形式与之相适应的现实基础。物质生活的生产方式制约着整个社会生活、政治生活和精神生活的过程。不是人们的意识决定人们的存在，相反，是人们的社会存在决定人们的意识。社会的物质生产力发展到一定阶段，便同它们一直在其中运动的现存生产关系或财产关系（这只是生产关系的法律用语）发生矛盾。于是这些关系便由生产力的发展形式变成生产力的桎梏。那时社会革命的时代就到来了。随着经济基础的变更，全部庞大的上层建筑也或慢或快地发生变革。”①

在这段关于唯物史观基本原理的论述中，马克思是用两对关系予以说明的：一个是经济基础制约上层建筑；另一个是社会存在决定社会意识。这里，马克思特别阐明了“四种生活”及其制约关系顺序，即通过生产方式来实现的物质生活、社会生活、政治生活、精神生活，他告诉我们，社会生活、政治生活对人们的精神生活也存在制约关系，并且是物质生活和精神生活的中介环节。我们可以看到，马克思用了“整个”的概念来说明这些生活而不是局部或个别；他把这些生活称为“过程”，而不是固定的状态。这不仅把人类社会运动的生机勃勃的图景生动地展现在我们面前，而且也说明了人类社会是一个有机的整体，是一个物质生活、社会生活、政治生活和精神生活相互作用的过程。这一思想有着丰富的内涵，对我国实现全面协调发展有着重要的启迪。

一　人类社会是一个有其内在结构的系统

马克思从人类生活的社会生产出发，说明人类赖以生活的物质资料生产是社会性质的，这是人类社会产生和发展的基础。并且进一步指出生产关系是与一定历史阶段相依存的，没有永恒的生产关系，而且特定生产关系的产生和变革具有不以人的意志为转移的历史必然性。生产关系总是和物质生产力的一定发展阶段相适合而产生和发展的。生产关系的总和构成社会的经济结构，即后来我们所理解的经济基础。应该指出，马克思所说

① 《马克思恩格斯文集》第2卷，人民出版社2009年版，第591页。

的这个构成上层建筑现实基础的经济结构，不包含生产力或生产的物质条件，实际上指的是一定的社会生产关系所必然形成的经济利益结构。在这一经济结构之上竖立着法律的和政治的上层建筑和与这个上层建筑相适应的社会意识形式。这就揭示了人类社会大厦的三层内在基本结构，即物质生产力、同物质生产力的一定发展阶段相适合的生产关系及其总和的经济基础和竖立在现实基础之上的上层建筑。

任何社会都是由这三个最基本的部分构成的一个不可分割的整体。并且，这一系统不是各种社会现象的偶然的堆积或机械的组合，不是生产力、生产关系（经济基础）和上层建筑三者的简单相加。相反，它是各种基本的社会现象的有机联系。生产力、生产关系（经济基础）和上层建筑之间是立体的制约与被制约、作用与反作用的关系。位于这个系统基础层的，只能是“物质生产力”，这是人类社会大厦的基石；大厦的中间层是与“物质生产力的一定发展阶段相适合”的生产关系及其总和构成的社会经济结构，这是社会大厦的钢筋架构；位于大厦最上层的是竖立在社会经济结构这一现实基础之上的“法律的和政治的上层建筑”。只有以生产力作为坚实基础的社会结构系统，才能保证人类社会的经济、政治、文化都顺利发展。同时，政治的、文化的上层建筑又会对现实基础产生反作用。

站在历史和时代的基点上，我们可以这样理解马克思关于人类社会结构的理论：物质生产方式是人类整体生活的最终制约力量，物质生活对人类的影响是通过一定的社会生产方式实现的；社会生活位于物质生活与政治生活之间，因为社会生活是世俗的，它直接影响人们的社会交往和社会关系，从而影响人们的感性生活。社会生活既受到物质生活的基础性制约，又受到同一时代政治生活的制约。政治生活位于社会生活和精神生活之间，法律和政治制度、政策等对精神生活会产生直接的影响。党的十七大提出建设社会主义物质文明、社会文明、政治文明、精神文明这个“四位一体”的文明建设目标，就是基于马克思主义的基本原理。我们在发展过程中，必须充分重视经济、政治、文化、社会之间的有机联系，全面发展物质文明、政治文明、精神文明和社会文明“四位一体”的文明建设。

二　人类社会是一个有其内在规定性的系统

人类社会演变至今，经历了不同的社会形态，这些不同的社会不是随心所欲地发展着，它们是有其内在质的规定性的。这一规定性即体现为"物质生活的生产方式制约着整个社会生活、政治生活和精神生活的过程。"人类社会发展的不同形态，虽然具有大致相同的结构，即都是由生产力、生产关系（经济基础）和上层建筑构成的，但它们之间又存在着本质的区别。例如，原始社会技术水平落后，生产力水平低下，因此人的认识有限，人们改造世界的能力也不足以进行单个人的实践活动。于是，人与人之间结成集体，以便互相依赖，人们之间是一种平均公有的关系。而在政治上表现为氏族部落的组织，这种组织对于原始社会中的自然力较为崇拜，没有所谓的阶级关系。而到了奴隶社会和封建社会，生产力水平有所发展，自然经济和小商品经济共存，但是自然经济在经济结构中占主体，这就决定了人与人之间由于生产资料占有的不均，导致彼此间存在着进一步加深的依赖关系。在政治上表现为统治阶级运用暴力和权力来维护自己的统治。资本主义社会，商品经济得到了充分的发展，人们可以通过后天的努力来摆脱自己的天赋地位，这就改变了人对人的依赖关系，等级制度得以瓦解，但是人们却陷入了对物的依赖。而在社会主义社会乃至以后的共产主义社会，我们要在物质财富极大丰富、生产力极大发展的基础上，进一步解除人对物的依赖关系，建立人的全面发展的社会。这些社会形态之间政治的、文化的差异，归根结底，都是由生产方式的差异引起的。

马克思在《雇佣劳动与资本》一文中说过："生产关系总和起来就构成所谓社会关系，构成所谓社会，并且是构成一个处于一定历史发展阶段上的社会，具有独有的特征的社会。古典古代社会、封建社会和资产阶级社会都是这样的生产关系的总和，而其中每一个生产关系的总和同时又标志着人类历史发展中的一个特殊阶段。"① 一定的生产关系的总和，是由一定发展阶段的生产力所决定的，而一定社会的经济制度、政治制度以及法律、道德、哲学等观点，归根结底，决定于生产方式，即生产力与生产

---

① 《马克思恩格斯文集》第1卷，人民出版社2009年版，第724页。

关系的统一。从这个意义上讲，人类社会发展的质的规定性，就是生产方式规定着社会的性质和面貌，规定着社会形态之间由低级向高级的转变。

纵观我国三十多年的改革开放，我们所进行的社会主义改革正是从经济体制开始的，这是符合人类社会发展的内在规定性的。正是我国所进行的经济体制改革，才引起了后续的政治体制改革、文化体制改革和社会改革，也正是我国所进行的这一系列改革开放，才形成了中国特色的不同于其他国家的社会主义社会。因此，我们应该看到人类社会系统的这一质的规定性，在今后的改革和建设中，致力于构建中国特色的生产方式，走中国特色的社会主义道路。

三　人类社会是一个有其内在发展动力的系统

把社会看作系统，把人类历史看作系统的运动，还应当揭示社会发展的根本动力和根本规律。在《序言》中，马克思从五个方面对社会发展的基本动力作了精辟的阐述。其一，物质生产力是社会发展的终极动力，物质生产力发展到什么阶段，社会生产关系就必须相应地适应这个阶段；其二，物质生产力的社会形式是社会生产关系，物质生产力总是在一定的社会生产关系中运动发展；其三，物质生产力同其社会形式出现矛盾时，这个社会形式就从生产力发展的条件转化为生产力发展的桎梏；其四，社会变革的原因根植于一定历史阶段生产力和生产关系的矛盾中；其五，社会生产关系总和的经济基础的变更必将引发整个上层建筑或慢或快的变革。这里指出了社会系统是在生产力和生产关系、经济基础和上层建筑这两对矛盾的运动中向前发展的，这就为社会主义改革和建设指明了方向。

社会主义社会就是要解除生产关系对生产力、经济基础与上层建筑的对抗性矛盾，为社会生产力的发展提供新的空间。但社会主义并不是一个超脱于人类社会之外的社会，社会基本矛盾同样存在，新的生产关系虽然解除了资本主义生产关系对生产力的束缚，但这只是就所有制而言。而在生产关系中的经济运行机制、经济管理制度、社会分配制度等方面，社会主义社会还存在着许多不足之处，这些生产关系不可能无限度地适应生产力的发展，必须要随着生产力的发展不断进行改革和创新。

因此，我们的改革必须先从生产力和生产关系这对基本矛盾入手，深刻认识坚持公有制为主体、多种所有制经济共同发展的必然性，同时改革不适应生产力发展要求的传统社会主义生产关系，如国有企业改革、收入分配体制改革、经济体制改革等。同时，我们对于当前改革开放中的深层次问题，只有深入到生产力与生产关系的矛盾冲突中，才能找到解决问题的正确答案。此外，我们还必须相应地对我国的上层建筑进行改革。随着社会主义市场经济体制的逐步建立和社会生产力的不断发展，必然要引起上层建筑发生相应的变化。例如，市场经济的法制性，要求上层建筑必须加强法制建设；市场经济的等价交换、公开竞争等特征，要求政府结构转变职能，等等。我们在新时期继续推进改革的过程中，应该深刻认识经济体制改革的重要性和上层建筑改革的紧迫性，双管齐下，采取积极、稳妥、渐进的方针实现社会系统的全面协调发展。

第二节　社会变革的考察与科学发展

当生产力与生产关系、经济基础与上层建筑发生矛盾时，社会变革的时代就到来了。对于社会变革的形式、条件和演进规律的考察，我们也能够从《序言》中得到启迪，这对于我们当前在社会革命内涵的认识上和评价的标准上，有着重要的意义。

首先，对于社会变革的内涵，马克思在《序言》中作了详细的论述，即“一种是生产的经济条件方面所发生的物质的、可以用自然科学的精确性指明的变革，一种是人们借以意识到这个冲突并力求把它克服的那些法律的、政治的、宗教的、艺术的或哲学的，简言之，意识形态的形式”。[①] 这就说明了任何一个时代的变革要求都来自两个方面：一是发生在物质生产领域的变革实践，如由于科学技术进步带来的经济条件的变化；二是发生在精神领域里的变革意识，如法律的和政治上层建筑及其竖立其上的意识形式的变化。因此，社会变革既包括生产力形式的变革，也包括了意识形态形式的变革。生产力的变革具有显性的特征，它可以直接用自然科学的精确性来指明，“手推磨产生的封建时代，蒸汽机产生的是资产阶级时代”，这便是生产力变革作用的最好证明。而社会变革的另一种形式便是意识形态的形式，这种形式的变革与生产力的变革相比，较为

① 《马克思恩格斯文集》第 2 卷，人民出版社 2009 年版，第 592 页。

隐蔽，而且很难用量化的数据来作精确的说明，但是这种变革具有十分广泛的意义。它影响到社会的、政治的、经济的、文化的、宗教的、艺术的、哲学的方方面面，并最终会影响社会系统的稳定和持续发展。因此，这种意识形态的社会革命也是非常重要的。它将社会革命的内涵从原来的阶级斗争和生产力革命，扩展到经济体制、政治体制的改革和文艺、文化、思想的革命。这就使社会变革的内涵不再局限于一个阶级推翻另一个阶级的阶级斗争，而是包含了各种社会重大变革如产业革命、科技革命、思想革命等多方面的内容，从而赋予社会变革以新的含义。然而，社会变革的根本原因，不能从意识和观念中去寻找，而必须从社会的基本矛盾运动中去寻找。生产力与生产关系的矛盾运动，是社会发展的基本动力，从这个意义上看，物质生产力的变革是更为深刻的和基础的。因此，我们当前进行改革，必须首先坚持以经济建设为中心，变革束缚生产力发展的各种不合理体制，利用各种先进技术、管理、资源发展生产力，从而实现生产力的解放和发展。在此基础上，我们才能进一步推进生产、分配、消费和交换关系的变革，才能进一步推进政治体制、文化体制等上层建筑的变革。

其次，任何的社会变革都需要在条件成熟的情况下才可能发生，并取得成功的。若是不遵从相应条件的变革只能是昙花一现，并会以失败而告终。《序言》中关于社会变革条件的理论，能使我们深刻地理解社会变革的基本条件，并对我们理解实事求是这个马克思主义的精髓，从而立足现实开创未来有着重要的启迪。马克思指出："无论哪一个社会形态，在他所能容纳的全部生产力发挥出来以前，是决不会灭亡的；而新的更高的生产关系，在它的物质存在条件在旧社会的胎胞里成熟以前，是决不会出现的。所以人类始终只提出自己能够解决的任务，因为只要仔细考察就可以发现，任务本身，只有在解决它的物质条件已经存在或者至少是在生成过程中的时候，才会产生。"① 这段话，指出了社会变革的条件，包含了这样几个要点：其一，任何一个社会形态都是一个生命过程，这个过程是它对生产力的容纳和释放过程，这个过程不结束，这个社会形态就不灭亡；其二，新的社会形态是在旧社会形态的母体中孕育出来的；其三，人类只

① 《马克思恩格斯文集》第2卷，人民出版社2009年版，第592页。

能提出和解决他们所能够提出和解决的问题。前两个要点说明了社会变革的基本条件只能是生产力的发展，即只有当一个社会对于它所容纳和释放的生产力发展到了极致，并且孕育出了替代它的新社会形态，社会变革才有可能发生，并最终实现。后一个要点说明了“人类始终只提出自己能够解决的任务”，并且这一任务的解决只能在解决它的物质条件已经存在或生成的基础上才能实现，这体现了马克思主义实事求是的思想路线。因此，在当前阶段，我们要在坚定社会主义信念的同时正确认识我们社会主义不发达、不成熟性这个事实；把社会主义事业看作一个不断完善的过程；把一切方针、政策、决策都建立在现实的基点上。一切从实际出发，把主观能动性建立在对现实条件的客观把握的基础上，既不盲目乐观也不无所作为，既不急于求成也不等待观望，既不放弃追求也不超越实际。尽力而为，量力而行，科学发展，开拓前进，我们的目标就一定能逐步接近。

最后，改革开放进行了三十多年，对于改革开放成败得失的评价成为当前的一个讨论特点。对改革开放的认识，关系到改革能否继续深化，开放能否继续扩大，意义重大。马克思在《序言》中早已指出，“我们判断一个人不能以他对自己的看法为根据，同样，我们判断这样一个变革时代也不能以它的意识为根据；相反，这个意识必须从物质生活的矛盾中，从社会生产力和生产关系之间的现存冲突中去解释。”① 因此，我们在考察改革开放带来的变革时，在评价改革开放的成败得失时，必须要以变革时代的物质生活为立足点，从社会生产力和生产关系之间的现存冲突中去解释。在社会主义基本制度建立起来以后，出现了形成于一定历史时期和一定历史经验中的经济体制和其他具体制度严重束缚社会生产力的现象。社会主义社会仍然存在着从根本上改变束缚生产力发展的经济体制和其他与之相适应的具体制度的任务。而要改变这些与生产力不相适应的经济体制和具体制度，只能通过改革。从这个意义上，改革是形成于社会主义内部生产关系和生产力的矛盾运动中的，因此改革是必然的。而经过三十多年的改革开放，我们建立了社会主义市场经济体制，极大地发展了生产力，摆脱了计划经济时代的“短缺”经济，实现了物质商品的极大丰富，满

---

① 《马克思恩格斯文集》第2卷，人民出版社2009年版，第591页。

足了人民群众日益增长的物质文化需要。同时，伴随着市场经济体制的建立和完善，人民群众的精神生活也得到了极大的丰富，政治的、文化的、社会的方方面面也相继进行着与经济基础相适应的改革。改革开放始终把解放和发展生产力作为它的根本任务，把社会基本矛盾始终驾驭在社会主义的生产关系和生产力的矛盾运动中，从而保证改革的社会主义方向。因此，可以说，改革开放挽救了中国的社会主义，中国的社会主义成就了改革开放。我们只有把改革的种种构想和实施放在社会主义社会基本矛盾运动中来进行考察和检验，才能提出评判改革的科学标准，才能更好地坚持推进改革，扩大开放。什么是社会主义，怎样发展社会主义，不是仅凭争论争出来的，而是在改革开放和现代化建设的实践中走出来的，过去是这样，今后也还是这样。作为以马克思主义理论为指导的社会主义社会，应该把改革、变革看作社会运动的常态。只要符合邓小平所说的“三个有利于”标准，就大胆地试、大胆地闯，把前无古人的社会主义市场经济不断推向前进。

第三节　正确把握人类社会的演进规律和发展趋势

一　正确把握人类社会演进的一般规律

人类社会经历了不同的社会形态，马克思从经济角度把这些形态作了归结，“大体说来，亚细亚的、古代的、封建的和现代资产阶级的生产方式可以看作是经济的社会形态演进的几个时代。”在这里，马克思把人类社会看作一个由低级向高级演进的历史过程，揭示了人类社会历史演进的一般规律性。他把社会关系归结为生产关系，又把生产关系归结为生产力的高度，指出人类社会演进的终极动力是经济动因，从而不仅使人类社会的现实而且使人类社会的历史和未来得到了唯物主义解释，从而论证了人类社会的发展是一个自然的历史过程。在这一自然的历史过程中，社会形态的消亡和产生只能是在生产力与生产关系的矛盾运动中实现，生产力和生产关系之间的矛盾运动状况是社会形态演变的根本依据。具体说来，任何一个社会形态都有一个生命过程，这个过程是它对生产力的容纳和释放的过程，这个过程不结束，这个社会形态就不会灭亡。正如马克思在《序言》中所说的那样：“无论哪一个社会形态，在它所能容纳的全部生产力发挥出来以前，是决不会灭亡的。”同时，只有旧的社会形态将其所容纳的生产力释放出来，并不意味着新的社会形态会自动产生。因为新的社会形态是在旧社会形态的母体中孕育出来的，只有当新的社会形态的生产关系成熟以后，在足够与当时的生产力水平相适合的基础上，它才会产生。即“新的更高的生产关系，在它的物质存在条件在旧社会的胎胞里成熟以前，是决不会出现的”。[①] 马克思在《序言》中提出的“两个决不会”思想，对于我们认识社会形态演变的规律有着十分重要的意义。这里需要指出的是，马克思提出的“两个决不会”，说的是社会发展的一般规律性，是一种社会形态取代另一种社会形态的一般规律性，它的实质是指生产关系一定要适合生产力性质的规律。不能从经济是否增长这种意义来理解“两个决不会”，仿佛只有经济一点也不发展了、甚至出现了倒退，现存生产关系（进而现存社会形态）才会灭亡；仿佛只要经济还在增长，新的生产关系出现的条件就是不成熟的。[②]

二　正确把握人类社会发展的总趋势

当今时代是资本主义制度与社会主义制度并存的时代。社会主义能否取代资本主义？资本主义能否在短时间内消亡？社会主义取代资本主义的条件是什么？这些问题的回答，对于我们建设中国特色社会主义事业有着重要的意义。在《序言》中，马克思对资产阶级社会形态的历史命运作了推断，论证了人类历史发展的总趋势。他指出：“资产阶级的生产关系是社会生产过程的最后一个对抗形式，这里所说的对抗，不是指单个人间的对抗，而是指从个人的社会生活条件中生长出来的对抗；但是，在资产阶级社会的胎胞里发展的生产力，同时又创造着解决这种对抗的物质条件，因此，人类社会的史前时代就以这种社会形态而告终。”

应该看到，马克思在这里深刻地揭示出：其一，作为“社会生产过程的最后一个对抗形式”，资产阶级生产关系的对抗性质来自这个生产方式的内在矛盾，而不是指一种私人间的关系。这种对抗“不是指个人的

---

① 《马克思恩格斯文集》第2卷，人民出版社2009年版，第592页。

② 周新城：《“两个决不会”的解读及对社会主义前途的思考》，载《马克思主义研究》2005年第1期。

对抗，而是指从个人的社会生活条件中生产出来的对抗”。这样的性质决定了这种对抗的不可抗拒性，意味着资本主义社会基本矛盾的不可克服性。其二，要解决生产方式对抗性质的手段和条件从根本上说只能是物质的，而不能是精神的，即使占有形式适应生产形式，按照生产力的社会性质的客观要求，用公有制代替私有制。在当代社会，社会主义取代资本主义更多是通过长期和平竞争，通过创造出解决资本主义生产关系对抗的物质条件来战胜资本主义。其三，解决生产方式对抗性质的物质条件本身又是从这种对抗关系中产生出来的，即“在资产阶级社会的胎胞里发展的生产力，同时又创造着解决这种对抗的物质条件”。[①] 因此，这又意味着资本主义在消除这种对抗性质的物质条件具备之前，是不可能消亡的。此外，任何一种社会制度都有其组织能力，资本主义制度也不例外。在两种社会制度并存的这个时代，资本主义可以吸收借鉴社会主义的宝贵经验来完善自身，例如，福利措施、社会保障举措等，都是资本主义的自我调节。尽管这种调节本身并没有改变资本主义生产关系的对抗性质，但是在一定程度上，它延缓了资本主义社会的终结。其四，人类进入文明史以来的生产方式总是处在不可调和的对抗中，资产阶级社会的终结将是社会生产过程的对抗史的终结，这是人类历史的必然。因此，我们既要看到资本主义制度一定会被社会主义制度所代替的历史趋势，同时，还必须看到发展三百多年资本主义制度借助于科学技术革命和生产关系调整所发生的巨大变化，善于观察资本主义社会内部对社会主义因素吸纳的情况，观察资本主义社会生产力能量释放的时空扩展，观察资本主义社会基本矛盾发展的新特点和新趋势。在资本主义和社会主义两种社会制度并存的时代，牢牢把握历史发展趋势，绝不放弃对理想信念的追求，努力把中国特色社会主义发展好，用历史事实来不断证明社会主义制度的优越性。

---

① 《马克思恩格斯文集》第 2 卷，人民出版社 2009 年版，第 597 页。

第十六章　马克思主义中国化进程的显著特征

马克思主义中国化是国际共产主义运动的永恒课题，当然也是中国共产党的永恒课题。马克思主义中国化是一个历史进程，对我国来说，就是把马克思主义的基本原理应用于中国的具体环境，实现马克思主义的中国化，使马克思主义在其每一表现中带有中国的特性，带有中国的作风和气派。它的实质是马克思主义的基本原理同中国的具体实际和时代发展相结合。马克思主义中国化的历史进程，不是杂乱无章、随意进行的，而是有着其内在的基本规律。中国共产党九十多年的历史，在展现马克思主义中国化的总的历史进程时，也揭示了马克思主义中国化的特征。

马克思主义中国化进程中的显著特征，可以概括为六个方面。

第一节　发现与坚持真理

一　发现真理之旅——摸索与飞跃相伴随的特征

马克思主义中国化是一个随着国情的发展而不断深入的过程，在这个过程中总是伴随着摸索和飞跃。纵观马克思主义中国化的历史进程，就是一部中国共产党人不断摸索和实现飞跃的历史。马克思主义中国化是一项任重而道远的伟大事业，更是一个史无前例的进程，没有现成的经验可循。如何把马克思主义的普遍真理与中国具体实践相结合，走中国特色的革命与建设道路，是一个崭新的课题。为此，中国共产党开始了马克思主义中国化的征程。在马克思主义中国化的进程中，无数的中国共产党人“摸着石头过河”，对国情的正确认识经历了一个较长时期的探索过程。同时，在中国共产党人逐步摸索、推进马克思主义中国化的进程中，也实现了数次的飞跃。在对半殖民地半封建中国的革命实践摸索中，产生了飞跃的成果——毛泽东思想；在社会主义初级阶段的建设实践摸索中，形成了飞跃的成果——邓小平理论；在世纪之交的执政实践摸索中，产生了飞跃的成果——“三个代表”重要思想；在21世纪的发展实践摸索中，形成了飞跃的成果——科学发展观。

（一）革命时期的探索和飞跃

在一个半殖民地半封建的东方大国进行革命，必然遇到许多特殊的复杂问题。在马克思主义中国化的早期，中国共产党人还不够成熟，既没有真正弄懂马克思主义之“天”的实质，也没有搞清楚中国国情之“地”的含义，曾经犯过马克思主义教条化的错误，曾使中国革命几乎陷于绝境。以毛泽东为代表的中国共产党开始了革命的摸索之旅。在对中国社会政治经济综合分析的基础上，中国共产党明确了中国半殖民地半封建的社会性质，确立了革命的反帝反封建任务，并通过对中国阶级结构的调查分析，对革命的性质、社会各阶级在革命中的作用和地位作出了准确的判断；对农村的调查分析，使中国共产党人对中国农村和农民第一次有了具体认识，实现了对半殖民地半封建社会性质认识的深化。正是通过对中国国情的准确把握和实践的摸索，毛泽东同志带领中国人民取得了新民主主义革命的胜利。中华人民共和国成立后，像中国这样一个贫穷落后的大国，能不能跨越资本主义，向社会主义过渡？毛泽东从理论和实践两个方面对此作出了回答，在理论上提出了关于从新民主主义向社会主义过渡的理论，在实践上创造性地解决了我国社会主义改造问题。

这一阶段的摸索，解决了在农民占绝大多数的中国如何建设一个马克思主义政党的重大历史性课题，形成了“被实践证明了的关于中国革命和建设的正确的理论原则和经验总结”① 的毛泽东思想，从而实现了马克思主义中国化的第一次历史性飞跃。毛泽东思想是马克思列宁主义同中国革命实际相结合的第一次历史性飞跃所产生的重大理论成果，是马克思主义中国化的第一个理论形态。这一理论形态揭示了中国新民主主义革命的规律，解决了“什么是新民主主义革命、怎样进行新民主主义革命”的问题，也阐明了新民主主义革命转变为社会主义革命的历史必然性，阐述

① 《江泽民文选》第2卷，人民出版社2006年版，第8页。

了向社会主义过渡的理论、方针和政策，解决了“为什么进行社会主义革命、怎样进行社会主义革命”的问题，完成了从新民主主义向社会主义的转变。它丰富了马克思主义的基本原理，开启了马克思主义中国化之路，也为马克思主义中国化的继续深入作了充分的铺垫。

（二）建设与改革时期的探索和飞跃

1957 年以后，马克思主义中国化的事业，在“什么是社会主义、怎样建设社会主义”这个基本问题上，经历了巨大的挫折。“文化大革命”结束以后，中国处在了向何处去的重大历史关头。“什么是社会主义，怎样建设社会主义”成为一个必须解决的重要问题，中国共产党人再一次苦苦摸索着。为寻求解决危机的对策，探索建设有中国特色的社会主义道路，邓小平同志在思想上支持和领导真理标准问题的大讨论，破“两个凡是”的樊篱，恢复并重新确立了党的解放思想、实事求是的思想路线；在解放和发展生产力的问题上，创造性地提出了“改革也是解放生产力”“改革是中国的第二次革命”“改革是中国发展生产力的必由之路”等一系列著名论断，并提出了建设社会主义市场经济的大胆尝试；在对国际关系的处理上，精辟地概括了和平与发展的时代主题，科学地把握了世界历史的总进程和当今时代的基本特征，向世界打开了国门，敞开了怀抱；在实现祖国和平统一的前提下，从台湾、香港、澳门的客观实际出发，逐步提出了“一个国家，两种制度”的创造性构想。这一切重大举措，都是在社会主义建设过程中的创造性尝试，是前所未有的壮举。

跨入 21 世纪，经过三十多年的改革开放，我国的社会主义改革开放和现代化建设事业取得了辉煌的成就；同时，国际形势正在发生深刻变化，特别是经济全球化的趋势和苏东剧变的消极影响，对中国共产党的建设以及中国共产党领导的改革开放事业的进一步深入形成巨大压力。我们党历经革命、建设和改革，已经从领导人民为夺取全国政权而奋斗的党，成为领导人民掌握全国政权并长期执政的党；已经从受到外部封锁和实行计划经济条件下领导国家建设的党，成为对外开放和发展社会主义市场经济条件下领导国家建设的党。如何在新时期继续进行社会主义建设及如何在新时期保持党的执政地位和执政能力，这两个直接关系党和国家前途命运的历史性重大课题成为新时期党的领导集体急需回应的问题。党立足世纪之交的中国国情，结合国际形势的新变化，以党建理论为主体，以推进中国特色社会主义经济、政治、文化建设和社会全面发展为基本内容，以实现中华民族伟大复兴为目标，以党的先进性建设为核心，再次开始了马克思主义中国化的新摸索。

当今世界，世界多极化和经济全球化的趋势继续深入发展，各国相互依存逐步加深，大国关系深刻变动，世界力量对比继续变化。第二次世界大战后，加快经济增长成为世界各国的共识，人类创造了前所未有的经济增长奇迹。但是，由于单纯追求经济增长，不重视社会发展和社会公平，忽视环境保护和能源、资源节约，导致一些国家出现了经济结构失衡，社会发展滞后，能源、资源日趋紧张，生态环境急剧恶化，以及高增长下的两极分化、失业增加、社会腐败、政治动荡等问题，经济增长并没有给广大人民带来更多的实惠，未能实现持续的增长和真正的发展。我们国家也不例外，这些严峻的形势对我国的发展问题提出了新的挑战。党中央着眼于党和人民事业发展的全局，坚持以马克思列宁主义、毛泽东思想、邓小平理论和“三个代表”重要思想以及科学发展观等一系列重大战略思想为指导，紧紧围绕建设中国特色社会主义这个主题，准确把握时代特征和中国国情，认真研究和回答我国社会主义经济建设、政治建设、文化建设、社会建设和党的建设面临的一系列重大问题，不断总结实践经验，不断扩展理论视野，不断作出理论概括，形成了以人为本、全面协调可持续发展的科学发展观这一重大战略思想。

当前，我国的社会主义事业进入到了一个全新的阶段，各项改革全面深化展开，新一届中央领导集体提出了“四个全面”的战略布局，对治国理政实践经验进行科学总结和发展，使得当前和今后一个时期党的治国理政总体框架更加完善，日臻成熟。今后我们如何将马克思主义中国化进一步推向深入、开拓马克思主义中国化的新境界，是中国共产党仍将继续摸索的课题，也是要在现有基础上实现新的伟大飞跃的课题。

二　坚持真理之法——继承与超越相联系的特征

马克思主义中国化进程中只有科学地对待马克思主义，科学地对待前人的观点，坚持继承和超越相联系的原则，才能真正实现马克思主义中国化。继承是超越的基础、根据和前提，超越是继承的必然要求和体现。内在性的继承规定着特殊性的超越的方向，它是超越的根据，对超越进行

“规范”，时刻印证着超越的正确性。超越不是任意的超越，而是坚持马克思主义立场、观点和方法的超越。同时，超越也是马克思主义内在精神实质的必然要求，马克思主义与时俱进的理论品质和中国不断变化的客观现实，要求马克思主义和中国化的马克思主义突破自身、超越自身。超越性证明和显示内在性的继承在当代的现实意义和价值。而且，二者的统一是它们自身发展的必然。只有坚持和继承内在性才能实现真正意义上的超越。马克思主义中国化其实是在坚持马克思主义的前提下，对中国革命、建设和改革的特殊规律及其理论形态的建构，是在马克思主义原理指导下对中国特殊规律的探索，也是内在与超越的统一性存在。在这一过程中，继承既包含继承马克思主义的基本原理，也包含继承前人的优秀理论成果；超越既包含对马克思主义基本原理的超越，也包含对前人观点的超越。

（一）对马克思主义基本原理的继承和超越

马克思主义中国化的实质是马克思主义与中国具体实践相结合。马克思主义中国化是在“马克思主义”基础上的“中国化”，因此对马克思主义中国化的理解离不开对马克思主义“内在性”的正确解读。所谓内在性就是马克思主义的内在精神实质，是马克思主义中那些超时代意义的价值追求和具有永恒价值的理论。坚持和继承马克思主义的内在实质是推进马克思主义中国化的理论前提。马克思主义要实现中国化，除了继承之外，更需要进行超越。超越是用独立思考、科学求新的精神来修正和发展马克思主义；是马克思主义辩证法精神张力的凸现；是对马克思主义时间和空间限制的一种突破，是对马克思主义自身的一种扬弃。对马克思主义进行超越，具体包含三个方面的内容：即要将马克思主义具体化、民族化，形成指导中国革命和建设的正确的路线、方针、政策，赋予其中华民族的风格和特点，集中反映中华民族的优秀文明成果；也要将马克思主义当代化，立足于时代特征和中国实际，着眼于马克思主义的新实践和新发展，把马克思主义在中国的发展不断推向新的阶段。从这个意义上讲，马克思主义中国化的本质是对马克思主义继承与超越的统一。

马克思主义中国化进程中继承和超越相联系的规律可以通过中国化马克思主义这一现象来表现。马克思主义中国化的理论成果既坚持了马克思主义的内在精神实质，坚持辩证唯物主义和历史唯物主义为哲学基础，坚持工人阶级和人民大众的立场，坚持以建设社会主义实现共产主义为目标；同时，它又超越了马克思主义的具体形态，突破了马克思主义的历史限制性，将马克思主义基本原理同时代特征和中国特色社会主义具体实际相结合，发展了马克思主义。毛泽东坚持马克思主义并创造性地发展了马克思主义关于无产阶级领导权的思想，提出了无产阶级领导的，工农联盟为基础的，人民大众的，反帝国主义、封建主义和官僚主义的新民主主义革命理论；坚持马克思主义同时突破了首先夺取中心城市，进一步夺取全国胜利的传统革命道路理论，提出了农村包围城市，武装夺取政权，最后夺取全国胜利的革命道路理论。邓小平坚持马克思、恩格斯关于社会主义的一般原则，提出了社会主义本质论；进一步发展了马克思关于社会主义发展阶段的学说，提出社会主义初级阶段论；突破社会主义只能实行计划经济体制的传统观念，提出了社会主义市场经济理论。“三个代表”重要思想在坚持马克思主义的基础上，进一步回答了“什么是社会主义、怎样建设社会主义”，创造性地回答了“建设什么样的党、怎样建设党的问题”，丰富了党的建设理论。科学发展观在面对新形势的基础上，丰富发展内涵、创新发展观念、开拓发展思路、破解发展难题，在发展道路、发展模式、发展战略、发展动力、发展目的和发展要求等方面提出了一系列新的思想观点，进一步丰富了中国特色社会主义理论。在马克思主义中国化的理论成果中我们都能找到马克思主义“继承”所在，同时也能发现他们对马克思主义的“超越”。

（二）中国化马克思主义之间的继承和超越

在马克思主义中国化过程中，除了对马克思主义本身的继承和超越之外，我们党的几代领导集体之间，也遵循着继承和超越相联系的规律。他们既继承前人，又突破陈规，后一个成果是前一个成果的继续，他们的思想是一脉相承的，继承着内在性的统一，但又产生了超越前人的新理论、新观点、新策略。毛泽东思想、邓小平理论、“三个代表”重要思想和科学发展观相承于马克思主义世界观和社会革命论之脉，相承于马克思主义同中国实际相结合之脉，相承于中国特色社会主义建设之脉，相承于中华民族伟大复兴之脉。它们在对坚持共产主义的最终目标上是一致的，在解放思想、实事求是的思想基础上是一致的，在代表最广大人民的根本利益的基本立场上是一致的，在解放和发展生产力的根本任务是一致的。从这个意义上讲，中国化的马克思主义是一个互相继承的完整体系。同时，它们之间又是互相超越、互相完善的。毛泽东思想解决了在半封建、半殖民地落后国家进行资产阶级革命和社会主义革命的问题，在他的领导之下，中国共产党推翻了三座大山，建立了中华人民共和国，对资本主义工商业进行了改造，初步建立了完整的工业体系，使中华民族在世界之林有了一席之地。但是，毛泽东思想没有很好地解决什么是社会主义和如何建设社会主义的问题，这便形成了一个缺口。在毛泽东思想的缺口里产生了邓小平理论。邓小平理论解决了社会主义基本制度建立之后如何搞市场经济的问题，在“什么是社会主义，怎样建设社会主义”问题上，实现了对毛泽东思想的超越，进一步完善了社会主义建设理论。邓小平理论在社会主义建设理论方面发挥了至关重要的作用，但对于执政党理论的建设方面还不完善，“三个代表”重要思想在“建设什么样的党，怎样建设党”的问题上，实现了新的突破，进一步完善了党的执政理论，也进一步完善了社会主义建设理论；科学发展观在新世纪、新形势下，就“实现什么样的发展，怎样实现发展”的问题，实现了新的飞跃，进一步完善了社会主义发展的理论，更进一步完善了社会主义建设理论的内容。

第二节　发展与推进真理

一　发展真理之路——挑战与应对相适应的特征

任何一种理论都不可避免地要受到现实和其他各家理论的挑战，一种严谨的、真正的理论也都不畏惧现实和其他各家理论的挑战，它会接受挑战并加以应对。马克思主义理论就是这样一种既受到来自各方的挑战，但也坦然应对各种挑战的理论。马克思主义自诞生以来就是在同其他思想的斗争中，在现实的挑战中不断发展、不断完善。它批判唯心主义，批判形而上学，从而建立了马克思主义哲学的体系；它分析资本主义的商品，分析资本主义的雇佣劳动，从而揭示了剩余价值规律，建立了政治经济学；它与反动的社会主义做斗争，与保守的社会主义做斗争，与空想的社会主义做斗争，从而建立了科学社会主义学说。

马克思主义中国化的进程就是一个接受挑战和应对挑战相适应的过程，就是马克思主义和中国化马克思主义在被挑战和应对挑战中，扩大自己影响、指导中国实践的过程。马克思主义传入中国的历史，更是一部与三民主义、自由主义、科学主义、民族主义等社会思潮进行论争的历史。正是在应对各种各样的社会思潮的挑战中，马克思主义不断扩大自己的影响，最终成为20世纪在中国影响最大的理论，并成为中国革命的指导思想。成为指导思想的马克思主义在中国化的进程中还是不断受到和应对各方挑战，具体包括时代主题、国际背景、中国国情以及马克思主义自身发展动力等方面的挑战。

时代主题的转换给马克思主义带来了新的时代课题，也从另一个角度对马克思主义提出了挑战。经典马克思主义最先与战争革命年代的时代主题相结合，它突出强调在革命年代的阶级斗争学说、暴力革命理论，强调与资产阶级的对立意识和排他性。然而社会主义新中国成立之后，时代的主题已经不再是战争与革命，和平和发展逐渐成为时代的新主题。此时，“闹革命”思想不再具有现实动员性，马克思主义的无产阶级暴力革命理论渐渐失去了现实支撑。为了应对这一挑战，我们党在时代坐标上对马克思主义准确定位，把握时代特征，捕捉时代性问题，把马克思主义同当前时代的特征结合起来，提出了社会主义建设的历史使命，把主题从革命转换到建设上来，充分发挥社会主义制度的优越性，也充分展示马克思主义在解放生产力、发展生产力方面的科学论断。

国际背景的变化，也对马克思主义提出了严峻的挑战。作为社会主义制度的主流意识形态，马克思主义从一开始就要防止西方的“和平演变”。面对西方国家“和平演变”战略的咄咄逼人之势，以及对1956年发生的波兰“波兹南事件”“匈牙利事件”经验教训的总结，毛泽东同志逐渐形成了关于防止“和平演变”的思想，1957年的反“右派”斗争，以及20世纪50年代末60年代初中苏关系的急剧恶化，这一切又深化和完善了毛泽东防止“和平演变”的思想。他提出实行人民民主专政和开展阶级斗争，防止和反对修正主义，培养社会主义接班人，加强党的建设等措施。20世纪80年代末90年代初，苏东剧变和国内政治风波，对马克思主义信仰再次提出了严峻的挑战。邓小平同志为了应对这一挑战，提出了“一个中心，两个基本点”的基本路线，坚决反对资产阶级自由化，有效抵制了西方的“和平演变”。21世纪，伴随着全球化、互联网传播和网络扩展延伸，马克思主义意识形态在当代更是面临发达资本主义国家的经济政治实力所带来的意识形态强势的压力。西方文化的强势传播，由经济强势带来的文化吸引和价值认同，形成了人们对西方文化的盲目崇拜和对马克思主义的不以为然。新自由主义、民主社会主义、新保守主义、生态马克思主义等一系列西方思潮不断地对马克思主义展开围攻，在新的历史条件下，马克思主义原先的许多优势正在逐步变为劣势，正逐步丧失主动权、话语权，马克思主义似乎被西方的意识形态理论和现实“证伪”了。这给马克思主义的生命力和影响力带来了严峻的挑战。为了更好地应对这一严峻的挑战，我们党一方面在国际环境中把握马克思主义中国化，站在世界的平台上吸收借鉴他国的科学经验，发现世界发展中规律性的东西，为马克思主义中国化积累必要的“素材”；另一方面我们积极加强建设。这一建设既包括加强经济建设，构筑防止“和平演变”物质基础；也包括加强思想文化建设，筑起反“和平演变”的思想基础；还包括加强党风廉政建设，反对腐败，筑起反“和平演变”的政治堡垒。

马克思主义中国化除了受到时代主题和国际背景的外部环境挑战之外，更受到中国实际国情的不断挑战。在社会主义革命时期，马克思主义受到了中国具体革命情况的挑战，马克思主义经典作家最早预测的大城市发动工人武装起义，夺取政权的革命道路在中国行不通。为此，我们党结合国情，开创了工农武装革命道路，从农村包围城市。为了实现早日进入共产主义的美好设想，我们党开展了“大跃进”和人民公社化运动，这些运动的受挫，对马克思主义的共产主义理想提出挑战。我们党立足于中国国情，提出了社会主义初级阶段阶段，强调在社会主义初级阶段，我们的根本任务是解放和发展生产力，为此我们要实施市场经济，实施改革开放。

当前，我国处于经济转轨和社会转型时期，体制转轨、经济结构调整和转型以及社会阶层分化对马克思主义意识形态依存的经济基础和阶级基础形成根本性挑战。从马克思主义经典理论来看，公有制和计划经济是马克思主义存在和发展的经济基础，工人阶级是马克思主义存在和传播的阶级基础。当前，一方面，中国社会出现了以公有制为主体、多种所有制并存取代单一公有制的经济结构调整和社会主义市场经济全面取代传统计划经济的经济转型，由此带来的经济成分多元化使马克思主义所依存的经济基础受到了根本性挑战。另一方面，马克思主义是工人阶级的理论武器，但随着分配方式的多样化和价值取向多元化，原先比较单一的工人阶级日益分化为各种不同的利益群体。多元化的利益主体催生多元化的观念和价值需求，马克思主义作为一元化的指导思想，难以完全满足和统一大众的精神需求。人们的阶级归属意识开始弱化，工人阶级主体意识淡化，马克思主义意识形态的阶级基础开始瓦解和流失。此外，未受益群体对马克思主义意识形态的排斥和不信任也对马克思主义信仰构成了威胁。这一切都大大增加了马克思主义意识形态的教育难度、整合难度和引导难度。为了应对这一现实的挑战，我们党通过对中国社会发展程度以及由此决定的各阶级的经济地位、政治态度及各阶级之间的关系等一系列新的客观事实之间联系的逻辑分析，提出全面建设小康社会的目标，构建社会主义核心价值体系，实现城乡、区域、经济社会、人与自然等的科学统筹，重点改善民生问题，构建和谐社会。通过这些举措，重新赋予马克思主义以新的活力和中国特色。倡导者中国共产党员尤其是党和国家的领导干部身体力行的缺失，部分造成马克思主义合法性基础流失，这也是对马克思主义发展的挑战之一。针对这一情况，我们党开展了三讲教育、“保持共产党员先进性”教育活动、学习实践科学发展观活动等，加强党的作风建设和思想建设，加强党的执政能力建设。

从马克思主义发展的内在动力看，马克思主义也受到诸多的挑战。

一是理论研究和宣传手段有效性不足的根本性制约。理论界对马克思主义的研究中多有诠释性和歌颂性工作，少有甚至没有那种批判性的学术研究，没有将马克思主义真正作为一门科学来研究。在有关马克思主义整体性与三个组成部分的关系，文本的马克思主义与条理化的马克思主义的关系，经典马克思主义与当代马克思主义的关系等方面的研究尚显不足，对马克思主义经典著作的编译和研究还不够充分。理论研究上的不足致使对现实中针对马克思主义的挑战和冲击回应不力，因而影响到马克思主义的真理面貌，难免要加深人们的困惑和误解。另外，宣传方式单一化、片面化和滞后性，也严重影响了马克思主义的外在形象。

二是与中国传统文化的结合力度不够。中国传统文化对于中国人民来讲，具有心理上的共通性，容易产生情感上的共鸣。马克思主义作为主流意识形态要实现中国化，要具有中国风格，就必须要与中国传统文化结合和融合。然而，现实生活中，对马克思主义与中国传统文化的会通挖掘力度不够，对两者结合的具体途径也缺乏研究，这造成了马克思主义高高在上的现实局面，无法深入老百姓的心灵之中。为了应对发展动力不足的挑战，我们党提出马克思主义理论研究和建设工程，加强马克思主义基本原理和马克思主义中国化理论的深入和系统研究，寻求马克思主义与中国文化的交融，与民族思维模式、价值取向、行为方式结合起来，使马克思主义具有“中国作风”“中国气派”和“中国特色”，达到宣传的效果。

二　推进真理之力——领袖与群众相呼应的特征

马克思主义中国化是全党全民都应为之而努力的现实使命。事实说明，马克思主义中国化不是一种自发的现象，而是在中国共产党的领导集体和广大人民群众的共同推动下实现的，它是领袖与群众相呼应的产物。马克思主义中国化是伟人和集体相互呼应、共同推动的结果，是集体智慧的结晶。应该说，马克思主义中国化的实现，人民群众做出了根本性的贡献，中国共产党的领袖们做出了决定性的贡献。

马克思主义历史唯物主义不否认英雄人物、领袖人物在历史上的重要作用甚至决定作用。历史上，任何一个阶级，如果不推举出自己善于组织运动和领导运动的政治领袖和先进代表，就不可能取得统治地位。没有一批在理论上、思想上成熟起来的领袖人物，马克思主义中国化与中国经验马克思主义化是不可能的。领袖是马克思主义中国化的设计师，是在中国革命、改革和建设实践中成长和选拔出来的政治精英。领袖素质决定马克思主义基本原理和与中国具体实际相结合的程度和水平。党和国家主要领导人通常比普通群众具有更高的马克思主义理论水平，又居于主政地位，因而他们具有更强的创新能力和更大的创新责任，也更有可能提出创新性的理论成果并在全社会推行。中国共产党建立 90 多年，产生了一批在党内外享有崇高威信的领袖，是我们党最可宝贵的财富。中国革命、改革和建设中脱颖而出的领袖一般都经历了长期的实践锻炼，有地方工作和中央工作的丰富经验，有深厚的马克思主义理论素养和对中国历史、传统文化的深刻了解，对广大人民群众有深厚的阶级感情和强烈的责任感，有较强的组织能力和领导能力，并在全党享有较高的威信。由于我国的国情，领袖们在马克思主义基本原理与中国具体实际相结合的过程中往往一身兼两任，既是思想家、理论家，又是政治家、革命家。这种理论创造和实际应用紧密型的结合体制，为马克思主义中国化起到了极大的推动作用，具体表现为：一是领袖们提出的理论主张容易尽快被采用并付诸实践，大大缩短了理论转化为现实的时间。二是领袖们身兼两任有利于理论紧密联系实际、服务实践、推进革命、改革和建设等各方面的工作。三是这种结合体制有利于领袖们在政治斗争中运用理论、权力等资源来战胜对手，确保自己的路线、方针、政策的推行。

但党和国家主要领导人的创新性理论成果决不仅仅是他们个人思考、践行的结果，而往往是在广大人民群众实践、研究、创新的基础上，加以总结、升华而产生的。中国的人民群众是马克思主义中国化的主要力量。人民群众作为实践和认识活动的主体，其作用主要体现在马克思主义中国化的基本动力并为革命、改革和建设提供了广阔的舞台。

人民群众作为社会实践的主体，一方面承担实践中国共产党提出的奋斗目标，推进中国革命、改革和建设任务顺利完成的历史使命。没有人民群众的参与，理想就难以变成现实，马克思主义中国化就难以成为改造中国社会的伟大实践。另一方面人民群众通过革命、改革和建设的实践，推动了社会进步、经济繁荣、科技发展和生活改善，为中国共产党推进马克思主义中国化进程创造了前进基础和新的发展平台。

人民群众作为认识活动的主体，一方面为中国共产党将马克思主义具体化、民族化提供了依据和素材。人民群众的意愿、要求、理想是社会经济生活的产物、中国具体实际的反映。群众喜闻乐见的形式和生动活泼的语言是创造中国作风和中国气派民族形式的基本素材。只有深入群众、和群众打成一片，才能把握人民群众的诉求、时代的脉搏，找到马克思主义具体化、民族化的实现形式。另一方面是人民群众在中国共产党领导下的革命、改革和建设实践不仅检验了马克思主义中国化理论、观点的正确性，而且积累了应用马克思主义的宝贵经验，提出了深化、拓展的新课题、新领域，为马克思主义在中国的进一步应用和发展起到积极的推动作用。所以说，人民群众是马克思主义中国化的主力军、实践和认识活动的基本力量，对马克思主义中国化和中国化马克思主义的形成与发展起到了基础性、根本性的作用。

第三节　探索与延续真理

一　探索真理之魅——观点与体系相配套的特征

观点一般多为个体意识，是社会成员个人的社会经历和社会地位在自身头脑中的反映，是社会成员个人社会实践的产物。它往往具有具体性、直接性、易变性、自发性等特征。体系，从字面上理解，意为若干有关事物或某些意识互相联系而构成的一个整体。思想体系则是不同观点、看法的有机组合，是社会意识的高级层次，也称社会意识形式，它以相对稳定的形式反映社会存在，具有系统化、抽象化的特征。观点是思想体系的原材料库，它为思想体系的形成提供必不可少的素材；思想体系是观点的集中、概括、提炼和升华，反过来对观点产生重要影响。

马克思主义中国化的进程就是一个观点与体系相配套的过程。

毛泽东同志在对中国半殖民地半封建社会的国情上，对阶级的分析，提出了："一切勾结帝国主义的军阀、官僚、买办阶级、大地主阶级以及附属于他们的一部分反动知识界，是我们的敌人。工业无产阶级是我们革命的领导力量。一切半无产阶级、小资产阶级，是我们最接近的朋友，那动摇不定的中产阶级，其右翼可能是我们的敌人，其左翼可能是我们的朋友——但我们要时常提防他们，不要让他们扰乱了我们的阵线。"① 在中国工人运动遭到空前挫折的时候，毛泽东同志写作了《中国的红色政权为什么能够存在?》《井冈山的斗争》《星星之火，可以燎原》等文章对国情作了进一步阐述，提出了"工农武装割据"的思想。在抗日战争中，他又写作了《论反对日本帝国主义的策略》《论持久战》《新民主主义论》等文章，提出了"一切反动派都是纸老虎"、中国革命必须分两步走等观点。社会主义制度建立后，他又提出了一系列具有战略意义的正确思想和方针，包括：关于社会主义社会仍然存在着矛盾，基本矛盾仍然是生产关系和生产力之间的矛盾、上层建筑和经济基础之间的矛盾，必须严格区分和正确处理敌我矛盾和人民内部矛盾的思想；关于人民内部要在政治上实行"团结—批评—团结"，在党与民主党派的关系上实行"长期共

① 《毛泽东选集》（第1卷），人民出版社1991年版，第9页。

存、互相监督”，在科学文化工作中实行“百花齐放、百家争鸣”，在经济工作以及其他工作中实行“统筹兼顾、适当安排”等一系列正确方针。在这些正确的思想、方针的基础上，形成了包括新民主主义革命理论、社会主义革命和社会主义建设理论、革命军队建设和军事战略理论、政策和策略的理论、思想政治工作和文化工作的理论、党的建设理论、国际战略和外交工作的思想方法和工作方法的理论等内容的毛泽东思想体系。毛泽东思想在中国革命的年代中发挥了至关重要的指导作用，并为今后的马克思主义中国化明确了方向，作了充分的铺垫。

邓小平同志在探索有中国特色的社会主义道路上，基于对中国国情的科学判断，提出了许许多多关于社会主义建设的观点。他指出：“社会主义的本质，是解放生产力，发展生产力，消灭剥削，消除两极分化，最终达到共同富裕。”① 他也指出，我国还处在社会主义初级阶段，这是一个上百年的历史阶段，制定一切方针政策都必须以这个基本国情为依据，不能脱离实际，超越阶段。他强调，改革也是一场革命，也是解放和发展生产力，是中国现代化的必由之路，僵化停滞是没有出路的。他还提出，计划经济不等于社会主义，市场经济不等于资本主义的观点。在这些观点的基础上，形成了社会主义本质理论、社会主义初级阶段理论、社会主义改革开放理论和社会主义市场经济理论。随着中国化的进一步深入，邓小平还针对社会主义民主政治建设、社会主义精神文明建设、统一战线、军队和国防建设、外交战略、祖国完全统一、党的建设等问题提出了自己的见解。这些观点构成了邓小平“建设有中国特色的社会主义理论”的轮廓。为了把观点上升为理论的高度，更好地把建设中国特色社会主义事业全面推向21世纪，党的十五大正式提出“邓小平理论”这一科学概念，将邓小平同志的观点整合为包含社会主义的发展道路、发展阶段、根本任务、发展动力、外部条件、政治保证、战略步骤、领导力量和依靠力量、祖国统一等九个方面的内容的科学体系，为中国特色社会主义提供了理论指导。

20世纪80年代末以来，国际、国内和党内的情况发生了重大的变化，党所处的地位和环境、党肩负的历史任务、党的自身状况，都出现了

① 《邓小平文选》（第3卷），人民出版社1993年版，第373页。

许多新的情况。江泽民同志针对新的历史条件下党的建设问题，提出了许多建设性的观点。他在党的十五大报告中，指出新时期党的建设的总目标为："要把党建设成为用邓小平理论武装起来、全心全意为人民服务、思想上政治上组织上完全巩固、能够经受住各种风险、始终走在时代前列、领导全国人民建设有中国特色社会主义的马克思主义政党。"[①] 在领导干部的教育问题上，他强调要"讲学习、讲政治、讲正气"，指出，这是"在新的历史条件下保持党的先进性和纯洁性，提高领导水平和执政水平，增强拒腐防变和抵御风险能力的需要；是从思想上、政治上、组织上、作风上全面推进党的建设，提高干部队伍素质的需要；是我们党团结和带领人民按照党的十五大的战略部署，全面推进建设有中国特色社会主义伟大事业的需要"。[②] 此外，关于社会主义建设的理论在这一时期也有了一些新的思想、新的观点、新的论断，这些都构成了"三个代表"重要思想的主要内容。"三个代表"重要思想继承和发展了马克思主义关于人类社会前进最终是由生产力发展决定的，同时是由先进文化引导的，由人民群众推动的等基本原理；为我们正确认识和处理如何科学判断和全面把握国际形势的发展变化、如何科学判断和全面把握我国将长期处于社会主义初级阶段的基本国情、如何科学判断和全面把握党所处的历史方位和肩负的历史使命等重大课题提供了科学理论和科学方法；也把党的建设的新的伟大工程同中国特色社会主义事业紧密联系起来，赋予党的性质、宗旨、指导思想和任务以丰富的时代内容，确定了党的建设的总体部署。

新世纪，新形势，新机遇，新挑战，胡锦涛同志立足于时代背景和中国国情，也提出了许多新观点，其中包括创新型国家建设、社会主义荣辱观、社会主义核心价值体系、和谐社会、和谐世界理念，等等，并将之归纳概括为以人为本、全面协调可持续发展的科学发展观，形成统一的思想体系，进一步完善中国特色社会主义的发展道路、发展模式、发展战略，对发展中国特色社会主义具有长远的指导意义。

为了在新世纪、新阶段坚持并丰富党的基本理论，党的十七大从更高的角度对历史上党的指导思想进行了整合，庄严提出了中国特色社会

---

① 《江泽民文选》第 2 卷，人民出版社 2006 年版，第 43 页。

② 《江泽民文选》第 2 卷，人民出版社 2006 年版，第 359 页。

主义理论体系，并对体系的组成部分邓小平理论、“三个代表”重要思想和科学发展观之间的关系作了重新的系统梳理和明确规定，也对中国特色社会主义理论体系和马克思主义、毛泽东思想之间的关系作了科学的定位。“中国特色社会主义理论体系”的提出，正是中国共产党新一代领导集体和全党全国各族人民集体智慧的结晶和科学总结及创新，既整合了改革开放以来的指导思想，又为以后指导思想的创新和接续纳入提供了依据。

二　延续真理之火——检验与调整相结合的特征

马克思主义在本质上是批判的，不是一劳永逸的，是一种开放的思想体系。马克思主义不仅以批判的态度对待各种社会思潮、思想体系，而且以批判的精神对待自己，随时准备修正自己某些“已经过时”的结论或“当时的错误看法”。“马克思主义中国化”作为一个概念，涉及“马克思主义”与“中国”相结合的问题。这个概念的核心是“化”。其中，“化”所提示的不仅是马克思主义在中国的应用，也包含了中国实践对马克思主义理论的检验、调整和提升。因此，马克思主义中国化内在地包含了马克思主义理论与中国具体实践的“双向互动过程”。

我国的革命实践和建设实践，一次次地检验了马克思主义基本原理的正确性和适用性。在这个过程中，有些理论、观点经受住了实践和时代的检验，证明它是正确的，在当前阶段是适用的，我们继承和坚持。有些理论、观点经过实践的检验，证明是错误的，或者在当前阶段是不适用的，我们对它加以调整或丢弃。例如，关于一切从实际出发、理论联系实际的唯物主义品质，关于人民群众是历史的创造者的历史唯物主义观点、关于具体问题具体分析的辩证法思想、关于实践与理论的辩证统一关系、马克思的批判精神和问题追问方式、马克思的实践思维方式、马克思实现人的自由全面的发展的价值取向等，这些基本原理、基本原则经受住实践的检验，证明它们是可以穿越时空的，对我国的实践具有指导意义。但同时，马克思主义学说中不大正确或很不正确的一面，有的在事实上已经基本上被有些国家的实践所否定和抛弃，我们在马克思主义中国化的过程，对它们加以调整，使之真正实现中国化。例如，马克思主义经典作家预测的无产阶级革命道路首先是在资本主义国家的政治、经济、文化中心，即大城市发动工人武装起义，直接夺取政权，我们对之加以调整，探索出一条全新的革命道路，即农村包围城市，武装夺取政权的道路；我们在社会主义经济的实践中，引入了市场经济体制，改变了以往高度集中的计划经济体制；马克思主义的阶级分析具有一定的时效性，在当今，我们引入了阶层分析，并认清阶级矛盾地位，以经济建设为中心，处理好社会各阶层的问题。马克思主义关于资本主义必然灭亡的论断，其本身是正确的，但是，任何一种制度都有其组织能力，在它所容纳的全部生产力发挥出来以前是绝不会灭亡的，因此，我们对资本主义必然灭亡的论断做了调整，更加全面地认识它，既要充分认识到社会主义取代资本主义的长期性和艰巨性，也要科学对待资本主义社会中出现的各种福利改善现象。

我国的社会主义建设实践，一次次地检验了中国化的马克思主义的正确性和适用性。毛泽东思想关于新民主主义革命的理论、关于人民民主专政的学说、关于过渡时期的路线方针、关于正确处理人民内部矛盾的观点等，经过实践的检验是正确的，适用于社会主义制度新中国成立初期的国情。而“大跃进”、人民公社运动、反右倾运动扩大化以及“文化大革命”期间的一些做法和想法，对中国的社会主义建设造成了极大的损失，被实践证明是错误的。为此，邓小平同志提出“实践是检验真理的唯一标准”，破除“两个凡是”的错误路线，逐步实现了从“以阶级斗争为纲”到以经济建设为中心、从封闭半封闭到改革开放、从计划经济到社会主义市场经济等一系列重大转变。这些调整经过实践证明是符合中国国情的，对建设社会主义事业起到推动的作用。邓小平理论在“什么是社会主义，怎样建设社会主义”这个问题上，实现了突破，但是这一理论在实践的具体运用和深入问题，却是由后来的领导集体接着完善的。“三个代表”重要思想在新时期执政党的建设方面和社会主义建设理论的深入，对邓小平理论在各个方面进行了完善，对有些具体的观点和论断进行了调整。科学发展观进一步提出了如何实现协调全面可持续发展，如何构建和谐社会的观点，进一步完善了中国化的马克思主义。“四个全面”战略布局的提出，更完整地展现出新一届中央领导集体治国理政的总体框架，使当前和今后一个时期，党和国家各项工作关键环节、重点领域、主攻方向更加清晰，内在逻辑更加严密，这对推动改革开放和社会主义现代化建设迈上新台阶提供了强力保障。

马克思主义中国化90多年的历史进程，展示了马克思主义新境界的开创是一个不断探索的过程；马克思主义中国化的历史进程并没有结束，它是一个不断发展的过程。努力揭示马克思主义中国化的显著特征，对于我们全党全国各族人民信仰马克思主义、坚持马克思主义、发展马克思主义、用发展着的马克思主义指导行动，有着重大的意义。

参考文献

一　马克思主义原著

《马克思恩格斯选集》（1—4 卷），人民出版社 1995 年版。

《马克思恩格斯文集》（1—10 卷），人民出版社 2009 年版。

《马克思恩格斯全集》（第 1 卷），人民出版社 1995 年版。

《马克思恩格斯全集》（第 3 卷），人民出版社 2002 年版。

《马克思恩格斯全集》（第 21 卷），人民出版社 2003 年版。

《马克思恩格斯全集》（第 23 卷），人民出版社 1972 年版。

《马克思恩格斯全集》（第 23 卷），人民出版社 1998 年版。

《马克思恩格斯全集》（第 25 卷），人民出版社 2001 年版。

《马克思恩格斯全集》（第 26 卷第 1 册），人民出版社 1973 年版。

《马克思恩格斯全集》（第 26 卷第 3 册），人民出版社 1974 年版。

《马克思恩格斯全集》（第 30 卷），人民出版社 1995 年版。

《马克思恩格斯全集》（第 31 卷），人民出版社 1998 年版。

《马克思恩格斯全集》（第 33 卷），人民出版社 2004 年版。

《马克思恩格斯全集》（第 39 卷），人民出版社 1974 年版。

《马克思恩格斯选集》（第 41 卷），人民出版社 1995 年版。

《马克思恩格斯全集》（第 42 卷），人民出版社 1979 年版。

《马克思恩格斯全集》（第 44 卷），人民出版社 2001 年版。

《马克思恩格斯全集》（第 46 卷），人民出版社 2003 年版。

马克思：《1844 年经济学哲学手稿》，人民出版社 2000 年版。

《资本论》（第 1 卷），人民出版社 1945 年版。

《毛泽东选集》（第 1 卷），人民出版社 1991 年版。

《毛泽东选集》（第 2 卷），人民出版社 1991 年版。

《毛泽东选集》（第 3 卷），人民出版社 1991 年版。
《毛泽东文集》（第 7 卷），人民出版社 1999 年版。
《毛泽东著作选读》（上册），人民出版社 1992 年版。
周恩来：《周恩来统一战线文选》，人民出版社 1984 年版。
《邓小平文选》（第 2 卷），人民出版社 1994 年版。
《邓小平文选》（第 3 卷），人民出版社 1993 年版。
《江泽民文选》（第 3 卷），人民出版社 2006 年版。
江泽民：《论科学技术》，人民出版社 1995 年版。
胡锦涛：《在庆祝中国共产党成立 90 周年大会上的讲话》，人民出版社 2011 年版。
《十七大以来重要文献选编》（上），中央文献出版社 2009 年版。
《列宁全集》（第 13 卷），人民出版社 1987 年版。
《列宁全集》（第 17 卷），人民出版社 1988 年版。
《列宁全集》（第 25 卷），人民出版社 1958 年版。
《列宁全集》（第 31 卷），人民出版社 1958 年版。
《列宁全集》（第 33 卷），人民出版社 1985 年版。
《列宁全集》（第 39 卷），人民出版社 1986 年版。
《列宁全集》（第 55 卷），人民出版社 1990 年版。
《列宁选集》（第 2 卷），人民出版社 1995 年版。
《列宁选集》（第 4 卷），人民出版社 1995 年版。

二　国外论著

柏拉图：《理想国》，商务印书馆 1986 年版。
亚当·斯密：《国民财富的性质和原因的研究》，商务印书馆 1997 年版。
德里达：《马克思的幽灵》，中国人民大学出版社 1999 年版。
圣西门：《圣西门选集》（第 1 卷），商务印书馆 1982 年版。
欧文：《欧文选集》（第 2 卷），商务印书馆 1979 年版。
本·阿格尔：《西方马克思主义概论》，中国人民大学出版社 1991 年版。
阿尔温托尔勒：《第三次浪潮》，生活·读书·新知三联书店 1984 年版。
黑格尔：《法哲学原理》，商务印书馆 1961 年版。
黑格尔：《黑格尔通信百封》，上海人民出版社 1981 年版。

三 国内论著

《庄子今注今译》（上），商务印书馆出版社 2007 年版。
谢大任：《拉丁语汉语词典》，商务印书馆 1988 年版。
戴文标等：《现代政治经济学》，浙江大学出版社 2006 年版。
衣芳等：《人民群众主体论——群众观、党群关系、群众工作理论研究》，人民出版社 2008 年版。
何正斌：《经济学 300 年》，湖南科学技术出版社 2007 年版。
栾文莲：《全球的脉动——马克思主义世界市场理论与经济全球化问题》，人民出版社 2005 年版。
肖前：《历史唯物主义原理》（修订本），人民出版社 1983 年版。
季广茂：《意识形态》，广西师范大学出版社 2005 年版。
张秀琴：《马克思意识形态理论的当代阐释》，中国社会科学出版社 2005 年版。
吕大吉：《宗教学通论新编》，中国社会科学出版社 1998 年版。
郑天星：《马克思恩格斯论无神论宗教和教会》，华文出版社 1991 年版。
施船升：《马克思主义宗教观及其相关动向》，四川人民出版社 1998 年版。
吕大吉：《宗教学通论》，中国社会科学出版社 1989 年版。
俞吾金：《重新理解马克思》，北京师范大学出版社 2013 年版。
杨耕：《为马克思辩护》，北京师范大学出版社 2013 年版
顾海良、张雷声：《〈马克思主义基本原理概论〉课疑难问题解析》，高等教育出版社 2007 年版。